集 刊 名：形象史学

主办单位：中国社会科学院古代史研究所文化史研究室

主　　编：刘中玉

2022 年冬之卷

编委会（以姓氏笔画为序）

主 任 孙 晓（中国社会科学院古代史研究所）

委 员

卜宪群（中国社会科学院古代史研究所）　　李 零（北京大学）

万 明（中国社会科学院古代史研究所）　　沙武田（陕西师范大学）

王子今（西北大学）　　沈卫荣（清华大学）

王月清（南京大学）　　张昭军（北京师范大学）

王亚蓉（中国社会科学院考古研究所）　　陈支平（厦门大学）

王彦辉（东北师范大学）　　陈星灿（中国社会科学院考古研究所）

王震中（中国社会科学院古代史研究所）　　尚永琪（宁波大学）

尹吉男（中央美术学院、广州美术学院）　　罗世平（中央美术学院）

成一农（云南大学历史与档案学院）　　金秉骏（韩国首尔大学）

扬之水（中国社会科学院文学研究所）　　郑 岩（北京大学）

仲伟民（清华大学）　　耿慧玲（台湾朝阳科技大学）

邬文玲（中国社会科学院古代史研究所）　　黄厚明（南京大学）

池田知久（日本东方学会）　　渡边义浩（日本早稻田大学）

杨宝玉（中国社会科学院古代史研究所）　　谢继胜（浙江大学）

杨爱国（山东省博物馆）　　臧知非（苏州大学）

杨富学（敦煌研究院）　　熊文彬（四川大学）

李 旻（美国洛杉矶加州大学）

编辑部主任 宋学立

编辑部成员

王 艺　王 申　刘中玉　刘明杉　安子毓　纪雪娟　李凯凯　宋学立　张沛林　黄若然　曾 磊

本辑执行编辑

宋学立　安子毓

总第二十四辑

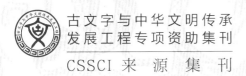

古文字与中华文明传承
发展工程专项资助集刊

CSSCI 来 源 集 刊

形象史学

中国社会科学院古代史研究所文化史研究室 主办

刘中玉 主编

2022 年

冬之卷

（总第二十四辑）

中国社会科学出版社

图书在版编目(CIP)数据

形象史学.2022年.冬之卷:总第二十四辑/刘中玉主编.—北京:中国社会科学出版社,2022.11

ISBN 978-7-5227-1090-7

Ⅰ.①形…　Ⅱ.①刘…　Ⅲ.①文化史—中国—文集　Ⅳ.①K203-53

中国版本图书馆 CIP 数据核字(2022)第 232038 号

出 版 人	赵剑英	
责任编辑	李凯凯　彭　丽	
责任校对	闫　萃	
责任印制	王　超	

出　　　版	中国社会科学出版社
社　　　址	北京鼓楼西大街甲 158 号
邮　　　编	100720
网　　　址	http://www.csspw.cn
发 行 部	010-84083685
门 市 部	010-84029450
经　　　销	新华书店及其他书店

印刷装订	北京君升印刷有限公司
版　　　次	2022 年 11 月第 1 版
印　　　次	2022 年 11 月第 1 次印刷

开　　　本	787×1092　1/16
印　　　张	21.75
字　　　数	425 千字
定　　　价	128.00 元

目 录

器物研究

饕餮纹渊源研究*

■ 韩 鼎（河南大学历史文化学院古代文明研究中心、黄河文明研究中心）

饕餮纹是商代最重要的礼器纹饰，它广泛出现在各材质（青铜器占绝大多数）、各器型，以及不同区域文化的礼器之上，一般认为饕餮纹与商代的祭祀与信仰存在密切关联。青铜器上的饕餮纹从二里岗时期（下层二期）开始出现，直至西周早中期都颇为盛行。作为商代青铜礼器纹饰的标志性图案，对饕餮纹的研究无疑能增进对商文化的认识。日本学者水野清一曾将中国早期青铜时代定名为"饕餮纹时代"[1]；美国有学者曾评论说"如果不理解饕餮纹，就无法理解商文化"[2]。观点虽略有偏颇，但也在一定程度上反映了饕餮纹对于商文化的重要性。

饕餮纹的渊源是饕餮纹研究的基础性问题，有着重要的学术价值：第一，可推进对饕餮纹名称、形式、形象来源等问题的认识；第二，有助于理解早期饕餮纹的内涵，并回应个别西方学者提出饕餮纹是基于"几何线条进行的自由创作"故"无意义"的观点；第三，基于神面纹到饕餮纹的发展脉络，可深化对龙山时代以来区域文化互动模式的认识，推进中华文明早期共同体形成的研究。

关于饕餮纹的来源问题，学界普遍认可二里头遗址所出神（兽）面纹饰（如铜牌饰、骨雕）与商代饕餮纹之间存在密切的关系，但再向前追溯，各家观点不一。[3] 贺刚认为高庙白陶与商代礼器纹饰"无论在所反映的信仰观念上，还是在对

---

* 本文系国家社科基金一般项目"三代青铜礼器纹饰整理与研究"（18BKG015）、河南省高等学校青年骨干教师培养计划"夏商时期中原地区青铜礼器纹饰整理与研究"（2020GGJS041）阶段性研究成果。

1 ［日］水野清一：《殷周青铜器と玉》，日本经济新闻社，1968，第88页。

2 该句为吉德纬（David Keightley）书中所引他同事的评论，原文是"If you don't understand the taotie, you can not understand the Shang."详见 David Keightley, *Sources of Shang History-The Oracle-Bone Inscriptions of Bronze Age China*. University of California Press，1985，p. 137。

3 曾有观点认为饕餮纹是西来或东西文化交流的结果，但目前考古证据已经表明了饕餮纹的中国本土起源，此处不再引述此类观点。参见［苏联］列·谢·瓦西里耶夫《中国文明的起源问题》，郝镇华等译，文物出版社，1989，第329页。芮传明、余太山《中西纹饰比较》，上海古籍出版社，1995，第339—347页。

图像的技术处理方式上都源出一宗"[1]。林巳奈夫曾梳理从河姆渡文化到商代饕餮纹的发展脉络[2]，但缺环较多，故有学者评论说："我们也不敢轻信'饕餮纹的由来可以上溯到河姆渡文化的太阳纹与鸟纹的组合图案'等诸如此类的富于想像力的推论。"[3] 李学勤认为虽然不是直接承袭，但商代的饕餮纹可溯源至良渚文化；[4] 杭春晓、黄厚明观点与之相近。[5] 周苏平、张懋镕认为青铜器纹饰源于黄河中下游地区的龙山文化，但也受到良渚文化的影响。[6] 顾万发通过新砦陶器盖上兽面纹，推测饕餮纹来源于山东龙山文化。[7] 郭静云认为"商文明的神纹可能形成于江河平原的早期青铜文明中"[8]。孙周勇、邵晶认为石峁皇城台的石雕可能对"商周青铜礼器的艺术构思和纹饰风格"造成了影响，[9] 江伊莉也有相近看法。[10]

刘观民认为大甸子墓地陶器彩绘与饕餮纹在表现程式、画面分割、纹饰构成等方面具有共通性。[11]

上述讨论有力地促进了饕餮纹渊源探索的深入，但个别研究也存在一定的问题：第一，研究所依据材料的问题。部分研究基于晚商饕餮纹的材料探讨其渊源，但饕餮纹自商代中期开始出现具象化演变趋势，晚商时期的大部分饕餮纹常含有若干真实动物的部分特征，这些特征与其渊源少有关联，并容易造成饕餮纹以某种动物为"原型"的误判，因此渊源研究应以早期饕餮纹作为主体研究材料。第二，研究模式的问题。渊源研究应从早期饕餮纹自身特征出发，之后再向上追溯该特征的来源。而部分研究却先认定渊源，再挑选个别饕餮纹作为例证以迎合其推测，这是本末倒置的研究模式。第三，与该时期

1　贺刚：《高庙遗址出土白陶概论》，《湖南考古辑刊》（8），2009，第 172 页。

2　［日］林巳奈夫：《所谓饕餮纹表现的是什么》，载［日］樋口隆康主编《日本考古学研究者·中国考古学研究论文集》，东方书店、中华书局，1990，第 162—183 页。

3　陈公柔、张长寿：《殷周青铜容器上兽面纹的断代研究》，《考古学报》1990 年第 2 期。

4　李学勤：《良渚文化玉器与饕餮纹的演变》，《东南文化》1991 年第 5 期。

5　杭春晓：《商周青铜器之饕餮纹研究》，文化艺术出版社，2009，第 90 页。黄厚明：《从良渚玉器神像到商周青铜器饕餮纹》，《艺术学研究》，2009，第 374—394 页。

6　周苏平、张懋镕：《中国古代青铜器纹饰渊源试探》，《文博》1986 年第 6 期。

7　顾万发：《试论新砦陶器盖上的饕餮纹》，《华夏考古》2000 年第 4 期。

8　郭静云：《商文明夔龙饕餮神纹来源之谜》，《艺术史研究》（15），中山大学出版社，2013，第 62 页。

9　孙周勇、邵晶：《石峁遗址皇城台大台基出土石雕研究》，《考古与文物》2020 年第 4 期。

10　Elizabeth Childs-Johnson，"Who is that Human at Shimao? China's Ancient Belief in Metamorphic Power"，*Orientations*，Vol. 51，No. 4（2020）：2-13.

11　刘观民、徐光冀：《夏家店下层文化彩绘纹式》，《庆祝苏秉琦考古五十五年论文集》，文物出版社，1989，第 227—234 页。刘观民：《中国青铜时代早期彩绘纹饰试析》，《考古》1996 年第 8 期。

多文化互动的时代背景结合不足。之所以观点林立，是因为饕餮纹的某些特征确实与若干区域文化的神面纹形象均有相似之处，因此，应结合龙山时代以来文化间的交流与互动，动态地理解饕餮纹的形成过程。

随着考古工作的开展，近些年的一些重要发现（如二里头骨雕、谭家岭玉器、石峁石雕等）为探讨饕餮纹的来源提供了新线索。下文将在学界研究基础上，结合新近考古材料，对饕餮纹的名称、"剖展"形式、形象特征三个方面进行渊源研究。

一　饕餮纹名称的渊源

通常把商周礼器上特征为"一个正面的兽头，有对称的双角、双眉双耳以及鼻、口、颌等，有的还在两侧有长条状的躯干、肢、爪和尾"[1] 的兽形纹饰称为"饕餮纹"。但"饕餮纹"之名并非其在商周时期的名称，与文献中的凶族"饕餮"更无关联，又加之目前学界"饕餮纹""兽面纹"混用，因此，有必要先对"饕餮纹"的名称来源进行分析。

（一）文献中的饕餮

"饕餮"在早期文献中常以"凶族"的形象出现，如：

《左传·文公十八年》："流四凶族浑敦、穷奇、梼杌、饕餮投诸四裔，以御魑魅。"

《吕氏春秋·恃君览》："饕餮、穷奇之地……暴傲者尊，日夜相残，无时休息，以尽其类。"

《神异经·西南荒经》："强者夺老弱者，畏群而击单，名曰饕餮。"

将"饕餮"与青铜器纹饰相关联的是《吕氏春秋·先识览》："周鼎著饕餮，有首无身。食人未咽，害及其身；以言报更也。"

有些学者以此为据，用文献中的凶族"饕餮"来诠释青铜器上兽形纹饰的意义，如认为将凶族兽化是为了贬低对方，铸于祭祀礼器证明他们为人牲；[2] 又如，因《左传·宣公三年》有"铸鼎象物，百物而为之备，使民知神奸"的记载，凶族恶兽自然属"奸"，故饕餮纹展示了以恶制恶的厌胜类巫术；[3] 再如，认为饕餮由恶兽演化为力量的象征，具有护佑、

1　陈公柔、张长寿：《殷周青铜容器上兽面纹的断代研究》，《考古学报》1990 年第 2 期。

2　贺刚：《论中国古代的饕餮与人牲》，《东南文化》2002 年第 7 期。

3　徐勇胜：《商周青铜器上饕餮纹饰的图像特征与文化意义浅探》，《滁州学院学报》2006 年第 4 期。

通灵功能，并与礼的庄严性与威慑力融为一体。[1]

这些观点都从一定程度上解释了为什么商周青铜礼器上会饰以"凶族"，但此类研究有一个前提，即承认商周青铜器上的兽形纹饰（饕餮纹）表现的就是文献中的凶族"饕餮"。但这一前提是否可靠呢？这就需要从兽形纹饰和"饕餮"之名的关系谈起。

（二）名实不符的"饕餮纹"

《吕氏春秋·先识览》有文无图，我们并不知道文中所谓有首无身的"饕餮"长什么模样。最早将"饕餮"之名对应于商周青铜器上兽形纹饰的学者是宋代的吕大临，他在《考古图》卷一"癸鼎"的图像后写道："癸鼎文作龙虎，中有兽面，盖饕餮之象。"[2] 由于有了图像（）的对照，这种兽形纹饰自此有了名字——"饕餮"。

吕大临的命名依据是《吕氏春秋·先识览》，[3] 笔者曾将《吕氏春秋》中五种所谓"周鼎著"的青铜器纹饰与现存青铜器进行对比，发现目前无一能在存世商周铜器上切实地找到该纹饰曾出现过的证据。[4] 退一步讲，即使依据《吕氏春秋》的记载，"饕餮"也应是一种"有首无身"的形象，但吕大临所绘"癸鼎"上的兽形却是"有首有身"的（吕大临误将两侧对称"身"的部分视为兽面的一部分），可以说历史上第一例被定为"饕餮"的形象就与其所依据的文献不符。总而言之，沿用至今的"饕餮纹"只是宋代学者主观地将"饕餮"之名强加于商周青铜器兽形纹饰上的结果。

对于这种情况，高去寻在1934年的文章中就明确指出："后儒附会《吕览》（《吕氏春秋·先识览》）、《左传》之文，而妄为之说。然皆出于后世之伦理观念，与饕餮纹原意无关"[5]，杨希枚也曾评论道："《考古图》所谓'饕餮'纹只不过是误据《吕览》而加诸殷周铜器一种饰纹的错误或莫须有的命名；这种饰纹究竟是何种饰纹，器物上既未附刻名称，实际上也全然不知。"[6]

1　牛倩：《饕餮纹文化意义源流考》，《社会科学战线》2010年第1期。

2　（宋）吕大临：《考古图（外五种）》，上海书店出版社，2016，第7页。

3　吕大临的判断可能还受到了两晋时期郭璞的影响。《山海经·北山经》："（钩吾之山）有兽焉，其状如羊身人面，其目在腋下，虎齿人爪，其音如婴儿，名曰狍鸮，是食人。"郭璞注："为物贪惏，食人未尽，还害其身，像在夏鼎，《左传》所谓饕餮是也。"

4　虽然难以想象，但不排除以后的发掘中会发现青铜器上饰有"龁其指"的倕、"马蹄鼠"等形象的可能。参见韩鼎《对〈吕氏春秋〉所载青铜器纹饰名称的几点看法》，《考古与文物》2011年第3期。

5　高去寻：《殷周铜器探讨》，转引自杨希枚《饕餮与饕餮纹》，载氏著《先秦文化综论》，广西师范大学出版社，2008，第68页。

6　杨希枚：《饕餮与饕餮纹》，载氏著《先秦文化综论》，第52页。

综上，商周青铜器上的兽形纹饰和"饕餮"之名的对应关系只能追溯到宋代，商周先民如何称呼此类兽形纹饰目前仍不得而知。[1] 用先秦文献中的凶族"饕餮"来诠释青铜器上兽形纹饰的意义是不可取的，因为两者在先秦时期并无关联。由于名不副实的问题，诸多学者尝试另重新命名指代这种纹饰。

（三）多样的命名

"饕餮"在宋代亦非学者们所公认的此类兽形纹饰的名称，如南宋罗泌就认为该纹饰表现的是蚩尤而非饕餮，《路史·后纪·蚩尤传》载："后代圣人著其（蚩尤）像于尊彝以为贪戒。"其子罗苹注曰："三代彝器多著蚩尤之像，为贪虐者之戒，其状率为兽形，传以肉翅。"[2] 可见，在宋代对此类纹饰的命名就存在争议。

由于认识到"饕餮纹"这一名称的名不副实问题，近代不少学者尝试为其更名。如李济将这种兽形纹饰按是否有身分为两类："无身类"依据《吕氏春秋》中"有首无身"的记载命名为"饕餮"（但研究中更多使用"动物面"一词）；"有身类"，依据《山海经·北山经》中肥遗"一首两身"的描述，命名为"肥遗。"[3] 20 世纪中期以来，不少学者倾向于用"兽面纹"一词，如陈梦家在分析西北岗出土方鼎时指出："自宋以来所称为'饕餮纹'的，我们称为兽面纹。"[4] 唐兰在分析郑州商城青铜器时认为："花纹的图案有兽面形，即过去所谓饕餮纹。"[5] 刘敦愿指出："为精确起见，似乎仍是称之兽面纹样为好。"[6] 马承源曾指出："兽面纹一概称为饕餮纹，乃是宋代金石学家观察不够缜密之故。如果饕餮纹仅仅是作为这类纹饰的习惯性符号而并非指其实质，当然也无不可，本文则采用兽面纹这个适应性较大的名词"[7]，并认为："兽面纹这

1　有学者尝试通过甲骨文（如龤、龤）的字形来探讨商周时期饕餮纹的名称，但结论并未得到学界的广泛认同。参见汪涛《甲骨文中"龤"字与商代青铜器上的饕餮纹》，载胡厚宣主编《夏商文明研究》，中州古籍出版社，1995，第 247—262 页。李慧萍、贺惠陆《殷商青铜器纹饰研究二题》，《殷都学刊》1997 年第 2 期。

2　（南宋）罗泌撰，罗苹注：《路史·后纪》卷四《蚩尤传（附）》，四部备要版，第 80 页。近代学者孙作云也认为这种兽形纹饰实为蚩尤的形象，见孙作云《饕餮考》《说饕餮》《饕餮形象与饕餮传说的综合研究》等，载氏著《中国古代神话传说研究》，河南大学出版社，2003。

3　李济：《殷墟出土青铜斝形器之研究：青铜斝形器的形制与花纹》，载《李济文集》卷四，上海人民出版社，2006，第 191 页。这一细化的分类模式后来仅有个别学者沿用，参见张光直《商周青铜器上的动物纹样》，《考古与文物》1981 年第 2 期。

4　陈梦家：《殷代铜器三篇》，《考古学报》第 7 册，1954，第 23 页。

5　唐兰：《从河南郑州出土的商代前期青铜器谈起》，《文物》1973 年第 7 期。

6　刘敦愿：《〈吕氏春秋〉"周鼎著饕餮"说质疑——青铜器兽面纹样含义之探索》，《考古与文物》1982 年第 3 期。

7　马承源：《商周青铜器纹饰综述》，载上海博物馆青铜器研究组编《商周青铜器纹饰》，文物出版社，1984，第 3 页。

个名词比饕餮纹为胜，因为它指出了这种纹饰的构图形式，而饕餮纹一词却只限于'有首无身'这样的定义，但绝大多数纹饰并非如此。"[1]

同样指的是青铜器上的兽形纹饰，就有饕餮、蚩尤、肥遗、动物面、兽面纹等不同命名，究竟应该如何选用呢？

（四）"饕餮纹"与"兽面纹"

首先应该明确，在目前学界的用语中，饕餮纹就是兽面纹，其所指没有差别。究竟用哪个名称，则看学者的个人选择。除上引陈梦家、唐兰、刘敦愿、马承源等学者外，郭宝钧、陈公柔、张长寿、陈佩芬、张昌平、岳洪彬、段勇等学者在研究中也倾向于使用"兽面纹"一名，[2]仍有不少学者仍沿用"饕餮纹"之名，如容庚、李学勤、朱凤瀚、张懋镕、朱彦民，外国学者如林巳奈夫、艾兰等。[3]

笔者在研究中倾向于仍沿用"饕餮纹"之名，原因如下：

第一，所指问题。自宋代以来，

"饕餮纹"之名就与兽形纹饰相搭配，已属于特指，能让读者第一时间想到商周青铜器上的兽形纹饰。但"兽面纹"乃泛指，一方面，任何动物面部均可称"兽面"；另一方面，在为器物命名时，兽面也非商周青铜器兽形纹饰之专名。如有学者将高庙白陶上的獠牙神像、良渚玉器上的兽形、后石家河文化中的虎头纹等都称之为"兽面纹"。因此，在缺乏语境的情况下"兽面纹"会让读者对其所指感到迷惑。

第二，"兽面纹"的定名问题。顾名思义，"兽面纹"强调的是动物的面部，容易给读者留下只有兽首的印象，但商周大多数饕餮纹是有身躯的。

已有不少学者看到了"兽面纹"存在的问题，李学勤曾指出："饕餮纹这个词起源在北宋，已经用了一千多年了。有些学者改称兽面纹，是翻译外国的。……所以兽面纹这一叫法还是有问题的。"[4]林巳奈夫也认为："'兽面纹'这个名称

1　马承源：《中国青铜器》，上海古籍出版社，1988，第324—325页。

2　陈公柔、张长寿：《殷周青铜容器上兽面纹的断代研究》，《考古学报》1990年第2期。岳洪彬：《殷墟青铜礼器研究》，中国社会科学出版社，2006，第198页。陈佩芬编著：《中国青铜器辞典》（1），上海辞书出版社，2013，第76页。段勇：《商周青铜器幻想动物纹研究》，上海古籍出版社，2003。郭宝钧：《商周铜器群综合研究》，文物出版社，1981。张昌平：《中国青铜时代青铜器装饰艺术与生产技术的交互影响》，载陈建立、刘煜主编《商周青铜器的陶范铸造技术研究》，文物出版社，2011。

3　容庚、张维持：《殷周青铜器通论》，文物出版社，1984，第112页。朱凤瀚：《中国青铜器综论》，上海古籍出版社，2009，第541页。张懋镕：《青铜器鉴赏》，漓江出版社，1993。朱彦民：《殷商铜器饕餮纹之文化释义》，载王晖主编《西周金文与西周史研究》，三秦出版社，2018，第372—392页。[日]林巳奈夫：《殷周青铜器综览》第二卷《殷周时代青铜器纹饰之研究》，[日]广濑薰雄等译，上海古籍出版社，2019，第17页。[美]艾兰：《商代饕餮纹及相关纹饰的意义》，韩鼎译，《甲骨文与殷商史》（新七辑），2017，第313—346页。李学勤：《青铜器入门》，商务印书馆，2013，第317—319页。

4　李学勤：《中国古代文明十讲》，复旦大学出版社，2003，第145页。

较为笼统，也有可能让人想象现在讨论的图像以外的纹饰，因此不甚妥当。"[1] 朱彦民认为吕大临在《考古图》中已对"饕餮纹"和"兽面纹"做了区分，前者是神话动物（专指），后者是真实动物（凡称），因此应沿用"饕餮纹"之名，不可"乱立名目"[2]。

基于上述原因，笔者在研究中仍沿用"饕餮纹"之名，但必须强调的是"饕餮纹"仅作为一个纹饰的代号，与文献中的凶族"饕餮"无关。正如容庚等所说："饕餮之名虽是后人所定，其意义也是后人的附会传说，不足取信。但这并不妨碍我们仍沿用这个名称，来作为这种纹饰的标识。"[3]

二 饕餮纹"剖展"形式的渊源

饕餮纹的表现形式（除独立兽头类外）主要体现为"正视的兽面+分裂的下颚+左右对称分列的侧视躯体"。有学者按照对"正视的兽面"的不同理解（既可视作兽首的正面像，又可视为相对

的两个侧脸），认为饕餮纹"既可看做两个动物的结合体，也可看做被剖为两半的一个动物"[4]。但通过梳理饕餮纹发展脉络可以看到，"被剖为两半"的形式是其最初形态，而可视作"两个动物的结合体"的则是基于前者发展而来的后起类型。因为，首先，"一首双身"的形象在早期艺术中较为常见，并不为饕餮纹所独有。其次，这种表现形式在饕餮纹出现之前就已存在，并对早期饕餮纹的形式产生了影响。因此，基于部分晚商时期饕餮纹的形态，便判断"饕餮都是二龙对首、交首和共首的结构"[5]，这样的观点是不准确的。

（一）"双身"的理解

已有不少学者讨论过饕餮纹"正视的兽面+左右对称分列侧视的躯体"这一形式特征，马承源称之为"整体展开法"，并认为"这是商周时代的艺匠们用正视的平面图来表现物像整体概念独特的方法"[6]；朱凤瀚称之为"平面表现立体的手法"[7]；张翀称之为"剪视图"[8]。法

---

1 ［日］林巳奈夫：《殷周青铜器综览》第二卷《殷周时代青铜器纹饰之研究》，第 17 页。

2 朱彦民：《殷商铜器饕餮纹之文化释义》，载王晖主编《西周金文与西周史研究》，三秦出版社，2018。

3 容庚、张维持：《殷周青铜器通论》，第 112 页。

4 张光直：《美术、神话与祭祀》，生活·读书·新知三联书店，2013，第 51 页。

5 郭静云：《天神与天地之道——巫觋信仰与传统思想渊源》，上海古籍出版社，2016，第 101 页。

6 马承源：《商周青铜器纹饰综述》，载上海博物馆青铜器研究组编《商周青铜器纹饰》，第 3 页。

7 朱凤瀚：《中国青铜器综论》，第 550、556 页。

8 张翀：《商周铜器双身龙纹非"肥遗"说兼论其图像辨析》，《中国美术研究》2014 年第 1 期。

国人类学家列维—斯特劳斯称之为"裂分"[1]，英语论著中则常用"Split image"或"Split design"（直译为：分裂设计）来描述。[2] 而笔者则认为用"剖展"一词更能体现这一形式特征的内质。

所谓"剖展"，可理解为"剖"和"展"两个过程。首先，"剖"：假想一个真实动物的侧面像，然后想象有一把利刃从尾端沿脊柱线向前剖至脖颈处；如此一来，该动物就形成了完整的头部和"两扇"的身体。[3] 其次，"展"：先将正视的兽首置于中间，再把两扇躯体展开，横置于头部两侧。这样，就呈现出中间为正视兽首，左右为对称的侧视身躯的形式。整体来看，"剖展"是将三维动物形象二维化的过程，并保证动物身体的各部分都没有缺漏地展现在二维平面上，是"透视画法产生之前的一种幼稚的和有趣的尝试"[4]。

"剖展"作为一种表现模式，在三代多种兽类纹样上都有体现，如各类型的（有身）饕餮纹（图1-1）[5]、龙（蛇）纹（图1-2）[6]、虎纹（图1-3）[7]、牛纹（图1-4）[8]、人像（图1-5）[9]，以及部分古文字，如"車"（图1-6）[10]。

1　［法］克洛德·列维—斯特劳斯：《亚洲和美洲艺术中的裂分表现方法》，《结构人类学1》，张祖建译，中国人民大学出版社，2006，第263页。

2　Sarah Allan，"The Taotie Motif on Early Chinese Ritual Bronzes"，Silbergeld，Jerome，and Eugene Y. Wang. *The Zoomorphic Imagination in Chinese Art and Culture*，University of Hawaii Press，2017，p. 23.

3　卜辞中有"卯"（ ）这一用牲之法，郭沫若认为"因卯之字形取义，盖言对剖也"。若此说无误，"剖展"的过程与"卯"似有相通之处。

4　马承源：《商周青铜器纹饰综述》，载上海博物馆青铜器研究组编《商周青铜器纹饰》，第3页。

5　上：商代早期铜罍（PLZM2：19）腹部饕餮纹，湖北省文物考古研究所：《盘龙城——1963—1994年考古发掘报告》，文物出版社，2001，图一〇八。中：小屯出土的商代晚期早段铜尊（M331：R2070）腹部饕餮纹，石璋如：《小屯》第一本，《遗址的发现与发掘·丙编·殷墟墓葬之五——丙区墓葬》（下），史语所，1980，第65页。下：妇好墓出土小型圆鼎（小屯M5：804）腹部饕餮纹，中国社会科学院考古研究所：《殷墟妇好墓》，文物出版社，1980，第25页。

6　上：二里头陶器残片蛇纹，中国科学院考古研究所洛阳发掘队：《河南偃师二里头遗址发掘简报》，《考古》1965年第5期。中：妇好墓铜方壶（M5：794）腹部龙纹，中国社会科学院考古研究所：《殷墟妇好墓》，第65页。下：叶家山曾侯谏作媿卣（M28：167）圈足龙纹，湖北省文物考古研究所、随州市博物馆：《湖北随州叶家山M28发掘报告》，《江汉考古》2013年第4期。

7　上：阜南龙虎尊的腹部虎纹，安徽省博物馆编：《安徽省博物馆藏青铜器》，上海人民美术出版社，1984，图版说明一。下：三星堆龙虎尊腹部虎纹，四川省文物考古研究所：《三星堆祭祀坑》，文物出版社，1999，第36页。

8　上：青铜卣腹部牛纹，［日］林巳奈夫：《殷周青铜器综览》第二卷《殷周时代青铜器纹饰之研究》，第69页。下：叶家山"蟠龙兽首铜罍"（M111：120）的肩部牛纹，湖北省博物馆、湖北省文物考古研究所、随州市博物馆：《随州叶家山——西周早期曾国墓地》，文物出版社，2013，第134页。

9　将人像脖子下方任一侧的身体部分旋转90度（足部向下），可发现头下方身体部分即为商代常见的蹲踞状人像（头上身体与之对称），由此，该例可视为蹲踞状人像被剖展表现的结果。可见 Sarah Allan，"He Flies Like a Bird；He Dives Like a Dragon；Who Is That Man in the Tiger Mouth? Shamanic Images in Shang and Early Western Zhou Art"，*Orientations*，2010，Vol. 41，Issue 3，pp. 45-51. 韩鼎：《商周纹饰中剖展表现模式研究》，载湖北省文物考古研究所《曾国考古发现与研究》，科学出版社，2018，第338页。复原图见汤威、张巍《郑州商城"人兽母题"陶片图案复原及相关问题探讨》，《中国历史文物》2008年第1期。

10　胡厚宣：《甲骨文合集》（1），中华书局，1999，第140页（584正甲）。

图 1　三代艺术中的"剖展"形象

1. 剖展的饕餮纹；2. 剖展的龙（蛇）纹；3. 剖展的虎纹；4. 剖展的牛纹；5. 剖展的人像；6. 甲骨文"車"字

　　这些例子可证明饕餮纹"左右对称分列侧视的躯体"源于"剖展"这一表现手法，并非由两个相对的侧视兽形组合而成。

（二）"剖展"模式的来源

　　"剖展"的表现手法并非三代首创，在新石器时代的一些形象中就有将立体形象平面化的尝试，并可细分为"水平方向的剖展"和"垂直方向的剖展"两类。

1. 双身的来源

——水平方向的剖展

　　目前所见我国最早的"一首双身"形象是仰韶文化半坡彩陶的"人面鱼纹"，虽然讨论很多，但较合理的看法是："人面鱼纹"的原型为人首鱼身的"人面鱼"，其"俯视图"如何家湾 H242：2（图 2-1）。[1] 当把这一形象平面化，就出现了如半坡 P.1002 的一首双身

1　陕西省考古研究所等：《陕南考古报告集》，三秦出版社，1994，第 133 页。

的形象（图 2-2）[1]，也有俯视和剖展鱼身同时存在的情况，如半坡 P. 4666（图 2-3）和西安临潼马陵遗址出土的彩陶瓶（图 2-4 展开图），这种情况可视为左、右、上方的鱼身共用中间的面纹，而左右的身躯则由水平剖展而来。[2] 半坡彩陶中这类保留俯视的剖展模式，并没有传承下来。与饕餮纹双身来源关系更为密切的是三维面部的平面化：

红山文化玉器中的玉龙（N2Z1M4：2）（图 2-5）[3]、玉兽面牌饰（N2Z1M2：14）（图 2-6）[4]、璋形玉器（图 2-7 部分）[5]，三者的兽面形象相近，但后两者则将兽面平面化，这在一定程度上可视为"龙首"的剖展形象。又如良渚文化的玉琮，其棱上常刻有神面纹，这些神面纹以棱脊为中线呈现出较为立体的面部形象，当把该形象"平铺"在平面上，便形成类似剖展的形式。以反山玉琮（M12：98）为例（图 2-8）[6]，棱上立体的兽面纹与各面中央的兽面形象一致。玉琮的任一面，均表现出两端各有一个兽面侧面，中间一个正面像的组合。这种"侧面—正面—侧面"组合模式在之后的石峁石雕和商代青铜方鼎上都有出现：如石峁 11 号石雕（图 2-9）、24 号石雕（图 3-1）[7]；郑州商城出土的 8 件青铜大方鼎上，凡是棱角上饰有饕餮纹的，各面均呈现该组合 [8]，如郑州商城杜岭一号方鼎（图 2-10）[9]；再如晚商妇好墓出土的司母辛大方鼎（图 2-11）[10]。由于青铜方鼎的饕餮纹已经有"身"，中部饕餮纹的身与兽面便一同被剖展，呈现出"正视的兽面+左右对称分列侧视躯体"的形式。[11]

1　图 2-2 至图 2-4 均选自陕西历史博物馆编《彩陶·中华：中国五千年前的融合与统一》，陕西师范大学出版社，2020，第 74、86 页。

2　王仁湘、顾万发、李默然有相近的看法。参见李默然《半坡"人面衔鱼"图案再分析》，《江汉考古》2020 年第 1 期。

3　辽宁省文物考古研究所：《牛河梁——红山文化遗址发掘报告（1983—2003 年度）》（上），文物出版社，2012，第 81 页。

4　辽宁省文物考古研究所：《牛河梁——红山文化遗址发掘报告（1983—2003 年度）》（上），第 100 页。

5　郭大顺、洪殿旭：《红山文化玉器鉴赏》，文物出版社，2010，第 132 页。

6　浙江省文物考古研究所：《反山》（下），文物出版社，2005，第 44 页。

7　陕西省考古研究院等：《陕西神木市石峁遗址皇城台大台基遗迹》，《考古》2020 年第 7 期。

8　共计 5 件，分别是：南顺城 H1 上：1、杜岭一号、杜岭二号、向阳 H1：2、向阳 H1：8。

9　河南省文物考古研究所、郑州市文物考古研究所：《郑州商代铜器窖藏》，科学出版社，1999，第 76 页。

10　中国社会科学院考古研究所：《殷墟青铜器》，文物出版社，1985，线图图四。（棱面图为笔者自绘）。

11　石峁 11 号、24 号石雕面纹旁均有外延内卷纹，这便是早期饕餮纹"身尾"的渊源（下详）。

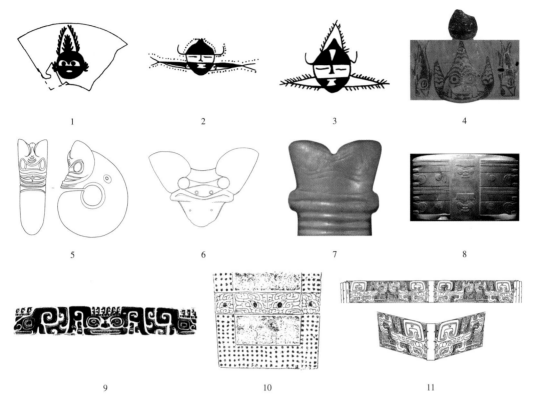

图 2　早期艺术中神（兽）面纹的正视—双身形象

1. 何家湾 H242：2；2. 半坡 P. 1002；3. 半坡 P. 4666；4. 西安马陵遗址出土彩陶瓶；5. 牛河梁 N2Z1M4：2；6. 牛河梁 N2Z1M2：14；7. 红山文化璋形玉器；8. 反山 M12：98；9. 石峁 11 号石雕；10. 杜岭一号方鼎；11. 司母辛方鼎纹饰（正面、棱面）

　　商代青铜方鼎上饕餮纹"侧面—正面—侧面"的组合形式与良渚文化玉琮和石峁石雕上的情形一致，中部正视饕餮纹的身已呈现"左右对称分列侧视"的形态。基于此，可推测饕餮纹"水平方向的剖展"模式可能受到了石峁石雕的影响，[1] 而该模式的祖形则可追溯至良渚玉琮棱上神面纹的平面化。

2. 分裂下颚的来源
——垂直方向的剖展

　　水平方向的剖展模式能够解释饕餮纹"左右对称分列侧视躯体"的来源，但对于其分裂的下颚却难以给出完美的解答。而石峁 24 号石雕（图 3-1）[2] 却给了我们重要的启示，在中间正视神面纹和两端侧视神面纹之中刻有两个兽形纹饰的俯视

1　二里头的双身蛇纹（图 1-2 上）可能也受到了石峁石雕的影响。

2　陕西省考古研究院等：《石峁遗址皇城台地点 2016—2019 年度考古新发现》，《考古与文物》2020 年第 4 期。

图，兽形的前段为兽首（鼻两侧为分裂的下颚），中段为躯体和四足，后段为一分为二的兽尾。王仁湘用剪纸巧妙地解释了这一垂直方向的剖展模式（图3-2），并分析到"由中线对折后，双下颌和双尾也就好理解了"[1]。该观点颇具启发性，由此可知该虎纹的剖展模式为由足向上沿垂直方向剖至"下颚—兽尾" 线，然后外展为平面而成。

分裂下颚的形象在与石峁石雕时代（BC2000-BC1800）[2] 相近、略晚的早期艺术中也有表现，如新砦遗址出土陶器盖上的神面纹（99HXXT1H24：1）[3]，兽面左下方的 C 形纹饰也应为下颚（图3-3）；二里头遗址出土的铜牌饰（Ⅵ M11：7），兽面下方两侧有两个凸起（图3-4）[4]，和石峁24 号石雕虎纹的分裂下颚在位置和造型上均具有一致性；夏商之际的大甸子墓地发现的神面纹中也有分裂下颚的情况（M317：2）（图

3-5）[5]；再看早商阶段的饕餮纹，大多数兽面下均有左右分裂的下颚，如盘龙城李家嘴铜斝上的饕餮纹（PLZM2：19）（图3-6）[6]。总之，上述例子中兽面之下的对称内勾纹表现的应是分裂的下颚，它源自垂直方向的剖展表现模式。

综上，饕餮纹的完整形式特征可总结为"正视的兽面+分裂的下颚+左右分列侧视的躯体"，它源于两种不同方向"剖展"模式的组合：水平方向的剖展形成了"左右分列侧视的躯体"，垂直方向的剖展形成了"分裂的下颚"。基于现有证据，可推测前者受到了石峁石雕的影响，祖形可追溯至良渚文化。后者目前最早的例子见于石峁24 号石雕，并在新砦、二里头、大甸子等遗址纹饰中都有体现。可以说，饕餮纹"剖展"的表现形式是对新石器时代晚期艺术中剖展模式的继承和综合运用。

1 可以理解为将虎由下至上剖至脊椎一线，再平展开来。图像改绘于王仁湘所制剪纸，见王仁湘《石峁石雕杂谈——虎变》，"器晤"公众号，2020 年 2 月 10 日。

2 陕西省考古研究院等：《陕西神木市石峁遗址皇城台大台基遗迹》，《考古》2020 年第 7 期。

3 顾万发：《试论新砦陶器盖上的饕餮纹》，《华夏考古》2000 年第 4 期。复原图可参考王青《浅议新砦残器盖纹饰的复原》，《中原文物》2002 年第 1 期。

4 最初的发掘简报中并未将这部分细节绘出（中国社会科学院考古研究所二里头工作队：《1984 年秋河南偃师二里头遗址发现的几座墓葬》，《考古》1986 年第 4 期）；在重绘图中，可以明显看到这两处纹饰（［日］宫本一夫、白云翔：《中国初期青铜器文化的研究》，九州大学出版会，2009，第 172 页）。

5 中国社会科学院考古研究所：《大甸子——夏家店下层文化遗址与墓地发掘报告》，科学出版社，1996，第 105 页。

6 湖北省文物考古研究所：《盘龙城——1963—1994 年考古发掘报告》，第 167 页。为突出所论局部特征，笔者对文中部分拓片进行了明暗处理，深色部分为讨论对象，下文不再一一说明。

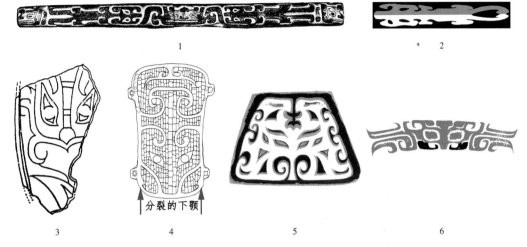

图 3　早期艺术中的分裂下颚形象

1. 石峁 24 号石雕；2. 剖展虎纹剪纸示意图；3. 新砦遗址出土陶片；4. 二里头 ⅥM11：7；5. 大甸子 M317：2；6. 盘龙城 PLZM2：19

三　饕餮纹形象特征的渊源

　　饕餮纹从早商到晚商发生了一系列变化，尤其是自二里岗上层二期开始，早期较抽象的饕餮纹逐步向具象化发展，多种具体动物和人体部件开始融入饕餮纹，如虎齿、鸟爪、蛇身、牺牲类的角与目以及人的目、眉等。若以具象化后的饕餮纹特征来探讨其渊源，很容易误判饕餮纹是对某种动物的再现，如曾有学者推测饕餮纹的原型是龙[1]、牛[2]、虎[3]、羊[4]、鸡[5]、鸟[6]等。此类研究的结论只能说明晚商阶段的部分具象饕餮纹中可能包含此类动物元素，但并无法证明饕餮纹最初就是从这些动物形象演变而来的，因为在早期较抽

1　Bernhard Karlgren，"Notes on The Grammar of Early Bronze Décor"，*BMFEA*，No. 23. 1951. 王震中：《"饕餮纹"一名质疑及其宗教意义新探》，《文博》1985 年第 3 期。其实龙和饕餮的构成模式一样，都属于"复合型动物纹"只是我们通常将中商后具有"瓶状角"的此类"复合型动物纹"称之为龙纹，关于商代龙纹的发展可参见韩鼎《商代阜南龙虎尊纹饰的再研究》，《中国美术研究》（34），2020。

2　李泽厚：《美的历程》，生活·读书·新知三联书店，2009，第 37 页。

3　冯其庸：《一个持续五千年的文化现象——良渚玉器上神人兽面图形的内涵及其衍变》，《中国文化》1991 年第 5 期。袁德星：《饕餮纹的界说》，《故宫季刊》，第 9 卷第 2 期。

4　丁山：《中国古代宗教与神话考》，龙门联合书局，1961，第 281—296 页。

5　卫聚贤：《中国考古学史》，商务印书馆，1937，第 52 页。

6　陈惠：《饕餮新释》，《殷都学刊》1995 年第 3 期。

象的饕餮纹中并不能辨识出动物元素。因此，要探讨饕餮纹的原型就必须从早期饕餮纹入手。

（一）早期饕餮纹的特征

本文中"早期饕餮纹"指早商阶段的抽象饕餮纹[1]，在该阶段，尚无法将具体动物的身体特征与之相关联。按构成线条，早期饕餮纹可分为单线（窄凸线）和宽带（宽凸线）两种类型。单线饕餮纹的出现早于宽带饕餮纹[2]，但在二里岗上层两者并行发展，并非取代关系。而依

照形式特征，则可将早期饕餮纹划分为连续发展的两个阶段：萌芽阶段和成熟阶段。

1. 萌芽阶段的早期饕餮纹

结合发掘报告、学界已有的研究成果以及特征对比[3]，笔者认为属萌芽阶段饕餮纹的有以下几例[4]：杨庄爵（图 4-1）[5]、郑博爵（图 4-2）[6]、黄店爵（图 4-3）[7]、上博爵（图 4-4）[8]、琉璃阁爵（M110：11）（图 4-5）[9]、望京楼爵（图 4-6）[10]、开专采集爵（图 4-7）[11]、盘龙城杨家湾

1　大体相当于罗越所说的风格Ⅰ和风格Ⅱ。Max Loehr，"The Bronze Styles of the Anyang Period（1300-1028 B.C.）"，*Archives of the Chinese Art Society of America*，Vol.7（1953），pp.42-53. 另外，郑州商城个别陶器上也有饕餮纹（见《郑州商城陶器集萃》第 327、380、389、391、447 页），应是对青铜器上饕餮纹的模仿，本文不再单列讨论。

2　就工艺来说，该时期单线饕餮纹和二里头青铜器上几何纹饰的铸造工艺一致，纹饰刻画于外范之上，这应是模范法中最早的纹饰铸造方法。万家保曾提出青铜器纹饰工艺的演进："范纹→模纹→模范合作纹→塑雕模纹"（万家保：《铸造技术对中国古代青铜器纹饰的若干影响》，"中研院"编：《"中央研究院"国际汉学会议论文集历史考古组》（上），1981，第 113 页）。而宽带饕餮纹则很可能是模作的（需要翻范的过程）（张昌平：《中国青铜时代青铜器装饰艺术与生产技术的交互影响》，载陈建立、刘煜主编《商周青铜器的陶范铸造技术研究》，文物出版社，2011，第 4 页）。

3　朱凤瀚：《中国青铜器综论》，第 856—934 页。张文军、张玉石、方燕明：《关于郑州商城的考古学年代及其若干问题》，杨育彬、曾晓敏：《郑州商城的考古学研究》，载河南省文物考古研究院编《郑州商城遗址考古研究》，大象出版社，2015。

4　个别铜器的断代有一定争议，这里不过多讨论。

5　该器 1964 年出土于郑州杨庄，编号豫 1187。照片见《河南出土商周青铜器》编辑组编《河南出土商周青铜器》，文物出版社，1981，图六〇。拓片见裴明相《郑州商代二里岗期青铜容器概述》，《中国考古学会第四次年会论文集》，文物出版社，1985，图 1-10。

6　该器 1958 年郑州出土，编号郑博 0049。照片见《河南出土商周青铜器》图六一；拓片见裴明相《郑州商代二里岗期青铜容器概述》，图 1-8。

7　赵新来：《中牟县黄店、大庄发现商代铜器》，《文物》1980 年第 12 期。照片见《河南出土商周青铜器》图八三；拓片见裴明相《郑州商代二里岗期青铜容器概述》，图 1-11。

8　陈佩芬：《夏商周青铜器研究》（夏商篇），上海古籍出版社，2004，图〇一一。

9　拓片见中国科学院考古研究所编著《辉县发掘报告》，科学出版社，1956，第 27 页。

10　赵炳焕、白秉乾：《河南省新郑县新发现的商代铜器和玉器》，《中原文物》1992 年第 1 期。

11　拓片见裴明相《郑州商代二里岗期青铜容器概述》，图 1-4。

爵（PYWM6：1）（图4-8）[1]、黑川研究所藏爵（图4-9）[2]、郑州商城铜鼎（87M1：4）（图4-10）[3]、旧金山艺术博物馆藏盉（图4-11）[4]、玫茵堂藏盉（图4-12）[5]，此外还有河博藏爵（豫0018）和登封袁桥爵[6]。这些青铜器的时代集中于二里岗下层二期至上层一期。

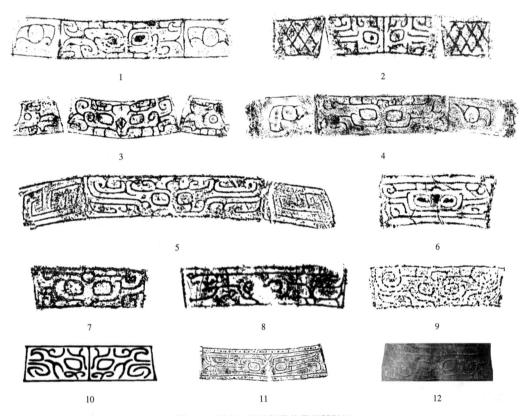

1

2

3

4

5

6

7

8

9

10

11

12

图4　（早商）萌芽阶段的早期饕餮纹

1. 杨庄爵；2. 郑博爵；3. 黄店爵；4. 上博爵；5. 琉璃阁爵；6. 望京楼爵；7. 开专采集爵；8. 盘龙城杨家湾爵；9. 黑川研究所藏爵；10. 郑州商城铜鼎；11. 旧金山艺术博物馆藏盉；12. 玫茵堂藏盉

1　湖北省文物考古研究所：《盘龙城——1963—1994年考古发掘报告》，第222页。

2　［日］林巳奈夫：《殷周青铜器综览》第二卷《殷周时代青铜器纹饰之研究》（图片），第3页（图2-1）。

3　河南省考古研究所：《郑州商城新发现的几座商墓》，《文物》2003年第4期。

4　［日］林巳奈夫：《殷周青铜器综览》第二卷《殷周时代青铜器纹饰之研究》（图片），第3页（图2-2）。

5　Wang Tao, *Chinese bronzes from the Meiyintang collection*. London：Paradou Writing, 2009. p. 49.

6　两器仅见照片（不够清晰），未搜集到拓片，见《河南出土商周青铜器》图五八、图八四。

结合图像，可以看到萌芽阶段的早期饕餮纹具有以下特征：第一，由单线构成，线条仅稍凸出于器表。第二，绕器一周的装饰带中，饕餮纹常与几何纹饰配合出现（体现出由几何纹向饕餮纹过渡的趋势）。第三，饕餮纹个体间差异较大，尚没有形成固定统一的特征。第四，绝大多数饰于铜爵腰部，装饰面积小。

2. 成熟阶段的早期饕餮纹

一种形式特征相对程式化的饕餮纹出现于二里岗上层一期，流行于上层二期，整体上继承了萌芽阶段的特征，并呈现出向模式化、定式化发展的趋势。其构成线条包括单线、宽带两种形式，此类饕餮纹可视为早期饕餮纹的成熟阶段。

各地区考古所见成熟阶段的早期饕餮纹数量众多且形式相对统一，下面仅选取郑州商城和盘龙城的各两个例子加以说明。为表现该阶段饕餮纹的相互关联，暂以郑州商城南顺城街窖藏铜爵（H1 上：

7）上的宽带饕餮纹为"基础形式"（图5-1）[1]，特征包括：面部中央上方为 T 形冠（🜨），左右对称分布有卵形目（⬭）、T 形角（🝠）、角外内卷纹（🝡）、下颚（🝢），分歧状"身尾"[2]（🝣）。再看郑州商城向阳回族食品厂大方鼎（XSH1：8）上的单线饕餮纹（图5-2）[3]，与"基础形式"相比，该例用单线表现了与之相近的特征，只是角和冠之间增加了刀状羽纹（🝤），内卷纹也更加圆润（🝥）。再以盘龙城杨家湾 M4 出土的两件铜斝为例[4]，将之与"基础形式"相比较，铜斝（PYWM4：6）上饕餮纹（图5-3），角变成了〜形角（🝦）；铜斝（PYWM4：5）上饕餮纹（图5-4）的目纹变成了臣字目（🝧）、鼻翼更加明显（🝨），其他特征与"基础形式"均相仿（后例中，由于鼻翼占据了下颚的位置，故简省表现下颚）。

| 1 | 2 | 3 | 4 |

图5　（早商）成熟阶段的早期饕餮纹

1. 南顺城街 H1 上：7；2. 向阳回族食品厂 XSH1：8；3. 盘龙城杨家湾 PYWM4：6；4. 盘龙城杨家湾 PYWM4：5

1　河南省文物考古研究所、郑州市文物考古研究所：《郑州商代铜器窖藏》，第22页。

2　此处及下文虽称之为"身尾"，只是依照晚商时期具象饕餮纹兽首两旁"身"的部分对早期饕餮纹的映射，目的是使读者能清楚所讨论的是饕餮纹的哪一部分。但对于早期饕餮纹来说，此部分的性质不一定是"身"或"尾"，而更可能是兽面部分的附饰（详见下文）。

3　河南省文物考古研究所、郑州市文物考古研究所：《郑州商代铜器窖藏》，第88页。

4　湖北省文物考古研究所：《盘龙城——1963—1994 年考古发掘报告》，第247页。

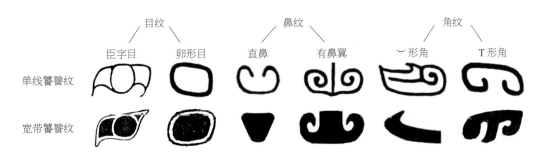

图6　成熟阶段早期饕餮纹的二元化构成

综上，早商成熟阶段的早期饕餮纹特征可总结为：第一，单线饕餮纹、宽带饕餮纹两种形式并行发展（后者数量更多）。第二，面部特征相对统一（包括额部T形冠、冠两侧有角、角外侧有内卷纹）。第三，"身体"以"分歧"尾为主（后期出现尾部上卷的变化[1]）。第四，面部"器官"表现出二元化特征，包括臣字目、卵形目；[2] 直鼻、有翼鼻；⌒形角、T形角等（图6），该阶段饕餮纹的多样性很大程度上通过二元化五官的互换、重组来表现。[3] 第五，环绕器身的装饰带中的组合为"饕餮纹"与"饕餮纹"、"饕餮纹"与"侧视兽形"，不再与几何纹饰组合。第五，饕餮纹被装饰于各类器型之上（不再像萌芽阶段主要饰于铜爵）。第六，不同地区所见早商饕餮纹基本大多属此类，形式特征较为相近。

3. 早期饕餮纹的特征

通过对比萌芽阶段、成熟阶段的早期饕餮纹，可将其特征归纳为以下三类：

第一，萌芽阶段、成熟阶段早期饕餮纹所共有的特征（图7-1）。

T形冠（图7-1a）：大多数萌芽阶段早期饕餮纹兽面中上部均有一个凸起（图4-2、图4-3、图4-4、图4-5、图4-6、图4-7、图4-9、图4-10），并在成熟阶段更加普遍且明显，形似T形（），因其位置在兽面之上，可称之为"T形冠"。

内卷纹（图7-1b）：T形冠两侧（目纹外侧上方）多有对称出现的内卷纹。萌芽阶段各例略有差异；成熟阶段则在位置（角纹外侧）和形式（末端上勾内卷）上都较为统一。

二元目纹（图7-1c）：在萌芽阶段，

1　朱凤瀚按尾部形式将其分为Aa型分歧如鱼尾、Ab型上尾上卷、Ac型下尾上卷、Ad型中尾上卷，四种亚型。朱凤瀚：《中国青铜器综论》，第541页。

2　成熟阶段的早期饕餮纹单线形式中还有一种"无目"的形式，这里暂不讨论。

3　韩鼎：《饕餮纹多变性研究》，《中原文物》2011年第1期。

目纹多为卵形目（），但黄店爵、上博爵的饕餮纹旁有独立的臣字目纹（），呈现出卵形目和臣字目二元化的结构；成熟阶段，整体来看饕餮纹的目纹形式整体呈现二元化（、）。

二元角纹（图7-1d）：在萌芽阶段，有相当一部分饕餮纹并没有角纹（图4-1、图4-4、图4-6、图4-7、图4-9、图4-11、图4-12），由此可推测饕餮纹的原型应并没有角纹，角纹是在饕餮纹自身发展过程中增添的。约在萌芽阶段末期，在T形冠和内卷纹中间开始出现角纹，按形式可分为形角（）（图4-3）和T形角（）（图4-2）；成熟阶段，饕餮纹基本均有角纹，仍表现为形角（）和T形角（）的二元化（图5-3、图5-4），但T形角更加多见。

分歧"身尾"（图7-1e）：在萌芽阶

段，一部分饕餮纹仅有上尾（图4-4、图4-5、图4-7）；另一部分有分歧尾，上下大致对称，下尾内端有卷曲纹。在成熟阶段，形成上下基本对称的分歧尾，下尾内端的卷曲纹更加明显，近似兽足。

第二，萌芽阶段独有的特征（未被成熟阶段饕餮纹所继承）（图7-2）。

旋目、一形口（图7-2a、7-2b）：这两个特征仅见于杨庄爵上的饕餮纹（图5-1），该饕餮纹卵形目周围有上下相互近围绕状的弧线纹饰，与目纹组合形成"旋目"的样式[1]，下方口形似"一"。

菱形额饰（图7-2c）：该阶段部分饕餮纹双目之间有菱形纹饰（图4-3、图4-11），虽然在成熟阶段消失不见，但常见于中商以后各类动物纹饰的额间[2]。

第三，成熟阶段早期饕餮纹的新增特征（图7-3）。

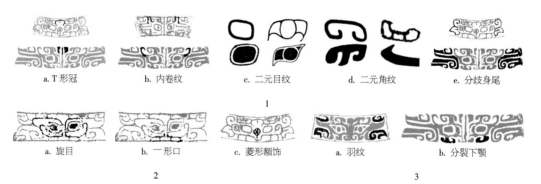

a. T形冠　　b. 内卷纹　　c. 二元目纹　　d. 二元角纹　　e. 分歧身尾

1

a. 旋目　　b. 一形口　　c. 菱形额饰　　a. 羽纹　　b. 分裂下颚

2　　　　　　　　　　　　　　　3

图7　早期饕餮纹的特征

1. 萌芽阶段、成熟阶段共有的特征；2. 萌芽阶段早期饕餮纹独有特征；3. 成熟阶段早期饕餮纹新增特征

1　"旋目"的定名见王仁湘《中国史前"旋目"神面图像认读》，《文物》2000年第3期。

2　中商以后，部分饕餮纹、龙、虎、牛、羊、象、龟、蛇、鸟、蝉、蛙等纹饰中均有饰有"菱形额饰"的例子。韩鼎：《早期艺术中"兽面—菱形"主题研究》，《中国美术研究》（27），2018。

羽纹（图7-3a）[1]：该阶段饕餮纹的尾部常由横向的羽纹 ㇏ 构成分歧尾的主体，在 T 形冠两旁也偶见竖向的羽纹（㇏、㇔），同时，羽纹还有若干种变体（⌒、⌐）。晚商阶段，羽纹成为重要的填充性纹饰。

分裂下颚（图7-3b）：该阶段饕餮纹兽面下方常有分列于鼻纹两旁的⊥状下颚，源于垂直方向的剖展模式（见上文）。

（二）龙山时代以来饕餮纹形象特征的渊源

早期饕餮纹的形象特征（T形冠、内卷纹、二元目纹、二元角纹、分歧身尾、旋目、一形口、菱形额饰、羽纹、分裂下颚）并非早商时期的首创，它们与龙山时代的神面纹之间表现出不可忽视的一致性。[2] "龙山时代"最初由严文明提出，[3] 近年，韩建业对不同区域文化进入、脱离龙山时代的时间进行了细化，并总结道："龙山时代的形成，是黄河、长江流域各文化频繁互动交流的结果，龙山时代诸文化实际成为新时期文化意义上早期中国的主体文化。"[4] 龙山时代频繁的文化交流和多元一体的发展趋势在神面纹上也有突出的体现，不同区域文化中都出现了特征相近的神面纹，它们共同构成了早期饕餮纹形象特征的来源。目前，已有不少学者对新石器时代的神面纹有过讨论，[5] 但与

1　旧称刀纹（容庚、孙作云）或列旗纹，但从中商之后的具象饕餮纹来看，称之为"羽纹"更加合适，见高西省《兽面纹额羽与"列旗"》，《文博》1999年第1期。

2　本文中"神面纹"乃是泛指，也有学者称之为"神人纹""兽面纹""神祖面纹"等。其中有些更似兽（如二里头铜牌饰），有些似人（如石峁石雕），有些则接近半人半兽（如后石家河文化的部分例子），下文中则统称为"神面纹"。

3　严文明：《龙山文化和龙山时代》，《文物》1981年第6期。

4　韩建业：《龙山时代：新风尚与旧传统》，《华夏考古》2019年第4期。

5　（按发表时间）Dohrenwend, "Jade Demonic Images from Early China", *Art Orientalis*, Vol. X, 1975. 巫鸿：《一组早期的玉石雕刻》，《美术研究》1979年第1期。张长寿：《记沣西新发现的兽面玉饰》，《考古》1987年第5期。[日] 林巳奈夫：《所谓饕餮纹表现的是什么》，载 [日] 樋口隆康主编《日本考古学研究者·中国考古学研究论文集》，第167—171页。杜金鹏：《略论新干商墓玉、铜神像的几个问题》，《南方文物》1992年第2期。杜金鹏：《石家河文化玉雕神像浅说》，《江汉考古》1993年第3期。周南泉：《论西周玉器上的人神图像——古玉研究之五》，《故宫博物院院刊》1995年第3期。[日] 林巳奈夫：《中国古玉研究》（第五章），艺术图书公司，1997。陈星灿：《兽面玉雕·兽面纹·神人兽面纹》，载《远望集——陕西省考古研究所华诞四十周年纪念文集》，陕西人民美术出版社，1998。孙机：《龙山玉鸷》，载《远望集——陕西省考古研究所华诞四十周年纪念文集》，陕西人民美术出版社，1998。王青：《西朱封龙山文化大墓神徽饰纹的复原研究》，载山东大学考古学系编《刘敦愿先生纪念文集》，山东大学出版社，1998。[日] 林巳奈夫：《关于石家河文化的玉器》，载邓聪编《东亚玉器》，香港中文大学，1998。王仁湘：《中国史前的纵梁冠——由凌家滩遗址出土玉人说起》，《中原文物》2007年第3期。林继来、马金花：《论晋南曲沃羊舌村出土的史前玉神面》，《考古与文物》2009年第2期。林继来：《史前玉雕鸟翼兽眼与复合鹰纹研究》，载杨建芳师生古玉研究会编著《玉文化论丛2》，文物出版社，2009。王青：《试论早期中国几种装饰神灵形象的组合式玉器——从山西羊舌晋侯墓出土的一件遗玉说起》，《中原文物》2018年第4期。蔡青：《后石家河文化玉器艺术的特征与源流考》，博士学位论文，西安美术学院，2019。另外，中国台湾学者邓淑苹曾对新石器时代的神面纹玉雕进行过一系列研究：邓淑苹：《古代玉器上奇异纹饰的研究》，《故宫学术季刊》第4卷第1期，1986。邓淑苹：《雕有神祖面纹与相关纹饰的有刃玉器》，载山东大学考古学系编《刘敦愿先生纪念文集》，山东大学出版社，1998。邓淑苹：《再论神祖面纹玉器》，载邓聪主编《东亚玉器》，香港中文大学，1998。邓淑苹：《论雕有东夷系纹饰的有刃玉器》（上、下），《故宫学术季刊》第16卷，第3、4期，1999。邓淑苹：《晋、陕出土东夷系玉器的启示》，《考古与文物》1999年第5期。邓淑苹：《新石器时代神祖面纹研究》，载杨晶、蒋卫东主编《玉魂国魄—中国古代玉器与传统文化学术讨论会文集（五）》，浙江古籍出版社，2012。

饕餮纹关系的研究尚有不足。下面，将从早期饕餮纹的各形象特征出发，追溯其在龙山时代以来的渊源。

1. T 形冠和内卷纹的来源

由于 T 形冠和内卷纹在龙山时代以来的神面纹上常组合出现，故一并讨论。

考古所见山东龙山文化中表现神面纹的器物有临朐西朱封的工冠饰和两城镇圭：西朱封玉冠饰（M202：1、2）[1] 由首、柄两部分组成，杜金鹏认为其首部由冠（ ）、目（ ）、翼（ ）、珥（ ）、鼻、口构成。除中心凹口，冠分两层外展、尾端内勾，目纹外端有内卷纹（即杜文所指"翼"）（图8-1）[2]，整体形成三层的内卷结构。两城镇圭底部正反面都刻有神面纹（图8-2）[3]，其中 A 面与西朱封玉冠饰具有较高的一致性。玉圭两面神面纹上均有中央凸起尖端的冠

（ 、 ），邓淑苹称之为"介字冠"[4]，但冠侧内卷纹方向不同，一为水平（ ）、一为竖直（ ）。

后石家河文化[5] 中出土了大量神面纹玉雕（图8-3至图8-9）[6]，整体上可分为具象和抽象两类：（1）具象神面纹：除獠牙外五官皆似人面，如肖家屋脊神面纹玉雕（W6：32）（图8-3）、谭家岭神面纹玉雕（W9：7）（图8-4），以及湖南澧县孙家岗遗址中出土的双面玉雕（M149：1）（图8-5），三器面部特征相仿，头顶较平、耳下有环饰，冠两侧（耳上）有内卷纹。这三件玉雕虽为平顶，但顶部中央均有孔，因此不排除可另插入冠饰的可能。[7]（2）抽象神面纹：整体较抽象，但强调介字冠、内卷纹、双目等特征，如肖家屋脊 W6：60、六合 W9：1、谭家岭 W8：11、谭家岭 W4：26（图8-6至图

1　中国社会科学院考古研究所等：《临朐西朱封——山东龙山文化墓葬的发掘与研究》，文物出版社，2018，第174页。

2　杜金鹏：《论临朐朱封龙山文化玉冠饰及相关问题》，《考古》1994年第1期。王青曾结合出土时发现的绿松石片对其进行复原，见王青《远方图物——早期中国神灵考古探索》，上海古籍出版社，2019，第7—22页。

3　刘敦愿：《记两城镇遗址发现的两件石器》，《考古》1972年第4期。

4　这种冠型，邓淑苹称之为"介字形冠"，见邓淑苹《远古的通神密码——介字形冠》，《故宫文物月刊》2007年第1期。王仁湘称之为"纵梁冠"，见王仁湘《中国史前的纵梁冠——由凌家滩遗址出土玉人说起》，《中原文物》2007年第3期。刘斌称之为"弓形冠"，见刘斌《法器与王权：良渚文化玉器》，杭州大学出版社，2019，第117页。

5　学界对后石家河文化的时代看法不一，主要有距今4200—4000年、距今4200—3900年以及距今4400—3900年三种观点。见钟雪《"后石家河文化"研究综述》，《文博学刊》2019年第4期。

6　图8-3、图8-6、图8-7，荆州博物馆编：《石家河文化玉器》，文物出版社，2008，第26、89、94页。图8-4、图8-8、图8-9，湖北省文物考古研究所等：《石家河遗珍——谭家岭出土玉器精粹》，科学出版社，2019，第1、44、50页。图8-5，湖南省文物考古研究所、澧县博物馆：《湖南澧县孙家岗遗址墓地2016—2018年发掘简报》，《考古》2020年第6期。

7　山西曲沃羊舌晋侯墓地出土的一件双面神面纹玉雕，在平冠之上另有介字冠饰。山西省考古研究所、曲沃县文物局：《山西曲沃羊舌晋侯墓地发掘简报》，《文物》2009年第1期。

8—9），以及下文涉及的谭家岭 W9：50、59、52，W8：13（图 9-4 至图 9-7）等。

在陶寺文化中期偏晚的墓葬Ⅱ M22 中曾出土一件神面纹玉雕（Ⅱ M22：135）（图 8—10）[1]，与后石家河文化抽象神面纹非常相似，也强调介字冠和冠侧内卷纹。

近年，石峁遗址皇城台大台基南护墙出土了 70 件石雕，其中不少刻有神面纹。这些石雕的使用年代"不晚于龙山文化晚期，绝对年代约在公元前 2000 年，沿用至公元前 1800 年前后被废弃"[2]。由于石雕排列无序（甚至有倒置的情况），发掘者认为它们可能来自皇城台上比大台基更早的高等级建筑，毁弃后，被重新砌筑于大台基石砌护墙墙面。[3] 这些神面纹石雕冠型多样：有成排羽纹组成的羽冠，如 11 号石雕（图 2-9）和 1 号石雕（图 8-11）[4]；T 形冠，如 9 号石雕（图 8-12）[5]；变形介字冠（近桃形🐖），如 24 号石雕（图 3-1）；将冠和鼻纹相连接，如 30 号石雕（🁢、🁡）（图 8-13）[6]、47 号石雕（🁠）（图 9-10）；此外还有无冠的情况，如 10 号石雕（图 12-4）。虽然冠形各异，但在冠两旁均有内卷纹，并可分为向上（图 8-11）和向下（图 8-12）两种形式。石峁地区还曾发现一件神面纹玉雕的半成品，介字冠、冠侧内卷纹已具雏形（图 8-14）[7]。

新砦期花地嘴遗址曾出土两件朱砂绘神面纹陶瓮[8]，第一件陶瓮（2003HZT57H144：1）（图 8-15）的神面纹，有两个近方形的大目，目纹两侧有向下的内卷纹；第二件陶瓮（2003HZT57H145：1）（图 8-16）上的神面纹更为抽象，两边三角为目纹，中间为有鼻翼的鼻纹，鼻纹上方有倒梯形的纹饰，发掘者认为它相当于介字冠是有道理的。

1 中国社会科学院考古研究所、山西队山西省考古研究所、临汾市文物局：《陶寺城址发现陶寺文化中期墓葬》，《考古》2003 年第 9 期。线图改绘自朱乃诚载《论肖家屋脊玉盘龙的年代及有关问题》，《文物》2008 年第 7 期。经发掘者何驽证实同墓还出土有一件神面纹玉雕，与此件为"一件剖切为二，纹饰分别为凸弦纹及阴线纹，背面保留剖切面"。见邓淑苹《新石器时代神祖面纹研究》，载《玉魂国魄——中国古代玉器与传统文化学术研讨会文集（五）》，第 273 页（注 74）。

2 陕西省考古研究院等：《陕西神木市石峁遗址皇城台大台基遗迹》，《考古》2020 年第 7 期。

3 另一种可能是"最初就是砌筑于大台基护墙墙面上，作为特殊建材使用"。陕西省考古研究院等：《陕西神木市石峁遗址皇城台大台基遗迹》，《考古》2020 年第 7 期。

4 同上注。

5 黑色轮廓线为笔者所添。陕西省考古研究院等：《石峁遗址皇城台地点 2016～2019 年度考古新发现》，《考古与文物》2020 年第 4 期。

6 陕西省考古研究院等：《陕西神木市石峁遗址皇城台大台基遗迹》，《考古》2020 年第 7 期。

7 神木市石峁文化研究会编：《石峁玉器》，文物出版社，2018，第 336 页。

8 顾问、张松林：《花地嘴遗址所出"新砦期"朱砂绘陶瓮研究》，《中国历史文物》2006 年第 1 期。

二里头遗址曾出土 3 件铜牌饰[1]，学界对其形象的释读各异[2]。基于龙山时代以来的神面纹传统，笔者对铜牌饰的形象形成了一些新看法：如果将铜牌饰 V M4：5 上部按绿松石片的走向标注，我们可以看到兽面上方其实是由中部的 T 形和两边对称的两层 C 形内卷纹组成的（图 8-17）[3]，T 形源于介字冠的变形，而竖向延伸的内卷纹与石峁 30 号石雕（图 8-13）和大甸子 M371：10（图 8-20）形象相近。铜牌饰 Ⅵ M11：7（图 8-18），兽面正上方有 T 形冠，T 形冠上方有"山"字纹" "（中央凸起，两旁内勾），"T 形＋山形"纹饰组合可视为对介字冠和冠旁内卷纹的改造：即龙山时代神面纹的介字冠被分解为 T 形冠与"山"字形尖顶两部分。其中

"山"字形尖顶在两城镇圭（图 8-2）的介字冠顶已有相近表现（ ）。二里头四期晚段曾出土一件骨匕（2004VH285：8）（图 8-19）[4]，上部有较扁平的介字冠（ ），冠侧有内卷纹（ ），讨论详见下文（图 12-1）。

内蒙古敖汉旗大甸子遗址（时代约为二里头至二里岗文化时期）中出土了多件绘有神面纹的彩绘陶器。在纹饰特征上，大甸子的神面纹没有明显的介字冠，但往往具有内卷纹，如 M371：10（图 8-20）[5] 和 M612：26（倒置，图 8-22）[6]，前者内卷纹在头顶上方最外侧，竖向上延，尾端内勾；后者内卷纹斜向延伸，末端内勾。值得注意的是，大甸

1　铜牌饰 M4：5，中国社会科学院考古研究所二里头工作队：《1981 年河南偃师二里头墓葬发掘简报》，《考古》1984 年第 1 期。铜牌饰 M11：7，中国社会科学院考古研究所二里头工作队：《1984 年秋河南偃师二里头遗址发现的几座墓葬》，《考古》1986 年第 4 期。铜牌饰 M57：4，中国社会科学院考古研究所二里头工作队：《1987 年偃师二里头遗址墓葬发掘简报》，《考古》1992 年第 4 期。

2　学界关于铜牌饰的原型有龙、虎、熊、狐、鸮、鼍、羊等看法，参见郭伯南《镶嵌艺术的起源——虎纹护身符》，《文物纵横谈》，文物出版社，1990。李学勤《论二里头文化的饕餮纹铜饰》，《中国文物报》1991 年 10 月 20 日。王光尧《嵌绿松石兽面纹青铜牌饰》，《中国文物报》1992 年 8 月 9 日。杜金鹏《广汉三星堆出土商代铜牌浅说》，《中国文物报》1995 年 4 月 9 日。顾万发《试论新砦陶器盖上的饕餮纹》，《华夏考古》2000 年第 4 期。王金秋《谈二里头遗址出土的铜牌饰》，《中原文物》2001 年第 3 期。叶万松、李德《偃师二里头遗址兽纹铜牌考识》，《考古与文物》2001 年第 5 期。陆思贤《二里头遗址出土牌饰纹饰解读》，《中原文物》2003 年第 3 期。赵殿增《三星堆与二里头铜牌饰研究》，《殷商文明暨纪念三星堆遗址发现七十周年国际学术研讨会论文集》，社会科学文献出版社，2003。杜金鹏《中国龙，华夏魂——试论偃师二里头遗址"龙文物"》，杜金鹏、许宏主编：《二里头遗址与二里头文化研究 中国·二里头遗址与二里头文化国际学术研讨会论文集》，科学出版社，2006。叶舒宪《中华文明探源的人类学视角——以二里头与三星堆铜铃铜牌的民族志解读为例》，《文艺研究》2007 年第 9 期。叶舒宪《二里头铜牌饰与夏代神话研究——再论第四重证据》，《民族艺术》2008 年第 4 期。王爱民《二里头 81YLVM45 镶嵌铜牌饰为鸮鸮说》，《华夏考古》2017 年第 1 期。王青关于铜牌饰的一系列研究见王青《远方图物——早期中国神灵考古探索》，上海古籍出版社，2019。

3　基于重绘线图增添阴影。见［日］宫本一夫、白云翔《中国初期青铜器文化的研究》，第 171 页。

4　该骨雕左上及右下部稍残，王青曾对其进行复原。中国社会科学院考古研究所：《二里头 1999—2006》（4），文物出版社，2014，彩版三四五：4。拓片见王青《二里头遗址新见神灵及动物形象的复原和初步认识》，《考古》2020 年第 2 期。

5　中国社会科学院考古研究所：《大甸子——夏家店下层文化遗址与墓地发掘报告》，第 105 页。

6　此神面纹本是倒绘在鬲上（即该图 180 度旋转），但由于该鬲"在鬶内是覆扣在罐上"，因此常规摆放时，观察者看到的形象正如图像所示，菱形纹饰仍在眉间位置。中国社会科学院考古研究所：《大甸子——夏家店下层文化遗址与墓地发掘报告》，第 105 页。

子遗址中有单独表现（变形）介字冠和内卷纹的彩绘，如大甸子 M522：5（图 8-21）[1]，中部为上端突出的 T 形，两边似竖向内卷纹。

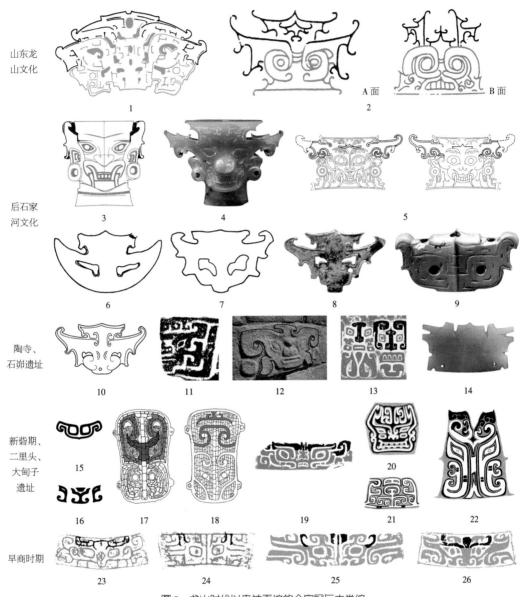

图 8　龙山时代以来神面纹的介字冠与内卷纹

1. 西朱封玉冠饰；2. 两城镇玉圭；3. 肖家屋脊 W6：32；4. 谭家岭 W9：7；5. 澧县孙家岗 M149：1；6. 肖家屋脊 W6：60；7. 六合 W9：1；8. 谭家岭 W8：11；9. 谭家岭 W4：26；10. 陶寺遗址玉雕；11. 石峁 1 号石雕；12. 石峁 9 号石雕；13. 石峁 30 号石雕；14. 石峁玉雕；15. 花地嘴陶瓮 2003HZT57H144：1；16. 花地嘴陶瓮 2003HZT57H145：1；17. 二里头 V M4：5；18. 二里头 Ⅵ M11：7；19. 二里头 2004VH285：8；20. 大甸子 M371：10；21. 大甸子 M522：5；22. 大甸子 M612：26（倒置）；23. 黄店爵；24. 郑博爵；25. 南顺城街窖藏铜爵 H1 上：7；26. 盘龙城铜觚 PYWM4：5

1　中国社会科学院考古研究所：《大甸子——夏家店下层文化遗址与墓地发掘报告》，第 107 页。

通过梳理龙山时代神面纹上的介字冠与内卷纹，可以发现：

在山东龙山文化、后石家河文化中，其特征为：（1）介字冠上端有尖，冠外端内勾；（2）冠外有内卷纹，多表现为横向外展、末端向上内卷（个别向下内卷，图8-9）；（3）内卷纹偶有纵向上展、末端内卷的情况（图8-2B、图8-3）。

在石峁、花地嘴、二里头和大甸子遗址中，整体特征与山东龙山、后石家河文化中的大致相仿，但也有新变化：（1）冠呈T形或桃形（图8-12、图8-13、图8-16、图8-18）；（2）冠与鼻纹相连接（图8-13、图8-19）；（3）内卷纹竖向延伸情况变的多见（图8-13、图8-17、图8-20）。

上述特征中，介字冠变为T形冠并与鼻纹相连，内卷纹横向外展、末端向上内卷的特征被早期饕餮纹（图8-23至图8-26）所继承。

2. 二元目纹的来源

龙山时代以来各文化神面纹的目纹，在整体上都体现出二元化的情况。

山东龙山文化：臣字目与旋目。所谓"臣字目"，因形似甲骨文的"臣"字（ ）而得名，其特点为有内外眼角；旋目指"史前玉器上见到的一种附带旋线的眼目图像"[1]，如两城镇圭神面纹（图8-2）的目纹（ ）。台北"故宫"藏有一件玉圭（故玉2100）（图9-1）[2]，正反两面均刻有神面纹，参考两城镇圭，可推测该器也应属山东龙山文化（后石家河等龙山时代考古学文化中尚未发现刻有神面纹的圭、刀、戚等板片状玉器），比较两面的神面纹，A面较具象，有臣字目（ ）、介字冠、獠牙口；B面较抽象，有旋目（ ）、介字冠、内卷纹。两面目纹构成臣字目与旋目的二元结构。

后石家河文化：臣字目与旋目（以及变形旋目类：简化旋目、丁字目、旋线圆目）[3]。后石家河文化中的具象神面纹往往有眼角，近臣字目（图8-3至图8-5），又如肖家屋脊（W6：14）（图9-3）。抽象神面纹中一部分为旋目，如谭家岭W9：50（图9-4）的旋目（ ）就与西朱封玉冠饰（图8-1）目纹（ ）相仿。同时，也出现了旋目纹的变形形式：（1）简化旋目。如谭家岭W9：59（图9-5）的旋目已简化为类似逗号的形式，内端大圆点、旋转、外端窄尖的形式（ ）。（2）丁状目纹。基于简化旋目继续演变（强化大头、尖尾，淡化旋转），就形成了丁状目纹（ ），如谭家岭W9：52（图9-6），后石家河文化中的抽象神面纹目纹多属此

1　王仁湘：《中国史前"旋目"神面图像认读》，《文物》2000年第3期。

2　杨美莉编著：《黄河流域史前玉器特展》，台北"故宫博物院"，2001，第69页。

3　图9-3，荆州博物馆编：《石家河文化玉器》，第27页。图9-4、图9-5、图9-6、图9-7，湖北省文物考古研究所等：《石家河遗珍——谭家岭出土玉器精粹》，第122、119、46、52页。

类。（3）旋线圆目。圆目上下均有线条围绕，如谭家岭 W4：26（图8-9）和谭家岭（W8：13）（⊚）（图9-7），从弧线围绕目纹这一特征来看，很可能也是基于旋目的变形。整体来看，后石家河文化中具象神面纹多臣字目（◉），抽象神面纹多旋目（🌀）；但旋目发生了一系列形式变化，出现了简化旋目（🌀）、丁字目（🌀）、旋线圆目（⊚）等形式。

美国史密森宁研究院藏有两件很可能属于后石家河文化的双面神面纹（图9-2）[1]，两器一件有冠，一件平顶，其他特征相仿：正面为臣字目（有獠牙口），反面为圆目（有一状口）。其中有冠的那件（图9-2甲）圆目外有圆圈纹（⊚），可能也是由旋目简化而来，另外，该玉雕正面神面纹的冠上有旋目（🌀），与下方臣字目（◉）构成二元目纹。

石峁遗址：臣字目与卵方形目[2]。石峁遗址中与臣字目相对应的为卵方形目。如两个圆柱形双面神面纹石雕：30号石雕（图9-9）为卵方形目（◼），47号石雕（图9-10）为臣字目（◉）。再如11号石雕（图9-8），中部神面纹为臣字目（🌀）（该臣字目也融合了旋目的特征，外眼眶为类似旋目的旋线），两侧神面纹为卵方形目（◻）。

花地嘴遗址陶瓮上的两个神面纹（图8-15、图8-16），分别为卵方形目（◻）与变形臣字目（◣）。二里头遗址出土铜牌饰（图8-17至图8-19）上的目纹，分别为圆形目（◯）、臣字目（◐）、卵方形目（◻）。大甸子遗址中，神面纹的目纹可分为卵形目（◼）（M371：10）（图8-20）[3]与臣字目（◢）（M612：26）（图8-22）。

将目纹单独抽离出来，可以更清晰地发现不同文化中神面纹目纹的二元化结构和演变规律（图10）：

通过梳理可以发现，龙山时代以来神面纹的目纹存在二元化的现象：在山东龙山文化、后石家河文化中为臣字目（⊚）与旋目（⊚）的二元化，但在后石家河文化中，旋目出现了简化（🌀）、抽象化（◣）、分离化（⊚）等几种变形形式。

石峁遗址、花地嘴遗址、二里头遗址、大甸子遗址则主要表现为：臣字目与卵形目的二元化结构。早期饕餮纹继承了这一模式，呈现出臣字目（◣）与卵形目（◼）的二元结构。

1　张长寿：《记沣西新发现的兽面玉饰》，《考古》1987年第5期。

2　图9-8、图9-9，陕西省考古研究院等：《陕西神木市石峁遗址皇城台大台基遗迹》，《考古》2020年第7期。图9-10，陕西省考古研究院等：《石峁遗址皇城台地点2016—2019年度考古新发现》，《考古与文物》2020年第4期。

3　目纹上方平行四边形纹饰，有学者认为是目纹，并与"黄金四目"的记载相关联，但比较M317：2（图3-5）目纹上方细长的眉，可知该例应为"眉"。

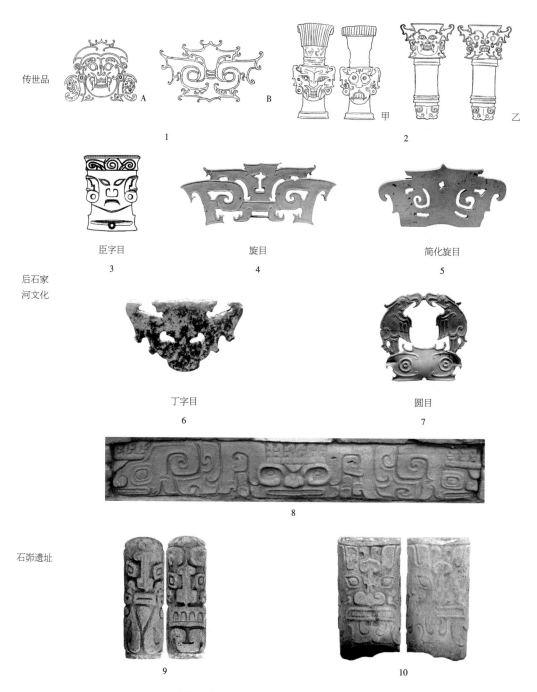

图 9　龙山时代以来神面纹中的二元目纹

1. 台北 "故宫" 藏圭（山东龙山文化）；2. 美国史密森宁研究院藏（后石家河文化）；3. 肖家屋脊 W6：14；4. 谭家岭 W9：50；5. 谭家岭 W9：59；6. 谭家岭 W9：52；7. 谭家岭 W8：13；8. 石峁 11 号石雕；9. 石峁 30 号石雕；10. 石峁 47 号石雕

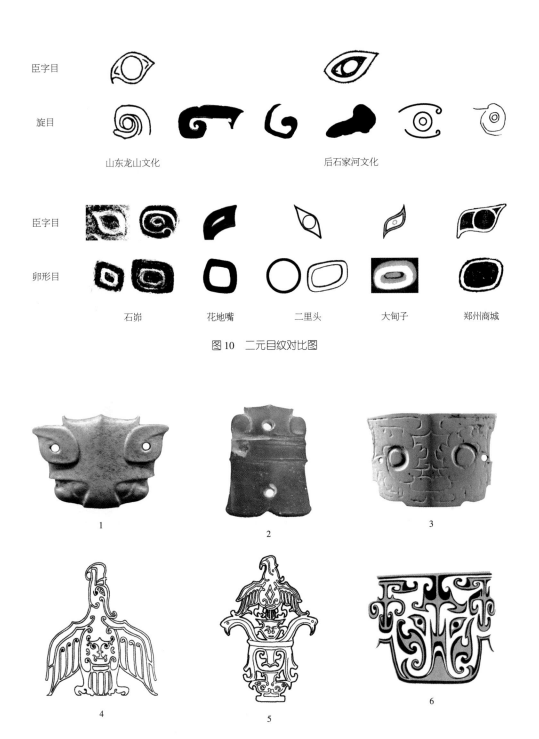

臣字目

旋目

山东龙山文化　　　　　　　　　　后石家河文化

臣字目

卵形目

石峁　　　　花地嘴　　　　二里头　　　　大甸子　　　　郑州商城

图10　二元目纹对比图

1　　　　　　　　2　　　　　　　　3

4　　　　　　5　　　　　　6

图11　介字冠的"独立"与"泛用"

1. 谭家岭 W9：49；2. 肖家屋脊 W6：44；3. 谭家岭 W4：18；4. 台北"故宫"藏圭；5. 天津艺术博物馆藏玉鹰；6. 大甸子神面纹 M761：1

3. 二元角纹的来源

龙山时代以来的神面纹头上只有介字冠，没有角纹，这可能也是部分萌芽阶段早期饕餮纹没有角纹的原因（图4-1、图4-4、图4-6、图4-7、图4-9、图4-11、图4-12）。饕餮纹的 T 形角（ ⚇ ）和 〵 形角（ ⚊ ）从何而来呢？观察介字冠（ ⚌ ），可以发现该冠整体呈 T 形、冠外端内勾，正与上述两种角形一致。

T 形角（ ⚇ ）的可能来源：介字冠的"独立化""T 形化"与"泛用"。（1）"独立化"：介字冠并非只出现于神面纹的顶部，作为一种"神圣性"标志还有两种用法：其一，饰于动物头顶，成为头部的一部分，如后石家河文化中的玉虎头像（谭家岭 W9：49）（图11-1）[1] 和玉蝉（肖家屋脊 W6：44）（图11-2）[2]。其二，作为附加标志装饰于对象的身上或身外，如谭家岭人头像面部中央 W4：18（图11-3）[3]、澧县孙家岗神面纹（图8-5）、台北"故宫"藏圭（故玉1856）的鹰腹部（图11-4）[4]、神面纹圭 B 面神面之下

（图9-1B），以及天津艺术博物馆藏玉鹰的身下（正反两处）（图11-5）[5]。上述例子表明，介字冠可以独立于神面纹而存在。（2）"T 形化"：前文论及二里头铜牌饰 ⅦM11：7（图8-18）时指出，介字冠被分化为" ⌒⌒ "和" ⚇ "，介字冠被 T 形化。（3）"泛用"：当介字冠脱离神面纹的"原境"而成为一个近 T 形的标志后，其使用模式的自由度就提升了。如大甸子遗址中的神面纹上虽然没有介字冠，但观察神面纹 M761：1（图11-6）[6]，头顶上方左右对称的有若干勾连 T 形纹（ ⚇ ），末端内卷。整体看来，似用对称的多个 T 形纹饰替代了原本位于中央的介字冠。[7] 这种将 T 形分置左右的形式，已与早期饕餮纹的 T 形角多有相近之处。

〵 形角（ ⚊ ）的可能来源：横向装饰空间内介字冠的扁平化。当在较窄的横向带状装饰空间内表现神面纹时，纹样整体上会被"压扁"，介字冠也会被挤压为较平的形态，如此一来，介字冠的顶端和

1　湖北省文物考古研究所等：《石家河遗珍——谭家岭出土玉器精粹》，第42页。

2　荆州博物馆编著：《石家河文化玉器》，第61页。

3　湖北省文物考古研究所等：《石家河遗珍——谭家岭出土玉器精粹》，第18页。

4　杨美莉编：《黄河流域史前玉器特展》，第65页。

5　图像引自孙机《龙山玉鸷》，《远望集——陕西省考古研究所华诞四十周年纪念文集》，陕西人民美术出版社，1998，第164页。

6　中国社会科学院考古研究所：《大甸子——夏家店下层文化遗址与墓地发掘报告》，第107页。此外，大甸子遗址 T 形组合纹样式丰富，二里头文化的陶器上也有多种 T 形组合纹，但此类纹饰是否与介字冠的独立化有关尚不能完全确定。

7　天津艺术博物馆藏玉鹰（图11-5）已出现了两个介字冠（一正一反），也可视为"泛用"；大甸子神面纹彩绘（M317：2）（图3-5）左右也存在多个 T 形纹饰。

末端就处于同一水平线上。如二里头骨匕（图8-19），其上神面纹的介字冠已呈水平向延伸（），但仍能看出其与西朱封玉冠饰（图8-1）上介字冠（）的一致性（图12-1），故可确定两者间的传承关系。而水平化的介字冠末端（），其位置与造型皆与早期饕餮纹〵形角（）一致。

通过梳理，我们看到了介字冠的一系列变化，既有装饰模式方面的（"独立化""T形化"与"泛用"），又有自身形式方面的（扁平化）。正是这些变化，使介字冠的整体T形和外端内勾两个特征更加突出，并对早期饕餮纹的T形角（）和〵形角（）的形式特征产生了影响。

4. 分歧尾的来源

萌芽阶段早期饕餮纹的"尾"可以按有无"下尾"分为两类：其一"无下尾，上尾内卷"，如上博爵、琉璃阁爵、开专爵（图4-4、图4-5、图4-7、图4-12）；其二"上尾内卷，下尾与之对称（末端有尖）"，如杨庄爵、黄店爵（图4-1、图4-3）。下面将分别讨论"上尾"和"下尾"的可能来源。

上尾的可能来源：内卷纹的延伸。冠侧内卷纹是龙山时代以来神面纹的最核心特征之一，位置一般从目纹外侧向外延伸，末端内勾。"外延""内勾"这两个特征与萌芽阶段早期饕餮纹的"上尾"在位置和造型方面皆相仿。通过对比西朱

封玉冠饰（龙山时代）、二里头骨匕（二里头文化）、琉璃阁爵（早商时期）神面纹的面部结构（图12-1），可发现三者的对应关系：玉冠饰的多层介字冠，在二里头骨匕上被"压扁"成水平状，至琉璃阁爵则形成了中间T形冠和两侧〵形角的组合，而玉冠饰的内卷纹，在骨匕上已被水平分置目纹两侧，终在早期饕餮纹上形成了"上尾"。

从渊源来看，萌芽阶段早期饕餮纹的"上尾"部分，源于神面纹的内卷纹，是面部附饰的艺术变形。因此，在该阶段能否视之为"兽尾"是值得反思的，兽尾化应是中商以后用具体动物的部分躯体（如蛇身）替换这部分的结果，而早商先民最初并不一定会将其视为"尾"。

下尾的可能来源：源于内卷纹下方填充性纹饰。早期饕餮纹下尾出现的相对较晚，其最初可能是为填充"上尾"下方的空间。在石峁和二里头遗址中就已经出现了填充性纹饰，如石峁11号石雕两端侧视神面纹的下方（图12-2）、二里头骨匕内卷纹下方（图12-3），都用卷曲纹来填充空间。

为何将"下尾"设计成末端向下呈尖状的形式，如黄店爵（），笔者认为这与内卷纹末端尖角下弯的类型有关。后石家河文化和石峁石雕的神面纹中，都存在这种下弯的内卷纹（图8-9、图8-12、图9-4、图9-5、图9-7、图9-8）。尤其是石峁10号石雕有上下对称的内卷纹

（图12-4）[1]，整体来看呈分歧状，显示出将内卷纹设计为上下对称的新形式。总之，末端尖角下弯内卷纹可能为饕餮纹的下尾提供了形式借鉴。

整体来说，早期饕餮纹的"尾"，在萌芽阶段以内卷状"上尾"为主，可能源于龙山时代以来神面纹冠两侧内卷纹的变形；"下尾"出现晚于"上尾"，最初可能只是为了填补"上尾"下方空间，其呈向下勾尖状的形式很可能借鉴了部分神面纹内卷纹末端尖角下弯的形式，但不排除受相近时期几何纹饰影响的可能。

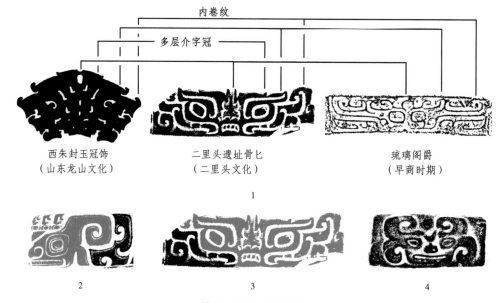

西朱封玉冠饰　　　　　　二里头遗址骨匕　　　　　　琉璃阁爵
（山东龙山文化）　　　　（二里头文化）　　　　　　（早商时期）

1

2　　　　　　　　　　3　　　　　　　　　　4

图12　分歧尾来源推测

1. T形冠、〵形角、上尾的来源推测；2. 石峁11号石雕（左端）；3. 二里头骨匕；4. 石峁10号石雕（反向）

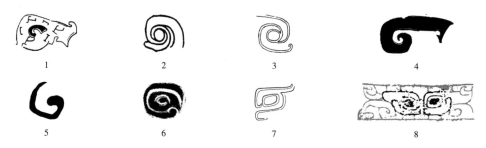

1　　　　　2　　　　　3　　　　　4

5　　　　　6　　　　　7　　　　　8

图13　龙山时代以来神面纹的旋目

1. 西朱封玉冠饰；2. 两城镇圭；3. 台北"故宫"藏圭；4. 谭家岭 W9：50；5. 谭家岭 W9：59；6. 石峁11号石雕；7. 二里头骨匕；8. 杨庄爵

1　陕西省考古研究院等：《陕西神木市石峁遗址皇城台大台基遗迹》，《考古》2020 年第 7 期。

5. 旋目的来源

关于旋目的来源和特征，王仁湘曾有过专文讨论，[1] 本文仅强调龙山时代以来旋目的传承性。在上文"二元目纹"的部分，我们看到龙山时代以来多文化的神面纹中均有旋目，[2] 如山东龙山文化的西朱封玉冠饰（图13-1）、两城镇圭（图13-2）、台北"故宫"藏圭（图13-3）；后石家河文化中如谭家岭W9：50（图13-4）、谭家岭W9：59（图13-5）；石峁11号石雕（图13-6），以及二里头骨匕（图13-7）。其中二里头骨匕神面纹的旋目已与杨庄爵上的目纹（图13-8）颇为相近。

通过上述梳理，可以明确杨庄爵上饕餮纹的旋目传承于龙山时代以来神面纹的旋目传统，只是这一特征在商代饕餮纹自身的发展中没有被延续下来。

6. 一形口的来源

早期饕餮纹中，有一形口的仅有杨庄爵一例（图14-4），与旋目一样在之后的饕餮纹中消失不见，但一形口在龙山时代以来的神面纹中却不乏其例。如前引两城镇圭（图8-2），其中一面的神面纹为一形口（▱）；美国史密森宁研究院所藏两件双面神面纹玉雕（图9-2），正面为獠牙，反面均为一形口（▱、▱）；二里头文化神面纹骨雕（图8-19）的口部（▱）亦属此类。此外还可再举几例，如美国芝加哥美术馆藏玉雕（图14-1）[3]、上海博物馆藏玉刀（图14-2）[4]、溧阳博物馆藏圭（图14-3）[5] 上的神面纹均为一形口。

图14　龙山时代以来一形口神面纹

1. 美国芝加哥美术馆藏玉雕；2. 上海博物馆藏玉刀；3. 溧阳博物馆藏圭；4. 杨庄爵

1　王仁湘：《中国史前"旋目"神面图像认读》，《文物》2000年第3期。

2　下图仅展示目纹部分，器物图可见图8-1、图8-2、图8-19；图9-1、图9-4、图9-5、图9-8。

3　张长寿：《记沣西新发现的兽面玉饰》，《考古》1987年第5期。

4　东京国立博物馆编：《上海博物馆展》，中日新闻社，1993，第37页。

5　1976年出土于江苏溧阳，圭上刻神面纹，与两城镇圭相近，由于非科学发掘所出，该圭是否为山东龙山文化器物尚难以确论。参见黄诚《溧阳市博物馆藏新石器时代玉石类文物鉴赏》，《收藏快报》2020年2月19日。图像见邓淑苹《雕有神祖面纹与相关纹饰的有刃玉器》，载山东大学考古学系编《刘敦愿先生纪念文集》，山东大学出版社，1998，第136页。

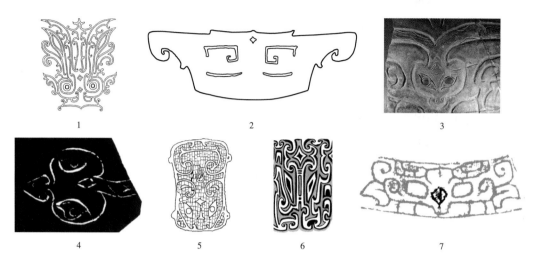

图15　龙山时代以来具有菱形额饰的神（兽）面纹

1. 台北"故宫"藏玉圭；2. 赛克勒藏玉雕；3. 二里头透底器残片；4. 二里头陶残片；5. 赛克勒藏铜牌饰；6. 大甸子 M1203：2；7. 黄店爵

　　龙山时代以来的神面纹常有二元化的口部形态，即獠牙口和一形口。一形口在二里头骨匕和萌芽阶段早期饕餮纹中仍有传承，但在之后就鲜有发现。

　　7. 菱形额饰的来源

　　笔者曾对早期艺术中的"神面—菱形"主题有过讨论，[1] 认为早期艺术中菱形额饰最初大量出现于良渚文化。山东龙山文化兽形纹饰上菱形的数量和位置均不固定，如台北"故宫"藏玉圭（故玉 1856）[2] 上神面纹双目间有两个菱形（图15-1），又如天津艺术博物馆藏玉鹰的腹部饰有菱形（图11-5）；从后石家河文化开始，菱形多饰于神面纹的额间，如谭家岭 W9：50、谭家岭 W9：59（图9-4、图9-5）以及赛克勒藏玉雕（图15-2）[3]；二里头文化中，陶器残片的蛇首之上（图15-3、图15-4）[4]，以及现藏于赛克勒藏铜牌饰的神面纹额间（图15-5）[5]

1　韩鼎：《早期艺术中"兽面—菱形"主题研究》，《中国美术研究》（27），2018。

2　杨美莉编：《黄河流域史前玉器特展》，第65页。

3　线图绘自江伊莉、古方《玉器时代：美国博物馆藏中国早期玉器》，科学出版社，2009，第153页。

4　图15-3，发掘报告参见中国科学院考古研究所洛阳发掘队《河南偃师二里头遗址发掘简报》，《考古》1965年第5期。图像见许宏《最早的中国》，科学出版社，2009，第158页。图15-4，中国社会科学院考古研究所编著：《偃师二里头：1959年~1978年考古发掘报告》，中国大百科全书出版社，1999，第302页。

5　王青：《镶嵌铜牌饰的初步研究》，《文物》2004年第5期。线图为改绘图，见王青《多源融合——镶嵌铜牌饰的寓意诸问题》，载《远方图物——早期中国神灵考古探索》，上海古籍出版社，2019，第218页。

均有菱形额饰；大甸子遗址的彩绘神面纹额间也常见有菱形，如 M612：26（图 8-22）、M1203：2（图 15-6）[1]，显然黄店爵上饕餮纹的菱形继承了这一传统（图 15-7）。

通过梳理，可以确定萌芽阶段早期饕餮纹双目之间的菱形源于龙山时代以来神面纹的菱形额饰。这一形式虽然不见于成熟阶段早期饕餮纹中，但中商阶段后菱形额饰广泛用于各类动物额间，成为神圣性标志。

8. 羽纹的来源

成熟阶段早期饕餮纹身躯部分常有"羽纹"（ ）（晚商后常竖置成排出现 ），其特征为：外端弧线如刀刃、中部有凸起、内端内卷。这种三段式的结构与神面纹的内卷纹形式相近，林巳奈夫曾讨论过两者间的传承关系。[2]

通过梳理龙山时代以来神面纹内卷纹部分的不同形态（图 16），可以发现以下三点：第一，从安置方向来看，有横置和竖置两种形式，如两城镇圭（图 16-1）。第二，从末端形态来看，有向上和向下内卷的区别。向上内卷的如孙家岗玉雕（M149：1）（图 16-2）、陶寺玉雕（图 16-3）；向下内卷的如谭家岭 W9：59（图 16-4）、谭家岭 W4：26（图 16-5）。第三，竖置、向下内卷的类型影响了石峁和大甸子冠上的羽纹，如石峁 11 号石雕（图 16-6）、大甸子 M371：10（图 16-7）、大甸子 M522：5（图 16-8），并成为早期饕餮纹羽纹（图 16-9）形象的来源。

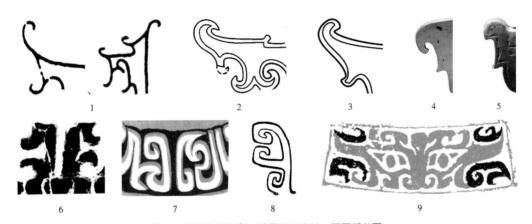

图 16　羽纹来源推测（神面纹内卷纹、羽冠部分图）

1. 两城镇圭；2. 孙家岗 M149：1；3. 陶寺玉雕；4. 谭家岭 W9：59；5. 谭家岭 W4：26；6. 石峁 11 号石雕；7. 大甸子 M371：10；8. 大甸子 M522：5；9. 早商羽纹

1　中国社会科学院考古研究所：《大甸子——夏家店下层遗址与墓葬发掘报告》，第 107 页。

2　[日] 林巳奈夫：《所谓饕餮纹表现的是什么》，载樋口隆康主编《日本考古学研究者·中国考古学研究论文集》，1990。

这部分讨论了龙山时代以来的饕餮纹特征渊源，并通过早期饕餮纹所体现出的 T 形冠和内卷纹、二元目纹、二元角纹、分歧尾、旋目、〬 形口、菱形额饰、羽纹等特征，开展了溯源探讨，根据造型、位置、演变模式等多方面证据，可以确定早期饕餮纹的形象特征直接来源于龙山时代以来的神面纹。

（三）龙山时代以前的祖形

上文得出了饕餮纹形象特征直接来源于龙山时代以来神面纹的观点，而龙山时代的神面纹也有其更早的渊源，即良渚文化的神人兽面纹。再向前追溯，还可以发现良渚文化的主要纹饰中又蕴含有如顺山集、高庙、河姆渡、崧泽、红山、凌家滩等更早期文化的纹饰元素。这从一个侧面体现出中华文明的传承性和区域文化的互动性。但这些早于饕餮纹几千年的纹饰元素，并非其直接来源，影响仅限于图案形象的沿用，很难想象它们在原文化中所蕴含的观念能够对早商时期饕餮纹的意义产生影响。[1] 因此，本文将良渚文化及之前的相关图案仅视为饕餮纹部分特征在形象层面的"祖形"。

1. 良渚文化中的神人兽面纹

良渚文化中以神人兽面纹为核心的系列纹饰是龙山时代神面纹诸特征的主要来源。以瑶山玉冠状器（M2：1）为例（图 17-1）[2]，其特征包括：介字冠（神人的羽冠 🔺 和整个玉冠饰 ⬠ 顶部均为介字形）、冠侧双鸟（即内卷纹的原型，下详）、二元目纹（神人为带眼角的目纹 ◉、兽面为带旋线的圆目 ◎）、二元齿纹（神人纹为阔嘴列齿 ⬡、兽面纹口部有上下獠牙 ⬡）。上述特征，或组合，或单独在良渚玉器上反复出现，如玉三叉形器（瑶山 M3：3）上有旋目[3] 和獠牙（图 17-2）[4]；玉冠状器（反山 M22：11）上有介字冠、圆目兽面、双鸟（图 18-2）；冠状器（反山 M15：7、M16：4）（图 17-3）[5] 体现出介字冠向阶状造型发展的模式；这种阶状特征（介字冠轮廓）在与良渚文化关系密切的好川文化中也有发现[6]，如镶

1　这种形式化的沿用在历史上并不罕见，同样的形式在不同时代、不同文化中被赋予了新的意义。例如玉琮，在良渚文化中的功能应与祭祀、神权、巫仪等相关。但在商代，玉琮可能仅作为装饰品，有学者推测"商王朝不存在作为礼器使用的玉琮"。周代玉琮则与"敛尸"相关，"西周至春秋早期的玉琮多出土于棺内，或置于头顶当作'天门'，或作为生殖器套保护'精气'，或以碎琮作口含等"。同样是外方内圆的玉琮在不同的时代其被赋予的观念差异巨大。因此，我们不应将形式的传承等价于意义的传递。见朱乃诚《殷墟妇好墓出土玉琮研究》，《文物》2017 年第 9 期。汤超《西周至汉代出土玉琮功能初探》，《南方文物》2017 年第 3 期。

2　浙江省文物考古研究所：《瑶山》，文物出版社，2003，第 35 页。

3　其实良渚文化中兽面纹的目纹也多有小眼角，只是相对于大圆目，眼角特征不明显，有些例子中则省去眼角。

4　浙江省文物考古研究所：《瑶山》，第 54 页。

5　浙江省文物考古研究所：《反山》，第 143、154 页。

6　已有学者探讨过大汶口陶尊上的刻画符号与此形象的关联，可参见方向明《史前东方大口尊初论》，《东南文化》1998 年第 4 期。刘斌《大汶口文化陶尊上的符号及与良渚文化的关系》，载《青果集——吉林大学考古学专业成立二十周年考古论文集》，知识出版社，1993，第 118 页。

嵌玉片（M60：2）（图17-4）[1]。

除上述特征外，龙山时代神面纹上的菱形额饰、一形口、旋目等特征也能在良渚文化中找到相应的原型，只是表现模式略有不同：在玉镯（瑶山 M1，30）、玉管（瑶山 M9：5）上，菱形位于兽面双目之下（图17-5、图17-6）[2]，玉璜（反山 M16：3）[3] 虽因空间所限未能将菱形表现完整，但仍可确定菱形位于兽目之下（图17-7），而在龙山时代菱形常位于神面纹额间（图9-4、图9-5，图15-1、图15-2）；张陵山所出早期玉琮（张陵山 M4：2）上有带獠牙的一形口（图17-8）[4]，而在龙山时代神面纹中獠牙和一形口常单独出现，并呈二元结构；在良渚兽面纹的目纹外侧常有围绕目纹的线，将该特征进一步强化就出现了旋目的特征，如葡萄畈遗址出土刻纹陶片的神面纹（图17-9）[5]，其上目纹与龙山时代的旋目已非常接近。

关于龙山时代冠侧内卷纹的来源，目前在良渚文化中尚无法找到同形纹饰。但通过对比可推测，它很可能源于良渚神面纹两侧的鸟纹。在属早期良渚文化的赵陵山遗址中就曾出土头顶有鸟纹的蹲踞人像（M77：71）（图18-1）[6]，反映了鸟与冠的紧密关系；在反山出土的玉冠状器（反山 M22：11）（图18-2）[7] 上，神面纹上方两端各有一只侧视鸟纹，如果将冠状器中部孔上尖顶（▂▂）视为介字冠，那双鸟背向对称分布于介字冠两侧，位置和龙山时代的内卷纹一致，相似的例子在良渚文化还有若干，如瑶山的冠状器（图17-1）。再看后石家河文化谭家岭遗址出土的神面纹玉雕（W8：13）（图18-3），介字冠两侧也有侧视双鸟，只是双鸟相对，造型更加具象，与良渚的兽面双鸟在组合形式和所处位置上都有相似性。将该鸟与谭家岭 W9：59（图9-5）、两城镇圭（图8-2）的内卷纹进行对比，可以发现它们都呈三段式结构，若干重要细节（如勾状鸟喙、羽翅尖、尾部等）存在高度的一致性（图18-4）。因此，可推测介字冠旁的内卷纹来自侧视鸟纹的抽象化，而神面纹配以侧视鸟纹的渊源又可追溯至良渚文化。

1　浙江省文物考古研究所、遂昌县文物管理委员会编：《好川墓地》，文物出版社，2001，第280页。

2　浙江省文物考古研究所《良渚文化玉器》，文物出版社、两木出版社，1989，第79、134页。

3　浙江省文物考古研究所：《反山》，第163页。

4　浙江省文物考古研究所：《良渚文化玉器》，第11页。

5　浙江省文物考古研究所编：《浙江省文物考古研究所学刊（第八辑）：纪念良渚遗址发现七十周年学术研讨会文集》，科学出版社，2006，封1。

6　南京博物院编著：《赵陵山 1990—1995 年度发掘报告》，文物出版社，2012，第142页。

7　浙江省文物考古研究所：《反山》，第280页。

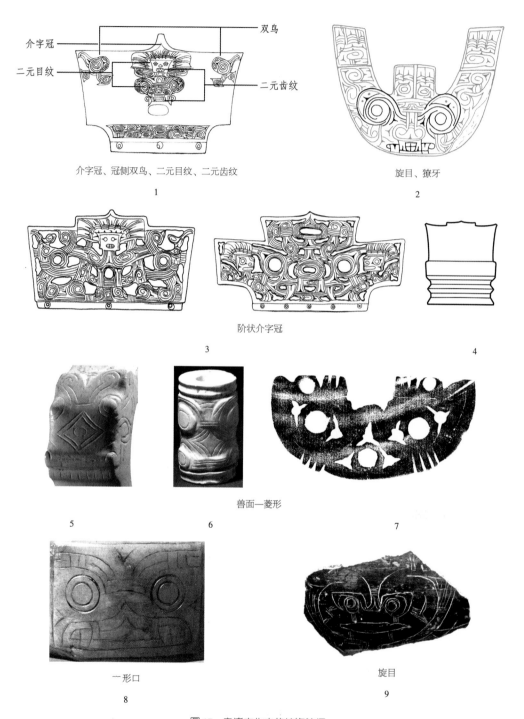

图 17　良渚文化中的纹饰特征

1. 瑶山 M2：1；2. 瑶山 M3：3；3. 反山 M15：7、M16：4；4. 好川 M60：2；5. 瑶山 M1：30；6. 瑶山 M9：5；7. 反山 M16：3；8. 张陵山 M4：2；9. 葡萄畈陶片

图 18　侧视鸟纹与内卷纹关系

1. 赵陵山 M77：71；2. 反山 M22：11；3. 谭家岭 W8：13；4. 鸟纹与内卷纹对比

1. 菱形额饰　　　　2. 獠牙　　　　　　　　3. 介字冠—双鸟

4. 带眼角目纹　　　5. 介字冠　　　　　　　　　　6. 旋目

图 19　良渚文化纹饰渊源

1. 顺山集文化陶塑猴面；2. 高庙文化陶罐刻纹；3. 河姆渡文化刻纹陶盆、象牙蝶形器；4. 崧泽文化昆山陶盘纹饰；5. 凌家滩遗址玉人头部、冠状饰；6. 大汶口文化彩陶、红山文化勾云形器

总体来说，龙山时代的神面纹与良渚文化以神人兽面纹为代表的一系列纹饰有着密切的关联，介字冠、冠侧双鸟（内卷纹）、二元目纹、二元齿纹、旋目、獠牙、一形口、菱形面饰等特征在良渚文化中都能找到相应的原型。

2. 良渚文化之前的相关图案

再向前追溯，可发现良渚文化的神人兽面纹其实是对更早期纹饰的一种继承和融合，菱形额饰、獠牙、介字冠—双鸟、小眼角目纹（三角圆形组合）、旋目等特征在良渚文化之前已有出现。本文不再展开探讨良渚纹饰的渊源，[1] 仅简单列举几例图像：顺山集文化第二期（BP. 8000）出土的陶塑猴面（TG11⑩：6）的额间有

1　［日］林巳奈夫：《所谓饕餮纹表现的是什么》，载樋口隆康主编《日本考古学研究者·中国考古学研究论文集》，1990。王仁湘：《中国史前"旋目"神面图像认读》，《文物》2000 年第 3 期。邓淑苹：《远古的通神密码——介字形冠》，《故宫文物月刊》2007 年第 1 期。王仁湘：《中国史前的纵梁冠——由凌家滩遗址出土玉人说起》，《中原文物》2007 年第 3 期。方向明：《神人兽面的真相》，杭州出版社，2013，第 91—108 页。

近菱形纹饰（图 19－1）[1]；高庙文化（BP.7800－BP.6800）的白陶罐（T1015⑧：16）（图 19-2）[2] 上有獠牙的图案与神人兽面纹上兽面的獠牙相仿[3]；河姆渡文化（BP.7000－BP.6000）陶盆（T29④：46）上刻有介字冠及双鸟（图 19－3左）[4]，象牙蝶形器［T226（3B）：79］的双鸟中间也有形似介字冠的火焰状纹饰（图 19－3 右）[5]；崧泽文化（BP.6000－BP.5300）陶盘（M14：3）[6] 上圆形与三角的组合与良渚文化带眼角的目纹相近（图 19－4）；凌家滩遗址（BP.5500－BP.5300）玉人（98M29：14）[7] 的冠也与介字冠一样中间凸起，冠状饰（87M15：38）也近介字冠形（图 19－5）[8]；此外，庙底沟文化时期双旋纹彩陶纹饰影响广泛，如江苏大墩子遗址出土的大汶口文化（BP.6100－BP.4600）彩陶壶（图 19-6 左）[9]，其上的双旋纹组合已"似为正倒相间的人面或兽面"[10]，牛河梁遗址出土的红山文化（BP.6500－

BP.4800）勾云形器（N2Z1M22：2）（图 19-6 右）[11]，双目已明显表现为旋目。

在龙山时代以前，神面纹的若干重要特征（介字冠、内卷纹、二元目纹、二元齿纹、旋目、獠牙、⏜ 形口、菱形面饰），在良渚文化的神人兽面纹及相关纹饰中已然出现了相近或相关形象（其中内卷纹很可能是对神面两侧双鸟的抽象化表现）。再向前追溯，良渚文化中的纹饰也有其更早的渊源，如顺山集、高庙、河姆渡、崧泽、凌家滩、红山、大汶口等文化中的部分形象都与神人兽面纹具有部分相关性。整体来看，良渚文化吸收、整合了之前部分区域文化的纹饰元素，创造了在整个良渚文化区域内被广泛认同的神徽——神人兽面纹，并产生了深远的影响。以至于良渚文化虽然消亡，但神人兽面纹的主体形式却被龙山时代的神面纹所继承，并一定程度影响了千余年后早期饕餮纹的塑造。

1　南京博物院考古研究所、泗洪县博物馆：《江苏泗洪顺山集新石器时代遗址发掘报告》，《考古学报》2014 年第 4 期。王仁湘首先提出其与良渚菱形额饰的关联，见王仁湘《方菱额花》，"器晤"公众号，2019 年 8 月 25 日。

2　湖南省文物考古研究所：《湖南黔阳高庙遗址发掘简报》，《文物》2000 年第 4 期。

3　东北地区中也曾出现獠牙齿人面像，如白音长汗遗址二期乙类遗存（兴隆洼文化晚期）出土的人面石饰，见内蒙古自治区文物考古研究所编《白音长汗：新石器时代遗址发掘报告》（上），科学出版社，2004，第 306 页。

4　浙江省博物馆：《史前双璧》，浙江古籍出版社，2009，第 11 页。

5　浙江省文物考古研究所：《河姆渡——新石器时代遗址考古发掘报告》，文物出版社，2003，第 285 页。

6　浙江省文物考古研究所、湖州市博物馆：《毘山》，文物出版社，2006，第 65 页。

7　安徽省文物考古研究所编：《凌家滩玉器》，文物出版社，2000，第 49 页。

8　安徽省文物考古研究所：《凌家滩 1987—1998 年田野考古发掘报告》，文物出版社，2006，第 140 页。

9　南京博物院：《江苏彩陶》，文物出版社，1978，第 53 页。

10　栾丰实：《海岱地区彩陶艺术初探》，载氏著《海岱地区考古研究》，山东大学出版社，1997，第 159 页。

11　辽宁省文物考古研究所编著：《牛河梁：红山文化遗址发掘报告（1983—2003 年度）》（上），第 106 页。

图20　饕餮纹特征渊源概要图

综上，饕餮纹形象特征的渊源是本文研究的重点，鉴于中商以后饕餮纹具象化这一重大变化，因此，渊源研究应基于早期饕餮纹的形象特征。通过对萌芽阶段、成熟阶段早期饕餮纹形象特征的分析，可将其归纳为：T形冠、内卷纹、二元目纹、二元角纹、分歧身尾、旋目、冖形口、菱形额饰、羽纹、分裂下颚等。依据纹饰造型、所处位置、纹饰变形、演变脉络等多方面证据，可以确定早期饕餮纹的形象特征源于龙山时代以来的神面纹。又由于龙山时代神面纹受到了良渚文化神人兽面纹的影响，因此，神人兽面纹在一定程度上可视为饕餮纹的祖形（仅纹饰形象层面）。我们可将这部分讨论概括为"饕餮纹特征渊源概要图"（图20）[1]。可以看到，早期饕餮纹每个形象特征都是渊源有自的，绝非个别西方学者所言"是设计者运用常见的几何线条进行的自由创作"[2]。

四　基于饕餮纹渊源分析的讨论

基于对饕餮纹渊源的分析，下文将从"传承与互动""吸收与创新""世俗与神圣""多元与一体"四个方面对其背后的意义进行讨论。

（一）传承与互动

1. 传承性

从历时性的角度来看，早期饕餮纹源于对新石器时代晚期以来神面纹的继承与发展。可通过以下几个阶段来认识。

约公元前三千纪前期，良渚文化基于之前多个文化（顺山集、高庙、河姆渡、红山、崧泽、凌家滩等）的部分纹饰特征，整合、创新形成了以神人兽面纹为核心的一系列纹饰；另外，良渚文化时期，其纹饰元素（介字冠、阶状玉片等）北传至大汶口文化。

约公元前三千纪后期的龙山时代，在由大汶口文化发展而来的山东龙山文化中首先出现了与良渚神人兽面纹具有高度一致性的神面纹。随着该时期区域文明互动的日益密切，[3] 后石家河文化、陶寺文化、石峁文化中都出现了与山东龙山文化特征相近的神面纹。

约公元前二千纪前期，新砦期遗存、二里头文化、大甸子遗址中都发现了与龙山时代一脉相承的神面纹。其中二里头骨匕在较窄的横向空间中表现神面纹，整体

1　部分纹饰同时具有所列多个特征，但图中不再重复，出土信息以及相关讨论请参阅前文。

2　Max Loehr, "The Bronze Styles of the Anyang Period（1300—1028 B. C.）", *Archives of the Chinese Art Society of America*, Vol. 7（1953）, pp. 42-53.

3　韩建业：《龙山时代的中原和北方——文明化进程比较》，《中原文化研究》2017年第4期。韩建业：《龙山时代：新风尚与旧传统》，《华夏考古》2019年第4期。韩建业：《龙山时代的文化巨变和传说时代的部族战争》，《社会科学》2020年第1期。

形象与早期饕餮纹高度一致。

早商时期，以爵为代表的青铜容器腹部的横向空间中开始出现萌芽阶段的早期饕餮纹。之后，纹饰进一步程式化，形成了成熟阶段的早期饕餮纹。两阶段饕餮纹所体现的十种形象特征均能在龙山时代以来的神面纹上找到渊源。

2. 互动性

从共时性的角度来看，同一时期区域文化间的交流互动为"共享纹饰"提供了基础。

良渚—大汶口文化时期，随着良渚文化向北扩张，大汶口文化中出现了双鼻壶、贯耳壶等颇具良渚特征的器物。尤其是花厅遗址，[1] 两文化器物大量共存，形成"文化两合现象"[2]，表明了两文化间的深入互动。在纹饰方面，大汶口文化莒县大朱村、陵阳河遗址发现的陶器刻画符号（🌿、🌿、🌿、🌿 等）、镶嵌玉片

（🏺）与良渚文化的纹饰与器物（、

🏺、🏺）存在密切关联。[3]

龙山时代，山东龙山文化中首先出现了与良渚神人兽面纹具有较强共性的神面纹，该时期，山东龙山文化在文化交流方面最为积极主动，"它前期的西向影响对王湾三期文化的兴起做出了重要的贡献"[4]。之后，"中原龙山文化取代石家河文化而形成了一系列具有地方特色的类型或文化，此时王湾三期文化同它们的关系主要表现为单方面的强烈影响"[5]，故有学者认为后石家河文化中发达的玉器"来源当在龙山文化或王湾三期文化"[6]。陶寺遗址中出土了与后石家河文化极为相似的神面纹，但两者的关系仍有争论[7]。同时，陶寺文化以北的石峁文化中也发现了大量神面纹石雕。这些文化间的互动很可能包含战争的形式，邓淑苹认为晋、陕出土东夷系玉器可能与"华夏、东夷、

1　南京博物院编：《花厅——新石器时代墓地发掘报告》，文物出版社，2003。

2　高广仁：《花厅墓地"文化两合现象"的分析》，《东南文化》2000 年第 9 期。

3　[日] 林巳奈夫：《良渚文化和大汶口文化中的图像记号》，《东南文化》1991 年专刊。杜金鹏：《关于大汶口文化与良渚文化的几个问题》，《考古》1992 年第 10 期。刘斌：《大汶口文化陶尊上的符号及与良渚文化的关系》，载《青果集——吉林大学考古学专业成立二十周年考古论文集》，第 114—123 页。邓淑苹：《中国新石器时代玉器上的神秘符号》，《故宫学术季刊》1993 年第 3 期。王青、苏兆庆：《关于山东莒县陵阳河出土的小玉片》，《中国文物报》2004 年 12 月 3 日。方向明：《大汶口、良渚晚期和好川——从图符考察观念形态的交流和融会》，载《中国考古学会第十四次年会论文集》，文物出版社，2012，第 156—168 页。

4　韩建业：《早期中国——中国文化圈的形成和发展》，上海古籍出版社，2015，第 186 页。

5　韩建业、杨新改：《王湾三期文化研究》，《考古学报》1997 年第 1 期。

6　韩建业：《龙山时代的文化巨变和传说时代的部族战争》，《社会科学》2020 年第 1 期。

7　有学者认为陶寺神面纹影响了石家河文化，如朱乃诚《长江中游地区早期"龙"文化遗存的来源》，河南博物院编《河南博物院建院八十周年论文集》，大象出版社，2007，第 46 页。有学者认为石家河文化遗物北传至陶寺，见邓淑苹《新石器时代神祖面纹研究》，载杨晶、蒋卫东主编《玉魂国魄——中国古代玉器与传统文化学术讨论会文集（五）》，浙江古籍出版社，2012，第 254 页。

苗蛮三大族系相互征伐"有关，[1] 韩建业认为王湾三期文化南进江汉、石峁文化南进临汾可能与传说中"禹征三苗"和"稷放丹朱"的战争有关。[2]

新砦—二里头文化时期，具体关系虽有争论，[3] 但王湾三期、新砦期、二里头文化间存在密切关联确是不争的事实。二里头文化时期，文化影响范围迅速扩张，呈现"强势辐射"的状态，[4] 东北地区的大甸子墓地、西南地区的三星堆遗址中所发现的神面纹都体现出二里头文化的影响。[5]

3. 各阶段的传承与互动

结合历时性和共时性的角度，可将由神面纹到饕餮纹的发展过程划分为四个阶段：

第一阶段，良渚文化吸收之前多文化的纹饰因素，创造出神人兽面纹等纹饰。随着良渚文化北向扩张，大汶口文化中出现了以介字冠为代表的良渚文化纹饰元素。

第二阶段，山东龙山文化借鉴了神人兽面纹的若干特征，创造出龙山时代神面纹的基本形式。随着区域文化间互动的日益频繁，后石家河文化、陶寺文化、石峁文化中都出现了特征较为一致的神面纹。

第三阶段，二里头文化广泛吸收了多区域文化因素，将龙山时代神面纹的特征融入铜牌饰和骨匕的纹饰塑造之中。另一方面，基于二里头文化的强势辐射，大甸子、三星堆神面纹的设计都受到了其影响。

第四阶段，早商时期的早期饕餮纹既有对龙山时代神面纹诸特征的继承，又有对二里头文化变形神面纹（介字冠变 T 形，饰于横向装饰空间等）的吸收，形成了萌芽阶段的早期饕餮纹，之后的饕餮纹均在此基础上发展而来。

（二）吸收与创新

不同时期、不同文化的神面纹都存在共性，但各文化中又有独特的个性。共性源自吸收，个性源自创新。

1. 吸收方面

第一，吸收既有纹饰元素：如良渚文化中对顺山集（菱形额饰）、高庙（獠牙口）、河姆渡（介字冠、双鸟）、崧泽（三角圆形组合）、红山或大汶口（旋目）、凌家滩（介字冠）等文化纹饰元素

1　邓淑苹：《晋、陕出土东夷系玉器的启示》，《考古与文物》1999 年第 5 期。

2　原文中将石峁遗址划归为老虎山文化，最近石峁遗址发掘者提出"石峁文化"的概念。韩建业：《新石器时代战争与早期中国文明演进》，《社会科学战线》2020 年第 10 期。孙周勇、邵晶、邸楠：《石峁文化的命名、范围及年代》，《考古》2020 年第 8 期。

3　相关讨论可见魏继印《论新砦文化与王湾三期文化的关系》，《考古学报》2019 年第 3 期。

4　许宏：《最早的中国》，第 215 页。

5　杜金鹏：《试论夏家店下层文化中的二里头文化因素》，《华夏考古》1995 年第 3 期。顾问：《大甸子墓地陶器上的"特殊彩绘"》，《古代文明》（第 7 卷），2008。三星堆所出神面纹的问题，参见"余论"。

的吸收。

第二，吸收整体形式特征：龙山时代的神面纹的形成，明显受到了良渚文化的影响，但这种影响主要表现在整体上将"神面"作为主体（以及五官和配饰）。

2. 创新方面

神面纹的形式创新表现在多个方面，可总结为表1。

表1	不同时期神面纹的形式创新	
创新形式	例证	图示
整合	良渚文化将之前文化各有特色的冠、齿、目等纹饰整合为"神面"	图19
强调	强调介字冠和内卷纹，成为龙山时代神面纹最重要的两个特征	图8
抽象	将良渚文化神面纹冠侧双鸟抽象为内卷纹，后石家河文化中将旋目抽象为简化旋目、丁字目、旋线圆目	图18、图10
拆分	二里头文化铜牌饰（ⅥM11：7）将龙山时代神面纹介字冠（、）拆分为"山"形纹""和T形纹""	图9-1、图8-18
融合	将介字冠与鼻纹合二为一。如石峁30号石雕（、）；如二里头骨匕和大甸子神面纹（M371：10）的鼻纹（、），鼻上方为变形介字冠顶（）	图8-13、图8-19、图8-20
增添	龙山时代具象神面纹多有珥饰（），而"良渚文化神像上从未见有珥饰"[1]	图8-3、图8-4、图8-5；图9-1、图9-2、图9-3、图9-8
重复	大甸子M761：1上部有多个T形，可视为基于介字冠的变形与泛用	图11-6
移用	龙山时代，介字冠、菱形额饰常被独立化，并被移用他处	图11
方向变化	龙山时代的内卷纹，在山东龙山文化中均为向上内卷，而在后石家河文化、石峁文化中则出现了向下内卷的情况	图8-9、图8-12；图9-4、图9-5、图9-7、图9-8
属性变化	早期饕餮纹通过基于内卷纹的延长、上下对称，增添了"身"	图12
材质变化	神面纹在山东龙山文化中多线刻于圭、刀上，后石家河文化中多为镂空平面玉雕，石峁文化中多浮雕刻于石上，花地嘴遗址中用朱砂绘制，二里头文化中表现为骨雕和铜框镶嵌绿松石，大甸子遗址中彩绘于陶器上，早商阶段则铸于青铜容器上	图8
随空间变形	石峁墙上石雕、二里头骨匕、青铜器腹部的装饰空间为扁长形，饰于此的神面纹呈扁长状；在石峁圆柱石雕、二里头铜牌饰、大甸子陶鬲上的竖向装饰空间中，神面纹呈竖长状	图8、图9

1　杜金鹏：《论临朐朱封龙山文化玉冠饰及相关问题》，《考古》1994年第1期。

总体来说，龙山时代以来的神面纹在整体特征上存在较强共性，但在不同文化、不同载体、不同装饰空间中都有创新。这表明不同人群对神面纹既有基础性的认同，又有认识和表达的差异，它没有作为"神徽"的神人兽面纹在良渚文化中那样有约束力，而是在广泛认同其为"神圣性"纹样的基础上，融入本文化的观念和创新性表达。

（三）世俗与神圣

考古学文化的归属依据是"存在于一定的时间和空间的一组具有特征的实物遗存，用以表示考古遗存中属于同一时期、有地方特征的文化共同体。这里所说的'实物遗存'一般是指具有鲜明自身特征的一组陶器，也包括具有自身特征的石器等生产工具，以及各种材质的装饰品，还包括独特的建筑形式、墓葬结构和埋葬习俗等"[1]。但"就中国考古学的传统而言，对考古学文化的界定尽管在理论上包含对各类遗存的分析，但在实际操作中主要还是以日用陶器尤其是炊器作为最重要的指标"[2]。这主要是因为日用陶器"数量多，时代和文化特征明显"[3]，而且"陶器反映年代、地域的变化最为敏感"[4]。毋庸置疑，陶器对于考古学文化的研究发挥着基础性的重要功能，但不应忽视日用陶器反映的是初民的世俗生活，是为满足日常饮食、存储而制作的，而作为"人"很重要的一点是精神领域的诉求与表达，这是展示世俗生活的陶器所难以展现的。

神面纹、饕餮纹反映的无疑是初民精神领域的内容，是"神圣"的。它与"单纯物质领域的遗物、遗迹其演变规律有其相同的一面，但也可能有其不同的一面……属于精神领域的观念形态的文化要比物质文化更为活跃，传播的速度更快，路途更远范围更广"[5]。就"神圣性"遗存的传播与交流，李新伟曾提出"史前社会上层远距离交流网"的概念，[6] 非常有启发意义。龙山时代以来神面纹的分布也印证了"上层远距离交流网"的存在，虽然山东龙山、后石家河、陶寺、石峁属于不同区域文化，但对神像的刻画却有着时代的共通性，体现了观念的传播是跨区域的，同时，也反映了龙山时代初民对于"神"的形象的广泛认同。虽然目前对于神面纹表现的究竟是"神祇""祖神""巫觋"或其他身份，以及不同文化中的

---

1 王巍主编：《中国考古学大辞典》，上海古籍出版社，2014，第 7 页。

2 许宏：《何以中国——公元前 2000 年的中原图景》，生活·读书·新知三联书店，2014，第 131 页。

3 王巍主编：《中国考古学大辞典》，第 6 页。

4 张忠培：《地层学与类型学的若干问题》，《文物》1983 年第 5 期。

5 李伯谦：《关于精神领域的考古学研究》，《中国文物科学研究》2007 年第 3 期。

6 李新伟：《中国史前社会上层远距离交流网的形成》，《文物》2015 年第 4 期。

神像的身份是否相同，这些问题暂难以确论，但通过其载体（如玉器、镶嵌绿松石铜牌等）、出土环境（大墓、高等级建筑台基），可以确定其"神圣性"。

早期饕餮纹继承的不仅是龙山时代以来神面纹的形象特征，还有其所承载的"神圣性"，这点通过商人用珍贵的青铜器作为其载体就可见一斑。但就具体内涵而言，各文化对神面纹的认识可能不尽相同，是各文化对于神圣形式的再诠释，不同区域文化中神面纹的不同表现形式、载体、出土环境都证明了这点。另一方面，同一文化不同时期，对其认识也有差异，如早期饕餮纹形象特征多传承于龙山时代以来的神面纹，是基于"神面"的变形，而在中商以后，饕餮纹不断的具象化，融入之前未曾出现的若干动物特征，这时饕餮纹表现为完整的兽形，其意义也应结合这些动物（如虎、蛇、鸟、牺牲类）来认识，但体现神圣性的 T 形冠和菱形额饰依然存在。

总之，神面纹、饕餮纹是精神领域观念的外化，是"神圣"的，它的传承、传播、分布、改造、认同都与反映"世俗"生活的陶器存在差异，研究中应注意反映精神领域遗存的特殊性。

（四）多元与一体

从神面纹到饕餮纹的演变表现出"多元""一体"的发展模式，可从外在的形式特征与内在的心理认同两个层面来认识。

1. 外在：形式特征层面

从神面纹的出现、传播，到成熟阶段早期饕餮纹的形成，经过多次"多元"—"一体"的转化过程：

"多元"到"一体"：良渚文化时期，源自顺山集、高庙、河姆渡、崧泽、红山、凌家滩等文化的部分纹饰，被良渚文化吸收、融合为神人兽面纹。该过程可视作"多源"（多元）纹饰部件在良渚文化时期被整合为"一体"。

"一体"到"多元"：龙山时代，不同区域文化，用不同的模式（载体、刻画手段、形式特征的差异）来表现充满共性的神面纹。该过程可视作共性突出（"一体"）的神面纹，在不同文化中的"多元"表现形式。

"多元"到"一体"：早商时期，萌芽阶段的早期饕餮纹个体间存在较大差异，这是因为不同例子中所突出表现的（源自神面纹的）特征不同，所以呈现出"多元"的形象；而成熟阶段的早期饕餮纹，在萌芽阶段的基础上表现出模式化、程式化的发展趋势，最终形成了统一模式，呈现出"一体"化的形象特征。在受到早商文化影响的区域内，饕餮纹都表现出较强的一致性，这是另一个层面的"一体"。可以说，在早商阶段，饕餮纹完成了"多元"特征到"一体"模式的转变。

2. 内在：心理认同层面

"多元"是区域文化独立发展的正常现象，但不同文化为何选择"一体"的神面纹来表达神圣性，这便涉及心理层面对神面纹的认识。如李新伟指出"一体"

除"时代风尚"外，还表现在共享相似的文化精髓、不同文化精英对文化共同体的认同。[1]

龙山时代不同文化能够"共享"神面纹，认同其神圣性，不可忽视以下三方面原因的影响：

第一，相近的物质、精神基础。山东龙山、后石家河、陶寺、石峁等文化都处于早期中国文化圈的主体区，[2] 它们具有相近的文化特质，韩建业总结为：以农为本、稳定内敛、礼器礼制、整体思维、世俗观念、祖先崇拜、有中心的多元一体结构等。[3]

第二，长久以来文化互动的基础。这些地区在龙山时代以前已有密切的文化交流，如庙底沟文化时期典型彩陶纹饰的分布范围与此区域大体相近；[4] 史前具有八角星纹和纽结纹等反映"天极"图案的区域也与之多有重合。[5] 可见，这些区域在与精神领域相关的文化交流上有着久远的基础与渠道。

第三，上层交流网的偏好。文化间的远距离互动多由上层的文化精英来完成，他们偏好于共享文化精髓，如宇宙观、天文历法、沟通天地的手段、礼仪、表达权力的形式、丧葬仪式等，[6] 这些均与"神圣"生活相关，而神面纹也属此类。

上述三点为龙山时代不同区域文化上层社会认同、共享"神圣性"提供了基础，不过这种认同在该时期是有中心的辐射影响，还是多文化的自发趋同，尚难以确定。

二里头文化至早商时期，神面纹出现在大甸子、三星堆等与中原相距甚远的区域，这必然与该时期中原王朝（尤其是在精神文化领域）强大的影响力有关。艾兰曾将这种影响力视为一种"文化霸权"：区域文化放弃青铜的其他用途，模仿中原铸造青铜容器（包括形制和纹饰）来祭祀自己的祖先，青铜器及其纹饰成了"关联于中原礼仪与其权力和威望的象征符号"，可以说，中原文化提供了一种"范式"，其"被认同仿效的范围之广远远超出它的政治疆域，而且它的特定形式为高级文化树立了一个样板"[7]。"范式"和"样板"既反映了中原王朝强大的文化影响力，也表现了区域文化主动的认同与模仿。该时期的神面纹、饕餮纹正是中原王朝提供的此类"样板"。

从神面纹到饕餮纹的形成过程，体现了

1　李新伟：《"最初的中国"之考古学认定》，《考古》2016 年第 3 期。

2　韩建业：《早期中国——中国文化圈的形成和发展》，第 193 页。

3　韩建业：《早期中国——中国文化圈的形成和发展》，第 269—271 页。

4　王仁湘：《史前中国的艺术浪潮——庙底沟文化彩陶研究》，文物出版社，2011，第 439 页。

5　李新伟：《中国史前陶器图像反映的"天极"观念》，《中原文物》2020 年第 3 期。

6　李新伟：《"最初的中国"之考古学认定》，《考古》2016 年第 3 期。

7　[美]艾兰：《二里头与中华文明的形成：一种新的范式》，载氏著《早期中国历史、思想与文化》，商务印书馆，2011，第 300 页。

我国早期文明"多元一体"的发展模式，随着二里头与商文化的强势崛起，这种"一体"性被空前强化，既有中原的文化输出，又有周边的认同与模仿。早期文化共同体的内质是不同区域对共享文化的心理认同，而神面纹至饕餮纹的发展历程正印证了这点，"多元一体"不仅是物质层面的，更是心理层面的。正如严文明指出的，早期文化的"统一性"和"多样性"（多元一体）"靠的是凝聚力而不单纯是影响力"[1]。

结　语

上文从名称、形式、形象特征三个方面对饕餮纹的渊源进行了讨论，结论概述如下：

名称渊源：作为纹饰名称，"饕餮纹"源自宋代，是宋代学者主观地将"饕餮"之名强加给商周青铜礼器上兽形纹饰的结果。因此，这种兽形纹饰与文献中名为"饕餮"的凶族无关。又由于"兽面纹"一名也不够准确，因此，不妨继续使用"饕餮纹"这一名称，但仅作为纹饰代号。

形式渊源：饕餮纹的表现形式为"正视的兽面+分裂的下颚+左右分列侧视的躯体"。"分裂的下颚"与"左右分列侧视的躯体"分别来自垂直方向和水平方向的剖展表现。所谓"剖展"，即将兽形按一定方向剖分为二（保留兽面），再将其于平面上对称展开的表现模式。就目

前证据来看，两种剖展模式在石峁石雕中都有体现，而水平方向的剖展其祖形可追溯至良渚文化玉琮棱面神像的平面化。

形象特征渊源：由于中商后饕餮纹的贝象化演变，因此，探讨形象特征的渊源必须从早期饕餮纹入手。早期饕餮纹可分为萌芽阶段和成熟阶段，综合两者可将其形象特征概括为以下十个方面：T形冠、内卷纹、二元目纹、二元角纹、分歧身尾、旋目、凸形口、菱形额饰、羽纹、分裂下颚等。通过逐一的溯源研究，可以确定它们均源于龙山时代以来的神面纹。而龙山时代神面纹的形成受到了良渚文化神人兽面纹的影响，因此，仅从图案层面来看，神人兽面纹在一定程度上可视为饕餮纹的祖形。

基于对饕餮纹渊源的讨论，可以看到从良渚文化综合之前多文化纹饰特征创造出神人兽面纹，到龙山时代以来多文化共享神面纹，再到早商时期早期饕餮纹的形成，这一演变过程体现了早期区域文明间历时性的传承与共时性的互动。龙山时代各文化中神面纹的"共性"和"个性"源自不同文化对共享纹饰的吸收与创新。相对于反映"世俗"生活的陶器，体现"神圣"性的神面纹则更多地体现出与精神领域的相关性。因此，透过形式层面的"多元一体"，神面纹到饕餮纹的演变过程还体现了不同区域文化心理认同层面的"一体化"，正是这种观念上的"一体"构成了中华文化早期共同体的心理内质。

1　严文明：《中国史前文化的统一性与多样性》，《文物》1987年第3期。

余论：三星堆青铜神（兽）面的讨论

"礼失而求诸野"，纹饰的演变也常有类似的情况。当中原地区的神面纹已经完全饕餮纹化，而与中原相距遥远的三星堆的青铜神（兽）面，[1] 在吸收饕餮纹特征的同时，仍保留了部分龙山时代以来神面纹的特征。不同于中原地区饕餮纹的兽形特征，三星堆青铜神（兽）面更多地表现出人的特征，这源于龙山以来神面纹的影响。

以青铜神（兽）面（K2③：231）为例，可以从介字冠、耳饰与口形、鼻纹、目纹、角纹与内卷纹几个方面来考察。

介字冠：介字冠呈"山"字形，这与山东龙山文化的两城镇圭和后石家河文化神面纹的冠型一致，而在中原早期饕餮纹中已简化为 T 形。

耳饰与口形：耳饰末端呈勾状、口部两端下勾，这两个特征源自龙山时代神面纹的影响（尤其是后石家河文化），饕餮纹中不见此特征。

鼻纹：三尖状鼻则见于二里头文化骨匕和大甸子彩绘，应源自二里头文化对三星堆的影响。

目纹：该青铜神（兽）面的目纹较为特别，上方目纹的外框为小眼角巨目，其中用黑彩绘卵形目；下方纹饰既是臣字目，又是鸟纹；单独来看，小眼角巨目这种形式之前仅在良渚文化中出现过，而鸟纹化的臣字目则和现藏于日本泉屋博古馆的神人纹双鸟鼓顶部纹饰相近；[2] 组合来看，兽面目纹整体呈卵形目、下方整体呈独立的臣字目，卵形目兽面与单独臣字目组合的模式与萌芽阶段的早期饕餮纹，如杨庄爵、上博爵一致。另外，无论小眼角卵形目还是内绘卵形的独立臣字目，皆可视作二元目纹的组合。

角纹与内卷纹：青铜神（兽）面顶部的角纹、内卷纹和早期饕餮纹无异，应是受到了早商文化的影响。

上述内容可总结为"三星堆青铜神（兽）面特征来源"图（图21）。

三星堆的器物存在二里头、二里岗等中原夏商文化的因素，同时，也体现出与长江中游荆楚地区及陕西汉中地区的密切接触，[3] 这些在学界已多有讨论。同时，三星堆青铜神（兽）面上还体现出新石器时代晚期长江流域区域文化（如良渚文化[4]、后石家河文化[5]）的纹饰元素，但具

1　四川省文物考古研究所编：《三星堆祭祀坑》，第 195—203 页。

2　[日] 梅原末治：《新修泉屋清赏》，泉屋博物馆，1971，第 103 页。

3　四川省文物考古研究所编：《三星堆祭祀坑》，第 447—448 页。

4　东南地区的良渚文化如何影响西南地区，以及可能的模式与渠道，可参考朱乃诚《金沙良渚玉琮的年代和来源》，《中华文化论坛》2005 年第 4 期。

5　俞伟超：《三星堆蜀文化与三苗文化的关系及其崇拜内容》，《文物》1997 年第 5 期。

体的影响模式和渠道仍需进一步研究。

三星堆青铜神（兽）面体现出的不同时期多区域文化神面纹、饕餮纹的杂糅性，从一个侧面印证了饕餮纹源于龙山时代以来神面纹的观点。

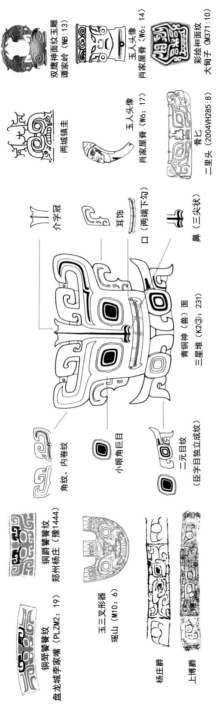

图21　三星堆青铜神（兽）面特征来源

汉代神鼎图的建构、策源与传播
——基于鼎纹铜洗的考察

■ 郝丽君（山西省考古研究院）

汉代涉及鼎的图像主要见于石棺、画像石、画像砖上，就鼎图的题材而言大致可以分为两类：一类属于秦始皇泗水捞鼎题材，集中见于山东、江苏两地，并在陕西、河南有零星分布，这类鼎图多被称作"捞鼎图""升鼎图"或"求鼎图"，画面中图像元素众多，其中水、桥、绳索、鼎、引绳人（数量多）、观者（应为秦始皇）为必备元素，构成一个叙事场景，鼎作为固定角色代表随王朝政权更迭而转移的九鼎，是天命、君权的象征，目前发现约三十幅，时间跨度为西汉中期到东汉晚期；另一类鼎图则图像元素简单，并无

叙事场景，鼎在图中的比例加大更显独立，这类鼎图显然与山东地区捞鼎图的语义不同，学界往往称之为"神鼎图"，目前发现有十几幅，这些神鼎图由于埋藏环境未知无法明确具体时期，学界统一认为是东汉，[1] 出现的时间较捞鼎图略晚，集中见于四川，另在江苏、内蒙古、山东有零星分布。

对于捞鼎图的研究，学界关注较多，主要围绕其主题、性质与意义、鼎图类型与差异等方面展开。[2] 对神鼎图的研究则基本是作为讨论汉代"祥瑞"等观念信仰的图像引证，对于图像本身及其与

1　四川地区有神鼎图的石棺、画像砖多为采集或征集品，学界普遍认为属东汉时期。但已脱离原墓葬环境，无法再作更具体的年代判断。

2　黄展岳：《汉画"升鼎图"》，载氏著《先秦两汉考古论丛》，科学出版社，2008，第 209—212 页；邢义田：《汉画解读方法试探——以"捞鼎图"为例》，载氏著《画为心声——画像石、画像砖与壁画》，中华书局，2011，第 398—439 页；黄文仪：《传说、正史与历史记忆——以汉画像"求鼎图"为研究对象》，《东方文化》第 43 卷第 1—2 期；杨孝军、郝利荣：《汉画中"捞鼎"社会意义及其生死象征》，《东南文化》2011 年第 2 期；[美] 巫鸿：《中国古代艺术与建筑中的"纪念碑"性》，李清泉、郑岩译，上海人民出版社，2017，第 23—45 页；练春海：《器物图像与汉代信仰》，生活·读书·新知三联书店，2014，第 203—216 页；辛旭龙：《汉画中的"泗水捞鼎"图像》，硕士学位论文，南京艺术学院，2012；文韬：《"铸鼎象物"与"民知神奸"——关于九鼎图像的追踪》，《中国文艺评论》2018 年第 1 期；张翀：《青铜识小》，北京联合出版社，2020，第 2—17 页；张艳秋：《汉画像"捞鼎图"的流传与嬗变》，《东南文化》2018 年第 4 期；武玮：《汉代画像中的鼎》，载朱存明主编《图像的表征：中国汉画学会第十五届年会论文集》，文化艺术出版社，2019，第 450—458 页等。

"捞鼎图"的关系论者较少。[1] 以山东嘉祥武梁祠为例,武梁祠顶部发现一幅单独的鼎图,榜题作"神鼎",而同为武氏祠墓园的另一座祠堂——左石室东壁则有一幅捞鼎图,巫鸿注意到两类鼎图共存现象,他将二者分别置于"上天征兆"与"人类历史"两类系统中,强调"天"与人类世界相互对应、彼此依存。[2]

通过以上简述,可大致判断神鼎图与捞鼎图当有一定的关系,并且在地域上存在传播特征,但是其中的问题较为复杂,尤其如何通过图像本身进行整体、深入的理解是本文讨论的重点。为此,笔者将从神鼎图的建构、神鼎鼎式,并引入鲜有人注意的汉代神鼎图另一类媒材——铜洗来尝试作答。

一　神鼎与其图像的建构

前述引文提及武氏祠中捞鼎图与神鼎图共存,两类鼎图虽然分属于两类系统,但是本质上溯源一致。武梁祠神鼎图榜题作"神鼎口炊自孰(熟),五 末 自口"[3],在春秋时期的《墨子·耕柱》早有相似的描述:

昔者夏后开使蜚廉折金于山川,而陶铸之于昆吾,是使翁难卜于白若之龟,曰:"鼎成三足而方,不炊而自烹,不举而自臧,不迁而自行,以祭于昆吾之虚,上乡!"卜人言兆之由,曰:"飨矣!……九鼎既成,迁于三国。"夏后氏失之,殷人受之。殷人失之,周人受之。夏后、殷、周之相受也,数百岁矣。[4]

这个被赋予"不炊而自烹,不举而自臧,不迁而自行"的九鼎正是秦始皇于泗水劳师动众苦苦寻求的九鼎,[5] 由于鼎具有的这些神异功能,使其在不同朝代之间的流转更增加了合理性,任何人想妄自移动、占有九鼎都是徒劳。到了汉代,这一观念更是有过之而无不及,正与秦始皇"弗得"形成了逻辑闭环,尤其从西汉武帝开始,及至宣帝、东汉明帝各地鼎现事件渐起,成为祥瑞的指征,既代表了汉代获得九鼎的法统性,也是作为上天对皇帝"有德"的表彰。

相较于春秋时期,汉代冠之以"神鼎"之名反映了观念的更新,"神鼎"是在神仙思想浓厚的社会背景下脱胎于九鼎本义的衍生,对于"神鼎"与"九鼎"的关系尚

1　仅吴雪杉《从"九鼎"到"丹鼎"——四川汉代"取鼎"图像的嬗变》(《北方美术》2011 年第 2 期)有所涉及。

2　[美]巫鸿:《武梁祠——中国古代画像艺术的思想性》,柳扬、岑河译,生活·读书·新知三联书店,2006,第 238 页。

3　蒋英炬、吴文祺:《汉代武氏墓群石刻研究》,山东美术出版社,1995,第 59 页。

4　吴毓江撰,孙启治点校:《墨子校注》,中华书局,1993,第 641 页。

5　南朝刘宋时期的《晋中兴书》《瑞应图志》对神鼎的功能也都有类似的说法。

无法准确描述，只能在可视的图像中捕捉到一些线索，笔者将汉代的神鼎图进行综合归纳，以三对概念尝试建立二者关系的表现模式，以触及神鼎图的建构问题。

（一）封闭与多样

在这一模式中，"神鼎"与"九鼎"并存，我们既可以看到具有"九鼎"属性的捞鼎图，亦可以看到具有"神鼎"属性的神鼎图。

武氏祠兼有泗水捞鼎图与神鼎图就属于此类，两类图各就其位，一个在左石室东壁，一个在武梁祠天顶的祥瑞图中，各自内部为封闭系统。武梁祠祥瑞图中各种祥瑞以格为界相序排列，巫鸿称之为"图录式"[1]，神鼎属其一。同为"图录式"的还有内蒙古和林格尔墓，与武氏祠祥瑞图位于祠堂顶部的情况有别，和林格尔墓祥瑞图位于中室西、北壁下部，且与上卜方的图像主题并无关联，[2] 显然为强行隔出的，诸祥瑞排列整齐，即使到壁面转角处也未中断，每一例瑞物以格分界也附有榜题（图1），榜题有四十九种名称，其中亦有"神鼎"[3]。

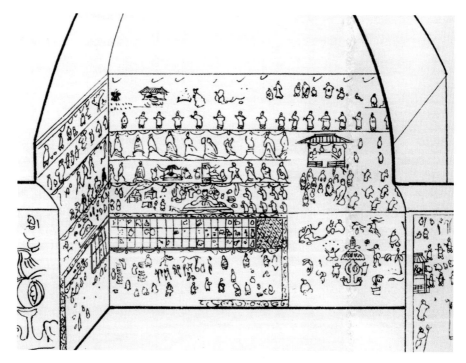

图1　和林格尔汉墓中室西、北壁壁画示意图

红色标注区域为祥瑞图，底图采自《和林格尔汉墓壁画》第 37 页

1　［美］巫鸿：《武梁祠——中国古代画像艺术的思想性》，柳扬、岑河译，第 96 页。

2　祥瑞图上方是四栏排列有序的历史人物与墓主夫妇宴居，西面和下方则是大幅面的庖厨图。

3　内蒙古自治区文物考古研究所：《和林格尔汉墓壁画》，文物出版社，2007，第 94 页。

图2　新都利济乡画像砖鼎图拓片

采自《中国巴蜀汉代画像砖大全》第42页

图3　彭州义和乡画像砖鼎图拓片

采自《中国画像砖全集·四川汉画像砖》图版一五四

包括"神鼎"在内，武梁祠与和林格尔墓中的祥瑞榜题一致的瑞物名有很多，意味着当时应有专门的祥瑞图籍。[1]和林格尔墓祥瑞图就位置而言应该不在最初的壁画设计中，很有可能是在绘制过程中临时加上的，而且由于规划的不严谨，为了不因瑞物结束在东端留下空白而不得已用几何图案去补足，正说明祥瑞图在当时观念中的重要性。

由此可见，祥瑞图有一套相对封闭的图式系统，与同出的捞鼎图图式结构完全不同，也显示出因不同系统而呈现的多样性。

（二）开放与统一

在这一模式中，"九鼎"与"神鼎"合而为一，也可以称为神化的九鼎，鼎图中保留有捞鼎图的元素，但又不具有捞鼎图的场景和叙事，而且鼎有变异的倾向：有的并非鼎而更像别的器物，有的则增加了鼎本身不具备的构件。这一类鼎图主要见于四川的泸州、新都与彭州等地。[2]

图4　泸州大驿坝 M2 石棺鼎图

采自《中国画像石全集》7 图版一八七

图5　泸州长江边砖室墓石棺鼎图

采自《中国画像石全集》7 图版一九三

1　榜题文字与《宋书·符瑞志》记述大多一致。巫鸿认为当时是有"瑞图"的，见［美］巫鸿《武梁祠——中国古代画像艺术的思想性》，柳扬、岑河译，第96、108页。望都汉墓二号墓也有类似的祥瑞图。

2　泸州主要为石棺，新都与彭州主要为画像砖。

图6 泸州麻柳湾崖墓石棺鼎图
采自《中国画像石棺全集》第309页

图7 宜宾弓字山崖墓石棺鼎图
采自《中国画像石全集》7 图版一二〇

具体实例有新都利济乡、彭州升平乡、彭州义和乡出土的鼎图画像砖,[1] 三幅图内容一致——大鼎居中,两侧各有一人引绳提鼎,绳索绕过顶部滑轮系在鼎盖环钮上(图2、图3)。新都、彭州鼎图还保留了鼎和人的元素,至泸州、宜宾地区的鼎图则变异较大,如泸州大驿坝M2石棺(图4)[2]、麻柳湾崖墓石棺(图6)[3]、宜宾弓字山崖墓石棺鼎图(图7)[4] 中引绳的为神禽异兽;再如泸州大驿坝M2石棺鼎盖上立一菱形体,内有一小圆状物,长江边砖室墓石棺鼎盖上有三个珠状物(图5)[5],罗二虎推测这些增加的奇怪构件是"仙丹"[6];泸州麻柳湾崖墓石棺的鼎则完全没有了鼎的特征,倒似壶,鼎两旁环状物为耳[7];宜宾弓字山崖墓石棺的鼎耳与足都出现了扭曲变形,绳所系的鼎环被放大、移位。

显然,这些变异属地域特色,神禽异兽虽然在引绳,但根本无法在叙事上予以解释,这些神禽异兽与鼎在当时的流行语境中都被视作祥瑞,当地的制作者截取了九鼎与祥瑞神灵的元素把它们组织在一起,目的可能仅仅是使画面更加生动。同时结合四川作为受道教文化影响深远的地

1　高文、王锦生编著:《中国巴蜀汉代画像砖大全》,国际港澳出版社,2002,第42、43页;中国画像砖全集编辑委员会:《中国画像砖全集·四川汉画像砖》,四川美术出版社,2006,第113页。

2　也称为泸州四号石棺。中国画像石全集编辑委员会:《中国画像石全集》7,河南美术出版社、山东美术出版社,2000,第151页。

3　也称为泸州九号石棺。罗二虎:《汉代画像石棺》,巴蜀书社,2002,第122—125页。

4　中国画像石全集编辑委员会:《中国画像石全集》7,第94页。

5　也称为泸州十一号石棺。中国画像石全集编辑委员会:《中国画像石全集》7,第156—157页。

6　罗二虎:《汉代画像石棺》,第118、125页。

7　罗二虎认为鼎旁的环状物为玉璧,鼎下为山形物(见罗二虎《汉代画像石棺》,第123页)。笔者猜测也可能表现的是类似武氏祠祥瑞图中的银瓮,学界普遍称为鼎或与引绳元素有关,不过解释为鼎对于理解本文呈现方式的主旨更贴合。

区，罗二虎对鼎上新增构建解释为"仙丹"是可以成立的，若此，则鼎又被注入了升仙的功能，[1] 而"升仙，需要经过复杂的自我修炼、服食丹药或是取得方士的导引等"[2]，这一问题将在第三种模式中继续涉及。

（三）模糊与分离

在这一模式中，神鼎的意义进一步延展，升仙意义进一步强化，已脱离了"九鼎"独立成立。我们可以在江苏睢宁九女墩汉画像石墓（图8）[3]、山东临沂吴白庄汉画像石墓[4]看到这样的鼎图——神鼎仍处在众多祥瑞之中，但摆脱了"图录式"形式，而落入某种场景里，鼎处于中心或靠近中心的位置，珍禽异兽守护在侧，这一场景明显描绘的是仙界天国，尤其是睢宁九女墩石墓神鼎的博山盖亦可证明，神鼎图下栏的车马出行意味着墓主人已经在升仙途中。

图8　江苏睢宁九女墩石墓鼎图
采自《中国画像石全集》4 图版一一二

1　石棺作为殓葬工具，珍禽异兽与鼎组合在一起，也增加了辟邪、吉祥的用意，因为汉代的铜镜与画像砖上经常可见"左龙右虎辟不祥"的吉语。

2　赵化成：《汉墓壁画的布局与内容——兼论先秦两汉死后世界信仰观念的变化》，载许倬云、张忠培主编《中国考古学的跨世纪反思》（下册），香港商务印书馆，1999，第445页。

3　中国画像石全集编辑委员会：《中国画像石全集》4，山东美术出版社，2000，第79页。

4　山东石刻分类全集编辑委员会：《山东石刻分类全集》卷七，青岛出版社、山东音像文化出版社，2013，第191页。

同样属于此模式的神鼎图还见于四川地区，它属于第二类模式的延续和升级。如泸州大驿坝 M1 石棺神鼎图由一大鼎与旁边的持节立人组成（图9）[1]；广汉市画像砖画面左端有一辎车，旁边有一大鼎（图10）[2]；新都县画像砖与彭州太平乡画像砖神鼎图内容一致，均为大鼎居中，两侧各有一人，其中右者手中似持笊篱（图11、图12）[3]。在这几例神鼎图中，鼎已经完全摆脱了捞鼎图的元素，鼎在与他物的构图中更为独立，它的比例被放大，做了更加细致的装饰，似在突出它的功能和意义——罗二虎认为泸州大驿坝 M1 石棺图像表现的是"炼丹以求升仙"，持节立人为一方士，其头后圆形轮廓为背光，似受佛教艺术影响，[4] 吴雪杉亦认为新都县画像砖与彭州太平乡画像砖图像主题为"道士炼丹"，进而认为此类鼎实为炼丹的丹鼎，[5] 由此右者手中笊篱就可自然理解为捞取丹药的工具。

在这一模式中，神鼎与九鼎发生了彻底的分离，神鼎具有了独立的功能和意义，它开始直接与长生、升仙发生关系，而在此模式下的鼎也不需要再夸张变异、增添多余的构件，无须借用捞鼎要素来强调它的神性，或许在长期的观念强化下，世人已经可以直接从鼎本身联系到炼丹、升仙的神物属性。

图9　泸州大驿坝 M1 石棺神鼎图

采自《中国画像石全集》7 图版一八八

图10　广汉市搜集画像砖鼎图

采自《中国画像砖全集·四川汉画像砖》图版三六

1　也称为泸州六号石棺。《中国画像石全集》7，第 152 页。

2　中国画像砖全集编辑委员会：《中国画像砖全集·四川汉画像砖》，第 26 页。

3　高文、王锦生编著：《中国巴蜀汉代画像砖大全》，第 44 页；中国画像砖全集编辑委员会：《中国画像砖全集·四川汉画像砖》，第 113 页。

4　罗二虎：《汉代画像石棺》，第 116 页。

5　高文、王锦生认为画面主题为"楚王问鼎"，（见高文、王锦生编著《中国巴蜀汉代画像砖大全》，第 44 页），笔者认为不确，对同一地区相似的鼎图推测它们表现的主题应一致，四川地区画像砖描绘历史题材的内容较少、而反映祭祀、祝祷、生活场景的主题更多，并且结合人物手中所持什物判断，炼丹说更有说服力。

图 11　新都县出土画像砖鼎图

图 12　彭州太平乡出土画像砖鼎图

采自《中国巴蜀汉代画像砖大全》第 44 页

采自《中国画像砖全集·四川汉画像砖》图版一五三

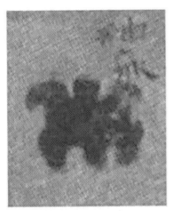
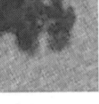

1

2

3

4

5

图 13　汉代神鼎图的鼎

1. 和林格尔墓神鼎（采自《和林格尔汉墓壁画》第 139 页）；2. 吴白庄汉墓神鼎（采自《山东石刻分类全集》卷七第 191 页）；3. 九女墩汉墓神鼎（采自《中国画像石全集》4 图版一一二）；4. 广汉画像砖神鼎（采自《中国画像砖全集·四川汉画像砖》图版三六）；5. 新都画像砖神鼎（采自《中国画像砖全集·四川汉画像砖》图版一五三）

二 神鼎图中的 "鼎"

除却前文提到的第二种模式的石棺上的鼎造型变异严重外，[1] 其他神鼎图的鼎形式基本表现为：球腹、兽蹄足，而山东以外地区的神鼎图在此基础上又统一增加了带盖、附耳平折这两项特征（图13）。这与捞鼎图中所描绘的鼎形式多元的情况大为不同，[2] 使得我们不禁发问：神鼎图之鼎式是否也有现实实物的参考？如果有，它们是否具有同一来源？如此统一的形式背后有着怎样的文化或观念？

我们先从具体的形制入手。

整体形制。就整体形制而言，神鼎图中的鼎与汉代承自东周三晋两周地区的铜鼎鼎式相近。

鼎耳。除却山东地区，神鼎图中的鼎耳均为弯折近平的附耳。有趣的是，此类鼎耳基本不见于汉代铜鼎，就目前可查到的陶鼎资料中，也仅见于西安地区的西汉中晚期墓葬当中。[3] 我们知道鼎耳作为鼎的附属构件具有一定的实用功能，早期的鼎耳均为立耳，附耳是为了承盖方便设计的，目前发现最早的附耳鼎见于西周早期的长子口墓地，[4] 但基本到西周晚期以后才开始流行。附耳当中也以立耳与撇耳为多，典型的折耳则集中见于战国早期的郑都地区。[5]

球腹。西安地区西汉中晚期墓葬所见的折耳陶鼎与战国早期郑国的鼎式应无甚关联，后者的几例折耳鼎均不是球腹，而前者确与神鼎图之鼎更为相似。关于神鼎的形状，吴雪杉注意到大约成书于汉顺帝、桓帝时期的丹经《周易参同契》中有《鼎器歌》[6]，其中第一句："圆三五，寸一分，口四八，两寸唇，长尺二，厚薄均"是对炼丹所用鼎器的要求，其中"圆三五"指鼎的形状。另《周易参同契》上卷有"偃月法鼎炉"句，董德宁注："偃者，卧也，即仰也。言鼎炉之可容纳水火者，乃偃月之法象也。盖鼎像望月之圆，可容药物；而炉像弦月之缺，可

1　也有能看出所参考的实物原型者，如泸州市长江边砖室墓石棺鼎图之鼎为越式风格，见吴小平《汉代青铜容器的考古学研究》，岳麓书社，2005，第228—229页。

2　有学者对"捞鼎图"中鼎的形制进行考察发现，这些鼎形式多元，多是就地取样，参考当地同期流行的实物鼎。见郝丽君《论汉代对三代青铜器的认识》，博士学位论文，中央美术学院，2022，第156—159页。

3　包括西安北郊（《龙首原汉墓》《长安汉墓》《西安北郊郑王村西汉墓》）、南郊（《长安汉墓》）、东郊（《白鹿原汉墓》）。

4　河南省文物考古研究所、周口市文化局：《鹿邑太清宫长子口墓》，中州古籍出版社，2000，第57、60页。

5　如新郑新禹公路1988M2：1铜鼎、M13：2铜鼎、新郑郑韩路2004M6：1铜鼎、新郑铁岭M252：2陶鼎。见路国权《东周青铜容器谱系研究》，上海古籍出版社，2018，第45页；周剑《郑、韩文化比较初探》，《巢湖学院学报》2014年第1期。

6　吴雪杉：《从"九鼎"到"丹鼎"——四川汉代"取鼎"图像的嬗变》，第48页。

纳火符,故曰偃月法鼎炉也。"[1] 神鼎图中对球腹的刻意强调与炼丹之鼎器的要求相合,应是特意如此描绘的。

图14 "单孝子"鼎

采自《故宫青铜器》第271页

综合以上的形制特征,回到上面的问题,神鼎图之鼎是否有写实的参照,笔者认为是有的,虽无法明确,但可以寻找到一些物证以勾勒时间上的线索。比如故宫博物院藏有一件与郑国折耳鼎同期的"单孝子"鼎(图14)[2],属战国三晋两周地区的鼎式,西安地区西汉中晚期的陶鼎鼎式可能受此影响,神鼎图之鼎式也与之极似。

我们可以看一下西安地区西汉中晚期墓葬出土陶鼎的演变情况[3](见表1),尤其到晚期鼎盖上模印动物纹并出现兽形足,以西安北郊雅荷城市花园M106:2陶鼎为例(见图15)[4],鼎盖上所模印的动物有七八种之多,包括朱雀、龙、鹿等,动物之间还有云气纹,显然应为祥瑞,这类模印的鼎是为丧葬制作的明器,但祈福祷祀意味浓厚,也同时说明神鼎的意义开始加强。

表1	西安地区西汉中晚期墓陶鼎演变			
	第一期	第二期	第三期	第四期
Aa 型				
Ab 型				

1　(清) 董德宁注:《周易参同契正义》,载丁福保编《道藏精华录》第三册,北京图书馆出版社,2005,第67页。

2　故宫博物院编:《故宫青铜器》,紫禁城出版社,1999,第271页。

3　据《长安汉墓》陶鼎演变图略作调整,见西安市文物考古所编《长安汉墓》,陕西人民出版社,2004,第830页。

4　西安市文物考古所编:《长安汉墓》,第344页。

	第一期	第二期	第三期	第四期
B 型				
C 型				

注：采自《长安汉墓》第 830 页。

图 15　西安北郊雅荷城市花园 M106：2 陶鼎
采自《长安汉墓》图版八

有神鼎图的墓葬基本都属于东汉时期，却模仿西安地区更早期的西汉中晚期的陶鼎形象，值得思考。首先，虽然迟至东汉时期（主要是东汉后期）才在墓葬画像石、壁画中多见有神鼎图，但其较为统一的形制说明在观念上神鼎的形象已经成熟稳固，其渊源当更早；其次，西汉中晚期的西安地区（都城长安）正是鼎被纳入祥瑞体系的时间和地区，汉武帝时期官方第一次获得了三代的铜鼎，还为此举

行了荐庙、制作郊祀礼乐、改元、封禅等一系列纪念仪式和政治活动，在此过程中应有关于瑞鼎的图绘，即便朝廷不作，民间也会从传世的战国鼎中寻一个样本来寄托个体的信仰，随着这种信仰的物质载体的普及，自会形成当地的传统，也就是我们所看到的西安地区流行的这类陶鼎形制，因此我们完全有理由将神鼎图的鼎式溯源与此挂钩。

回顾以上内容，可以总结出两条轨迹，一条是反应"神鼎"与"九鼎"关系的三类模式；根据这些模式去看诸鼎图，它们在不同地域之间（尤其以山东和四川为主）具有差异性的规律，也即第二条轨迹，两条轨迹相互影响。接下来将以这两条轨迹的互动关系为基础，进一步讨论神鼎图的策源与传播问题。

三　神鼎图的策源与传播

前文已述，山东泗水流域及周边地区

在两汉时期流行的捞鼎图并不见于四川地区，这些与禹铸九鼎（周鼎）有关的九鼎在四川地区发生了变异，其中的部分元素（如绳索、引绳行为）被保留，但捞鼎的场景和叙事则被颠覆，鼎变得奇特，引绳者也成为神禽异兽，我们意识到在四川地区，作为地域特征的一类神鼎图出现了，它主要发现于泸州、宜宾等地的石棺上。紧接着，在同一地区捞鼎元素也不见了，神鼎彻底独立，它们的形式变得相对统一、固定——基本为带盖、附耳平折、球腹、兽蹄足，相似的形式在江苏、内蒙古、山东的几处壁画墓、画像石墓中也有发现。后者的年代经发掘者判断均为东汉晚期，而四川地区的石棺、画像砖由于是偶然发现或征集，缺乏出土信息而无法断定具体年代。

这些客观表现将笔者思考的重点持续引向地域之间的关系，尤其是山东与四川两个地区。重新梳理两地的鼎图特征和形式关联，判断四川地区对于神鼎图的策源与传播至关重要。为了更进一步认识这一问题，笔者将引入流行于东汉时期的鼎纹铜洗进行联动讨论。

（一）铜洗的功能与产地

铜洗是汉代新出现的器类，主要形制特征为折沿、弧腹、平底（或矮圈足），一直沿用至三国两晋，西汉时期多为素面，东汉时期内底多铸有装饰图案和吉祥文字，其中以羊、双鱼图案同时配以"大吉羊""富贵昌宜侯王"等吉祥文字较为多见。[1] 因学界惯称为"洗"，故容易误作盥洗器，[2] 但徐中舒、孙机等学者根据安徽当涂晋墓中此类容器有自名纠正其应称为"釪"或"杅"，孙机根据共存之物有斗无匜认为当作盛酒浆之器（图16），[3] 笔者认同此说。但基于"洗"为汉晋特有的器类且已经广泛深入人心，本文还是沿用这一名称。

另值得注意的是，考古发现出土铜洗的遗址不仅有墓葬，还有数量不少的窖藏，这些窖藏在湖北、湖南、浙江、陕西、河南、河北、山东等地都有发现，结合洗内底铸有装饰图案和吉祥文字的情况，因此有学者视其为祭器或媵器也有一定道理。[4]

具体看东汉时期的铜洗，出土数量以四川、贵州、云南最多，且基本见于墓葬；湖北（鄂西北）、湖南（湘西南）次之，多为窖藏。铜洗上有关地名的铭刻多见有"蜀郡""堂狼""朱提"等。从数

1　吴小平：《汉代青铜容器的考古学研究》，第140—147页。

2　马衡在《中国金石学概论》中言："古者祭礼燕飨皆有沃盥之礼，昭其洁也。盘与匜相需而用，以匜泻水于水而盛之以盘，盘在汉为洗。"其实不确。

3　孙机：《汉代物质文化资料图说》（增订本），上海古籍出版社，2008，第299页。

4　张占民：《西安高庙村新莽窖藏铜器考略》，《文博》1992年第5期；郑同修：《汉晋鱼纹铜洗媵器说》，《东南文化》1996年第2期。

量多寡、埋藏性质以及铭刻内容可基本判断云、贵、川一带应为该时期铜洗的主要产地，并分为四川"蜀郡"和云南"朱提—堂狼"两个中心。

图 16　铜洗
采自《山东兰陵柞城遗址青铜器窖藏鉴赏》图 13

蜀郡为古蜀国旧地，秦汉在此置郡。蜀郡有"盐铜之利"[1]，其所辖严道有铜矿资源，《史记·佞臣列传》记载："（文帝）赐邓通蜀严道铜山，得自铸钱，'邓氏钱'布天下"[2]。依托资源优势，秦汉在蜀郡均设有工官制作铜器，东汉开始出现"蜀郡西工监制、私人作坊承制"的生产管理方式，[3] 到后期政府对铜器制作的管控放松，市场进一步开放，私营生产

占据主导，这也就是铜洗吉祥图案和文字在东汉广泛可见的背景。

朱提、堂狼（琅）在汉代同属犍为郡（武帝始置郡），位于今昭通一带。[4]《续汉书·郡国志》载："朱提山出银、铜"[5]，此地也应是一个铜矿产地，但政府似未在此设工官。目前发现有"朱提""堂狼"之铭的铜器以洗最多，另有釜、鍪等，起始于汉章帝建初元年，盛行于东汉后期，东汉晚期衰落，[6] 生产范围主要在川东南与滇东北地区。

蜀郡、朱提—堂狼两地的铜洗在纹饰和文字上有明显的区别，蜀郡以羊、鼎、凤鸟等纹饰为主，铭文多见"严氏""董氏"等姓氏、吉语；而朱提—堂狼则以鱼、鹭鸟、钱币等纹饰为主，铭文多见年号和产地。有学者从互未发现同类器认为两地存在商业竞争关系，并认为蜀郡洗多是个体手工业劳动者制作，而朱提—堂狼洗则是地位低下的南中大姓的部曲制作。[7]

（二）铜洗中的神鼎图

目前已知的鼎纹铜洗约有 30 件，其

1　（晋）常璩撰，严茜子点校：《华阳国志·蜀志》，齐鲁书社，2010，第 33 页。

2　（汉）司马迁撰，（南朝宋）裴骃集解，（唐）司马贞索隐，（唐）张守节正义：《史记》卷一二五，中华书局，2014，第 3878 页。

3　白云翔：《汉代"蜀郡西工造"的考古学论述》，《四川文物》2014 年第 6 期。

4　孙太初：《朱提堂狼铜洗考》，载云南青铜器论丛编辑组《云南青铜器论丛》，文物出版社，1981，第 178 页。

5　（南朝宋）范晔撰，（唐）李贤等注：《后汉书》卷一一三，中华书局，1965，第 3516 页。

6　孙太初：《朱提堂狼铜洗考》，第 189 页；吴小平、魏然：《朱提堂狼器考》，《考古学报》2021 年第 3 期。

7　同上注。

中大多数见于铜器著录，¹ 仅有纹饰、文字拓片，器形不明；考古出土品目前所见全部来自窖藏，分布于河北抚宁安庄、² 山东兰陵柞城遗址、³ 山东寿光纪国故城、⁴ 河南桐柏平氏镇、⁵ 安徽寿县谷贝村⁶ 等地。前文已述，鼎纹铜洗为东汉蜀郡生产，私人作坊为主导，这几处考古发现应是从蜀郡流通至此，埋于窖藏，也足见铜洗的珍贵。

由于神鼎图铸于洗内底部，所以图框均为圆形，鼎靠下居中，周围辅以山峦（有的鼎三足直接由三座山柱支撑），个别还装饰有花卉和云气纹（S 形纹）。图像组合形式约有三类：a. 单独的鼎（图17）；b. 鼎上立一凤鸟（凤鸟或向左或向右）（图18）；c. 鼎耳上方有三足乌、猴和蟾蜍（图19）。铭文的位置在图像组合 a、c 中位于上方，在图像组合 b 中位于旁侧。

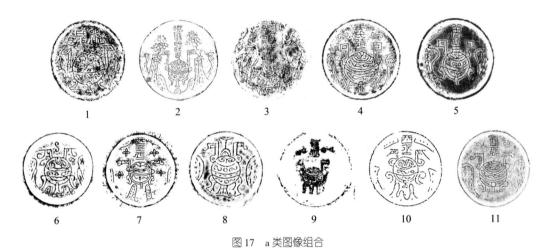

图17　a 类图像组合

1. "严氏"洗鼎纹拓片（采自《秦汉金文录》第 615 页）；2. "严氏造吉"洗鼎纹拓片（采自《秦汉金文录》第 618 页）；3. "蜀郡严是"洗鼎纹拓片（采自《秦汉金文录》第 750 页）；4. "严"氏洗鼎纹拓片（采自《秦汉金文录》第 603 页）；5. "吉羊"洗鼎纹拓片（采自《秦汉金文录》第 733 页）；6. 抚宁安庄 FN：471 洗鼎纹拓片（采自《河北抚宁县安庄村发现窖藏铜器》图三）；7. 兰陵柞城 2 号洗（0583）鼎纹拓片（采自《山东苍山柞城遗址出土东汉铜器》图三）；8. 纪国故城 JC：4 洗鼎纹拓片（采自《山东寿光纪国故城东汉窖藏清理简报》图6-2）；9. 寿县谷贝洗鼎纹拓片（采自《安徽寿县发现汉、唐遗物》图二）；10. 桐柏平氏洗鼎纹拓片（采自《河南桐柏平氏镇发现汉代铜器》图3-2）；11. 故宫博物院藏洗鼎纹拓片（采自《故宫藏文物珍品大系·青铜生活器》第 86 页）

1　容庚：《秦汉金文录》，中华书局，2011，第 602—603、607、610、615、618、620—621、733、746—748、750 页。

2　吴克贤：《河北抚宁县安庄村发现窖藏铜器》，《考古》2001 年第 10 期。

3　刘心健、刘自强：《山东苍山柞城遗址出土东汉铜器》，《文物》1983 年第 10 期。李健文：《山东兰陵柞城遗址青铜器窖藏鉴赏》，《文物鉴定与鉴赏》2016 年第 11 期。

4　寿光市博物馆：《山东寿光纪国故城东汉窖藏清理简报》，《中原文物》2018 年第 4 期。

5　赵世纲：《河南桐柏平氏镇发现汉代铜器》，《考古》1963 年第 12 期。

6　寿县博物馆：《安徽寿县发现汉、唐遗物》，《考古》1989 年第 8 期。

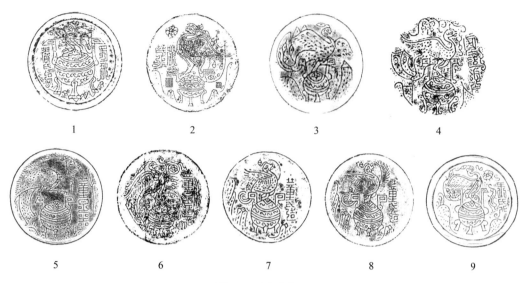

1　　　　2　　　　3　　　　4

5　　　　6　　　　7　　　　8　　　　9

图 18　b 类图像组合

1. "蜀郡严氏"洗鼎纹拓片（采自《秦汉金文录》第 621 页）；2. "严氏作"洗鼎纹拓片（采自《秦汉金文录》第 748 页）；3. 抚宁安庄 FN：470 洗鼎纹拓片（采自《河北抚宁县安庄村发现窖藏铜器》图二）；4. 兰陵柞城 4 号洗（0585）鼎纹拓片（采自《山东苍山柞城遗址出土东汉铜器》图五）；5. "董是"洗鼎纹拓片（采自《秦汉金文录》第 607 页）；6. "董是造作"洗鼎纹拓片（采自《秦汉金文录》第 610 页）；7. "董氏造"洗鼎纹拓片（采自《秦汉金文录》第 746 页）；8. "董氏造"洗鼎纹拓片（采自《秦汉金文录》第 747 页）；9. "𪔂氏"洗鼎纹拓片（采自《秦汉金文录》第 602 页）

图 19　c 类图像组合

采自《秦汉金文录》第 620 页

在 a 类图像组合中，铭文有"蜀郡""严氏""𪔂氏"等产地或姓氏名，以及"吉羊（祥）"等吉语；b 类铭文有"（蜀郡）严氏""董氏""武氏""𪔂氏"等姓氏名，且"严氏"铭洗的凤鸟朝左，"董氏""武氏"等作坊铭洗的凤鸟向右；c 类目前仅有一件，为"严氏"铭。这些姓氏其实就是作坊名，不同作坊在纹饰细节的设计上虽各有偏好，但组合元素的类型和基本形貌还是较为统一的。

鼎的整体形制与前文所述神鼎图之鼎极为相似，也表现为带盖、附耳平折、球腹、兽蹄足。由于二者在地域上的重合，它们应该有图像观念的一致性。关于铜洗中神鼎图的含义，需要进一步讨论。

后世关于鼎的观念一直是随着时代和地域而变化的，鼎的含义从九鼎阶段扩展到祥瑞阶段，在神仙思想的笼罩下，九鼎的神性被强化，此时的神性仍然与权力有关，它被天命指引喻示新王朝的正统以及德政的体现，每一次改朝换代都会进行舆论造势。但随着刊仙阴阳思想的兴盛，鼎又被赋予了祝寿祈福的寓意，这在四川地区的墓葬画像石中得到了清楚的反映。同时同地存在的神鼎纹铜洗也具有一致的含义，与鼎纹在一起的吉祥语，以及同为蜀郡作坊生产的羊纹、凤鸟纹已经表明鼎属于吉物范畴，在东汉后期祥瑞泛滥的背景下，鼎仍然具有祥瑞属性，我们重点看一下 b 类图像组合。

b 类图像组合中的纹饰主体为凤鸟立于鼎上，周围装饰山峦、花朵或云气纹（S 形纹）。关于凤鸟与鼎的关系，商代有"飞雉升鼎耳而雊"的典故，《尚书序》记载："高宗祭成汤，有飞雉升鼎耳而雊"，据孔颖达疏，高宗武丁祭太祖成汤于肜祭之日时，有飞雉来升祭之鼎而雊鸣，大臣祖己认为王有失德而致此祥。[1]武丁时期的"仲子𪇯"觥、"泓父丁"鼎上有类似的族徽"🐦"，虽"飞雉升鼎耳而雊"是天子失德的征兆，与东汉凤鸟与鼎的图像无涉，但至少说明凤鸟与鼎

组合指示上天征兆的观念早已有之。在汉代，鼎的含义已经发生了变化，征兆祥瑞的意义更大于祭祀礼器本身，《汉书·郊祀志》记载："上自幸河东之明年正月，凤凰集祋祤，丁所集处得玉宝"[2]，凤鸟本身是祥瑞，作为征兆，凤鸟的降临亦在召引祥瑞，就连孔子都在晚年发出"凤鸟不至，河不出图，吾已矣夫！"[3] 的感慨。《白虎通》记载：

> 天下太平，符瑞所以来者，以为王者承天统理，调和阴阳，阴阳和，万物序，休气充塞，故符瑞并臻，皆应德而至。德至天，则斗极明……；德至地，则嘉禾生……；德至文表，则景星见……；德至草木，则朱草生……；德至鸟兽，则凤皇翔，鸾鸟舞，……；德至山陵，则景云出……，山出器车，泽出神鼎；德至渊泉，则黄龙见……；德至八方，则祥凤至……。[4]

它概述了汉代人观念中"王者承天统理"的符瑞指征，其中与铜洗鼎纹有

1　（清）阮元校刻：《十三经注疏》，上海古籍出版社，1997，第 176 页。
2　（汉）班固撰，（唐）颜师古注：《汉书》卷二五下《郊祀志》，中华书局，1962，第 1252 页。
3　语出《论语·子罕》。见杨伯峻《论语译注》，古籍出版社，1958，第 96 页。在孔子看来，凤凰所至招引的是治世的圣人。
4　语出《白虎通·封禅》。见（清）陈立撰，吴则虞点校《白虎通疏证》，中华书局，1994，第 283—285 页。

关的"凤凰翔""鸾鸟舞""山出器车"[1]就代表了时人对祥瑞的向往，为此，他们便将心愿用图像描绘出来，而这样的图像其实也有"象神以召神"的功能。

相同的图式还见于四川绵阳[2]、德阳[3]出土的画像砖上（图20、图21），只是砖上的鼎与神鼎图的鼎形制不同，且无盖，但所表达的含义应该是相同的。四川绵阳画像砖的背面模印"建初八年九月□□师作□"，两块砖纹饰一模一样，应为同一模板制作，东汉两地同属广汉郡，北邻蜀郡。

图20　绵阳画像砖

采自《中国巴蜀汉代画像砖大全》第375页

图21　德阳画像砖拓片

采自《巴蜀汉代画像集》图版324

1　相似的内容同期或较早的文献还有《礼记·礼运》《孝经援神契》等，但《礼记·礼运》作："山出器车，河出马图"，《孝经援神契》也作"泽出神马"。铜洗中鼎纹的文本来源未必就是《白虎通》，而应是当时流行的祥瑞俗说，俗说之间固当有一定的出入，鼎纹铜洗的图式没有表现"泽出神鼎"，而更靠近"山出器车"，所以我们不必追究文本的确源，仅表达图式与文本背后俗说的大致对应。

2　高文、王锦生编著：《中国巴蜀汉代画像砖大全》，第375、243页。

3　龚廷万、龚玉、戴嘉陵编著：《巴蜀汉代画像集》，文物出版社，1998，图版324。

图 22　兰陵九女墩汉墓熏炉	图 23　寿光纪国故城熏炉	图 24　河南荥阳熏炉
采自《兰陵九女墩汉画像石墓出土的两件铜器》图一	采自《中国出土青铜器全集》第 483 页	采自《中国青铜器全集》12 图版一二二

其实不唯平面的图像，我们还能看到对该图像立体呈现的器物，比如东汉晚期兰陵九女墩汉墓、寿光纪国故城以及河南荥阳出土的鼎式熏炉（图 22 至图 24），[1] 尤其是前者鼎腹卡扣的花形装饰也与兰陵柞城 0583 铜洗鼎纹周围的花朵惊人地相似，当熏炉烟气袅袅升腾起来，似 S 形的云气纹也立体化地再现了。无论平面的图像还是立体的器物，所表达的含义一致。

综上，铜洗中的鼎图像仍是祥瑞之属，鼎纹周围的山峦正指示了鼎出现的环境。其形式与墓葬壁画和画像砖的神鼎形式共享，虽则炼丹修仙的意味并不浓厚（可能与铜洗作为实用器而并不直接服务于丧葬有关），但由祥瑞的图式也与个人祈福吉祥的寓意发生关联，同出有鼎纹铜洗的抚宁安庄铜器窖藏中另有一件铜鼎的足上刻有"大吉利君宜官"，所以在当时民间的观念中，鼎又被赋予了升官封侯的寓意，c 类图像组合中出现的猴子可能有此暗示。

关于鼎纹铜洗的年代，目前出土信息明确的遗址均属东汉晚期，[2] 但早至新莽时期的遗址已经出现类似的但只有凤鸟纹

1　兰陵九女墩汉墓出土鼎式熏炉见王树栋、布明虎《兰陵九女墩汉画像石墓出土的两件铜器》，《文物天地》2016 年第 12 期。寿光纪国故城熏炉见李伯谦编《中国出土青铜器全集》5，科学出版社、龙门书局，2018，第 483 页。河南荥阳出土的鼎式熏炉，见中国青铜器全集编辑委员会《中国青铜器全集》12，文物出版社，1998，图版一二二。

2　即使遗址年代不确定的河南桐柏平氏镇与河北抚宁安庄窖藏，其鼎纹铜洗的器形也属东汉晚期，见吴小平《汉代青铜容器的考古学研究》第 141 页 B 型洗，近年吴小平将 B 型洗改称为盘（见吴小平、魏然《朱提堂狼器考》，第 367—368 页），由于有此类鼎纹的器类较为单一，故笔者仍统称为洗。

（无鼎纹）的铜洗。[1] 有学者考察，铸有蜀郡"严氏"与"董氏"的铜器最早在新莽时期已经开始生产，两作坊一直沿用至东汉时期，[2] 所以是否可以认为鼎纹铜洗在东汉晚期成为蜀郡"严氏"与"董氏"等作坊的制作主题，且其与当地墓葬画像砖神鼎形式的高度相似性，说明了它们在年代上的相近。

在此基础上，笔者将对宝鼎图与神鼎图在地域上的转化与传播进行一个完整的梳理。

（三）神鼎图的策源与传播

捞鼎图在山东地区的汉画像石（含石棺）上广泛可见，因其与秦始皇泗水捞鼎故事有关，有价值的是，汉帝国的开国之君刘邦曾经活动的泗水流域是这一图像题材发源和流行的地区，所有捞鼎图基本的场景、叙事和细节较为统一，只是在不同的时期和地区略有差别。山东地区捞鼎图最早而又集中的发现，使得我们相信捞鼎图的策源地就是山东，尤其是泗水流域的鲁南地区（西汉中期即已出现），陕西、河南等地区的发现则略晚（均已进

入东汉时期），且数量较少，应是由山东传播至此，或为工匠异地施工，或为画稿传入并进行了在地化改造。[3]

汉代鼎图流行的另一个地域——四川地区则呈现出另一派气象，学者们更倾向于认为它们是神鼎图，表现的是方士（道士）炼丹修行所用的鼎，[4] 这些图式结构也较为一致，形成了一定的地域特色，反映了一定的地域观念。在这里，鼎被赋予了新的意义和功能，[5] 在形式上，有一类神鼎图有与山东捞鼎图相似的元素，比如"引绳提鼎"，但完全没有捞鼎图的场景和叙事，同时鼎发生了严重的变异，它们似鼎又增加了奇特构件，尤以泸州、宜宾地区所见石棺最为明显，引绳者成为神禽异兽，故笔者将这类图视为"九鼎"与"神鼎"的合体。这些神鼎图由于出土环境的未知无法判明具体时期，学界统一认为是东汉。基于图式的相似与变化，笔者认为，四川地区的神鼎图在图式上借鉴了山东地区的捞鼎图，而用于表达他们当地的神鼎思想，他们没有继续延续捞鼎题材的文化土壤，因此在对鼎的表现上也有了地域性。

1　在山东安丘姜家庄一处新莽时期的铜器窖藏内出土 18 件铜鼎与 1 件"王囗作"铜洗，洗上只有凤鸟纹，无鼎纹，但凤鸟与 b 类图像组合的凤鸟风格一致，有意思的是，据说这件洗被发现时覆盖在一件鼎上（见安丘县博物馆《山东安丘发现一处铜器窖藏》，《文物》1990 年第 8 期）。

2　张占民：《西安高庙村新莽窖藏铜器考略》，《文博》1992 年第 5 期。

3　关于捞鼎图的具体研究，详见郝丽君《论汉代对三代青铜器的认识》，第 143—159 页。

4　罗二虎：《汉代画像石棺》，第 118、125 页。吴雪杉：《从"九鼎"到"丹鼎"——四川汉代"取鼎"图像的嬗变》，第 47 页。

5　笔者相信这种新的意义和功能不是一蹴而就的，它或者也有某种与山东相似观念的触动，但至少东汉时期在对鼎的视觉表达上集中体现了此地强烈推荐一种神鼎的思想。

具有地域性的鼎式也体现于不同的媒材，尤其是新都、彭州地区画像砖鼎的形制与同为蜀郡所生产的铜洗上的鼎完全一致，它们同为球形腹的平折附耳鼎，而同样兴盛的铜洗另一制作中心犍为郡的纹饰类型中却并无鼎。虽然铜洗上的神鼎图炼丹修仙的含义并不浓烈，但其祥瑞图式仍是与长寿、升官的祝祷寓意有关。蜀郡画像石与铜洗在鼎式上的统一风格使得我们相信这一形式是当地率先设计的，由于品牌竞争，犍为郡的作坊选择了其他纹样，但是在当地的画像砖和石棺上却有对蜀郡神鼎样式相似的仿造。

因此笔者认为神鼎图的策源地应是四川地区，尤其是带盖、球腹、附耳平折的神鼎样式可能最早出现于蜀郡地区，随着铜洗的外销将这一样式也传播出去。值得注意的是，除山东以外，目前可见有神鼎图式出土的地点均分布在黄河、长江流域，蜀郡铜洗的外销正是沿着这样的路线进行。

关于巴蜀地区与外界的交通路线，战国时期巴蜀已经具备了北连秦岭、东系江汉的条件，《史记》记载当时"栈道千里，通于蜀汉，使天下皆畏秦"[1]，《华阳国志》记载秦将司马错建议秦惠王取蜀的理由之一就有"水通于楚，有巴之劲

卒，浮大舶舩以东向楚，楚地可得"[2]。至秦汉时期，由关中越秦岭南下入蜀汉至少有四条主要道路相继开通，有的经过修治加强了通行能力，而长江水道航运也有了新的发展，文献记载利用航运将巴蜀之粟补济军粮、赈灾的事情就有很多次。[3]

值得注意的是，四川以外地区目前出土有神鼎图的遗址可以明确具体时期的均为东汉晚期。经由对神鼎图策源与传播的分析，可以对四川地区以往偶然发现或征集的神鼎图石棺和画像砖的年代进行初步判断，即描绘神鼎统一鼎式的石棺和画像砖应为东汉晚期或略早，[4] 描绘"九鼎"与"神鼎"合体的石棺年代可能比前者略早，而较山东最早一批捞鼎图石棺要晚，当为东汉前期。

结 语

基于全国范围内的汉代鼎图像整体性认识，存在"捞鼎图"与"神鼎图"两类图像体系，二者之间既有区别也有联系，它们在不同地区形成相对集中的两大中心，以捞鼎图为主的山东地区以及以神鼎图为主的四川地区，这背后有地方文化造成的观念驱动，但在图像上可以寻到彼

1　（汉）司马迁撰，（南朝宋）裴骃集解，（唐）司马贞索隐，（唐）张守节正义：《史记》卷七九《范雎蔡泽列传》，第 2939 页。

2　（晋）常璩撰，严茜子点校：《华阳国志·蜀志》，第 29 页。

3　王子今：《秦汉交通史稿》，中国人民大学出版社，2013，第 293 页。

4　不会早至东汉初期，因为该时期所见的蜀郡铜洗并无鼎纹，只有与 b 类图像组合相似的凤鸟。

此影响和传播的轨迹。

　　通过探讨两类鼎图关系的表现模式，笔者试图探索神鼎及其图像有关观念及图像建构的线索，认为"神鼎"是在神仙思想发酵的西汉中期开始，配合祥瑞观念，由早期的九鼎衍生而来，约在两汉之际传播至四川地区，被当地升仙、得道的思想吸收并进行在地化改造。对于神鼎的塑造，相对较早且距离更靠近长江的泸州、宜宾地区（属犍为郡）形式变异严重，但到了相对较晚且更靠近长安地区的成都、新都、彭州地区（属蜀郡）则保持了与内蒙古、江苏等地神鼎一致的形式，这一形式其实来源于西汉中晚期流行于长安地区的折耳鼎，在东汉晚期成为统一固定的鼎式。

　　此外，神鼎图不仅见于画像石、画像砖、壁画，还见于铜洗中，带有鼎纹的铜洗也产自于四川蜀郡地区，其亦表现为东汉晚期统一固定的神鼎形式，应是同一观念背景下的产物。将鼎纹铜洗纳入对神鼎图像传播问题的考察，加深了神鼎图像由西向东传播路径的认识，而就鼎纹铜洗地域分布而言，其中一条重要的交通路线为长江水道。

　　考察两类鼎图在地域上的策源与传播轨迹，背后实际反映了基于不同文化形成的图像特征在传播过程中产生的风格化的影响。

纺 织 考 古

武后金冠：西安仪表厂出土金饰考

■ 徐 涛（陕西师范大学历史文化学院） 张 煦（上海大学文学院）

1988 年 10 月，西安市莲湖区西安仪表厂在基建施工时，在距地表 4 米深处发现一批金花饰片。随后施工单位将金饰移交给西安市文物管理部门，现收藏于西安博物院。这批金饰埋藏于一个小缸内，上盖两块砖，缸已残。缸"从造型及胎釉看属中唐，砖饰绳纹也属唐代"[1]。此前这批金饰在西安博物院的藏品图录中刊出，[2] 并在《金辉玉德》等重要展览中出现过，[3] 但一直未做深入研究，学界也关注不够。本文在考察完整资料后，现作如下介绍，并通过同类饰物做进一步的分析。

一

这批金饰数量较多，且已散乱，可分为两大类。一类是完整成形且有一定厚度的金片，依其形状为桃形、鸡心形、扇形金饰；另一类为轻薄且非完整的饰片、饰件，有花瓣形、六角形金箔，还有大量破碎零散的金、银、玉石、珍珠质地小饰件。

完整成形的金饰共有 5 件，其中桃形 3 件，鸡心形、扇形各 1 件。桃形金饰之一，高 4.78 厘米，宽 3.37 厘米，重 5 克。之二高 4.4 厘米，宽 3.58 厘米，重 7 克，之三已残损，仅有部分留存。（图 1-1）；鸡心形金饰与前者相同，唯尖部偏向一边犹如逗号，高 4.39 厘米，宽 3.72 厘米，重 5 克。（图 1-2）；扇形金饰已残缺，现残长 8.3 厘米，宽 3.5 厘米，重 18 克（图 1-3）。[4] 金饰件均为片状，其上以金扁丝弯曲成纹饰并焊接于底板上。饰件边缘为一圈联珠纹，内部则装饰以花卉，其间以细小的金珠颗粒填充，形成珍

1 王长启：《西安市出土唐代金银器及装饰艺术特点》，《文博》1992 年第 3 期。

2 西安市文物保护考古所：《西安文物精华·金银器卷》，世界图书出版公司，2012，图 129—图 131。

3 西安博物院：《金辉玉德——西安博物院藏金银器玉器精粹》，文物出版社，2013，第 124—125 页。

4 西安市文物保护考古所：《西安文物精华·金银器卷》，图 129—图 131。

珠地的效果。背面平素，焊接有方形錾供插接。上述金饰在花叶及联珠纹内，原应镶有珍珠、宝石等装饰，现均已脱落。金饰总体装饰华美、制作精工，即文献所言的"金筐宝钿珍珠装"，[1] 是高等级的女性装饰用品。

非完整成形的饰件较多，且已破碎零散。金箔片较为轻薄，多呈六角形，上有錾刻及镂空，形如花卉或雪花；银丝细长，有的多股绞成树桩状，有的部分弯折卷曲，类似弹簧。此外还有大量散乱的装饰品，如珍珠、绿松石、琉璃、玉片等物，部分同金箔片、银丝串装在一起。

1

2

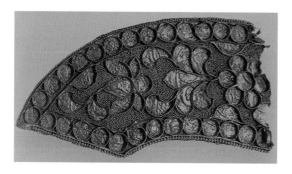

3

图 1　西安仪表厂出土的金饰

1. 桃形金饰；2. 鸡心形金饰；3. 扇形金饰

1　"金筐宝钿"一词的概念，见法门寺《应从重真寺随真身供养道具及恩赐金银器物宝函等并新恩赐到金银宝器衣物账碑》："第二重璛玞石函一枚，金筐宝钿珍珠装，第三重真金宝函一枚，金筐宝钿珍珠装。"陕西省考古研究院等编：《法门寺考古发掘报告》（上册），文物出版社，2007，第 227 页。根据衣物帐文字看，"金筐宝钿"是唐代一种黄金镶嵌的工艺，其特点是以金扁丝做筐，上面镶嵌各类珍珠与宝石。

这些金饰前期不明其用途，收藏单位依据其形制、纹饰特点，定为唐代妇女所用装饰品，现依据近年的考古发现，其性质渐趋明了。2002 年西安市文物保护考古所在西安东郊发掘的唐太州司马阎识微夫妇墓，出土冠饰一组，冠饰为其夫人裴氏所有，裴氏葬于长寿二年（693 年），迁葬于神龙二年（706 年）。[1] 另一组冠饰为 2013 年隋炀帝萧后墓出土，贞观二十二年（648 年）萧后去世，唐太宗诏复其位号，"谥曰愍"，备卤簿仪卫，将萧后与隋炀帝合葬于扬州。[2] 西安仪表厂出土的金饰在形制及组件种类上与前二者高度相似（图 1）。

桃形饰件在萧后及裴氏冠上均有发现。其中裴氏冠上共有 4 件，高 4.6 厘米，宽约 3.9 厘米。萧后冠上发现 12 件，长约 4.5 厘米，宽约 4 厘米，厚约 0.3 厘米，分三层排列；鸡心形饰件仅在裴氏冠上发现 2 件，高约 4.4 厘米，宽约 3.4 厘米，饰件造型相同，唯尖头方向相反，呈左右对称；扇形饰件在萧后及裴氏冠上均有发现，且保存完整。裴氏冠上有 2 件，呈条形且一端有勾云形，左右对称，长约 16.4 厘米。[3] 萧后冠上同样有 2 件，长约 18 厘米，上下宽 3.2 厘米。[4] 从出土的完整饰件可知，仪表厂现存的部分约为原物的 1/3。与仪表厂饰件金质不同，萧后及裴氏冠均为铜质鎏金，饰件正面以珍珠镶嵌的联珠纹环绕，主体则为六瓣花卉，周围饰以花叶，由绿松石、珍珠和水晶装饰，底面则满饰鎏金铜珠。萧后冠饰件背面也有方形錾，而裴氏冠则可见到黏结的痕迹。

六瓣花与六角形金箔片以及银丝在萧后及裴氏冠上均有发现，不过质地均为铜质鎏金。铜丝应为花树装饰之用，其中较粗的，是树桩造型，较细且类弹簧的，应是花枝。珍珠、绿松石、琉璃、玉石等组件，应是花树及冠上的装饰物，与鎏金花瓣、铜丝等一起组成花树。在裴氏冠上，残存有花树三棵，而萧后冠较完整，则有 13 棵花树。[5]

上述饰件，经近年考古发现及相关研究，可以判断为隋唐时期贵族妇女所用礼冠上的饰品。[6] 礼冠制度在隋代就有详尽的记载，大业元年（605 年），隋炀帝诏

1　西安市文物保护考古研究院：《西安马家沟唐太州司马阎识微夫妇墓发掘简报》，《文物》2014 年第 10 期；张煦：《唐阎识微夫妇墓出土女性冠饰复原研究》，硕士学位论文，陕西师范大学，2014。

2　南京博物院：《江苏扬州市曹庄隋炀帝墓》，《考古》2014 年第 7 期。陕西省文物保护研究院：《花树摇曳 钿钗生辉——隋炀帝萧后冠实验室考古报告》，文物出版社，2019。

3　张煦：《唐阎识微夫妇墓出土女性冠饰复原研究》，第 14、15 页。

4　陕西省文物保护研究院：《花树摇曳 钿钗生辉——隋炀帝萧后冠实验室考古报告》，第 53 页。

5　陕西省文物保护研究院：《花树摇曳 钿钗生辉——隋炀帝萧后冠实验室考古报告》，第 57 页。

6　"礼冠"在元代之前文献中多称之为"首饰""首服"，隋唐贵族妇女礼仪所用首饰，参考萧后墓所出土的，已经具备框架结构，所有的部件均安装在框架上，非直接插置在发髻上。懿德太子墓石椁已有戴冠的仕女线刻图像，故本文仍以礼冠为定义。

令吏部尚书牛弘、宇文恺、虞世基等人，综采南北朝礼仪之长，制定贵族妇女在礼仪场合所使用的衣冠制度，规定皇后"祎衣……首饰花十二钿，小花毦十二树，并两博鬓。……祭及朝会，凡大事皆服之"[1]。贵妃及以下各级贵族命妇，均依据其身份高低，依次减等。唐承隋制，建立之初颁《武德令》，皇后有祎衣、鞠衣、钿钗礼衣三种。其中"祎衣，首饰花十二树，并两博鬓。……受册、助祭、朝会诸大事则服之"。内外命妇首饰则为花钗，"施两博鬓，宝钿饰也"。其中第一品花钿九树，第二品花钿八树，以下至第五品花钿五树[2]。这种礼冠可能在北周时期就初具形态。《隋书·礼仪志》记载，"后周设司服之官，……皇后华皆有十二树。诸侯之夫人，亦以命数为之节。三妃、三公夫人已下，又各依其命"[3]。可见北周时期花树已出现在首饰上，隋唐时期是其因袭和发展。

综合文献及考古发现，现可以判断礼冠的要素构成。长条勾云形饰件，应为文献记载的"博鬓"，而桃形、鸡心形饰件应为"宝钿"。萧后去世后，"诏以皇后礼"与炀帝合葬于扬州[4]。现今萧后冠较完整，有二博鬓，十二宝钿，及十三棵花树，与文献记载的皇后礼仪基本吻合。因而学界判断隋唐贵妇礼冠由博鬓、花树及宝钿构成[5]，萧后冠、裴氏冠及仪表厂冠均有这三要素（表1）。

表1　仪表厂金饰与萧后、裴氏冠饰件比较

来源	桃形饰件	鸡心形饰件	扇形饰件
仪表厂			

1　《隋书》卷一二《礼仪志》，中华书局，1973，第262、276页。

2　《旧唐书》卷四五《舆服志》，中华书局，1975，第1955、1956页。

3　《隋书》卷一一《礼仪志》，第244、249页。

4　《北史》卷一四《萧后传》，中华书局，1974，第537页。

5　扬眉剑舞（陈诗语）：《从花树冠到凤冠——隋唐至明代后妃命妇冠饰源流考》，《艺术设计研究》2017年第1期。王永晴、王尔阳：《隋唐命妇冠饰初探——兼谈萧后冠饰各构件定名问题》，《东南文化》2017年第2期。

续表

来源	桃形饰件	鸡心形饰件	扇形饰件
萧后			
裴氏			

注：萧后冠线图金饰采自《隋炀帝萧后冠实验室考古报告》，裴氏冠线图金饰为张煦手绘。

1

2

图 2 萧后冠与裴氏冠复原效果

萧后冠图采自《隋炀帝萧后冠实验室考古报告》第 67 页，裴氏冠图为张煦手绘

由于历史上盗掘等原因，隋唐时期礼冠出土较少，部分墓葬仅存三要素之一。有 8 座墓出土花树残片，分别是史道洛夫人康氏墓（显庆三年，658 年）、[1] 新城长公主墓（龙朔三年，663 年）、[2] 温绰夫人赵氏墓（咸亨元年，670 年）、[3] 史诃耽夫妇墓（咸亨元年，670 年）、[4] 濮王李泰妃阎婉墓（天授元年，690 年）、[5] 华文弘夫人陈氏墓（神龙元年，705 年）、[6] 节愍太子墓（景云元年，710 年）、[7] 金乡县主墓（开元十二年，724 年）等。[8] 出土桃形宝钿的，为史射勿墓（隋大业六年，610 年）。[9] 出土的花树残件，除有鎏金铜箔花瓣、弹簧状铜丝花枝及多股铜丝拧结成的树桩外，还有玻璃制成的花朵、花蕾等物，宝钿亦为铜质鎏金。这种随葬礼冠的习俗，可能出自隋唐时期的"朝服葬"制度，[10] 在唐太宗燕妃碑文中也有赐葬"首饰、翟衣"的记载。[11] 值得注意的是，上述礼冠无论是以皇后礼仪下葬的萧后、新城长公主，[12] 还是节愍太子、濮王李泰妃及各等级的命妇，其礼冠虽花树、宝钿数量不同，但质地均为铜质鎏金，无一例外。[13] 这与仪表厂冠饰的金银质地完全不同，因而其等级应高于前者。

仪表厂金冠缺少直接的纪年证据，需要寻找其他旁证。在其宝钿及博鬓周围，围绕着一圈联珠纹，这些联珠纹同样出现在萧后冠、裴氏冠上，联珠纹里镶嵌了珍珠，环绕在花卉的周围。联珠纹是中古时期常见的装饰纹饰，主要流

1　原州联合考古队：《唐史道洛墓》，文物出版社，2014，第 75—80、84—91 页。

2　陕西省考古研究所：《唐新城长公主墓发掘报告》，科学出版社，2004，第 58—67 页。

3　西安市文物保护考古所：《西安东郊唐温绰、温思暕墓发掘报告》，《文博》2002 年第 12 期。

4　宁夏回族自治固原博物馆：《固原南郊隋唐墓地》，文物出版社，1996，第 61、62 页。

5　湖北省博物馆：《湖北郧县唐李徽、阎婉墓发掘简报》，《文物》1987 年第 8 期。

6　张全民：《唐严州刺史华文弘夫妇合葬墓》，《文博》2003 年第 6 期。张全民：《〈唐华文弘墓志铭〉所载唐朝经略边疆史实考略》，《唐研究》第十七卷，北京大学出版社，2011，第 44—54 页。

7　陕西省考古研究所：《唐节愍太子墓发掘报告》，科学出版社，2004，第 136 页。

8　西安市文物管理委员会：《西安唐金乡县主墓清理简报》，《文物》1997 年第 1 期。王自力：《唐金乡县主墓》，文物出版社，2002，第 79 页。

9　宁夏回族自治固原博物馆：《固原南郊隋唐墓地》，第 14、15 页。

10　参见李明《隋唐组玉佩刍议》，《考古与文物》2016 年第 3 期。

11　许敬宗：《越国太妃燕氏碑》，"及窆，又使宫官临视，赐杂服、被褥、首饰、翟衣、佩绶等物焉"。张沛：《昭陵碑石》，三秦出版社，1993，第 184 页。

12　《新唐书》卷八三《诸帝公主》："以皇后礼葬昭陵旁"，中华书局，1975，第 3649 页。

13　虽然贺若氏墓、吴王妃杨氏墓、李倕墓也出土了金质冠饰，但这些冠饰既无花树、博鬓等内容，且花钿形状、尺寸也完全不同。现一般认为这是贵族妇女日常生活的装饰品，不同于礼仪场合用冠。

行于北朝至盛唐前期。吐鲁番联珠纹织物出现在 6 世纪 50 年代后期，到 7 世纪 50—80 年代，发展到极盛，而后迅速转入衰微。唐代则主要集中在高宗永徽四年（653 年）至武则天垂拱四年（688 年）。[1] 在敦煌，联珠纹图案盛行于隋开皇后期至武德年间。[2] 在长安，联珠纹则从北周大象元年（579 年）的安伽墓石榻，到神龙二年（706 年）的懿德太子墓武士俑衣纹，遍布于金银器、瓷器、砖瓦、陶俑、石刻之上。[3]

从现今礼冠出土的情况看，确定为隋代的 1 例，为史射勿墓宝钿（隋大业六年，610 年）；唐高祖与太宗朝的 1 例，为萧后冠（贞观二十二年，648 年）；高宗至武则天时期的 5 例；中宗至玄宗开元年间的 4 例。故礼冠总体上盛行于高宗至玄宗前期，这也与联珠纹的流行时间相一致。考虑到这只是下葬年代，礼冠的实际制作时间应当前提，仪表厂金冠制作时间也应在此区间内。如果细致观察，仪表厂金冠从形制到纹饰与裴氏冠更为接近，不仅均有逗号形宝钿，而且均以花枝围绕着主花装饰布局，特征十分明显，[4] 故仪表

厂金冠制作时间应与裴氏冠（长寿二年下葬，693 年）相去不远。

综合上述资料，仪表厂金冠应是隋唐时期贵族妇女的礼仪用冠，较大可能在高宗与武则天执政时期制作，为目前出土礼冠中等级最高者，显示拥有人具有极高的地位，不排除皇后的身份。金冠比其收纳容器的年代——中唐时期要早，即金冠应当是存世了一段时间后才埋入地下。

二

据征集者王长启先生回忆，金冠出土于大庆路以北的西安仪表厂内，具体位置不详，[5] 这需要对相关区域进行精确考察。仪表厂厂区位于西郊玉祥门外大庆路以北，陇海铁路之南，厂南门正对劳动路。厂区的东侧是原西安仪表工业学校，现为西安理工大学高等技术学院。学校及厂区以北，是仪表厂 104 小区。大庆路以南、劳动路以东，为西仪 101、103 小区。

今日西安仪表厂的位置，处于隋唐长

1　薄小莹：《吐鲁番地区发现的联珠纹织物》，载北京大学考古系编《纪念北京大学考古专业三十周年论文集》，文物出版社，1990，第 311—340 页。

2　薄小莹：《敦煌莫高窟六世纪末至九世纪中叶的装饰图案》，载马世长编《敦煌图案》，新疆美术摄影出版社，1992，第 50—112 页。

3　韩香：《联珠纹与中西文化交流——以西安出土文物为例》，《唐史论丛》第十一辑，三秦出版社，2009，第 188—198 页。

4　阎识微夫人裴氏于长寿二年（693 年）五月权葬于洛阳龙门，神龙二年（706 年）十一月与丈夫阎识微迁葬于长安万年县崇道乡。参见《西安马家沟唐太州司马阎识微夫妇墓发掘简报》，《文物》2014 年第 10 期。

5　此为王长启先生面谈介绍，参见王长启《西安市出土唐代金银器及装饰艺术特点》，《文博》1992 年第 3 期。

安城休祥坊范围之内。休祥坊在长安城西北角，是朱雀门大街西侧的第四列街坊，坊南临开远门至安福门的横街，其东为辅兴坊，西为普宁坊，南为金城坊，北为安定坊。经过数十年的考古调查，依据陕西省文物管理委员会《唐长安城地基初步探测》[1]、中科院考古研究所《唐代长安考古纪略》[2]，以及马德志先生在安定坊的发掘[3]和史念海先生在此基础上的复原，[4] 休祥坊的位置已渐趋明了。休祥坊对应现今位置大致是：东侧至劳动北路、西仪坊路；南侧至桃园东路、劳动公园北面，并向东延伸至劳动路；西侧以桃园北路为界；北侧在西斜路以南（图3）。

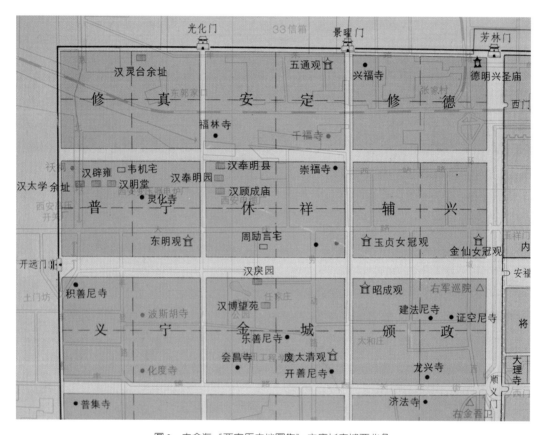

图3　史念海《西安历史地图集》之唐长安城西北角

1　陕西省文物管理委员会：《唐长安城地基初步探测》，《考古学报》1958 年第 3 期。

2　中国科学院考古研究所西安唐城发掘队：《唐代长安考古纪略》，《考古》1963 年第 11 期。

3　中国社会科学院考古研究所西安唐城工作队：《唐长安城安定坊发掘记》，《考古》1989 年第 4 期。

4　史念海：《西安历史地图集》，西安地图出版社，1996，第 74 页 "隋大兴城图"，第 80、82 页 "唐长安城图"。

据韦述《两京新记》及宋敏求《长安志》记载，休祥坊内有众多住宅、寺观及古迹，古迹有汉顾成庙遗址，庙北为汉代奉明园，奉明园之北为汉奉明县遗址。以十字街为基准，坊东北隅为崇福寺，东南隅为万善尼寺，寺西为昭成尼寺，坊南门西侧为武三思宅。另有延唐观也位于此坊。[1] 万善尼寺始建于北周大象二年（580年），开皇二年（582年）移寺于新大兴城，"度周氏皇后嫔御以下千余人为尼以处之"[2]，著名的李静训墓即葬于此处。[3] 万善尼寺西侧的昭成尼寺，建于隋大业年间，原名慈和寺，玄宗先天二年（713年），因为其生母昭成皇后追福，改为昭成寺。[4] 此外，武三思宅也曾为中宗安乐公主置办过婚事，使用过皇后的仪仗。[5]

从金冠的等级看，前述北周皇后、安乐公主、昭成皇后或都有可能。不过，从金冠残片出土地点看，似与这几位无关。休祥坊内现可精确定位的是李静训墓，据发掘报告称，该墓"是1957年中国科学院考古研究所为配合西安市区建设，在城西的梁家庄附近工地发掘的。……此墓的

位置，在今西安市玉祥门外西站大街南约50米处"[6]。通过《唐长安城地基初步探测》报告配图、《西安历史地图集》及《中国隋唐长安寺院史料集成》的标注，[7] 可知西站大街即今日之大庆路，梁家庄位于劳动路以东、西安仪表厂101家属区之南，李静训墓在西仪101小区内，从而万善尼寺的位置可以明晰。万善尼寺位置的确定，可知在寺西侧的昭成尼寺，应在大庆路以南、劳动路以西，武三思宅则更偏西，可能在劳动公园的北面。尽管金冠的具体出土位置不详，但由于仪表厂厂区在大庆路以北，万善尼寺、昭成尼寺、武三思宅等均位于坊之南侧，故这三者均可排除。除此之外，在该时段亦无重要人物、机构位于大庆路北侧。况且此地在隋唐时期位于长安城中，应非墓葬所在（李静训墓葬万善尼寺内，是为特例），只有位于坊东北隅的崇福寺符合这个条件。依据万善尼寺的坐标，崇福寺位于仪表厂厂区东北、西安理工大学高等技术学院校区北部（原西安仪表工业学校）及仪表厂104小区这一范围之内。广义而言，这些地方都可算作仪表厂范围（图4）。

1　（唐）韦述撰，辛德勇辑校：《两京新记》，三秦出版社，2006，第44页。（宋）宋敏求撰，（清）毕沅校正：《长安志》卷一〇，台北成文出版社有限公司，1970，第237—238页。

2　（唐）韦述撰，辛德勇辑校：《两京新记》，第44页；《长安志》作"开皇三年"。

3　中国社会科学院考古研究所：《唐长安城郊隋唐墓》，文物出版社，1980，第25页。

4　（宋）宋敏求撰，（清）毕沅校正：《长安志》卷一〇"休祥坊"条，第238页。

5　（宋）宋敏求撰，（清）毕沅校正：《长安志》卷一〇"休祥坊"条，第238页，"（坊）南门之西武三思宅……神龙中，三思以子崇训尚安乐公主，大加雕饰。三思诛后，主移于金城坊"。《旧唐书》卷一八三《武承嗣附安乐公主传》，第4734页，"出降之时，以皇后仗发于宫中，中宗与韦后御安福门观之，灯烛供拟，彻明如昼"。

6　中国社会科学院考古研究所：《唐长安城郊隋唐墓》，第3页。

7　[日]小野胜年：《中国隋唐长安寺院史料集成》附图，法藏馆，平成元年（1989）。

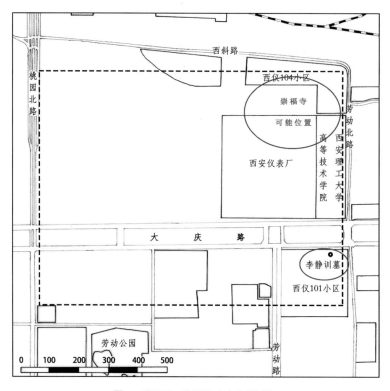

图 4　仪表厂、休祥坊古今位置对比

张煦依据《中国隋唐长安寺院史料集成》附图改绘

崇福寺本是唐侍中、观国公杨恭仁的住宅。咸亨元年（670 年），以武后外戚缘故，立杨恭仁故宅为太原寺。至垂拱三年（687 年），改名为魏国寺。载初元年（689 年）又改名为崇福寺。[1] 此后至唐武宗会昌毁佛时废毁。据《历代名画记》及《长安志》记载，该寺的寺额为武则天飞白书题写。崇福寺的兴建与武则天个人经历有密切的关系。武则天生母荣国夫人杨氏，是隋观王杨雄之弟杨达之女。[2] 杨雄及弟杨达，属"弘农杨氏"，是北朝以来著名的世家大族，"观王房"在隋及初唐有着显赫的身份。杨雄为隋太子太傅、司空、观王，杨达也累任工部尚书、纳言。[3] 而杨雄之子杨恭仁为唐高祖朝宰

1　（宋）宋敏求撰，（清）毕沅校正：《长安志》卷一〇"休祥坊"条，第 237 页。

2　（唐）武三思撰，李旦书：《大周无上孝明高皇后碑铭并序》，载（清）董诰等编《全唐文》卷二三九，中华书局，1983，第 2417—2423 页。

3　见《北史》卷六八《杨绍附杨雄、杨达传》，第 2370、23371 页。《隋书》卷四三《杨雄附杨达传》，第 1218 页。

相，另一子杨师道则为太宗朝宰相。[1] 武则天父武士彟初娶相里氏，生男元庆、元爽，相里氏去世后，经唐高祖李渊介绍，又娶杨氏为继妻，生三女，武则天为其二女儿。武士彟去世后，前妻之子对待杨氏"不尽礼"，此后武则天随母返长安，并被招入宫廷。[2] 因此，武则天及杨氏一直对武氏诸子怀有嫉恨，武则天初为皇后时，将元庆、元爽等贬斥远州，而将其姐之子贺兰敏之改为武姓，承袭武士彟的爵位。直到贺兰敏之死去，才将兄子武承嗣、武三思召回。[3] 可以想象，在武则天立为皇后的初期，偏重杨家，借用杨家的望族背景抬高自己的身份，这是武则天巩固其地位的重要手段。到武则天临朝称制后，杨氏一族仍然受到重用。武则天尝说："我今当宗（武氏）及外家（杨氏），常一人为宰相。"其后任用杨执柔为相。[4]

　　崇福寺设立及名称的演变，与武则天的地位变化密切相连。咸亨元年（670年）九月，荣国夫人杨氏去世，高宗命百官前去祭吊，并追封武士彟为太尉、太原王，夫人为王妃。[5] 武则天请用旧宅改建为佛寺、道观，为母亲追福。于是以长安休祥坊杨恭仁故宅为太原寺，颁政坊杨达故宅为太平观，[6] 洛阳游艺坊武后母杨氏宅为太原寺。[7] 此外在太原也利用武氏旧宅改为太原寺。[8] 正如武则天在《方广大庄严经序》中所言："凡是二亲之所蓄用，两京之所旧居，莫不总结招提之宇，咸充无尽之藏。"[9] 嗣圣元年（684年），武则天废中宗为庐陵王，立豫王旦为帝，执掌政权。九月改元光宅，追尊武士彟为太师、魏定王，母为魏王妃。[10] 至垂拱三年（687年）二月，改太原寺为魏国寺，观为魏国观。永昌元年（689年）二月，武则天"尊魏忠孝王曰周忠孝太皇，妣

1　《旧唐书》卷六二《杨恭仁附杨师道传》，第 2381 页。

2　《新唐书》卷二〇六《武士彟传》，第 5835、5836 页。李渊介绍杨氏嫁与武士彟事，见《大周无上孝明高皇后碑铭并序》，载《全唐文》卷二三九，第 2491 页。

3　《旧唐书》卷一八三《武承嗣传》，第 4727 页。

4　《旧唐书》卷六二《杨恭仁传》，第 2381 页。

5　《资治通鉴》卷二〇一，中华书局，1956，第 6365 页。

6　（宋）宋敏求撰，（清）毕沅校正：《长安志》卷一〇"颁政坊"条："西北隅昭成观。本杨士达宅，咸亨元年太平公主立为太平观，寻移于大业坊，改此观为太清观，高宗御书飞白额。至垂拱三年，改为魏国观。载初元年，改为大业崇福观，武太后又御书飞白额。开元十七年，为昭成太后追福，改立此名。"第 229 页。

7　（宋）王溥：《唐会要》卷四八："福先寺，游艺坊。武太后母杨氏宅，上元二年，立为太原寺，垂拱三年二月，改为魏国寺。天授二年，改为福先寺。"中华书局，1955，第 848 页。

8　（唐）吴少微：《唐北京崇福寺铜钟铭并序》"皇后之旧业也"，载《全唐文》卷二三五，第 2379 页。徐文明：《太原北崇福寺初考》，《晋阳学刊》2009 年第 5 期。

9　（唐）武曌：《方广大庄严经序》，载《全唐文》卷九七，第 1001 页。

10　《资治通鉴》卷二〇三，中华书局，1956，第 6422 页。

曰忠孝太后，文水陵曰章德陵，咸阳陵曰明义陵。置崇先府官"[1]。其后长安、太原魏国寺、观又改名崇福寺、观。东都魏国寺在天授二年（691 年），改名为福先寺。[2] 上述寺观的设立及改名，武则天起到至关重要的作用，凸显出崇福寺作为武周朝皇家功德寺的特殊地位。

武周时两京崇福寺、福先寺及人原的北崇福寺高僧云集，这些僧人在译经、进呈《大云经》及奉迎佛舍利方面尽力为武则天个人及武周政权发挥作用。在长安崇福寺，僧慧立曾任西京太原寺主，初撰《慈恩三藏行传》五卷，后由彦悰增补为《大慈恩寺三藏法师传》十卷。[3] 华严三祖法藏法师，咸亨元年因武则天在长安建太原寺，法藏由此剃度为僧，后为崇福寺主。[4] 此外，日照（地婆诃罗）、[5] 怀素、[6] 智升[7] 等多位高僧，都曾经在长安崇福寺驻留传法。

在写经方面，荣国夫人去世后，武则天曾为已逝父母造《妙法莲花经》三千部，《金刚般若波罗蜜经》三千部，时长安太原寺大德神符、嘉尚，太原寺主慧立、太原寺上座道成等多位高僧参与其中，据学者研究抄经地点应在崇福寺内。[8] 而今多件写经残件在敦煌藏经洞发现（图 5）[9]。在译经方面，武则天当政期间有多部佛经被翻译。垂拱四年（688 年），日照在西太原寺等处译《大乘显识经》《大乘五蕴论》等十八部。洛阳福先寺为当时的译经中心，有专设的翻译院，菩提流志[10]、天智[11]、义净在此译经多部，武则天特撰《三藏圣教序》置于经首。[12]

1　《资治通鉴》卷二〇四，第 6457 页。

2　上述崇福寺观的改名情况，参见季爱民《隋唐两京寺观丛考》，《中国历史地理论丛》2011 年第 2 期。

3　（宋）赞宁撰，范祥雍点校：《宋高僧传》卷一七 "唐京兆魏国寺惠立传" 条："后授太原寺主，皆降纶旨，令维寺任。" 中华书局，1987，第 413 页。

4　崔致远：《唐大荐福寺故寺主翻经大德法藏和尚传》，载《大正藏》卷五〇，第 281、283 页。

5　《宋高僧传》卷二 "周西京广福寺日照传" 条："至天后垂拱末，于两京东西太原寺（西太原寺后改西崇福寺，东太原寺后改大福先寺）及西京广福寺，译大乘显识经大乘五蕴论等凡一十八部。……天后亲敷睿藻制序冠首焉。" 第 32—33 页。

6　（宋）赞宁撰，范祥雍点校：《宋高僧传》卷一四 "唐京师恒济寺怀素传" 条："至上元三年丙子归京，奉诏住西太原寺。" 第 334 页。

7　（宋）赞宁撰，范祥雍点校：《宋高僧传》卷五 "唐京兆西崇福寺智升传"，第 95 页。

8　赵和平：《武则天为已逝父母写经发愿文及相关敦煌写卷综合研究》，《敦煌学辑刊》2006 年第 3 期。

9　p.4556《妙法莲华经卷第二》实物，《法国国家图书馆藏敦煌西域文献文献》第 32 册，上海古籍出版社，2000，第 59 页。

10　（宋）赞宁撰，范祥雍点校：《宋高僧传》卷三 "唐洛京长寿寺菩提流志传" 条，第 43 页。

11　（宋）赞宁撰，范祥雍点校：《宋高僧传》卷二 "周洛京魏国东寺天智传" 条，第 33 页。

12　（宋）赞宁撰，范祥雍点校：《宋高僧传》卷一 "唐京兆大荐福寺义净传" 条，第 1、2 页。

进呈《大云经疏》，是武则天称帝前的重要舆论工作。载初元年（690 年）七月，东魏国寺（福先寺）僧法明等"撰《大云经》四卷，表之上，言太后乃弥勒佛下生，当代唐为阎浮提主，制颁于天下"[1]。九月，武则天称帝，国号为周，改元天授。

武则天热衷于崇佛，在位皇后及称帝期间，除动用政府的力量来兴办佛事外，她也多以个人身份，对包括崇福寺在内的佛寺、道观施以捐助支持，如题额、供奉衣物、金钱、造像、器具等。综合文献，尚可见以下事例（表2）：

图 5　敦煌出土咸亨三年《妙法莲华经卷第二》（p. 4556）卷尾题记

表 2		武则天供奉寺观情况	
地点	寺观名	内容	资料来源
长安	崇福寺	寺额武太后飞白书	《历代名画记》《长安志》[2]
长安	崇福寺	时属端午，天后遣使送衣五事	《唐大荐福寺故寺主翻经大德法藏和尚传》[3]

1　《资治通鉴》卷二〇四，第 6466 页。

2　（唐）张彦远著，范祥雍点校：《历代名画记》卷三 "记两京外州寺观画壁" 条，人民美术出版社，1964，第 59 页。（宋）宋敏求撰，（清）毕沅校正：《长安志》卷一〇 "休祥坊" 条，第 237 页。

3　崔致远：《唐大荐福寺故寺主翻经大德法藏和尚传》，载《大正藏》卷五〇，第 281 页。

续表

地点	寺观名	内容	资料来源
长安	荐福寺	天后飞白书额	《历代名画记》[1]
长安	崇福观	武太后又御书飞白额	《长安志》[2]
长安	崇济寺	寺内有天后织成蛟龙披袄子及绣衣六事	《寺塔记》[3]
洛阳	敬爱寺	天后大香炉。高五尺五寸，阔四尺，重二千斤	《历代名画记》[4]
洛阳	敬爱寺	殿内则天真……武静藏画	《历代名画记》[5]
洛阳	奉先寺	皇后武氏助脂粉钱二万贯	《河洛上都龙门之阳大卢舍那像龛记》[6]
太原	崇福寺	（长安二年）命工琢玉御容……但留御容于太原崇福寺大殿中间供养	《广清凉传》[7]
太原	崇福寺	胜幡香盖，延宝字于金门；法鼓天花，奉鸾书于象阙	《为魏国北寺西寺请迎寺额表》[8]
凤翔	法门寺	显庆五年……二圣亲造九重宝函	《圣朝无忧王寺大圣真身宝塔碑铭并序》[9]
凤翔	法门寺	武后绣裙一腰	《法门寺考古发掘报告》[10]
润州	瓦官寺	天后武氏罗裾、佛幡，皆组绣奇妙	《甫里先生文集》[11]
荆州	崇福观	（圣历二年）特降银榜，仙书凤篆	《荆州大崇福观记碑》[12]

1　（唐）张彦远著，范祥雍点校：《历代名画记》卷三"记两京外州寺观画壁"条，第49页。

2　（宋）宋敏求撰，（清）毕沅校正：《长安志》卷一〇"颁政坊"条，第229页。

3　（唐）段成式著，秦岭云点校：《寺塔记》卷下"昭国坊"条，人民美术出版社，1964，第27页。

4　（唐）张彦远著，范祥雍点校：《历代名画记》卷三"记两京外州寺观画壁"条，第69页。

5　（唐）张彦远著，范祥雍点校：《历代名画记》卷三，第69页。

6　《河洛上都龙门之阳大卢舍那像龛记》，载《全唐文》卷九八七，第10207、10208页。

7　（宋）延一：《广清凉传》卷上"释五台诸寺方所七"，载《大正藏》卷五一，第1107页。

8　（唐）李峤：《为魏国北寺西寺请迎寺额表》，载《全唐文》卷二四五，第2485页。

9　（唐）张彧：《圣朝无忧王寺大圣真身宝塔碑铭并序》，载《全唐文》卷五一六，第5245页。

10　法门寺地宫《应从重真寺随真身供养道具及恩赐金银器物宝函等并新恩赐到金银宝器衣物账碑》："重真寺将到物七件……武后绣裙一腰。"陕西省考古研究院：《法门寺考古发掘报告》（上册），文物出版社，2007，第227页。

11　（唐）陆龟蒙撰，宋景昌、王立群点校：《甫里先生文集》卷一九，河南大学出版社，1996，第286页。

12　（唐）陈子昂：《荆州大崇福观记碑》，载陈垣编纂，陈智超、曾庆瑛校补《道家金石略》，文物出版社，1988，第91页。

唐高宗与武则天曾在显庆五年供奉过法门寺佛舍利，并供施九重宝函。至长安四年（704 年）冬再次隆重接引，迎佛舍利者为凤阁侍郎崔玄暐、崇福寺主法藏等十人前往法门寺。迎取至长安城，舍利先置于崇福寺"皇堂"内，其后送至东都明堂供奉。[1] 至中宗景龙二年才返回法门寺。[2]

永昌元年（689 年）正月武则天服衮冕、御明堂，天授元年九月（690 年）称帝，改国号为周。这样，武则天就不再以后妃的身份出现于礼仪场合，而改用衮冕。或在此时，武则天将象征皇后身份的金冠供奉在自己的皇家功德寺院——崇福寺。

金冠埋藏的时间，可能与会昌毁佛有关。会昌五年秋七月（845 年），唐武宗敕令并省天下佛寺，[3] 崇福寺在废毁之列。虽然宣宗登基后尽力恢复，也仅是将义宁坊化度寺改名为崇福寺。[4] 从出土情况可见，金冠已散乱不全，埋藏于一个中唐时期的小缸内，上盖两块砖。这种埋藏方式，显然与金冠等级及佛教供奉方式不符，应当是一种匆忙草率的行为，或是在崇福寺废毁时埋藏。

总之，西安仪表厂出土的金冠，从材质看是目前所见唐代命妇礼冠等级最高者，要高于隋朝萧皇后，及唐朝以皇后礼葬的新城公主；金冠的时代在唐太宗贞观至玄宗开元年间，造型纹饰与武周时期的裴氏冠最为相似；从金冠的出土地点判断，与崇福寺的位置最为接近；从崇福寺在武周时期的特殊地位看，武则天有可能在此供奉金冠；从唐代帝王后妃对佛寺供奉记载及出土实物看，武则天也是最大的赞助者。基于上述理由，推测金冠可能是武则天所供奉，它应是反映武周时期政治和佛教关系的一个重要实物见证。

1　崔致远：《唐大荐福寺故寺主翻经大德法藏和尚传》，载《大正藏》卷五〇，第283—284页。

2　法门寺地宫出土有白石灵帐一具，为法藏所监造。灵帐盖内壁刻有39字铭文："大唐景龙二年戊申二月乙朔十五日，沙门法藏等造白石灵帐一铺，以其时舍利入塔，故书记之。"《法门寺考古发掘报告》（上册），第236页。

3　《旧唐书》卷一八上《武宗纪》，第605页。

4　《旧唐书》卷一八下《宣宗纪》，（会昌六年）五月，左右功德使奏："准今月五日赦书节文，上都两街旧留四寺外，更添置八所。……化度寺改为崇福寺。"第615页。

"首饰"与"花钗":唐代后妃命妇礼服首饰称名及礼制新研[*]

■ 欧 佳（复旦大学出土文献与古文字研究中心、"古文字与中华文明传承发展工程"协同攻关创新平台）

历经魏晋南北朝的战乱纷争，中国历史走进了隋唐政权相继建立的大一统时代。这一时期的典章礼制熔江左、北齐与北周制度为一炉，又迭经革新，呈现出欣欣向荣的焕然气象。[1] 其中的舆服制度也大体以南北朝之制为参照，上承汉魏六朝旧制，又依新朝需求所增改，流风所及可至宋辽金明时期。

作为一朝一国之服制的重要组成，后妃公主、内外命妇的礼仪服饰在此时同样也有所传承与革新。只是碍于典章文献的记录简略及图像实物的缺失匮乏，长久以来，唐代后妃命妇们身着高等礼服时发髻

间的绚丽夺目已不为人所熟知。对于文献中提及的礼服首饰"花（钗）若干树"等，学者们或以为是指较大的花钗，[2] 或认为是说镂空花鸟纹长钗，[3] 又或以《送子天王图》等绘画为参照，[4] 但终碍于缺少可靠的文物、图像佐证，所论皆莫衷一是，未得确诂。尽管早年间在保利拍卖行及香港私人藏家手中，都曾出现过被认为是北周至隋唐时期的贵妇"冠饰"，但由于未经科学发掘修复，历史信息已然大打折扣，同样甚为遗憾。

近年来，西安马家沟唐阎识微夫妇墓出土的裴氏夫人头饰（图1）[5] 与扬州

---

* 本文为"古文字与中华文明传承发展工程"五年规划项目"考古资料与《周礼》名物专题研究"（G3442）阶段性成果。

1 阎步克：《服周之冕：〈周礼〉六冕制度的兴衰变异》，中华书局，2011，第309页。

2 孙机：《云鬓簪事》，《光明日报》2014年9月17日。

3 扬之水：《中国古代金银首饰（一）》，紫禁城出版社，2014，第88—89页。

4 李志生：《唐五代时期的凤冠——基于物质文化史和形象史学的考察》，《中国社会历史评论》2017年第1期。

5 杨军凯、冯健、王磊等：《西安马家沟唐太州司马阎识微夫妇墓发掘简报》，《文物》2014年第10期；张煦：《唐阎识微夫妇墓出土女性冠饰研究》，硕士学位论文，陕西师范大学，2014。

隋炀帝陵萧皇后墓所出头饰(图2)[1] 先后公布,使得有关隋唐后妃命妇礼服头饰的研究得以推进。[2] 考古报告及相关研究多为这类头饰冠以"冠饰""花树冠"或"礼冠"等名,并称其中的花枝形饰为"花树"[3];其他唐墓所出花枝形饰及金花饰等也常被称作"冠饰""花树",可见学界已普遍接受此类称名。但就隋唐时期而言,这类定名实难反映时人对后妃命妇礼服头饰的认识,更无法揭示其源变。正如叶娇女史所言:"古人的服装就应该用古人的称呼,古人早就给了它一个称名,并且已广为使用,我们似乎完全没有必要另造一个所谓的形象性称呼,因为这绝对是不利于研究的继承性的。"[4] 故现拟以这两件文物为参照,结合相关文献的梳理,再次就唐代后妃命妇礼服头饰的定名称谓及其背后的礼制因素加以研究阐释。

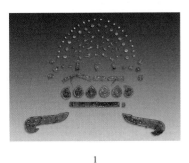

1   2

图 1　裴氏夫人头饰

1. 清理情况(采自《西安马家沟唐太州司马阎识微夫妇墓发掘简报》);2. 复原示意图(采自《唐阎识微夫妇墓出土女性冠饰研究》)

1　杨军昌、束家平、党小娟等:《江苏扬州市曹庄 M2 隋炀帝萧后冠实验室考古简报》,《考古》2017 年第 11 期。陕西省文物保护研究院、扬州市文物考古研究所:《花树摇曳 钿钗生辉:隋炀帝萧后冠实验室考古报告》,文物出版社,2019。

2　扬眉剑舞:《从花树冠到凤冠——隋唐至明代后妃命妇冠饰源流考》,《艺术设计研究》2017 年第 1 期。王永晴、王尔阳:《隋唐命妇冠饰初探——兼谈萧后冠饰各构件定名问题》,《东南文化》2017 年第 2 期。秦凯:《唐代女性冠类首服研究》,硕士学位论文,西安美术学院,2018。顾梦宇:《隋唐贵族妇女冠饰研究——以礼冠为中心》,硕士学位论文,陕西师范大学,2018。

3　陕西省文物保护研究院、扬州市文物考古研究所:《花树摇曳 钿钗生辉:隋炀帝萧后冠实验室考古报告》,第 19页。

4　叶娇:《敦煌文献服饰词研究》,中国社会科学出版社,2012,第 90 页。

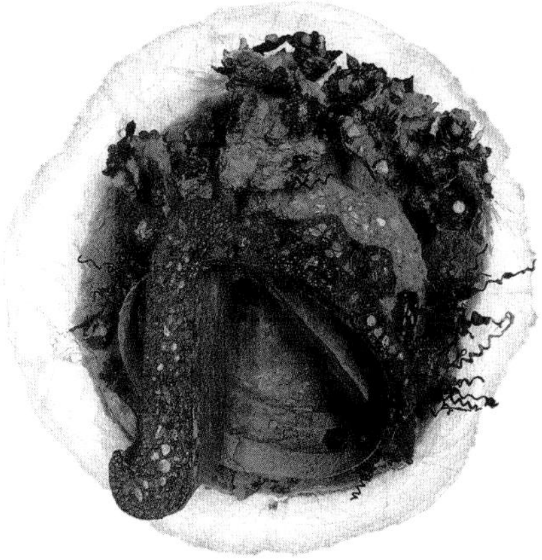

1

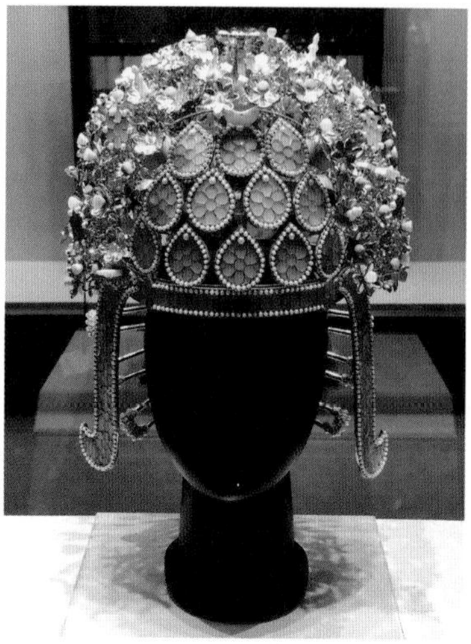

2

图2 萧皇后头饰

1. 展示现状（采自《花树摇曳 钿钗生辉：隋炀帝萧后冠实验室考古报告》）；2. 仿制品（拍摄于中国大运河博物馆）

一 “首饰”：唐代后妃命妇礼服头饰之总名

首先应明确，在已知的唐代文献中，基本未见以“冠”或“冠饰”等字眼指称后妃命妇礼服头饰之例，时人应将其归入“首饰”之列。折中《贞观》《显庆》二礼而来的《大唐开元礼》为现今可见最完备的唐代礼书之一，其《序列下·衣服》在记录命妇礼衣制度后，谓：

> 六尚、宝林、御女、采女、女官等服，礼衣通用杂色，制与上同，惟无首饰、佩、绶。[1]

“制与上同”是指与内外命妇所服礼衣之制相同，但六尚、宝林、御女、采女、女官等着礼衣时无“首饰、佩、绶”，此处“首饰”与“佩、绶”同为名词，乃承前文所言后妃命妇礼服头饰。杜佑《通典·礼典》以《后妃命妇首饰制度》述周代“王后之首服”及汉晋至隋唐后妃头饰相关制度，又有《后妃命妇服章制度》记周代“王后之六服”及汉

1 （唐）张说、萧嵩等：《大唐开元礼》卷三《序列下》，民族出版社，2000，第 31 页。该书影印所据洪氏公善堂刊本为众多版本中较为完备、准确者，原书“礼衣”作“襢衣”。不过四库本《开元礼》又作“礼衣”［（清）纪昀等编《四库全书·第六四六册》，上海古籍出版社，1987，第 62 页］，两《唐书》《唐六典》《通典》同。今引文暂从四库本作“礼衣”。

晋至隋唐后妃命妇服制，二者行文格式一致，所记内容互补，"首饰"与"服章"相对，构成统一整体；[1] 同书《开元礼纂类三》对《开元礼·序列下·衣服》的转引则将有关后妃命妇礼服及头饰部分题为"皇后王妃内外命妇服及首饰制度"，仍以"服"与"首饰"并举而未论及"冠"或"礼冠"[2]。此外，该书《嘉礼二》记录历代帝王百官礼服冠冕帽巾沿革之条题为"君臣冠冕巾帻等制度"，体例内容也与"后妃命妇首饰制度"相当。[3] 而《唐六典》载宫官有"尚服掌供内服用采章之数"，下设"司衣掌衣服、首饰"；太子内官亦有"掌严……掌首饰、衣服"。[4] 可见与女子"服章""服"等相配而与男子"冠冕巾帻等"相当的"首饰"，正应被看作唐代后妃命妇礼服头饰之总名。

以"首饰"指称女子礼服头饰古已有之，渊源甚远。《周礼·天官·冢宰》曰："追师，掌王后之首服，为副、编、次，追衡、笄，为九嫔及外内命妇之首服，以待祭祀、宾客。"[5] 然《诗·鄘风·君子偕老》"君子偕老，副笄六珈"毛传言："副者，后、夫人之首饰，编髪为之。"[6]《召南·采蘩》"被之僮僮，夙夜在公"毛传亦曰："被，首饰也。"依注疏，此即"古者或剔贱者、刑人之髪以被妇人之紒为饰"的"髲髢"，亦即"次"。[7] 可见西汉学者已用"首饰"一词统称"后、夫人"礼服所配"副、编、次"这类假髻。当然，"首饰"还多泛指簪戴之饰物，东汉刘熙《释名》之"释首饰"即涵盖甚广，包括男子专用的冠、冕、弁之属，女子所用的簂、华胜、珰之类，男女通用的笄、簪之流，甚至镜、梳、脂、粉等亦在其列。[8] 但郑玄仍以"首饰"训经典礼制中的女子礼服头饰，甚至以当时的"步摇"比附。《礼记·明堂位》"夫人副袆立于房中"郑玄注：

1　（唐）杜佑：《通典》卷六二《礼二十二·沿革二十二·嘉礼七》，王锦文、王永兴等点校，中华书局，1988，第1735、1738页。

2　（唐）杜佑：《通典》卷一〇八《礼六十八·开元礼纂类三·序列下》，第2805页。

3　（唐）杜佑：《通典》卷五七《礼十七·沿革十七·嘉礼二》，第1600页。

4　（唐）李林甫等：《唐六典》卷一二《内官宫官内侍省》、卷二六《太子三师三少詹事府左右春坊内官》，陈仲夫点校，中华书局，1992，第351—352、673页。

5　（汉）郑玄注，（唐）贾公彦疏：《周礼注疏》卷八，载阮元校刻《十三经注疏》，中华书局，1980，第693页。

6　（汉）毛亨传，（汉）郑玄笺，（唐）孔颖达疏：《毛诗正义》卷三，载阮元校刻《十三经注疏》，中华书局，1980，第313页。

7　（汉）毛亨传，（汉）郑玄笺，（唐）孔颖达疏：《毛诗正义》卷一，第284页。

8　（汉）刘熙撰，（清）毕沅疏证，（清）王先谦补：《释名疏证补》卷四，祝敏彻、孙玉文点校，中华书局，2008，第154—164页。

"副，首饰也，今之步摇是也。"1　其注《周礼·天官·冢宰》"追师"亦曰"副之言覆，所以覆首为之饰，其遗象若今步繇矣"。作为首饰的"副"加于紒上，大约与"步摇"相似，故郑玄以之比况。2而《释名·释首饰》也专门提到"王后首饰曰副"且"兼用众物成其饰也"3，略合《续汉书·舆服志》载"皇后谒庙服"之"步摇"与"假结"等组合使用的情况。4　是以东汉礼服"首饰"应包含假髻及其上所加饰物，亦同《诗》《礼》所言相符。东汉至北周前，后妃命妇礼服首饰虽屡有损益，但基本都包含这两部分内容。只是各书对礼服头饰的指称起先并不严格，或直接列举饰物、假髻名目，或仅以"首饰"总领太后、皇后头饰。至隋炀帝大业改制后，不仅谓皇后"首饰花十二钿，小花毦十二树，并两博鬓"，三妃亦称"首饰花九钿，并二博鬓"云云，各品级才皆言"首饰某某"5。

唐因隋制，隋制亦承前代，唐德宗时太常礼院修撰王泾撰《大唐郊祀录》，其"皇后服"案曰："自秦变古制，旧法扫地而尽，故郑君约汉制推之。晋制，长公主已上得有步摇、簪珥，至隋改首饰为花树之数，自皇后下达皆有差降，皇唐因之。"6　西汉"副"之实物见于长沙马王堆一号墓，正是一具假髻。7　魏张揖《广雅·释器》亦曰："假结谓之髻。"8　故秦虽"变古制"，但这类假髻应仍实是后世礼服首饰的源头，在此基础上踵事增华的东汉及魏晋南北朝女子礼服首饰则为隋唐首饰制度之滥觞。而"首饰"之构成及称名的发挥空间也可追溯至《诗》《礼》的相关制度，毛亨、郑玄等经学家的注疏亦应是重要参考。正因"首饰"原为假髻和饰物的组合，故一直以来都未被看作"冠"，北周、隋、唐之制虽已不记假髻，但仍不称"冠"而依旧以"首饰"一词统称。

1　（汉）郑玄注，（唐）孔颖达疏：《礼记正义》卷三一，载阮元校刻《十三经注疏》，中华书局，1980，第1489页。

2　（清）孙诒让：《周礼正义》卷一六，汪少华点校，中华书局，2015，第733—738页。

3　（汉）刘熙撰，（清）毕沅疏证，王先谦补：《释名疏证补》卷四，第160—161页。

4　《续汉书·舆服志》载"太皇太后、皇太后入庙服"有"翦氂蔮，簪珥"；"皇后谒庙服"有"假结，步摇，簪珥"；"贵人助蚕服"则有"大手结，墨玳瑁，又加簪珥。长公主见会衣服，加步摇，公主大手结，皆有簪珥"。又《后汉书·乌桓鲜卑列传》："（乌桓）妇人至嫁时乃养发，分为髻，着句决，饰以金碧，犹中国有蔮步摇。"也可见中原地区女子以假髻与步摇为盛饰。

5　（唐）魏徵等：《隋书》卷一二《志七·礼仪七》，中华书局，2019，第301—303页。

6　（唐）王泾：《大唐郊祀录》卷三《凡例下》，载《续修四库全书》编纂委员会编《续修四库全书（821）·史部·政书类》，上海古籍出版社，1996，第292页。

7　湖南省博物馆、复旦大学出土文献与古文字研究中心：《长沙马王堆汉墓简帛集成（6）》，中华书局，2014，第206页。

8　（清）王念孙：《广雅疏证》卷七下，张其昀点校，中华书局，2019，第549页。

图3　着礼服及首饰的女子

李寿墓石椁线刻画（局部）（拍摄于西安碑林博物馆）

当然，此时首饰或仍需配合假髻使用。初唐李寿墓石椁内壁所刻着礼服及首饰的女子就似乎还戴假髻（图3），王泾也提到："今时有假髻，若《周官》编列之文，汉朝假髻之遗象也。"[1] 结合萧后首饰内框架的高度看，亦有可能先服假髻，再加首饰。

二　"首饰""花钗"：唐代女子高等礼服首饰的具体称名

实验室考古发现，裴夫人首饰缺少用以插戴的结构，金属构件上又有织物痕迹，故推测原先应有覆盖织物的"胎体"[2]；萧后首饰保存了金属框架，周围土壤中有蚕丝蛋白残留，据推测原先也应有丝织物包裹主体骨架。[3] 这样看来，两件首饰的结构当近于一般意义上的"冠"。然而在实际的语用中，"冠"其实仍不是唐人对礼服首饰的具体称名。

有关唐代后妃命妇礼服制度的文字，今见于《唐书》《大唐开元礼》《唐六典》《通典》《大唐郊祀录》等文献。此仍以《开元礼·序列下·衣服》所录为例（服章省）：

> 皇后服，首饰花十二树，小花如大花之数，并两博鬓。袆衣，……受册、

1　（唐）王泾：《大唐郊祀录》卷三《凡例下》，第292页。

2　张熙：《唐阎识微夫妇墓出土女性冠饰研究》，硕士学位论文，陕西师范大学，2014。

3　刘峰：《隋炀帝萧后冠丝绸蛋白残留物的提取与鉴定研究》，硕士学位论文，中国科学技术大学，2016年。

助祭、朝会诸大事则服之。鞠衣，……余与袆衣同，惟无翟。亲蚕则服之。钿钗礼衣，十二钿，……宴见宾客则服之。

皇太子妃服，首饰花九树，小花如大花之数，并两博鬓。褕翟，……受册、助祭、朝会诸大事则服之。鞠衣，……余与褕衣同，惟无翟。从蚕则服之。钿钗礼衣，九钿，……宴见宾客则服之。

内外命妇服，花钗，施两博鬓，宝钿饰。一品九树，二品八树，三品七树，四品六树，五品五树。宝钿准花树。翟衣……内命妇受册、从蚕、朝会则服之。其外命妇嫁及受册、从蚕、大朝会亦准此。钿钗，一品九钿，二品八钿，三品七钿，四品六钿，五品五钿。礼衣……内命妇寻常参见、外命妇朝参辞见及礼会则服之。

花钗，覆笄而已，并两博鬓，装以金、银、杂宝饰。大袖连裳，……六品已下九品以上妻，及九品以上女嫁则服之。花钗，以金、银、琉璃等涂饰。连裳，……庶人女嫁则服之。[1]

该记录以"衣服"为本位，实则涵盖了后妃命妇至庶人婚嫁礼服及首饰。不难看出，礼服首饰可分为"高等"与"次等"两类，前者包括在"诸大事"及"亲（从）蚕"等场合，与皇后袆衣、鞠衣，皇太子妃褕翟、鞠衣相配之"首饰花若干树"，以及内外命妇服翟衣时所著之"花钿"；后者即皇后、太子妃在"宴见宾客"，内外命妇在"寻常参见""朝参、辞见及礼会"等场合服礼衣时所用的"钿钗"。

虽然唐人已将"首饰"作为后妃命妇礼服头饰总名，但《开元礼》仅称皇后、皇太子妃的高等礼服首饰为"首饰"，内外命妇皆称"花钗"。《旧唐书·舆服志》引《武德令》亦曰："内外命妇服，花钗，施两博鬓，宝钿饰也。"[2] 这在《开元礼》的具体用例中表现得更为明显。皇后、太子妃例，如皇帝纳后，册后，"尚宫以下入阁奉后首饰、袆衣"；朝皇太后，"皇后服袆衣，加首饰"，"皇太后服袆衣、首饰"。皇太子纳妃，册妃，"掌严奉褕翟衣及首饰"；妃朝见则"服褕翟，加首饰"。又，帝后元正冬至受太子妃朝贺，"妃服首饰、袆衣"。内外命妇例，如册内命妇二品以上，"受册者花钗、翟衣"。亲王纳妃，亲迎，"妃

1　（唐）张说、萧嵩等：《大唐开元礼》卷三《序列下》，第29、31页。原书"礼衣"皆作"褅衣"，殿本《新唐书·车服志》"皇后之服""皇太子妃之服"下亦作"褅衣"。然四库本《开元礼》皆作"礼衣"[（清）纪昀等编：《四库全书·第六四六册》，上海古籍出版社，1987，第59、60、62页]，《旧唐书》《唐六典》《通典》同。孙机也以为唐代"礼衣"应"服用杂色"，非"褅衣"所训的白衣或丹衣，故殿本《新唐书》误[《两唐书舆（车）服志校释稿》，氏著《中国古舆服论丛（增订本）》，上海古籍出版社，2017，第402页]。今暂从四库本《开元礼》作"礼衣"。

2　（后晋）刘昫等：《旧唐书》卷四五《志二五·舆服》，中华书局，1975，第1956页。

着花钗、褕衣"；妃朝见，亦"着花钗，服褕衣"。公主降嫁，受册，"公主花钗、翟衣"；见姑舅亦"着花钗，服褕翟"。五品以上婚，亲迎，"女各准其夫，服花钗、翟衣"[1]。此外，颜真卿《和政公主神道碑》也说："每至伏腊，祔祠蒸尝，（公主）必具礼衣、花钗之饰，以躬中馈堂室之奠。"[2] 裴夫人与萧后的礼服首饰正好反映了以上两种情况。

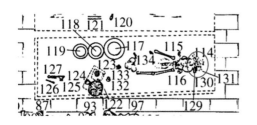

图 4　裴氏夫人首饰出土情况示意图

（改绘自《西安马家沟唐太州司马阎识微夫妇墓发掘简报》）

编号 114 为礼服花钗，编号 129—131 为素面金钗

垂拱元年（685），阎识微升为从五品下的朝散大夫，六年后的天授二年（691）其夫人裴氏病逝，至长寿二年（693）下葬时墓志已称"大周朝请大夫行宜州美原县令阎君夫人裴氏"，知其夫已加授从五品上之朝请大夫，[3] 志盖又作"大周故河东县君裴夫人志铭"，则裴氏生前应已享命妇之尊，其丧礼也应属"县君"一级规制。与为官受封的"丈夫"可敛以朝服、冕服或本官之服相应，隋唐时"妇人有官品者，亦以其服敛"[4]，并有首饰：大殓时，"御者敛，丈夫加冠，妇人加花钗，覆以衾"；若改葬，殓时"妇人花钗"[5]。河东县君裴夫人的礼服首饰出土时仍基本位于尸骨头部上方（图4），与礼制合，正应是大殓时所加之"花钗"。

不过唐初的情况还稍显特殊。《旧唐书》引《武德令》虽谓"内外命妇服，花钗"，但所列各品级命妇首饰皆谓"花钿若干树"：

第一品花钿九树，……翟九等。第二品花钿八树，翟八等。第三品花钿七树，翟七等。第四品花钿六树，翟六等。第五品花钿五树，翟五等。……[6]

前谓"花钗"，后言"花钿"，传世文献似仅此一例。不过《旧唐书·高昌列传》还提道："太宗嗣位，（高昌王鞠文泰）复贡玄狐裘，因赐其妻宇文氏花

1　（唐）张说、萧嵩等：《大唐开元礼》卷九三、九四、九六、一〇八、一一一、一一五、一一六、一二三、一二四《嘉礼》，第442、445、446、451、509、523、527、542、543、548、553、581、589页。

2　（清）董诰等：《全唐文》卷三四四，上海古籍出版社，1990，第1544页。

3　杨军凯：《唐阎识微及夫人裴氏墓志考释》，《文物》2014年第10期。

4　（唐）杜佑：《通典》卷八四《礼四十四·沿革四十四·凶礼六》，第2284—2285页。

5　（唐）张说、萧嵩等：《大唐开元礼》卷一三八、一四一、一四二、一四五《凶礼》，第658、675、681、698页。

6　（后晋）刘昫等：《旧唐书》卷四五《舆服赤》，第1956页。

钿一具。"[1]《新唐书》作"华镱一具"。[2] 宇文氏乃隋之"戚属",炀帝封华容公主,和亲高昌。贞观四年(630)冬,"宇文氏请预宗室",唐太宗"诏赐李氏,封常乐公主",则此前所赐自当是彰显身份的礼服首饰。是以"花钿"这一称谓在《武德令》颁布后应当还有所应用。

依文例,此处"花钿"应同《开元礼》之"花钗",两《唐书》"花钿(华镱)一具",《太平御览·四夷部一五》引《唐书》作"花钗一具"[3],百衲本《旧唐书》"第二品花钿八树"亦作"第二品花钗八树"[4]。又由于《开元礼》《唐六典》《大唐郊祀录》《通典》等均不作"花钿",则称"花钿"的时间恐不长,至少开元时已做更定,[5] 且不排除《贞观》《显庆》二礼已修改,惜文献亡佚,暂未可考。由于裴夫人首饰制作于《开元礼》颁行之前,故不排除有称"花钿"的可能。

尽管传世文献缺少唐代后妃丧礼的具体细节,但参照外命妇及唐景云年间"以皇后袆衣于陵所寝宫招(中宗和思皇后赵氏)魂"[6] 祔葬之例,唐代皇后大殓亦应"服袆衣,加首饰"。只是萧氏被迎回长安后已不知以何等身份得到奉养,故其姐于长安时或未依皇后礼入殓,墓中出土的这套表示皇后身份的首饰很可能是在太宗"诏以皇后礼于扬州合葬于炀帝陵"[7] 时特意颁赐,还可能包含一套袆衣一并盛以木匣随葬,所以才未戴在墓主头部。礼制中"首饰"与"袆衣"相配,可见该词除作女子礼服头饰总名以外,还是皇后、太子妃高等礼服头饰的专称,萧后礼服头饰应称"首饰"或具体称"袆衣首饰"。

总而言之,虽然萧后与裴夫人的礼服首饰或已初具"冠"之形,但唐制实是以"首饰"和"花钗"分别指称皇后、太子妃与内外命妇高等礼服首饰。而唐人此举也应有所依凭。如前揭,刘熙《释名》虽以"释首饰"涵盖各类首服,但又仅谓"王后首饰曰副",副之后列编、次、髲等。《宋书·礼志五》也只在所记汉代太后、皇后首饰前加"首饰"二字:"汉制,太后入庙祭神服,……首饰:剪氂蔮。汉制,皇后谒庙服,……首饰:假

1　(后晋)刘昫等:《旧唐书》卷一九八《列传一四八·西戎》,第 5294 页。

2　(宋)欧阳修、宋祁:《新唐书》卷二二一上《列传一四六上·西域上》,中华书局,1975,第 6220 页。

3　(宋)李昉等:《太平御览》卷七九四《四夷部一五》,中华书局,1960,第 3525 页。有研究认为《太平御览》所引"唐书"应是唐代修撰的国史《唐书》,参温志拔《〈太平御览〉引"唐书"为国史〈唐书〉考论》,《中国典籍与文化》2020 年第 3 期。

4　此例孙机已校出,仍依文例改为"花钿",参《两唐书舆(车)服志校释稿》,载氏著《中国古舆服论丛(增订本)》,上海古籍出版社,2016,第 425—426 页。

5　统一改称"花钗"许是因"花钿"与前文"内外命妇服花钗"相悖之缘故。

6　(后晋)刘昫等:《旧唐书》卷一《列传一·后妃上》,第 2171 页。

7　(唐)李延寿:《北史》卷一四《列传二·后妃下》,中华书局,1974,第 537 页。

髻，步摇……"[1]《晋书·舆服志》载晋制与之类似："皇后谒庙，……首饰则假髻，步摇……"[2] 东晋徐广《车服注》亦曰："皇后首饰：步摇，八雀九华，加翡翠。"（《艺文类聚·鸟部下》引）[3]《隋书·礼仪志》记梁、陈制度亦然，隋开皇间也定为"皇后首饰，花十二树"云云，[4] 至大业改制方皇后、命妇皆称"首饰"。而《通典》在转引前代沿革时仍多只在皇后的假髻、步摇、钿（镈）、华之前加"首饰"二字，故这种做法很有可能是受南朝礼制影响。唐人有意如此转引记述并付诸实践，当反映了他们在礼制制定上的某种倾向，即希望通过"首饰"与"花钗"的不同称名以区分使用者——皇后、太子妃与内外命妇间"君臣"地位的本质区别。

三　"树"量"花钗"：花钗、花树辩证

郧县唐濮王妃阎婉墓曾出土一件由铜丝、铜花及琉璃珠组成的饰物（图5-7）[5]，类似饰物残件还见于西安唐金乡县主墓（图5-8）[6]，裴氏夫人首饰中也有此类铜柱残件及铜花（图5-6）[7]。而各类金属花片、螺旋状金属丝和料珠等亦多见于高等级唐墓中，如咸阳隋蜀国公太夫人贺若突厥墓[8]、安陆唐吴王妃杨氏墓、礼泉唐新城长公主墓、乾县唐懿德太子墓、富平唐节愍太子墓等皆有出土（图5-1、图5-2、图5-4、图5-7、图5-8），固原唐史道洛夫妇墓、史诃耽夫妇墓（图5-3、图5-5）、西安唐温绰夫妇墓等还曾出土琉璃花。以往学界尚不清楚这些饰件的具体形制，或谓冠饰、步摇，或称饰片、花饰等。今参以萧后及裴夫人礼服首饰，可知绝大部分这类饰物应属礼服首饰构件，其原以一小铜柱和圆木盘为基座，铜柱上接螺旋状花梗，花梗顶端为大小花片、料珠等饰件，再由小铜柱连接于框架

1　（梁）沈约等：《宋书》卷一八《志八·礼五》，中华书局，2018，第551页。

2　（唐）房玄龄等：《晋书》卷二五《志一五·舆服》，中华书局，1974，第774页。

3　（唐）欧阳询：《艺文类聚》卷九二《鸟部下》，汪绍楹校，上海古籍出版社，1999，第1609页。

4　（唐）魏徵等：《隋书》卷一一《礼仪志六》、卷一二《志七·礼仪七》，第257、284页。

5　湖北省博物馆、郧县博物馆：《湖北郧县唐李徽、阎婉墓发掘简报》，《文物》1987年第8期。

6　王自力、孙福喜：《唐金乡县主墓》，文物出版社，2002，第79页。

7　张煦：《唐阎识微夫妇墓出土女性冠饰研究》，硕士学位论文，陕西师范大学，2014。

8　负安志《陕西长安县南里王村与咸阳飞机场出土大量隋唐珍贵文物》（《考古与文物》1993年第6期）称墓主"贺若氏，名厥，死于唐武德四年（621）"。然据《新中国出土墓志·陕西（肆）》（文物出版社，2021）所刊布的墓志，墓主贺若氏应"讳突厥"，逝世于武德元年（618），至武德四年方下葬。

之上（图6）[1]。

今学者多依文献将此类饰物称为"花树"，并指出其应源自汉晋礼服"步摇"。东汉礼服步摇"以黄金为山题，贯白珠为桂枝相缪，一爵九华"，魏晋南北朝时"步摇，俗谓之珠松"，仍可想见其花枝缭绕之态，唐代礼服首饰中的"树"状饰物即应由此而来。但其实汉晋步摇上连缀的各式"摇叶"也应是其"步则摇动"的重要组成，东汉、三国、魏晋墓中就常可见桃形、花瓣形金片等步摇构件。[2] 而贺若突厥墓出土首饰的金花片上不仅有桃形摇叶，还可见另一种长条形摇叶，萧后、吴王妃杨氏、新城长公主、懿德太子及金乡县主墓出土首饰中亦具有此类饰件，也显示出这类"树"状饰物与步摇的一脉相承。[3] 不过"花树"的称名恐是对文献的误解，它们实际应是礼制中多次提及的以"树"为量词的"花"及"花钗"。

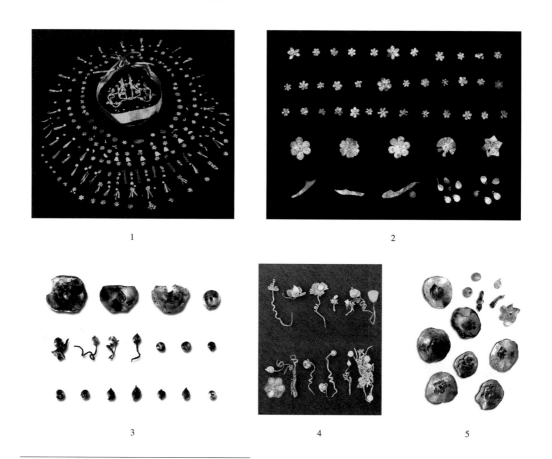

1　　　　　　　　　　　2

3　　　　　　　　4　　　　　　5

1　杨军昌、东家平、党小娟等：《江苏扬州市曹庄 M2 隋炀帝萧后冠实验室考古简报》，《考古》2017 年第 1 期。陕西省文物保护研究院、扬州市文物考古研究所：《花树摇曳 钿钗生辉：隋炀帝萧后冠实验室考古报告》，第 72、73 页。

2　韦正：《金珰与步摇：汉晋命妇冠饰试探》，《文物》2013 年第 5 期；《中国古代金银首饰（一）》，第 37 页。

3　由于这一问题还涉及器物类型学的比较研究，在此不宜展开，将另撰文讨论说明。

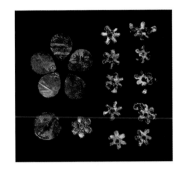

6　　　　　　　　　7　　　　　　　　　8

9　　　　　　　　　　　10

图5　首饰"花钗"残件

1. 贺若突厥墓出土（采自李炳武主编，韩伟分册主编：《中华国宝·陕西珍贵文物集成：金银器卷》，陕西人民教育出版社，1998）；2. 吴王妃杨氏墓出土（安陆市博物馆藏）；3. 史道洛夫妇墓出土（采自原州联合考古队：《唐史道洛墓》，文物出版社，2014）；4. 新城长公主墓出土（采自陕西省考古研究所、陕西历史博物馆、礼泉县昭陵博物馆：《唐新城长公主墓发掘报告》，科学出版社，2004）；5. 史河耽夫妇墓出土（采自刘勇：《宁夏固原出土的隋唐玻璃器探究》，《文物天地》2021年第10期）；6. 阎识微夫妇墓出土（采自《唐阎识微夫妇墓出土女性冠饰研究》）；7. 懿德太子墓出土（采自陕西省考古研究院、乾陵博物馆《唐懿德太子墓发掘报告》，科学出版社，2016）；8. 节愍太子墓出土（采自陕西省考古研究所、富平县文物管理委员会等：《唐节愍太子墓发掘报告》，科学出版社，2004）；9. 金乡县主墓出土（西安博物院藏）；10. 濮王妃阎婉墓出土（线描图）（采自《湖北郧县唐李徽、阎婉墓发掘简报》）

1　　　　　　　　　2　　　　　　　　　3

图6　萧后首饰"花钗"

1. 根部 2. 鎏金铜花（采自《花树摇曳 钿钗生辉：隋炀帝萧后冠实验室考古报告》）；3. 复制品（拍摄于扬州博物馆）

《隋书》记北齐制言皇后"假髻,步摇,十二镈,八雀九华","内外命妇从五品已上,蔽髻,唯以镈数花钗多少为品秩"[1]。则"步摇"向"花钗"的更名似是由命妇之制影响皇后,其后北周制已称"皇后华(花)皆有十二树"[2]。《开元礼》载皇后"首饰花十二树,小花如大花之数,并两博鬓"。《通典》则曰:"后周制,皇后首饰,花钗十有二树。……大唐武德中制令,皇后袆衣,首饰花钗十二树,余各有差。"[3] 是以皇后礼服首饰中的"花"亦应即"花钗"。又据前引《开元礼》,"花钗"首饰还用于士庶婚嫁。依敦煌 P.2646 号写本书仪载,合卺后,"男女坐,以画扇遮面。傧相帐前咏除花去扇诗三五首。去,女婿即以笏约女花钗"[4]。另据《资治通鉴·唐纪二十五》,在唐中宗为窦怀贞(字从一)举办婚礼上,金缕罗扇后的新妇"衣礼衣、花钗","上命从一诵却扇诗数首。扇却,去花易服而出……"[5] 所去之"花"也是"花钗"。大约是因其源自步摇且最为引人瞩目,故而在唐代礼制中被突出为命妇高等礼服首饰之专名,博鬓则附于其后。而作为礼服首饰的"花钗"

也不同于一般偏正结构词组以后一词为中心词,这一结构的语义中心应多在"花"上,"钗"则可省略。当然,也可见将"花钗"省称"钗"之例,《唐故陇西县君李夫人墓志铭》即曰:"夫人服品服,首钗六树,衣翟六等……"[6] 传世文献之例,如《唐六典·尚书礼部》载"凡婚嫁花钗礼衣……"小字注曰:"其钗覆笄而已。""其次花钗礼衣……"又注:"钗以金、银涂,瑠璃等饰。"[7]

不过《开元礼》确实也提到"花树":"花钗。施两博鬓,宝钿饰。一品九树,二品八树,三品七树,四品六树,五品五树。宝钿准花树。"《通典》与此同。《大唐郊祀录》王泾按语有"至隋改首饰为花树之数"。《新唐书·车服志》谓:"翟衣者,……一品翟九等,花钗九树;二品翟八等,花钗八树;三品翟七等,花钗七树……宝钿视花树之数。"[8] 只是除类似文例外,"花树"的其他用例并不多见,其本身更恐非单纯的名物词。

礼服首饰中的"花十二树""花九树"及"花钗十有二树""花钗九树"

1　(唐)魏徵等:《隋书》卷一一《志六·礼仪六》,第263页。

2　(唐)魏徵等:《隋书》卷一一《志六·礼仪六》,第270页。

3　(唐)杜佑:《通典》卷六二《礼二十二·沿革二十二·嘉礼七》,第1738页。

4　周一良:《敦煌写本书仪中所见的唐代婚丧礼俗》,载周一良、赵和平著《唐五代书仪研究》,中国社会科学出版社,1995,第289页。

5　(宋)司马光编著,(元)胡三省音注:《资治通鉴》卷二〇九《唐纪二十五》,"标点资治通鉴小组"校点,中华书局,1956,第6630—6631页。

6　赵会军、郭宏涛:《河南偃师三座唐墓发掘简报》,《中原文物》2009年第5期。

7　(唐)李林甫等:《唐六典》卷四《尚书礼部》,第119页。

8　(宋)欧阳修、宋祁:《新唐书》卷二四《志一四·车服》,第523页。

"花钗八树"等皆应看作"名数量"短语,"花""花钗"为名词,"十二""九"等为数词,"树"即量词,又可省去名词曰"若干树",北宋时还依语用习惯变为"数量名"短语并改"树"为"株"称"十二株花钗"等等。[1] 有学者注意到《隋书》中的 9 例量词树"都是量像花的首饰",指出汉代和魏晋南北朝时量词"树"主要指现实的植物,《隋书》的用法似有所扩大和虚化。[2] 然礼服首饰"花钗"的前身"步摇"已俗称"珠松",由花梗、花片和摇叶等组成的"花钗"仍状似成簇花木,以"树"量之亦正恰如其分。至于前揭《旧唐书》引《武德令》言"花钿",还称"宝钿准花数",是"花钿"亦可省称"花",又同样以"树"为量词,更表明其结构应与"花钗"无二,而有别于一般金花饰。

王泾称"至隋改首饰为花树之数"当是指隋制将"首饰"改定为"花(钗)若干树"以计数,并明确对应的品级,《新唐书》"宝钿视花树之数"则谓所用宝钿视"花(钗)若干树"的数目而定。正如宋人程大昌《演繁露·续集·续诗事》所言:"唐制,命妇以花树多少为高下,曰花钗若

干也。"[3] 是以"花树之数"当看作是对"花若干树""花钗若干树"这类"名数量"短语的概括省称。"宝钿准花树"则是在罗列各品级命妇所用"花钗"后对宝钿的说明,意同"宝钿视花树之数"。而《开元礼》和《通典》的"宝钿准花树"在《唐六典》《大唐郊祀录》和《旧唐书》中还都写作"宝钿准花数",字面意即"宝钿准照花钗的数目",在改"树"为"株"的北宋仍使用这一表述。[4] 可见唐宋人还应径直称"花钗之数"为"花数","宝钿准花树"中的"花树"当是基于"花树之数"这类表述的再次减省。

"花钗"原指钗首铸为花状的钗,但礼服首饰"花钗"却与钗通常以"支"或"只"作量词不同,以"树"为量词正反映出它们结构上的特殊。在出土的众多唐代礼服首饰构件中,基本未见钗股部分残留,反倒是阎婉、金乡县主和裴夫人的"花钗"残件中都有类似萧后首饰"花钗"的小铜柱。[5] 故唐人主要关注的当仍是其中花枝摇曳的部分,其下是否有钗脚反倒隐去不言而统一称"花钗"。隋李静训墓出土的,上有花枝摇叶,下具钗脚的"金银珠花头钗"[6] 则可能代表了礼服首饰

1　(宋)欧阳修、苏洵等:《太常因革礼》卷二五《舆服五》,载《续修四库全书》编纂委员会编《续修四库全书(821)·史部·政书类》,上海古籍出版社,1996,第 445 页。

2　钱闰建:《〈隋书〉数量词研究》,硕士学位论文,西南大学,2011。

3　(宋)程大昌撰,许逸民校证:《演繁露校证》续集卷四《续诗事》,中华书局,2018,第 1378 页。

4　如北宋末《政和五礼新仪·序例·冠服》"命妇冠服"言:"第一品花钗九株,宝钿准花数,以下准此。"

5　北京保利曾拍卖的一件北周至初唐"金冠"及香港私人藏的一件唐代"冠饰"实际亦属花钗首饰,也同样呈内有框架外加饰物的模式,而未见钗脚之类的结构。

6　扬之水认为这件饰物是魏晋南北朝所流行的"步摇花"之余韵,参氏著《步摇花与步摇冠》,《文汇报》2019年 7 月 5 日。结合唐代后妃命妇礼服首饰看,此步摇花正上承魏晋步摇之形,下启隋唐花钗之制。

"花钗"较为原始的状态,唐代"六品已下九品以上妻,及九品以上女嫁则服之"的"覆笄而已"之花钗或是其遗制。

综上,萧后首饰中的花枝形饰及其他唐墓所见类似花饰应即礼制中的"花""花钿""花钗"或其上构件,不宜单称"花树"。有研究还据萧后首饰仿制品对"花钗"制度中的"小花并如大花之数"提出了新的理解,认为"至少在隋至唐初,此句很可能应解释为'每株大花树中,小花的数目与大花树总数相同'"[1]。但据考古报告介绍,因萧后首饰的花梗腐蚀、残断严重,一树花钗究竟包含多少"花朵"实际已不清楚。[2]

四 "宝钿"与"钿":有关 "宝钿饰"与"若干钿" 的解读

除"花"("花钗")与"博鬓"外,萧后与裴夫人首饰中尚有若干枚"桃形"饰,论者常以"宝钿"和"钿"称之而不加区分。但严格来说,礼服首饰

中的二者应有所别。

依唐制,内外命妇所服花钗"施两博鬓,宝钿饰","宝钿准花树",而"六品已下、九品以上妻,及九品以上女嫁"所服花钗亦有博鬓,《开元礼》曰:"并两博鬓,装以金、银、杂宝饰。"《唐六典》谓:"其两博鬓任以金、银、杂宝为饰。"[3]两相对应,命妇之"施两博鬓,宝钿饰"当非言"施两博鬓和宝钿饰",而应理解为"施两博鬓,(两博鬓)以宝钿饰"。《旧唐书·舆服志》引《武德令》曰:"花钗,施两博鬓,宝钿饰也。"[4]《新唐书·车服志》表意更明,谓"两博鬓饰以宝钿"[5]。故而"宝钿"当系博鬓之饰。[6]

据扶风法门寺地宫出土《物账碑》记载,地宫内的八重舍利宝函中,"第二重球珖石函"及"第三重真金函"皆以"金筐宝钿真珠装"。以地宫所出宝函实物为参照,学者们已指出"金筐宝钿真珠装"是指两件宝函上所施装饰工艺,"金筐"即金丝围绕而成的图案外框,"宝钿"则是以宝石雕琢后黏合镶嵌于其中。[7]唐代男子服"平巾帻"所用带具同样饰以"宝钿",皇帝服"玉具装真珠宝

1　扬眉剑舞:《从花树冠到凤冠——隋唐至明代后妃命妇冠饰源流考》,《艺术设计研究》2017 年第 1 期。

2　陕西省文物保护研究院、扬州市文物考古研究所:《花树摇曳 钿钗生辉:隋炀帝萧后冠实验室考古报告》,第 72 页。

3　(唐) 李林甫等:《唐六典》卷四《尚书礼部》,第 119 页。

4　(后晋) 刘昫等:《旧唐书》卷四五《志二五·舆服》,第 1956 页。

5　(宋) 欧阳修、宋祁:《新唐书》卷二四《志一四·车服》,第 523 页。

6　日本学者原田淑人已指出"宝钿"是博鬓之饰,但又将"博鬓"理解为由发髻组成则不确。参氏著、常任侠译《中国服装史研究》,黄山书社,1988,第 110 页。

7　陕西历史博物馆、北京大学考古文博学院、北京大学震旦古代文明研究中心:《花舞大唐春——何家村遗宝精粹》,文物出版社,2003,第 62—63 页;孟晖:《花间十六声》,生活·读书·新知三联书店,2006,第 192—193 页。

钿带"，官员"起梁带"之制"三品已上玉梁宝钿，五品已上金梁宝钿"[1]。西安市长安区南里王村唐窦皦墓中曾出土一组华美异常的金筐宝钿玉梁带（带鞓已朽），据墓主窦皦曾授"上柱国、左卫府中郎将"、封"平陵县公"的官封爵位来看，此带具当为三品以上所服"玉梁宝钿"之制。[2] 其带銙与铊尾以白玉为边框（梁），内以金丝围成图案并嵌宝（图7），正与舍利宝函的装饰工艺一致。萧后与裴夫人首饰博鬓所施工艺亦同此类（图8-1、图8-2），西安仪表厂窖藏出土的博鬓残件虽未嵌宝，却已施"金筐"

（图8-3），则博鬓之"宝钿饰"或还当特指"金筐宝钿"为饰。不过，命妇首饰中所谓"宝钿准花数"及"宝钿准（视）花树之数"等似又表明"宝钿"应可计数。那么依宋人薛梦符注杜甫《雨四首》"神女花钿落"言："《唐志》：命妇之服，两博鬓饰以宝钿金花也。"[3] 将"宝钿饰"理解为"饰以宝钿金花"也许更近于唐人文意。只是就出土博鬓而言，其装饰组合似还多有变化，裴氏的花钗博鬓图案即呈蔓草状，所以究竟如何准照花钗之数尚有待更多实物的发现以佐证。

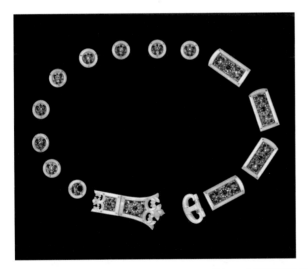
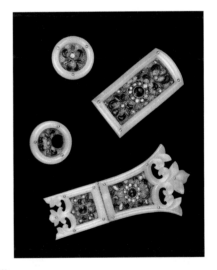

图7　金筐宝钿玉梁带

窦皦墓出土（采自清华大学艺术博物馆、陕西历史博物馆：《与天久长：周秦汉唐文化与艺术》，上海书画出版社，2019）

1　（唐）张说、萧嵩等：《大唐开元礼》卷三《序列下》，第29页。

2　左骏、王志高：《中国玉器通史·三国两晋南北朝卷》，海天出版社，2014，第116页。

3　（唐）杜甫撰，（宋）黄希原注，（宋）黄鹤补注：《补注杜诗》，（清）纪昀等编《四库全书》第1069册，上海古籍出版社，1987，第597页。

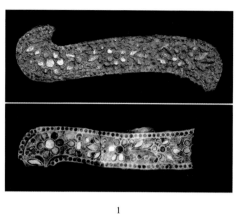 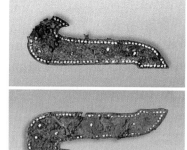 

1　　　　　　　　　　　　　2　　　　　　　　3

图 8　礼服首饰中的博鬓

1. 萧后墓出土（上为实物，下为 X 光影像）（采自《花树摇曳 钿钗生辉：隋炀帝萧后冠实验室考古报告》）；2. 阎识微夫妇墓出土（采自《西安马家沟唐太州司马阎识微夫妇墓发掘简报》）；3. 西安仪表厂窖藏出土（残件）（采自西安市文物保护考古所：《西安文物精华——金银器》，世界图书出版公司，2012）

"钿"见于皇后、太子妃、内外命妇所服"钿钗礼衣"，数目与品级相应。据《通典》，女子礼服用"钿"最早应见于曹魏制度，时字作"瑱"[1]。魏晋南北朝礼服首饰中的"瑱"常附于"蔽髻"之上，称"若干瑱蔽髻"，其上嵌饰珠翠珍宝，甚为华丽。[2] 许因"钿"本有"以珍宝厕填"[3] 之意，声符"田"又与"奠"音近，后来才逐渐取代"瑱"字。在萧后与裴氏"首饰"的花钗、博鬓之外，又嵌饰珍宝且有若干枚者唯有桃形饰（图 9-2、图 9-4），知其确应系"钿"。另在固原隋史射勿墓、唐吴王妃杨氏墓及西安仪表厂窖藏等处也都曾出土此类饰物（图 9-1、图 9-3、图 9-5）。

《通典》仅记"魏制，贵人、夫人以下助蚕，皆大手髻，七瑱蔽髻，……九嫔以下五瑱，世妇三瑱。诸王妃、长公主，大手髻，七瑱蔽髻"，《宋书》则引晋

1　（唐）杜佑：《通典》卷六二《礼二十二·沿革二十二·嘉礼七》，第 1736 页。

2　欧佳、王化平：《洛阳西朱村曹魏墓 M1 出土"三瑱蔽髻"石楬所记礼服首饰》，《服装学报》2020 年第 4 期。西朱村 M1 出土石楬 M1：383 记"翡翠、金白珠挍三蘷（瑱）帶（蔽）结（髻）一具"，"挍"谓"校饰"，言此三瑱蔽髻装饰以"翡翠、金白珠"。《北堂书钞·服饰部四》引晋成公绥《蔽髻铭》亦曰："或造兹髻，南金翠翼。明珠星列，繁布致饰。"

3　（唐）释慧琳：《一切经音义》卷七九，徐时仪校注《一切经音义三种校本合刊》，上海古籍出版社，2012，第 1899 页。此为《一切经音义》引《考声》语。另，《魏书·食货志》载"和平二年秋，诏中尚方作黄金合盘十二具"即是"镂以白银，钿以玫瑰"。又慧琳《一切经音义》释"珠柄拂"曰："言珠柄者，以珠玉等钿饰所持拂柄也。"

《先蚕仪注》言"皇后十二镈，步摇，大手髻"[1]，刘宋"复依晋法"，皇后、公主、三夫人、公夫人、代妇等皆用镈，齐、陈制大体因之。《隋书》载北齐制皇后"假髻，步摇，十二镈"，"内外命妇从五品已上，蔽髻，唯以镈数花钗多少为品秩"，始将"镈"与"花钗"并举。但《隋书》又仅记北周制"皇后华皆有十二树"，《通典》谓之"皇后首饰，花钗十有二树"[2]，未提及"钿"。隋初承其制，亦仅记"花若干树"及"两博鬓"等。[3]不过这很可能只反应在文字层面，历代沿革而来的"钿"恐怕很难在实际使用中被取消（也不排除北周、隋初制度时间尚短，影响有限）。隋大业五年（609）的史射勿墓所出"桃形"钿（图9-1）

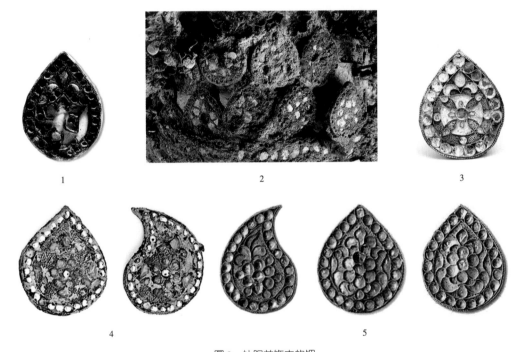

图9　礼服首饰中的钿

1. 史射勿墓出土（采自《宁夏固原出土的隋唐玻璃器探究》）；2. 萧后墓出土（采自《花树摇曳 钿钗生辉：隋炀帝萧后冠实验室考古报告》）；3. 吴王妃杨氏墓出土（孝感市博物馆藏）；4. 阎识微夫妇墓出土（采自《唐阎识微夫妇墓出土女性冠饰研究》）；5. 西安仪表厂窖藏出土（采自西安博物院：《金辉玉德——西安博物院藏金银器玉器精粹》，文物出版社，2013）

1　（梁）沈约：《宋书》卷一八《礼志五》，第551页。（唐）杜佑：《通典》卷六二《礼二十二·沿革二十二·嘉礼七》，第1737页。

2　（唐）杜佑：《通典》卷六二《礼二十二·沿革二十二·嘉礼七》，第1738页。

3　（唐）魏徵等：《隋书》卷一二《志七·礼仪七》，第284页。

图 10　加首饰的盛服女仙

陕西潼关税村隋墓石棺线刻（拓本及线描图）（采自陕西省考古研究院：《潼关税村隋代壁画墓》，文物出版社，2013）

即应是隋代首饰用钿实例，该墓出土的嵌宝条形铜饰亦颇类萧后、裴夫人首饰下部的带形饰，[1] "唐因隋制"的情况由此更可见一斑。萧后与裴夫人首饰中虽皆具桃形钿，但唐制对皇后袆衣、鞠衣首饰的描述却未见有关"钿"的内容，命妇花钗中的"宝钿"又应属博鬓之饰，这当是由于唐制因袭"隋改首饰为花树之数"的做法，对高等礼服首饰中的"钿"已不再提及。然"钿钗礼衣"下所记"若干钿"仍表明"钿"并未在唐制中消失，也当可视作礼书层面对前代用"镊"制度的承继。[2]

要之，唐制中的"宝钿"乃两博鬓之饰，"钿"则是相对独立的饰物。由萧后与裴夫人首饰可推知唐制所言"花某树"或"花钗某树"实际不仅包含"两博鬓"，也包括"若干钿"在内。或是出于礼制更定的需要，隋唐制应在舍取前代若干制度时对"钿"的记述加以减省，于文字层面统一不在女子高等级礼服首饰中提及"钿"，而非仅在皇后、太子妃服制记录中缺载。还值得一提的是，扬眉剑舞指出"钿"应饰于正面，"博鬓"处于两鬓外侧，[3] 但考古报告仍以为十二枚钿

1　罗丰：《固原南郊隋唐墓地》，文物出版社，1996，第16页。

2　左骏也持类似看法，参《中国玉器通史·三国两晋南北朝卷》第160页。

3　杨眉剑舞《从花树冠到凤冠——隋唐至明代后妃命妇冠饰源流考》，《艺术设计研究》2017年第1期。

应位于背面，称为"后兜饰"[1]。按，扬说当确，裴夫人入殓所戴花钗的六枚钿就位于正面，另在潼关税村隋墓出土石棺线刻中或还可见相关图像证据。石棺右帮刻绘仙女神怪队列簇拥四虎所驾的云车而行，车中端坐一着盛装女仙。与此相对的左帮所刻乘辂男仙戴通天冠，作帝王装束，[2] 因而女仙所着应属后妃盛服。女仙所加首饰以弧线和短线刻绘，右侧还有一道下端弯曲的宽带状饰物，当是对摇动的花钗及博鬓的描绘，则额上的桃形饰即应是表现位于首饰正面之钿（图10）。[3]

五　余论：尚待研究的"蔽髻"与"钿钗礼衣"

左骏曾提出"蔽髻"是头饰中附加饰物的"特定的冠罩"[4]。王永晴等认为萧后首饰中的"冠形金属框架，尤其宝钿与其下长条基座所结合成的首饰形态，大约便是所谓'蔽髻'，至少是其一部分"[5]。此说确有一定道理，但北周以来的礼制已完全不提"蔽髻"，径直以此为唐代首饰部件定名恐有失严谨。较为谨慎的看法或许是，在历经北周及隋唐的多次改制后，"蔽髻"已与"步摇"等合为一体，在礼制记录层面则被包含于"花钗"之中，长条基座及金属框架可看做"蔽髻"的发展，但其在当时的名称目前仍属未知。

另外，与萧后首饰同出的尚有十二枚施"金筐宝钿"的鎏金铜钗，其中十一支"钿头钗"较短。[6] 王永晴等认为"宝钿、花树、蔽髻所组成的'花'并两博鬓，再辅以相应数量的钗，这套首饰组合可省称为'花钗'"，而"钿钗礼衣"中的"钿钗"即"钿与钗组合的省称"[7]。但如前文所论，礼服首饰中的"花钗"一词并不能拆为"花"与"钗"，萧后首饰也未戴于墓主头部，反倒是与贺若突厥首饰及裴夫人首饰组合使用的都仅是素面金钗。[8] 扬之水在有关"钿头钗"的讨论

1　陕西省文物保护研究院、扬州市文物考古研究所：《花树摇曳 钿钗生辉：隋炀帝萧后冠实验室考古报告》，第71页。

2　李明：《潼关税村隋代壁画墓石棺图像试读》，《考古与文物》2008年第3期。

3　中国大运河博物馆常设展《隋炀帝与大运河》中展出的萧后首饰复制品已将有十二枚钿的一面置于正面，可见是吸收了相关的研究成果。

4　左骏、王志高：《中国玉器通史·三国两晋南北朝卷》，第159页。

5　王永晴、王尔阳：《隋唐命妇冠饰初探——兼谈萧后冠饰各构件定名问题》，《东南文化》2017年第2期。

6　党小娟、杨军昌、李睿等：《隋炀帝萧后墓出土发钗材料与工艺初步研究》，《文物保护与考古科学》2018年第4期。

7　王永晴、王尔阳：《隋唐命妇冠饰初探——兼谈萧后冠饰各构件定名问题》，《东南文化》2017年第2期。

8　负安志：《陕西长安县南里王村与咸阳飞机场出土大量隋唐珍贵文物》，《考古文物》1993年第6期；杨军凯、冯健、王磊等：《西安马家沟唐太州司马阎识微夫妇墓发掘简报》，《文物》2014年第10期。

中指出这类长钗应主要配合环形髻使用，常见于绘画中的天女和龙女。[1] 而这些女仙的原型或正是身着礼衣的后妃命妇，故"钿头钗"也许就是和"礼衣"相配用的"钿钗"。

宝钿灿然，花钗摇曳的唐代女子礼服首饰是盛世礼制传承有序的缩影，也自有其森严等级。贵为高祖五氏孙的宗女李倕，虽能以华丽"冠饰"入殓却无礼服首饰，[2] 即应与之仅为嗣王女且夫家并不显赫，因而尚无封诰有关。新材料的发现不仅使文献中的花（花钗）、钿及博鬓等礼服首饰的主要元素及组合形式逐渐明晰（图11），更进一步揭示了"首饰"与"花钗"的含义及背后的若干细节，为探究舆服制度的变迁演进提供了极佳视角。不过，新发现在解决问题的同时也带来了的新疑问，仍有待在更多材料出现与公布的基础上加以综合研究。

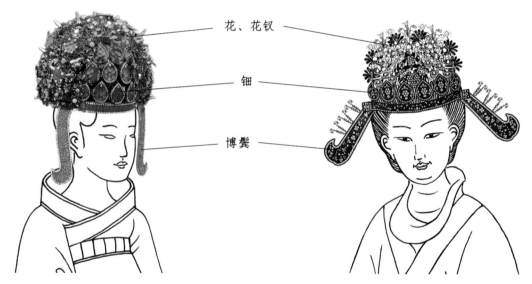

花、花钗
钿
博鬓

图11 萧后"首饰"（左）与裴夫人"花钗"示意图

(左侧人物形象改绘自潼关税村隋墓石棺线刻、唐李寿墓石椁线刻人物，右侧人物形象改绘自唐永泰公主墓石椁、"唐皇帝皇后供养"经幢构件线刻人物)

1　扬之水：《中国古代金银首饰（一）》，第87页。但书中认为这种发髻名为"挑鬟"，即现实中歌舞乐伎的装扮，或可商。

2　中国陕西省考古研究院、德国美因茨罗马—日耳曼中央博物馆：《唐李倕墓：考古发掘、保护修复研究报告》，科学出版社，2018。

致谢

　　拙文承西南大学王化平师审阅并提供宝贵修改意见。文章初稿曾提交"2018中华民族服饰文化国际研讨会"（北京），由浙江工业大学袁宣萍女史评议。复旦大学汪少华师与张小艳女史、中国社会科学研究院赵超先生、陕西师范大学徐涛先生、南京博物院左骏先生、西南大学胡波先生以及学友蔡航、夏添、黄松涛、黄程伟等先生亦助力良多。文中一些疏漏之处还蒙匿名审稿专家指正。特此一并致谢！

唐慕容智墓出土大象纹荒帷考论*

■ 苗亚嫡（宁夏大学民族与历史学院）

2019 年 9—12 月，甘肃省文物考古研究所等对甘肃省武威市天祝县祁连镇岔山村北山顶上的一座墓葬进行了抢救性发掘。该墓为国内发掘和发现的时代最早、保存最完整的唐早期吐谷浑王族墓葬。据墓志记载，墓主为"大周云麾将军守左玉钤卫大将军员外置喜王"慕容智，葬于唐天授二年（691）；其父诺曷钵为吐谷浑国末代统治者，其母为弘化公主，是唐朝远嫁周边少数民族首领唯一一位回长安省亲的公主。墓葬建造精美且未被盗扰，出土遗物丰富，有彩绘陶、丝麻织品、金银器、漆木器、革制品和粮食作物等。[1] 2020 年，发掘者又在其周围发现并确认吐谷浑王族墓葬 23 座，这一系列考古发现在 2022 年 3 月 31 日被国家文物局学术委员会以"甘肃武威唐代吐谷浑王族墓葬群"之名评选为"2021 年度全国十大考古新发现"之一。

该墓室棺椁上盖有一块完整的大象纹荒帷，保存良好，色彩明丽，制作精美，装饰纹饰为以往发掘的丝织品中所罕见，是反映唐代丝绸之路的重要实物资料，也是唐和吐谷浑友好交往交流的实物见证，具有极高的史料价值。先秦《周礼》《仪礼》《礼记》等史籍对荒帷多有记载，荒帷又称"见"，是覆盖于墙柳之上的丝麻织品，为饰棺之物，形似帐幕，具有"华道路"的作用。[2] 近年来，随着考古挖掘和技术手段的不断提高，荒帷在各古墓中多有出现。如 2004 年山西绛县横水镇西周"倗伯"夫人墓 M1 出土的凤鸟荒帷，精美华丽，是迄今为止发现的时代最早的荒帷实例。[3]

目前学界涉及大象纹荒帷的研究较少，在发掘报告和《甘肃重要考古发现

---

* 本文得到国家民委民族研究基地项目《中华民族历史观研究报告》（2021-GMG-034）、国家社科基金西部项目"多元文化视域下的西夏金银器研究"（项目编号20XMZ017）资助。

1 陈国科、刘兵兵等：《甘肃武周时期吐谷浑喜王慕容智墓发掘简报》，《考古与文物》2021 年第 2 期。

2 （清）孙希旦撰，沈啸寰、王星贤点校：《礼记集解》卷四四《丧大记》，中华书局，1989，第 1184 页。

3 宋建忠、吉琨璋等：《山西绛县横水西周墓发掘简报》，《文物》2006 年第 8 期。

（2000—2019）》[1] 一书中仅以图录形式展现；《2015—2017 甘肃省博物馆新征集唐代丝织品纹饰的研究》一文中第四章对该荒帷进行了简单描述，作者认为其为研究盛唐时期吐谷浑历史文化提供了参考价值。[2] 本文欲在学界已有研究的基础上，对此大象纹荒帷做出综合分析，并就相关问题提出浅见，以就教于方家。

一　大象纹荒帷纹饰的溯源与发展

大象纹荒帷（图1），图案由丝线织就的 50 头大象组成，两排象纹一正一反，一排象颊朝右，另一排象颊朝左，形制相同，首尾相接，步伐稳健，中间插入花草纹作为装饰，所有纹样均经向、依次呈二方连续式的重复排列，构图独特，形象生动。图中大象作站立状，通体深灰色，敦实厚重、憨态可掬。象眼珠圆睁，目视下方；象鼻与右前足相撞，弯卷上翘，鼻孔大张，嘴角勾咧，口内斜伸白色锥状长象牙，两端翘起；蒲扇状双耳向两侧张开，饰有回形纹；耳后接"S形"身躯，象尾

往前回卷打垂右后足，身饰月牙形图案；四足均竖直粗壮，各绘浅灰色高光和白色蹄趾，后足与臀相连，颇具"胡风"。整体极具立体感和装饰感。

大象体型庞大、体健力强、诚实忠厚，且以超级感知、丰富感情、独特记忆与人类亲近，被视为力量、吉祥等的象征。因此，给人以艺术形式来表现它的契机。商代之前的陶器和玉器，从未见大象形象。商周时期中原地区有野象分布，商民族擅长驯象，《吕氏春秋·古乐篇》说："商人服象，为虐于东夷。"[3] 该时期象纹主要通行于青铜器上，塑造和铸造出若干圆雕象尊，既有写实，也有抽象，装饰风格独特、时代性强，且具有道德教化的寓意。以湖南醴陵县出土狮形象尊为例（图2），该象通体碧绿，躯体肥大，四肢粗壮，目视下方，短颈，鼻上扬，尾下垂；通身以云雷纹衬地，饰饕餮、夔龙、凤鸟、虎等浮雕纹样，刻画细致，生动逼真。此外，象鼻也是纹样的关键要素，常作为单独纹样，呈轴对称式雕刻于青铜器上。西周后由于自然环境的变化，大象分布地逐渐南移至西南一隅。[4]

1　陈国科、刘兵兵等：《甘肃武周时期吐谷浑喜王慕容智墓发掘简报》，《考古与文物》2021 年第 2 期。甘肃省文物考古研究所：《甘肃重要考古发现（2000—2019）》，文物出版社，2020，第 374 页。

2　苏昕：《2015—2017 甘肃省博物馆新征集唐代丝织品纹饰的研究》，硕士学位论文，西北师范大学，2020。

3　梁彦民：《商人服象与商周青铜器中的象装饰》，《文博》2001 年第 4 期。

4　何业恒：《中国珍稀兽类的历史变迁》，湖南科学技术出版社，1993，第 110—136 页。

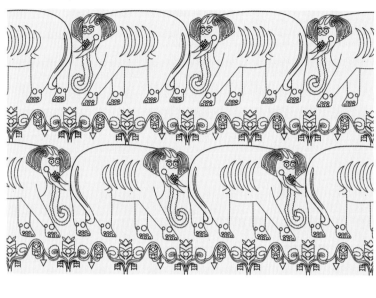

图1　唐慕容智墓出土大象纹荒帷

甘肃省文物考古研究所：《甘肃重要考古发现（2000—2019）》，文物出版社，2020，第374页。线稿为笔者所绘

图2　湖南醴陵县狮形象尊

熊传新：《湖南醴陵发现商代铜象尊》，《文物》1976年第7期

两汉时期，象已成为方外贡物。《汉书·武帝纪》载："元狩二年，南越献驯象。"[1]《汉书·西域传赞》记："巨象、师子、猛犬、大雀之群，食于外囿。"[2]这一时期象纹装饰的领域逐渐扩大到画像石上，写实风格进一步加强，构图更加饱满。最常见的是钩象图，现已经发现十几例，[3]调象师手持钢钩，或骑象背，或置身象前，或置身象后。如山东邹城金斗山出土画像石（图3）和河南南阳英庄出土

1　（汉）班固：《汉书》卷六《武帝纪》，中华书局，1962，第176页。

2　（汉）班固：《汉书》卷九六《西域传》，第3928页。

3　朱浒：《大象有形垂鼻辚囷——汉代中外交流视野中的大象图像研究》，《故宫博物院院刊》2016年第6期。

画像石（图4）等。此外，该时期画像石还出现大象同骆驼伴生的题材图、驯象图和六牙神像图，均是宗教意义的表达。

图3 山东邹城金斗山画像石

山东省博物馆：《山东汉画像石选集》，齐鲁书社，1982，图版 59

图4 河南南阳英庄出土画像石

中国美术全集编委会：《中国美术全集·绘画编 18》，上海人民美术出版社，1988，第 132 页

图5 吐鲁番出土方格兽纹锦

赵丰：《中国丝绸通史》，苏州大学出版社，2005，第 168 页

图6 吐鲁番出土对狮对象纹锦

赵丰：《中国丝绸通史》，苏州大学出版社，2005，第 168 页

图7 中国国家博物馆藏对狮对象牵驼人物纹织锦

赵丰、齐东方主编：《锦上胡风》，上海古籍出版社，2012，第 77 页

图8 青海都兰热水出土对狮对象牵驼纹锦

赵丰：《中国丝绸通史》，苏州大学出版社，2005，第 169 页

图 9 青海都兰热水墓群出土象纹金饰片

敦煌研究院普利兹克基金会：《丝绸之路上的
文化交流：吐蕃时期艺术珍品》，中国藏学出版社，
2020，第 112—113 页

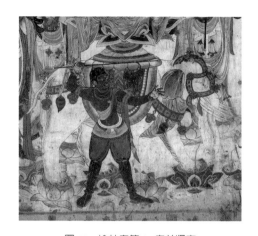

图 10 榆林窟第 25 窟普贤变

李其琼：《中国敦煌壁画全集 7》，天津人民美术出
版社，2006，第 69 页

魏晋南北朝至隋唐时期是民族大融合、中外文化交流日益繁荣的时期，象纹作为外来的珍禽异兽较之前代运用更为广泛，表现在丝织品、金银、玉器、陶俑、屏风和石窟壁画中。北朝时期象纹屡次出现在丝织品上，但与之前在中国出现的大象造型属于两个不同的类别，具有鲜明的中亚、西亚风格。构图改变了以往大象的单一形像，以经向重复排列和对称形式为主。如吐鲁番阿斯塔那出土的方格兽纹锦（图 5），图中白象四足站立，体型高大，呈经向式重复排列，图案化明显；背上有一手持驯象钩的象奴和伞盖。同类织锦发现甚多，吐鲁番出土的另一件对狮对象纹锦（图 6）、中国国家博物馆藏对狮对象牵驼人物纹织锦（图 7）和青海都兰出土纹锦（图 8）中都有大象的身影。不同的仅是象背上是否备有鞍鞯，鞍鞯上是否有

驯象人。

唐代大象纹造型更为繁荣，在金银和玉器中最为多见，与丝织品上的大象纹大相径庭，装饰性和写实化更进一步。如都兰热水墓群出土的象纹金饰片（图 9），大象大耳长鼻，一足抬起；象首、身饰有花纹；背上有圆毯，呈花瓣连珠三角星状，系有束带；周边卷草围绕，形象生动。其与榆林窟第 25 窟普贤菩萨的坐骑大象造型、头饰和圆毯基本相同（图 10），体现出艺术同源的特征。北朝至唐代敦煌石窟壁画中多有大象形象，均与佛传故事相关。北朝至初唐以乘象入胎图为盛，盛唐以后，在主室主龛两侧多绘有普贤菩萨乘象图，除此之外，在大型华严经变画、法华经变画中也出现过乘象图。[1]

总之，大象纹虽为我国自商以降常见

1 段文杰主编：《中国敦煌壁画全集》（1—10 册），天津人民美术出版社，2006。

的装饰纹样，但演变历程既具备历史连贯性，同时也呈现出明显的时代变化性。其始于商周而繁荣、成熟于隋唐，构图方式逐渐丰富，形态由几何型向写实生动性发展，装饰形式也日益适应其装饰内容的需求。象纹的装饰含义由殷商祭祀，至隋唐到明清时期已完全世俗化、生活化，被广泛应用青铜器、丝织品及其他载体上，成为大众喜闻乐见的纹样之一。

二　慕容智墓出土大象纹荒帷的文化意涵

墓葬装饰纹样作为丧葬文化最直观的写照，可以揭露其所处年代特有的社会文化风貌。大象纹荒帷在墓葬中的出现具有鲜明的时代特征，且凝聚了多重文化意涵。

第一，象纹之所以饰于荒帷，与"事死如事生"的观念有微妙的关系。《礼记正义·丧服大记》郑玄注云："荒，蒙也。在旁曰帷，在上曰荒。"[1]《仪礼·既夕礼》："乃……藏器于旁，架见。"郑玄注曰："见，棺饰也，更谓之见者，加此则棺柩不复见矣。"贾公彦疏曰："见，棺饰也者，饰则帷荒，以其与棺为饰……更谓之见者，加此棺柩不复见矣者，以其唯见此帷荒，故名帷荒为见，是棺柩不复见也。"[2] 由此可见，荒帷又可称为"见"，如同棺罩，是覆盖于墙柳上部和周围的丝麻织品，为饰棺之物，也是一种标志贵族身份的礼仪性丧葬器物。并且古人认为荒帷所用材质与形状与墓主人生前所居门帘和各种帷帐相同。如《荀子·礼论》载："故圹垄，其貌象室屋也……无、储、丝、嵩、缕、婴，其貌以象菲、帷、帱、尉也。"[3] 而将墓主人生时居住宫室的象征物，死后被后人放置在墓室的宫室内，这正是古人"事死如事生，事亡如事存"传统心态的反映，也是孝道的表现。

第二，象纹之所以饰于荒帷，受益于其祥瑞的表征。早在汉代，象作为祥瑞已是一个流行的概念。[4]《汉书·礼乐志》载："皑皑即即，师象山则……蛮夷竭欢，象来致福。"又载："象载瑜，白集西。食甘露，饮荣……神所见，施祉福。登蓬莱，结无极。"[5] 有唐一代，祥瑞之说更盛，大象同样被视为祥瑞的象征。据文献记载，唐李筌所著《太白阴经》记：

1　（汉）郑玄注，（唐）孔颖达疏：《礼记正义》卷五四《丧大记》，北京大学出版社，2008，第 1771 页。

2　（汉）郑玄注，（唐）孔颖达疏：《仪礼注疏》卷三八《既夕礼》，上海古籍出版社，2008，第 1147 页。

3　王威威：《荀子译注》，上海三联书店，2018，第 210 页。

4　[美] 巫鸿：《礼仪中的美术——巫鸿中国古代美术史文编》，生活·读书·新知三联书店，2005，第 301—303 页。

5　（汉）班固：《汉书》卷二三《礼乐志》，第 1050、1069 页。

"象头高广，福禄居长。"[1]《唐六典》卷四对祥瑞做了详细的列举和等级分类，象位于大瑞之列；[2]《初学记》中《兽部》的条目，大象位列第二；[3] 不仅如此，唐诗中关于大象的描写，数量也多达 290 首。[4] 由此，充分体现了大象作为瑞兽对整个唐代社会文化影响极大。

同时，人象的祥瑞化也与佛教关系密切。大象在佛教中地位高，意义独特，有佛陀化白象、"托胎梦灵"的说法，也作为文殊菩萨坐骑、驮负法器等。如佛传典籍《修行本起经·菩萨降生品》记："于是能仁菩萨，化乘白象，来就母胎，用四月八日，夫人沐浴，涂香着新衣毕，小如安身，梦见空中有乘白象，光明悉照天下，弹琴鼓乐，弦歌之声，散花烧香，来诣我身。"[5] 另外，隋唐时期随着大象在佛教的世俗化发展，被赋予了许多吉祥的含义，如"吉祥（象）如意""太平有象""喜象升平"等。"象"与"祥"字同音，而大象纹荒帷设计者运用象纹，并辅以其他花草纹样，在美的呈现基础上，赋予画面一种吉祥喜庆的寓意，既升华了象纹的象征意义，也表达了后人对于墓主的良好祝愿，且蕴含了后人借为死者修建墓葬之机为后人祈求吉祥的动机。

此外，古人认为"珍宝久则生精灵"，这种认为瑞物有灵的观念，一直延续到唐代。大象作为瑞兽则同其他祥瑞之物一样，具有通灵的作用，可以起到震慑邪祟、庇佑的效用。所以中国古代皇陵墓道的两旁常有石头雕刻的大象塑像。另外，丝绸亦非凡俗之物，《礼记正义·礼运》载："治其麻丝，以为布帛。以养生送死，以事鬼神上帝，皆从其朔。"[6] 其是包裹尸体、超度亡灵、随葬殡礼、通天祈福的"事鬼神之物"。因此，以通灵大象装饰的通神丝织品荒帷具有通天通灵，可引渡墓主人极乐永生之意。

第三，象纹之所以饰于荒帷，因唐代民间有大象可旺财运之说。大象五行属金，长鼻能吸水，在我国传统社会中有"山主人丁，水主财"的说法。并且象的招财之意在佛教中也有所体现，象头神是佛教中的财神之一，在藏传佛教中又被称为象头财神、欢喜王或双尊神，在印度、日本、泰国等地也均被视为财神。而吐谷浑后人选择包含财富功效的大象纹来装饰随葬品荒帷，即有意愿让墓主将生前所占有的财富带入地下世界，使其之前的富贵

1　（唐）李筌：《神机制敌太白阴经》卷三《杂仪类》，商务印书馆，1937，第 48 页。

2　（唐）李林甫等撰，陈仲夫点校：《唐六典》卷四《礼部尚书》，中华书局，1992，第 114—115 页。

3　（唐）徐坚等：《初学记》卷二九《兽部》，中华书局，1962，第 699 页。

4　李征松：《唐诗中的瑞兽研究——以唐诗中常见的六大瑞兽为主要研究对象》，硕士学位论文，暨南大学，2010。

5　（后汉）竺大力、康孟详译：《修行本起经》，载《大正藏》第 3 册，日本财团法人佛陀教育基金会，1990，第 464 页。

6　（汉）郑玄注，（唐）孔颖达疏：《礼记正义》卷三〇《礼运》，第 888 页。

荣华得以在地下继续，从而能为死者营造一个虚拟的、图像的财富宝库。

第四，象纹之所以饰于荒帷，得益于汉唐时期丝绸之路的畅通。汉唐时期，野生象几乎早已绝迹，大象作为一种珍稀动物，基本上都是来自域外，特别是来自东南亚国家，此时的大象被赋予了进献方对中央政权归化的政治意涵。而域外象入华则是伴随汉代丝绸之路的开辟而展开的，其使欧亚大陆东西之间的文化交流日益频繁。到唐代，丝绸之路日臻成熟，中外文化交流更加繁盛，林邑、真腊和瞻博等国从唐初到武周时期向唐王朝屡次进献驯象，多达 10 次。[1] 因此，大象越来越多地出现在唐人的社会生活及文化视野中，同样也被作为宫廷侍卫的喜王慕容智深深记在心里，最后织成荒帏覆盖其棺木上。志文记载慕容智曾入侍宫廷宿卫皇帝，担任戎职并在长安生活了多年："王以龟组荣班，鱼轩懿戚。出总戎律，敷德化以调人；入奉皇猷，耿忠贞而事主。"[2] 并且吐谷浑地处丝路最繁盛的交通要道青海道上，以羌中道和河湟道为主干线横贯青海高原，东达长安、洛阳，西抵中西亚各地，[3] 不仅在东西陆运交通中起着重要的桥梁作用，而且也是北方和西南交往的重要中介。《梁书·诸夷传》载："其言语待河南人译然后

通。"[4] 吐谷浑人在丝绸之路旅队中扮演着翻译和使者的角色，有他们的翻译交易买卖才得以进行。因此，慕容智墓中出现代表外来文化的大象是水到渠成的事情。

此外，喜王慕容智墓出土的多方丝织品均能印证丝绸之路文化对该墓的影响。如墓室棺椁上覆盖的另一方小团窠连珠对羊纹荒帷（图 11），团窠连珠动物纹是 7—8 世纪中西亚系统织锦中常见的图案，在唐朝流行一时。该图以金黄色作地，整体为平排团窠联珠纹内饰对羊。对羊身健壮厚实，线条简洁、概括；头顶两长角，背生翼，卷曲；尾巴短而下垂，四肢前后直立于草叶纹上。团窠外为左、右对称的十字形花卉变体纹样。而与此图案一模一样的织物在青海省都兰县热水吐蕃墓中也有出土，这也充分说明了吐谷浑民族还受到了吐蕃文化的影响。并且该墓群中还出土了对波大象纹锦，因图案残损漫漶，不再多加论述。[5] 由此可见，源自域外的大象经由丝绸之路，在寓华胡人和吐谷浑人的传播下，并在商周大象图像传统的基础上，加以糅合与改进，最终出现在慕容智墓荒帷上。这不仅是大象形象物化的表现，更是唐代丝绸之路交流交往交融的佐证，是了解唐代与西域文化变迁的重要文物。

---

1 王永平：《汉唐外来文明中的驯象》，《全球史评论》2010 年年刊。

2 刘兵兵：《唐〈慕容智墓志〉考释》，《考古与文物》2011 年第 2 期。

3 李朝、张红岩：《吐谷浑与丝绸之路》，《青海民族大学学报》2011 年第 2 期。

4 （唐）姚恩廉：《梁书》卷五四《诸英传》，中华书局，1973，第 812 页。

5 青海省文物处、青海省考古研究所编：《青海文物》，文物出版社，1994，第 88 页。

图 11　团窠连珠对羊纹荒帷

甘肃省文物考古研究所：《甘肃重要考古发现（2000—2019）》，文物出版社，2020，第 374 页。线稿为笔者所绘

三　慕容智墓出土大象纹荒帷的装饰艺术

大象纹荒帷整体图案装饰意味浓重，结构均衡，点线面节奏合理，色彩艳丽华美，无论在造型、纹样、结构、色彩，还是在装饰手法上，都展现出了独到的艺术特点。

大象纹荒帷设计者在纹样布局上，采用平面二维"满画面构图"，各纹饰之间互不遮挡、重叠，不做远近及纵深的关系处理。整个画面或是生动健步的大象，或是布满了灵动飞扬的花草枝蔓，纹样细密

规整，错落有致，令人眼前一亮。这种平面构图不仅可以最大限度地展现纹样的艺术美，且便于丝织工艺的实际操作。在构图形式上，大象纹两排一正一反，花草纹单组循环，均呈二方连续式排列。二方连续是指一个单元纹样向上下、左右反复连续循环排列；结构组织是按一定的秩序循直线或曲线方向延伸，[1] 是唐代较为常用的构图形式之一。该种大象纹排列方式还出现在同时期新疆吐鲁番阿斯塔那墓葬区发掘的一件阿拉伯文新月锦上，锦用蓝、黄两色丝织而成，图案为两两错排的新月图案，弯月弦内饰有一阿拉伯文辞，两排不同，一正一反，一排字义为独一的，一

1　郭廉夫等：《中国纹样辞典》，天津教育出版社，1998，第 1 页。

排字义为胜利或征服。[1] 这说明同一时期武威、吐鲁番的丝织品均受到中亚粟特风格的影响，同时也再次证明了唐代时期丝绸之路的畅通及各民族文化交流的频繁。另外，就大象纹荒帷而言，与二方连续图式的有机契合，连续纹饰的横向堆砌，纵向反复，使图案显得规整紧密且较为稳定，通过这种布局形式不但可以突出大象纹这个主纹饰，也从侧面折射出唐代受众对于稳定均衡图形效果的审美喜爱。

从色彩观念上看，大象纹荒帷丝织品因存放时间已久，颜色有所脱落，但仍旧热烈艳丽。整体为暖色调，搭配中性灰色，与多数唐代动物类丝织品颜色一样，受中西亚影响较大，如中国丝绸博物馆藏团窠联珠对鸟纹锦、对鹿纹锦和新疆博物馆藏联珠对孔雀纹锦等。[2] 大象纹荒帷背景为黄地，黄色在唐代很重要，唐人相信五德终始的说法，自认占的是土德，且黄色作为五色之主，色相明朗，是染织中的正色，亦是王权、富贵的象征；大象色彩是比照现实大象形象进行的写实搭配，均由不同深浅的灰色组成，沉稳统一的色调使画面缓和、舒适，并与夹层的花草纹样相互统一。总体色彩既具有张力和刺激感，又增添了异域特色，凸显了图案的视觉冲击力，符合装饰的审美情趣和对色彩的生理需求。

从装饰手法上看，大象纹荒帷纹饰采用了写实、夸张变形的设计手法。写实即大象纹荒帷设计者以自然界中大象和花草形象作为参考，进行提取、线条勾勒以达到接近真实状态。在装饰图案中，写实提取是最直接和常用的方式，该方式主要偏向于对物体造型具体的描绘，从而达到最大限度地保留原始形状和形式美感。然后再配以夸张变形等造型方法进行艺术加工。夸张与变形就是抓住大象和花草最具代表性的特征，通过超出原形象大小的图案造型方法，把典型的元素分离出来进行夸大或缩小，可以使纹样更具震撼力和趣味性。变形是在遵守原本外形的前提下，根据个人的审美感受，对主体作出较大程度的改变。荒帷中象身、象足、象耳和花草均被夸大了其表现结构，以此使纹样形象表现得更为凸显、集中，从而加强了装饰纹样的艺术效果。

总之，地下墓葬作为地上生活的缩影，集中反映了一个时代的丧葬礼俗，大象纹和花草纹在慕容智墓中的出现，最终促使墓葬不仅成为墓主的安息之所，更将其内部打造成"一个艺术不懈创造的场所和多种艺术形式的总汇"[3]。

1　赵丰：《唐代丝绸与丝绸之路》，三秦出版社，1992，第 231 页。

2　赵丰、齐东方：《锦上胡风——丝绸之路纺织品上的西方影响（4—8 世纪）》，上海古籍出版社，2012，第 140、182 页。赵丰、屈志仁：《中国丝绸艺术》，外文出版社，2012，第 224 页。

3　［美］巫鸿：《黄泉下的美术：宏观中国古代墓葬》，生活·读书·新知三联书店，2010，第 4 页。

结　语

唐代慕容智墓出土的"大象纹荒帷"作为中外艺术文化融合的代表，表达了墓主及后人对"事死如事生"传统心态的反映，对"天地相通，生者长寿，死者永存"的生命期盼和对求吉纳财的追求。在装饰艺术中，整体图案布局均衡稳定，最大限度地展现了纹样的艺术美；色彩热烈艳丽，既具有张力和刺激感，又增添了异域特色；并且造型采用写实、夸张变形的设计手法，使装饰纹样更具震撼力和趣味性。同时，大象纹荒帷的图案纹样既丰富了中国织物装饰纹样的种类和造型样式，充盈了纺织装饰艺术的素材，又是丝绸之路多民族多文化交往交流交融的集中体现，从而揭示了吐谷浑民族逐渐融入中华文明体系的历史事实，并从中窥见归唐吐谷浑人物质生活、思想观念、文化认同等历史细节的变迁，为增强民族文化自信，铸牢中华民族共同体意识研究提供了典型案例。

图像研究

"棺有翰桧"：丰镐遗址西周墓葬棺板彩绘初探[*]

■ 王一凡（中国社会科学院大学历史学院考古系）

引　言

在商周考古工作的墓葬发掘中，棺椁及其附近常有漆皮、朱砂、丝织品残片、坠饰被发现。这些遗物或遗迹有的是棺椁周围的装饰，有的是棺板上的彩绘，它们反映了西周先民的艺术审美与精神思想。棺饰与棺罩因坠饰不易腐朽而纺织品又会因特定的土壤环境保存下来，故已被学界广泛认知。张长寿先生以张家坡西周井叔家族墓地的发现撰写了《墙柳与荒帷》[1]一文，详细探讨了此问题。山西绛县横水西周墓地又发现了保存较为精美的荒帷，[2]故西周棺饰的研究逐渐进入人们的视野。[3]

西周时期棺板上的彩绘，因保存条件恶劣与发掘资料局限，一直以来学界鲜有关注，王明利[4]、许卫红[5]、张飞龙[6]等先生对此有过研究。许卫红、刘群两位先生认为葬具表面涂抹装饰颜色，即翰绘，[7]郑岩先生也指出墓主身份较高的棺则髹漆

* 本文受中国社会科学院大学（研究生院）研究生科研创新支持计划考古学（国家急需高层次人才培养专业）（项目编号：2022-YZ-05）资助。

1 张长寿：《墙柳与荒帷——1983—1986年沣西发掘资料之五》，《文物》1992年第4期。
2 详见山西省考古研究所、运城市文物工作站、绛县文化局《山西绛县横水西周墓地》，《考古》2006年第7期。
3 有关西周棺饰的研究众多，如：乔卓俊：《两周时期中原地区的棺饰研究》，硕士学位论文，山东大学，2009。张天恩：《周代棺饰与铜翣浅识》，《考古学研究（八）》，科学出版社，2011，第293—304页。王涛、余昌芹：《两周饰棺的考古学观察》，《黄河·黄土·黄种人》2021年第22期。
4 王明利：《从考古发现看商代和西周时期的漆器》，《文博》1996年第5期。
5 许卫红：《先秦时期葬具的装饰》，《文博》2000年第5期。许卫红、刘群：《论先秦时期葬具附饰品的使用》，《文博》2002年第2期。
6 张飞龙、吴昊：《先秦漆器的重要考古发现Ⅰ夏商至西周时期》，《中国生漆》2017年第4期。
7 许卫红、刘群：《论先秦时期葬具附饰品的使用》，《文博》2002年第2期。

施彩绘，即所谓"翰绘"[1]，这是十分有道理的。近年来，随着发掘条件优化，考古工作者或多或少地收集了部分棺板彩绘信息。故这里借考古发掘收获，以西周都城丰镐遗址考古发现的部分西周墓葬棺板彩绘信息为基础材料，并结合《左传》中"棺有翰桧"的相关记载，对西周墓葬中棺板彩绘的图案、形制进行初步探索。

图1　山西绛县横水西周墓地 M1 的荒帷遗迹

采自谢尧亭《绛县横水西周墓地考古发现与研究述论》，山西考古博物馆微信公众号，2021 年 11 月 16 日。https://mp.weixin.qq.com/s/lb0A8r73k2g43ZfPhTYbSg

一　丰镐西周墓葬所见棺板彩绘规制

2020 年丰镐遗址（丰京）大原村西南两座西周墓葬的发掘工作让我们开始关注西周棺板上的彩绘。在这两座保存环境恶劣、屡遭盗扰的墓葬清理到临近墓底时，发现了分布面积较大的红色、黑色漆皮，这应是棺板上的彩绘在棺板腐朽后零落散布在墓葬中。简报中这样记录："（2019SDYM10）棺板上有黑红彩绘，但因盗扰，保存状况不佳，无法辨识图案；（2019SDYM11）棺板上有黑红彩绘，但因盗扰，保存状况不佳，无法辨识图案。"[2]

为使讨论尽可能全面与客观，此将丰镐遗址目前已公开发表发掘资料的西周墓葬中，有较为明确是棺板彩绘的信息，列述于此。

1955—1957 年沣西发掘报告对所发掘墓葬的总体描述是"棺椁上都涂了朱漆，二层台周围常有红褐色漆皮残存"[3]。1979—1981 年发掘张家坡墓葬总体情况的描述是"棺椁经过糅漆，圹底和四壁上残存少许紫红色漆皮"[4]。

1　郑岩：《关于墓葬壁画起源问题的思考——以河南永城柿园汉墓为中心》，《故宫博物院刊》2005 年第 3 期。

2　中国社会科学院考古研究所丰镐队：《陕西西咸新区大原村西南西周墓葬发掘简报》，《南方文物》2020 年第 4 期。

3　中国科学院考古研究所：《沣西发掘报告：1955—1957 年陕西长安县沣西乡考古发掘材料》，文物出版社，1962，第 115 页。

4　中国社会科学院考古研究所沣西发掘队：《1979—1981 年长安沣西、沣东发掘简报》，《考古》1986 年第 3 期。

图2　丰镐大原村2019SDYM10残留的棺板彩绘

采自中国社会科学考古研究所丰镐队《陕西西咸新区大原村西南西周墓葬发掘简报》，《南方文物》2020年第4期

图3　丰镐大原村2019SDYM11残留的棺板彩绘

采自中国社会科学考古研究所丰镐队《陕西西咸新区大原村西南西周墓葬发掘简报》，《南方文物》2020年第4期

长安普渡村 M14，椁尺寸为 2.62×1.2×0.8 米，棺尺寸为 2×0.64×0.7 米，棺、椁髹漆，年代为西周早期。[1]

长安花园村 M6，椁尺寸为 2.55×0.9×0.66 米，棺尺寸为 1.9×0.8×0.66 米，髹漆棺、椁，年代为西周早期。[2]

长安花园村 M13，棺椁尺寸不明，棺椁髹漆脱落，朱砂，年代为西周早期。[3]

长安普渡村 M1，棺椁尺寸不明，棺椁髹漆，年代为西周早期。[4]

长安花园村 M15，棺椁尺寸不明，棺椁髹漆朱砂，年代为西周中期。[5]

长安花园村 M17，椁尺寸为 2.45×1.6×0.9 米，棺尺寸为 2×0.92×0.75 米，棺髹漆，椁未髹漆，年代为西周中期。[6]

83SCKM1，椁尺寸为 2.72×1.14×0.85 米，棺尺寸为 2×0.69 米，高度不详，棺盖板上遗有漆皮和红、黑、棕色彩绘，图案不清，年代为商周之际。[7]

1984 年大原村 M301，椁尺寸为 3.66×2.36×1.2 米，棺尺寸为 2.56×1.66×0.44 米，棺外表涂以朱红，年代为西周晚期。[8]

1984—1985 年在张家坡等地发掘的西周墓葬，全是小墓，在部分木棺周围发现棕褐色漆皮。[9]

张家坡 M157，椁尺寸为 3.95×2.6×1.84 米，外棺尺寸为 2.9×1.3×残 0.6 米，内棺尺寸为 2.05×0.9 米，高度不明，外棺棺盖表明有 0.2 厘米厚的黑色漆皮，漆皮背面有细砂腻子。内棺套在外棺中，表面髹红漆，其上绘有棕褐色及石青色图案，纹样已不清，年代为西周中期。[10]

张家坡 M152，椁尺寸为 3.4×2.02×1.7 米，外棺尺寸为 2.7×1.6×0.8 米，内棺尺寸为 2.3×1.05×0.75 米，内棺表面有髹漆彩绘，图案不清晰，年代为西周中期。[11]

张家坡 M152，椁尺寸为 3.4×2.02×1.7 米，外棺尺寸为 2.7×1.6×0.8 米，内

1　陕西省文物管理委员会：《西周镐京附近部分墓葬发掘简报》，《文物》1986 年第 1 期。

2　同上注。

3　同上注。

4　同上注。

5　同上注。

6　同上注。

7　中国社会科学院考古研究所丰镐发掘队：《长安沣西早周墓葬发掘记略》，《考古》1984 年第 9 期。

8　中国社会科学院考古研究所沣西发掘队：《1984 年沣西大原村西周墓地发掘简报》，《考古》1986 年第 11 期。

9　中国社会科学院考古研究所沣西发掘队：《1984—1985 年沣西西周遗址、墓葬发掘报告》，《考古》1987 年第 1 期。

10　中国社会科学院考古研究所：《张家坡西周墓地》，中国大百科全书出版社，1999，第 19 页。

11　中国社会科学院考古研究所：《张家坡西周墓地》，第 24 页。

棺尺寸为 2.3×1.05×0.75 米，内棺表面有髹漆彩绘，图案不清晰，年代为西周中期。[1]

张家坡 M168，椁尺寸为 3.14×1.8×1.55 米，外棺尺寸为 2.56×1.42×残 0.3 米，内棺尺寸为 2×0.7 米，高度不详，棺经髹漆，其上有红、黑及褐色彩绘，图形不清，年代为西周中期。[2]

张家坡 M170，椁尺寸为 3.76×2.6×2.1 米，外棺尺寸为 3.1×1.6×残 0.6 米，内棺尺寸为 2.7×1.04×残 0.4 米，外棺四壁有红色，原来棺外当髹红漆，内棺外髹黑漆，棺盖上用朱红色绘红黑相间的彩色图案，头端为一组兽面纹，兽面的双角粗壮外卷，其下有两条长眉和一对"臣"字形大眼，圆睛，正中的鼻梁上有垂鳞纹装饰，鼻下有张口大嘴，露出一对向上翘起的獠牙，兽面纹的嘴下有一红黑相间的垂三角形图案，下端两侧各绘一个卷尾大鸟纹，整个图案气势非凡，色彩鲜明，年代为西周中期。[3]

张家坡 M121，椁尺寸为 3.48×2.44×1.28 米，外棺尺寸为 2.78×1.4 米，高度不详，内棺尺寸为 2.78×1.4 米，高度不详，外棺表面髹红漆，内棺表面也涂红漆，年代为西周中期。[4]

张家坡 M163，椁尺寸为 3.95×2.6×1.8 米，外棺尺寸为 2.5×1.15×残 0.64 米，内棺尺寸为 2.03×1×残 0.44 米，外棺盖上残留有较厚的棕褐色漆皮，漆皮下有粉状细砂腻子，年代为西周中期。[5]

张家坡 M165，椁尺寸为 3.6×2.2×1.8 米，外棺尺寸为 2.7×1.22×1.2 米，内棺痕迹不清，外棺壁四周留有经过彩绘的红色漆皮，年代为西周中期。[6]

张家坡 M199，椁尺寸为 3.24×2.06×1.26 米，外棺尺寸为 2.7×1.26×残 0.16 米，内棺尺寸为 2.24×1.1×残 0.05 米，内棺髹红漆，西侧边缘的棺板上颜色尚鲜艳，年代不明。[7]

张家坡 M253，椁尺寸为 2.54×1.4×0.8 米，外棺尺寸为 2.04×1×残 0.6 米，内棺尺寸为 1.76×0.6×残 0.12 米，内棺表面涂朱，当是漆棺，年代为西周中期。[8]

张家坡 M370，椁尺寸为 2.7×1.1×0.9 米，棺尺寸为 2.08×0.75×残 0.04 米，

1　同上注。

2　中国社会科学院考古研究所：《张家坡西周墓地》，第 27 页。

3　中国社会科学院考古研究所：《张家坡西周墓地》，第 28—32 页。

4　中国社会科学院考古研究所：《张家坡西周墓地》，第 41 页。

5　同上注。

6　中国社会科学院考古研究所：《张家坡西周墓地》，第 46 页。

7　中国社会科学院考古研究所：《张家坡西周墓地》，第 49 页。

8　中国社会科学院考古研究所：《张家坡西周墓地》，第 52—53 页。

棺为漆棺，有朱红色遗迹，年代为西周中期。[1]

张家坡 M136，棺尺寸为 1.74×0.7×存高 0.5 米，棺盖上有髹漆及彩绘遗存，有红、褐两色，彩绘图案不清，年代为西周早期。[2]

张家坡 M285，棺尺寸为 2×0.73×存高 0.4 米，棺木原有彩绘，西侧棺板上还遗留有红、绿两色彩绘痕迹，图案不清，年代为西周早期。[3]

图 4　丰镐张家坡 M170 的棺板彩绘线图与照片

采自中国社会科学院考古研究所《张家坡西周墓地》，第 33 页彩版 1.2

1　中国社会科学院考古研究所：《张家坡西周墓地》，第 62 页。

2　中国社会科学院考古研究所：《张家坡西周墓地》，第 73 页。

3　中国社会科学院考古研究所：《张家坡西周墓地》，第 78 页。

1987 年、1991 年发掘的张家坡 M1，椁尺寸为 2.92×1.3×0.9 米，棺尺寸为 2×0.7 米，高度不详，棺为漆棺，髹红漆，年代为西周早期。[1]

2019SDYM10，椁尺寸为残 2.1×1.3 米，高度不明，棺尺寸为残 0.97×0.83 米，高度不明，棺板上有黑红彩绘，但因盗扰，保存状况不佳，无法辨识图案，年代为西周中期。[2]

2019SDYM11，椁尺寸为残 2.61×1.25 米，高度不明，棺尺寸为残 1.73×0.8 米，高度不明，棺板上有黑红彩绘，但因盗扰，保存状况不佳，无法辨识图案，年代为西周中期。[3]

经整理得 26 条丰镐遗址西周墓葬棺板彩绘信息。从考古发现看，西周时期的棺板彩绘确实存在，并可获得如下六点认识。

（1）出现位置：一般而言，西周时期葬具上的彩绘绘制在棺上，而非椁上。在墓葬清理时，因保存环境不理想，在简报或报告中常见"墓底有朱砂""棺椁有彩绘""棺椁间有漆皮"这样的描述，这其实是"棺板彩绘"的遗存。在外棺与内棺上均可能存在彩绘，且以内棺居多。棺上见彩绘而椁不见的情况，与椁室是在墓坑中先行搭建，而棺是下葬时放入的墓葬营建、下葬过程有关。

（2）主要颜色：西周时期棺板彩绘的颜色以红色、黑色、褐色居多，也有绿色。红黑彩绘是先秦乃至两汉时期常用的颜色。这一时期出土漆器也以黑红彩绘为主。

（3）绘制过程：从目前考古发现看，西周时期棺板彩绘的绘制过程一般是在整平的棺板上先涂一层细砂腻子，然后在腻子上髹漆、彩绘。当然，可能在当时的绘制过程中还存在如后世汉代髹漆工艺里制胎、漆灰、底漆、纹饰的工序[4]，但目前的考古发现未能呈现。

（4）时代：棺板彩绘从商周之际到西周晚期均存在，没有明显的时代区别。

（5）等级：西周时期在高等级墓葬中，均发现有棺板彩绘，如张家坡西周墓地的中字形、甲字形大墓。在棺椁齐备的墓葬中，棺上大多有彩绘。若是重棺，外棺与内棺均有可能存在彩绘。若是单棺，棺板上也可见彩绘。在少数有棺无椁的墓葬中，棺板彩绘较少见，但也存在。不过这可能与单棺墓中棺板保存状况不佳有关。

（6）形制图案：西周时期棺板彩绘的图案因保存状况不佳，几乎都无法清晰辨认。张家坡西周墓地 M170 的发现十分难能可贵。发掘报告中这样描述：外棺四

1　中国社会科学院考古研究所沣西队：《1987、1991 年陕西长安张家坡的发掘》，《考古》1994 年第 10 期。

2　中国社会科学院考古研究所丰镐队：《陕西西咸新区大原村西南西周墓葬发掘简报》，《南方文物》2020 年第 4 期。

3　同上注。

4　参见金普军《汉代髹漆工艺研究》，博士学位论文，中国科学技术大学，2008。

壁有红色，原来棺外当髹红漆，内棺外髹黑漆，棺盖上用朱红色绘红黑相间的彩色图案，头端为一组兽面纹，兽面的双角粗壮外卷，其下有两条长眉和一对"臣"字形大眼，圆睛，正中的鼻梁上有垂鳞纹装饰，鼻下有张口大嘴，露出一对向上翘起的獠牙，兽面纹的嘴下有一红黑相间的垂三角形图案，下端两侧各绘一个卷尾大鸟纹，整个图案气势非凡，色彩鲜明。[1]该图案通过比例尺测算虽不符合发掘报告中给出的内棺尺寸（图案通过比例尺测算最长处约3.71米，最宽处约2.06米，而报告中内棺尺寸为长2.7米，宽1.04米），但可以通过原始照片推算，其应是满绘于内棺盖板上。

二 "棺有翰桧"与卷尾大鸟纹彩绘

在整理丰镐遗址西周墓葬中的棺板彩绘信息后，我们能否从保存状况最佳的张家坡M170的棺板彩绘探寻西周棺板彩绘的一些规律？张家坡M170棺板上的这种上部为兽面纹，下部为对称卷尾大鸟纹的图案形制是否会在其他西周墓葬中出现？这在传世文献与考古所见西周装饰纹样中可以找到一些线索。

《左传·成公二年》载："宋文公卒。始厚葬，用蜃炭，益车马，始用殉。重器备，椁有四阿，棺有翰桧。"[2] 杜预注："翰旁饰，桧上饰。"孔颖达疏："翰所以当墙两边障土者也……桧……旁饰上饰也。"[3]把"翰桧"作为棺材周围的旁饰、上饰，理解作一种棺以外的框架装饰结构是历代注疏家的观点。而随着马王堆一号汉墓的发现，此认识得到一些修正。于省吾先生指出"翰桧"是在"缯绢上贴以图案画和羽毛，以为棺饰"，由"马王堆一号汉墓内棺四壁板和盖板上以绣绒的花纹为镶边，以羽毛贴花绢为中心"可证。[4] 高崇文先生也赞成于先生的观点，并由此讨论了棺椁构筑程序。[5] 同时，他们也都意识到这与早于注疏的《说文》中的解释相左。

"桧"可从于省吾和高崇文先生的说法，指绘画[6]；"桧"与"绘"可以通借，可理解为绘饰、装饰之意[7]，这里指

1　中国社会科学院考古研究所：《张家坡西周墓地》，第28—32页。

2　（晋）杜预注，（唐）孔颖达疏：《春秋左传正义》卷二五，载（清）阮元校刻《十三经注疏（清嘉庆刊本）》，中华书局，2009，第4116页。

3　同上注。

4　于省吾：《关于长沙马王堆一号汉墓内棺棺饰的解说》，《考古》1973年第2期。

5　高崇文：《试论周代棺椁构筑程序及相关葬仪》，载《俞伟超先生纪念文集·学术卷》，文物出版社，2009，第280页。

6　于省吾：《关于长沙马王堆一号汉墓内棺棺饰的解说》，《考古》1973年第2期。

7　高崇文：《试论周代棺椁构筑程序及相关葬仪》，载《俞伟超先生纪念文集·学术卷》，第280页。

棺板上的彩绘。而"翰"字，笔者认为应从其本意，方能正确理解"翰桧"之实指。《说文》云："翰，天鸡也，赤羽。从羽倝声。《逸周书》曰：'大翰，若翚雉，一名鷐风。周成王时蜀人献之。'"[1]

从《说文》看，翰，指天鸡，是一种鸟，羽毛为赤色，即红色。因此，"翰桧"本意是指棺板上绘制的有红色羽毛的大鸟。这在考古实物中得到了印证与解释。丰镐遗址张家坡 M170 西周墓葬的发现是正确理解棺板彩绘图案与传世文献中"翰桧"一词的关键。"棺盖上用朱红色绘红黑相间的彩色图案……下端两侧各绘一个卷尾大鸟纹……气势非凡，色彩鲜明。"[2] 正是"翰桧"所言"棺板上绘制的有红色羽毛的大鸟"的体现。

最后，从考古所见西周装饰纹样上看，张家坡墓地的发掘者已经提出"兽面纹和大鸟纹是西周时期最流行的装饰纹样，在棺盖上以兽面纹和大鸟纹作为彩绘的主题，其用意和在礼器上以兽面纹和大鸟纹为装饰是完全一致的"[3]。

由此可见，传世文献《左传·成公二年》中的"棺有翰桧"，其本意是指棺板上有长羽毛的鸟形象的彩绘，图案以红色为主体色彩。这与考古发现中常见的红黑色漆皮、张家坡 M170 棺板上所见红黑相间的卷尾大鸟纹相照应。

三　卷尾大鸟纹与黎城西关 M9、马王堆 M1 棺板彩绘的历史脉络

受限于保存条件，众多的西周时期棺板彩绘并未保存下来。2005—2006 年，在山西省黎城县发掘的黎城西关楷侯墓地 M9 的外棺盖板上还残存有彩绘，墓地处于两周之际至春秋早期，这处彩绘年代较早，罕见珍贵。相关发掘报告在 2022 年正式出版，报告中记录 M9 外棺盖板上残存彩绘为："棺盖上有朱红色和黑色线条构成的图案花纹，由于图案保存较差，不能连续，所以较难描述其图形。"[4] 观察报告给出的图片，线图中只能看出断续的图块，但书后图版中有卷曲状的部分图案，可惜图案形象仍然不明。

不过在后世的棺板彩绘中，隐约可找寻到卷尾大鸟纹的遗形。马王堆一号墓的年代大约是西汉文景时期，墓主是軑侯的妻子。该墓棺椁华丽，保存较好，其中四层套棺棺板上的彩绘让我们得以观察到更多信息。

1　（汉）许慎撰，（清）段玉裁注：《说文解字注》，上海古籍出版社，1981，第 138 页。

2　中国社会科学院考古研究所：《张家坡西周墓地》，第 28—32 页。

3　中国社会科学院考古研究所：《张家坡西周墓地》，第 32 页。

4　山西省考古研究院、长治市文物旅游局、黎城县文博馆：《黎城楷侯墓地》，文物出版社，2022，第 115 页。

图 5　黎城西关墓地 M9 棺盖板上的彩绘

采自山西省考古研究院、长治市文物旅游局、黎城县文博馆《黎城楷侯墓地》，图一一一，彩版一二一：1

图 6　马王堆一号墓第二层黑地彩绘棺盖板

采自湖南省博物馆、中国科学院考古研究所编《长沙马王堆一号汉墓》，文物出版社，1973，图版二九

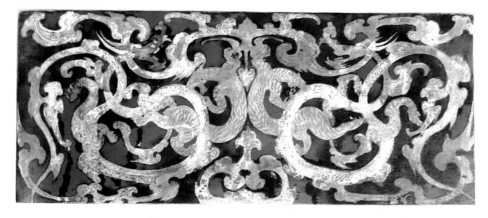

图 7　马王堆一号墓第三层朱地彩绘棺盖板

采自湖南省博物馆、中国科学院考古研究所编《长沙马王堆一号汉墓》，图版三四

马王堆一号墓第二层黑地彩绘棺，以黑漆为地，彩绘云气纹，其间穿插有许多神怪和禽兽。盖板上的主体图案沿中线分为左右两部分，左右各绘从上至下连续的卷云纹，整体表现空中的世界。[1] 从卷云纹的整体形象看，这种连续弯曲状的卷云与西周时期大鸟纹的卷尾类似，且在每个单元卷云纹的端头，图案与鸟首、鸟喙较为类似，整个画面营造出连续的卷曲状形态，飘逸生动。同时在卷云纹之间，经发掘者辨认还有"仙鹤啄蛇""仙鹤啄食""巨鸟衔鱼"等多种飞鸟形象。[2]

马王堆一号墓第三层朱地彩绘棺的盖板上主体图案是对称的二龙二虎相斗的图像，发掘报告中这样描述："龙身各自向两侧蟠绕，尾伸至左右两下角。"[3] 同样卷曲的龙身与龙尾部加饰的流云，与西周时期卷尾大鸟表现类似。

由此可见，马王堆一号汉墓第二层、第三层棺板上这种对称的连续卷曲状纹饰和张家坡 M170 棺板上的卷尾大鸟形象，存在一定的历史发展脉络。

结　语

西周墓葬中的棺板彩绘问题是西周考古中需要重视的一环，这对墓葬美术考古的研究具有重要意义。通过梳理剖析丰镐遗址所见西周墓葬棺板彩绘信息，尤其是张家坡 M170 的棺板彩绘，我们对棺板彩绘的出现位置、主要使用颜色、绘制过程、时代、墓葬等级、形制图案有了初步认识。同时尝试解释了《左传·成公二年》中"棺有翰桧"的本意，是指棺板上长羽毛大鸟形象的彩绘，图案以红色为主体色彩。张家坡 M170 棺板上所见红黑相间的卷尾大鸟纹，恰为其做出了鲜活的考古学注脚。

1　湖南省博物馆、中国科学院考古研究所编：《长沙马王堆一号汉墓》，第 15 页。

2　参见湖南省博物馆、中国科学院考古研究所编《长沙马王堆一号汉墓》，第 15—16 页。

3　湖南省博物馆、中国科学院考古研究所编：《长沙马王堆一号汉墓》，第 25—26 页。

"童车"试解[*]

■ 曾 磊（中国社会科学院古代史研究所、
　　　"古文字与中华文明传承发展工程"协同攻关创新平台）

——
一
——

《续汉书·舆服志上》记载的汉代使者所乘车舆，其一为"小使车"。中华书局标点本断作：

> 小使车，不立乘，有骑，赤屏泥油，重绛帷。[1]

《后汉书·刘盆子传》说刘盆子被立为皇帝后所乘"轩车大马"，"赤屏泥，绛襜络"。所谓"赤屏泥"，李贤注："赤屏泥谓以缇油屏泥于轼前。"[2] 李贤注当本自《汉书·循吏传·黄霸》。据载，黄霸为扬州刺史三年，因政绩突出被提拔为颍川太守，宣帝下诏曰："制诏御史：其以贤良高第扬州刺史霸为颍川太守，秩比二千石居官，赐车盖，特高一丈，别驾、主簿车，缇油屏泥于轼前，以章有德。"[3] 所谓"缇油屏泥于轼前"，是指在屏泥上髹丹黄色的油漆。[4] 中华书局标点本整理者也许注意到以上两条史料，因此将

* 本成果得到国家社会科学基金青年项目"秦汉颜色观念研究"（项目号：17CZS009）、"古文字与中华文明传承发展工程"规划项目"简帛学的理论探索与实践"（项目号：G3455）资助。

1 （晋）司马彪：《续汉书》志二九《舆服上》，中华书局，1965，第3651页。

2 （南朝宋）范晔：《后汉书》卷一一《刘盆子传》，中华书局，1965，第481页。

3 （汉）班固：《汉书》卷八九《循吏传·黄霸》，中华书局，1962，第3629页。中华书局标点本断作"秩比二千石，居官赐车盖"，误。此据董志翘《〈汉书〉校点赘议》，《古籍整理研究学刊》1990年第2期。"别驾、主簿车"，中华书局点校本断作"别驾主簿车"，亦误。别驾从事与主簿均为刺史属吏，并非一职。此段《太平御览》卷二六三所引《汉书》作："黄霸为豫州刺史，三岁，宣帝诏赐车盖特高一尺。别驾、主簿车缇油屏星于轼前，以彰有德。"严耕望认为，"今本《汉书·黄霸传》'赐车盖'至'章有德'二十三字，在迁颍川太守下，明误。《补注》引宋祁曰：'景本越本无此二十三字'则脱讹久矣"。（严耕望：《中国地方行政制度史甲部——秦汉地方行政制度》，上海古籍出版社，2007，第306—307页）严耕望之说当是。此亦证"居官"一词当上属。

4 参见曾磊《"屏星"考》，待刊。

《舆服志上》"赤屏泥油重绛帷"句断作"赤屏泥油，重绛帷"。但细绎此句，"赤屏泥"若与"油"连读，语序颠倒，文意并不通畅。并且，《晋书·舆服志》中形制与此类似的"小使车"为"赤屏泥"，其后也无"油"字。[1]

此处的"重"应该是"童"的异写。"重""童"同属东部字，可通假。《礼记·檀弓下》："与其邻重汪踦往。"郑玄注："'重'皆当为'童'……《春秋传》曰'童汪踦'。"[2]"重""童"通假，在战国简中有不少文例，[3]

汉代出土文献中也有例证。如《左传》僖公二十二年："君子不重伤"[4]，马王堆汉墓帛书《春秋事语》作："不童（童）伤。"[5]

西北汉简中还见有"重""童"混用的情形。如，"田卒上党郡涅蒲里不更童豹年廿五☑"（73EJT23：920），"童"字字形作"重"。又如，"诸侯王谒拜、正月朝贺及上计，饬鐘张虡，从乐人及兴卒"（73EJT37：1573），"鐘"字右半的"童"亦写作"重"（见表1）。

表1	"童"字形
不更童豹	饬鐘张虡
73EJT23：920	73EJT37：1573

1　（唐）房玄龄等：《晋书》卷二五《舆服志》："小使车，不立乘，驾四，轻车之流也。兰舆皆朱，赤毂，赤屏泥，白盖，赤帷裳，从驺骑四十人。"（中华书局，1974，第762页）

2　（汉）郑玄注，（唐）孔颖达等正义：《礼记正义》卷一〇《檀弓下》，载（清）阮元校刻《十三经注疏（清嘉庆刊本）》，中华书局，2009，第2838页。

3　参见刘信芳《楚简帛通假汇释》，高等教育出版社，2011，第4页。白于蓝编著《简帛古书通假字大系》，福建人民出版社，2017，第969页。包山简、上博简、郭店简、清华简皆见"重""童"通假之例。

4　（晋）杜预注，（唐）孔颖达等正义：《春秋左传正义》卷一五《僖公二十二年》，载（清）阮元校刻《十三经注疏（清嘉庆刊本）》，第3937页。

5　湖北省博物馆、复旦大学出土文献与古文字研究中心编，裘锡圭主编：《长沙马王堆汉墓简帛集成（壹）》，中华书局，2014，第77页。

表2	"董"字形		
万年隧长董习	上造董贲	肩水鄣卒董习
231·116 1	73EJT24：262	73EJT37：1432

再如"董"字。"董",《说文》写作"蕫",释为"鼎蕫也。从艸童声"。段玉裁注:"亦作董。古童重通用。"[2] 可见"董"正字为"蕫"。西北汉简中作为姓氏的"董",有写作"蕫"者,亦有直接写作"董"者(见表2)。

李洪财已指出汉简中"董""童"形近导致误释的现象。[3] 黄艳萍认为,"蕫"的"童"声变"重"声,异体"董"成为通用字。[4] 她又指出,"上下结构中的如'童、妾、章'等字的构件'立'不包含在'立'部中。因为'童、妾、章'等字的'立'字头来源不同,多为其他构件省变作'立',如'童,从辛,重省声。''立'为'辛'省"。"我们按隶变后的字形来拆分构件,《金关简》中'立'字头的字省略下部的点画、横笔,直接写作'亠'。"[5] 此外,汉代碑刻中亦有多例"董"直接写作"董"者,此不赘述。

悬泉汉简中有所谓"骑轺重车",简文如下:

简1. 居聑二年五月癸未朔辛丑敦煌☒☒
勒守丞王习以诏书迎骑轺重车☒
Ⅰ90DXT0114①：79

简2. 遮要第二骑轺重车为归义候使者　　　三
Ⅰ90DXT0114①：44

简3. ☒□置元延四年十月尽十二月骑轺重车入簿☒
Ⅱ90DXT T0112②：85

1　简牍整理小组编:《居延汉简(叁)》,"中研院"历史语言研究所,2016,第73页。

2　(汉)许慎撰,(清)段玉裁注:《说文解字注》卷二《艸部》,上海古籍出版社,1988,第32页。

3　李洪财:《汉简草字整理与研究》,博士学位论文,吉林大学,2014,第415—416页。

4　黄艳萍:《〈肩水金关汉简〉(壹—肆)异体字研究》,博士学位论文,华东师范大学,2016,第169页。

5　黄艳萍:《〈肩水金关汉简〉(壹—肆)异体字研究》,第186—187、256页。

简4. 出轺重车单革鞅十六　见 丿

　　Ⅰ90DXT0114①：239 [1]

简 1 下部残断，为新莽简。"勒守丞"之前或为"龙"字。此简大意应为：居摄二年五月癸未朔辛丑，敦煌□……龙勒守丞王习按照诏书命令迎接"骑轺重车"。简 2 外形完整，或属某类簿书简册。"第二骑轺重车"即编号为第二的"骑轺重车"。"归义候"即"归义侯"。编号"三"意义不明。此简大意应为：遮要置的"第二骑轺重车"为归义侯使者（服务）。简 3 上下皆残断，当为簿书标题简。元延为汉成帝年号，元延四年即公元前 9 年。"□"字形作"▓"，其下部竖钩尚存，或即"泉"字。"骑"字后一字字形作"▓"，右部似"召"字残笔，结合简 1 和简 2 文例来看，此字应为"轺"字。简 4 上下完整，当为传车被具账簿。"单革鞅"为马具，"见 丿"为校验记录。第一字字形为"▓"，虽然墨迹较为漫漶，但字形与"出"字不符，更似"骑"字残笔。且从文意来看，如此简属支出

簿，"出单革鞅十六"后，校验时仍然写"见 丿"不合常理。因此，"出"或亦为"骑"字。

悬泉汉简还见有"骑重车"文例：

简 5. 遮奸亭长董彭持骑重车及繼失亡……

　　Ⅱ T0115①：50 [2]

简 6. 出四乘骑重……扈益寿付公孙登

　　VT1612②：26 [3]

因简 5 和简 6 图版尚未公布，此处仅移录简文权供参考。简 6 的"骑重"当为"骑重车"之省。简 1—3 的"骑轺重车"、简 4 的"轺重车"或与简 5 的"骑重车"、简 6 的"骑重"有关，但笔者在以往文献中未找到相关文例，其义疑与车马仪仗有关。而"轺"与"重"并列的构词方式，尤其令人费解。

轺车是一种用于载人的轻便小车，在汉代应用甚广。轺，《说文》："小车也。"[4]《释名·释车》："轺，遥也。遥，

1　除特别注明者外，本文所引悬泉汉简皆出自甘肃简牍博物馆、甘肃省文物考古研究所、陕西师范大学人文社会科学高等研究院、清华大学出土文献研究与保护中心编《悬泉汉简（壹）》《悬泉汉简（贰）》，中西书局，2019、2020。肩水金关汉简皆出自甘肃简牍保护研究中心（甘肃简牍博物馆）、甘肃省文物考古研究所、甘肃省博物馆、中国文化遗产研究院古文献研究室、中国社会科学院简帛研究中心编《肩水金关汉简（壹）》《肩水金关汉简（贰）》《肩水金关汉简（肆）》，中西书局，2011、2012、2015，以下不再注出。

2　转引自张俊民《悬泉汉简中所见物价资料辑考》，载《敦煌悬泉置出土文书研究》，甘肃教育出版社，2015，第101页。

3　转引自张俊民《悬泉汉简所见人名综述（三）》，载《简牍学论稿——聚沙篇》，甘肃教育出版社，2014，第371页。

4　（汉）许慎撰，（清）段玉裁注：《说文解字注》卷二七《车部》，第720页。

远也。四向远望之车也。"[1]《史记·季布栾布列传》："朱家乃乘轺车之洛阳。"司马贞《索隐》："谓轻车，一马车也。"[2]《汉书·平帝纪》："四辅、公卿、大夫、博士、郎、吏家属皆以礼娶，亲迎立轺并马。"颜师古注引服虔曰："轺音轺，立乘小车也。"[3]

重车主要用于载物。《左传》宣公十二年："楚重至于邲。"杜预注："重，辎重也。"孔颖达疏："载物必重，谓之重车。"[4]《史记·卫将军骠骑列传》说霍去病出外作战，"重车余弃粱肉"[5]。《汉书·朱买臣传》："买臣随上计吏为卒，将重车至长安。"颜师古注："买臣身自充卒，而与计吏将重车也。载衣食具曰重车。重音直用反。"[6] 出土文献也见"重车"，如张家山汉简《徭律》："事委输，传送重车重负日行五十里，空车七十里，

徒行八十里。"（412）[7] 肩水金关汉简："将转输重车百廿"（73EJT2：51）。

轺车本为轻便小车，与载物的重车连用，无疑互相矛盾。简1—6的"重"或应释作"童"，即"幢"。

《周礼·春官·巾车》："皆有容盖"，郑玄注引郑司农云："或曰幢容。"[8]"幢"，《经典释文》："本亦作潼，《诗注》作童，皆音同。"[9]《释名·释兵》："幢，童也，其貌童童然也。"[10] 所谓"童童"，《广雅·释训》："盛也。"王念孙《疏证》："《蜀志·先主传》云：'有桑树高五丈余，遥望见，童童如小车盖。'《艺文类聚》引作'幢幢'。""童、僮、幢，古同声而通用。"[11]

悬泉汉简又有：

1　（汉）刘熙撰，（清）毕沅疏证，（清）王先谦补：《释名疏证补》卷七《释车》，祝敏彻、孙玉文点校，中华书局，2008，第252页。

2　（汉）司马迁：《史记》卷一〇〇《季布栾布列传》，中华书局，1959，第2729、2730页。

3　（汉）班固：《汉书》卷一二《平帝纪》，第355页。

4　（晋）杜预注，（唐）孔颖达等正义：《春秋左传正义》卷二三《宣公十二年》，载（清）阮元校刻《十三经注疏（清嘉庆刊本）》，第4086页。

5　（汉）司马迁：《史记》卷一一一《卫将军骠骑列传》，第2939页。

6　（汉）班固：《汉书》卷六四上《朱买臣传》，第2791、2792页。

7　张家山二四七号汉墓竹简整理小组编著：《张家山汉墓竹简［二四七号墓］（释文修订本）》，文物出版社，2006，第64页。

8　（汉）郑玄注，（唐）贾公彦疏：《周礼注疏》卷二七《春官·巾车》，载（清）阮元校刻《十三经注疏（清嘉庆刊本）》，第1778页。

9　（唐）陆德明撰，黄焯汇校，黄延祖重辑：《经典释文汇校》卷八《周礼音义上》，中华书局，2006，第276页。

10　（汉）刘熙撰，（清）毕沅疏证，（清）王先谦补：《释名疏证补》卷七《释兵》，祝敏彻、孙玉文点校，第245页。

11　（清）王念孙：《广雅疏证》卷六上《释训》，钟宇讯点校，中华书局，1983，第185、186页。

简7. 悬泉置遣吏持传车十乘，马廿五匹，皆驾三被具。盖、盖重、屏泥、装□

　　　　Ⅱ90DXT0215②：439[1]

简8. 盖重二□□

　　　　Ⅰ90DXT0110③：13

简9. 大杯百　盖重二

□□□□□□□　小杯百　钩锥卅五

大槃六

　　　　Ⅱ90DXT0112②：33

简7图版尚未公布。"装"后应为"索"字。"盖""屏泥""装索"皆为传车被具。[2]"盖重"与之并列，可见也应为传车被具。简8下部残缺，有火烧痕迹。最后一字或是"枚"。简9的"钩锥"应是撑张"盖重"的盖弓帽之类。简7—9的"盖重"也应释作"盖童"，即"盖幢"。

因此，简1—6所言"重车"，即"童车"，也就是"幢车"，而辎幢车，即

为一种使用幢盖的辎车。[3]《晋书·李矩传》："加矩冠军将军，辎车幢盖，进封阳武县侯，领河东、平阳太守。"[4]此例时代虽晚，却是辎车使用幢盖的确证。

由上，《续汉书·舆服志上》"小使车"句应作："小使车，不立乘，有轵，赤屏泥，油（重）〔童〕，绛帷。"所谓"油童"，即"油幢"，是用油布制作的幢。后代多有"油幢"之制。宋孝武帝孝建二年（455）诏令改革诸王车服制度，规定"车舆不得油幢"，但"辎车不在其限"[5]。说明改革后亦允许辎车配备油幢。

二

《汉书·韩延寿传》：

延寿衣黄纨方领，驾四马，傅

1　郝树声、张德芳：《悬泉汉简研究》，甘肃文化出版社，2009，第33页。

2　简Ⅱ90DXT0112③：153有"缇屏泥一具，完。毛装索一，完"。地湾汉简亦载："已收彭装索。遣吏之城官取屏泥，未还，还遣吏。"（86EDT5H：19，甘肃简牍博物馆、甘肃省文物考古研究所、出土文献与中国古代文明研究协同创新中心中国人民大学分中心编：《地湾汉简》，中西书局，2017，彩色图版第70页，红外线图版第166页）悬泉汉简又有："出钱百买装索三枚。"（T0113③：16）张俊民认为，"'装索'应该是绳索之类的物品，暂归为车马类附属品。以文字记载，装索三枚值100钱，一条值30余钱"。（张俊民：《悬泉汉简中所见物价资料辑考》，载《敦煌悬泉置出土文书研究》，第94页）。

3　悬泉汉简还见有"季卿君房重车"（简10，Ⅰ90DXT0114③：111），"护军都尉幣重车"（简11，Ⅰ90DXT0116②：109A）。"季卿君房"身份不明，称其为"卿"说明是有一定地位之人。护军都尉是大司马属官，秩比二千石（安作璋、熊铁基：《秦汉官制史稿》，齐鲁书社，2007，下册，第457页），地位颇高。这里的"重车"或也可释为"童车"。

4　（唐）房玄龄等：《晋书》卷六三《李矩传》，第1706页。

5　（南朝梁）沈约：《宋书》卷一八《礼志五》，中华书局，1974，第522页。《宋书》卷六一《江夏文献王义恭传》作"车非辎车，不得油幢"（第1648页）。

总，建幢棨，植羽葆，鼓车歌车。功曹引车，皆驾四马，载棨戟。五骑为伍，分左右部，军假司马、千人持幢旁毂。

"建幢棨"之"幢"，颜师古注引晋灼曰："幢，旌幢也。"[1] 林巳奈夫、孙机据此认为幢原是一种旌旗。二人举山东沂南北寨汉墓击鼓画像、辽宁辽阳北园壁画墓车马队列持幢者画像、山东聊城画像石持幢者画像三例展示了幢的样式（图1、图2、图3）。[2] 其中，后二例或与《韩延寿传》所说"持幢旁毂"的画面近似。甘肃酒泉西沟村魏晋墓画像砖绘有持幢骑者，其上榜题"童史"（图4）。[3] 骑者中手持之物，上部为黑色的"幢"，下缀赤色的"棨"，[4] 应当就是《韩延寿传》所说的"幢棨"。

图1　山东沂南北寨汉墓击鼓画像[5]　　　图2　辽阳北园壁画墓车马队列持幢者[6]

1　（汉）班固：《汉书》卷七六《韩延寿传》，第3214、3215页。

2　［日］林巳奈夫：《漢代の文物》，京都大学人文科学研究所，1976，第480—481页，插图第181页9—15，插图第215页10—94、95。孙机：《汉代物质文化资料图说（修定本）》，中华书局，2020，第187—189页。

3　甘肃省文物考古研究所：《甘肃酒泉西沟村魏晋墓发掘报告》，《文物》1996年第7期。

4　李学勤指出，"繁""棨"是通用字，因棨信用帛制，所以也写作"繁"。《说文解字注》卷二五《糸部》："繁，致缯也。一曰微识信也，有齿。"（第649页）参见李学勤《谈"张掖都尉棨信"》，《文物》1978年第1期。

5　山东博物馆编著：《沂南北寨汉墓画像》，文物出版社，2015，第50页。

6　李文信：《辽阳北园画壁古墓记略》，载《李文信考古文集（增订本）》，辽宁人民出版社，2009，第98页。

3-1 拓片

3-2 线描图

图 3 聊城画像石持幢者 1

图 4 甘肃酒泉西沟村魏晋墓画像砖"童史" 2

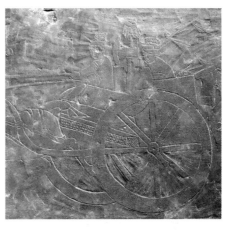
图 5 山东沂南北寨汉墓斧车 3

尹湾汉简《武库永始四年兵车器集簿》中有"车童"之名：

乘舆车童百二

　　YM6D6 正·2

车童七百七十□

　　YM6D6 正·6

1　图 3-1 引自傅惜华、陈志农编，陈志农绘，陈沛箴整理《山东汉画像石汇编》，山东画报出版社，2012，第 536 页。红色线条为笔者勾勒。图 3-2 引自〔日〕林巳奈夫《漢代の文物》，插图第 215 页 10—94。

2　马建华摄，马建华编：《甘肃酒泉西沟魏晋墓彩绘砖》，重庆出版社，2000，第 21 页。

3　图片为笔者自摄。

图6　武氏祠画像榜题"齐将"者所持之幢[1]

"乘與"即"乘舆"。李均明指出，"车童，即车幢，插在兵车上的幢形旗，与车盖当有别"。"沂南画像石所见黄钺车之上尚设幢，或即车幢。"（图5）[2] 此物在《武库永始四年兵车器集簿》中列于旗幡类器物之间，可见不是车体部件。"车童"的数量亦很可观，但《武库永始四年兵车器集簿》只有"乘舆金钺二"（YM6D6 正·2），[3] 二者无法匹配，可见"车童"不仅仅用在黄钺之上。

林巳奈夫、孙机指出，还有一种小型的幢名麾，又名翿，用以指挥军队。武氏祠画像榜题"齐将"者所持之物即是（图6）。[4] 此说当是。《汉书·王莽传中》："将持节，称太一之使；帅持幢，称五帝之使。"[5]《后汉书·班超传》："拜超为将兵长史，假鼓吹幢麾。"[6] 均是其证。这种用于军事指挥的幢，后来成为

1　图片为笔者自摄。

2　李均明：《尹湾汉墓出土"武库永始四年兵车器集簿"初探》，载连云港市博物馆、中国文物研究所编《尹湾汉墓简牍综论》，科学出版社，1999，第109页。

3　连云港市博物馆、东海县博物馆、中国社会科学院简帛研究中心、中国文物研究所编：《尹湾汉墓简牍》，中华书局，1997，第104、110、105页。

4　［日］林巳奈夫：《汉代の文物》，第482页，插图第215页10—96。孙机：《汉代物质文化资料图说（修订本）》，第187—189页。

5　（汉）班固：《汉书》卷九九中《王莽传中》，第4115页。

6　（南朝宋）范晔：《后汉书》卷四七《班超传》，第1577页。

"将军刺史之仪"[1]，常与"曲盖"一起赏赐功臣。[2]

图3、图5、图6之幢，上部形如车盖，下部缀饰旒苏，与本文所论"童车"的幢盖样式最为接近。[3] 上引《三国志·蜀书·先主传》说桑树"童童如小车盖"[4]。《释名·释床帐》也说："幢，童也，施之车盖，童童然以隐蔽形容也。"[5]《急就篇》卷三："蒲蒻蔺席帐帷幢"，颜师古注："形如车盖者谓之幢，言其童童然也。"[6]

那么，何谓"童童然"呢？上引《广雅·释训》及王念孙《疏证》皆说"童童"之"盛"。图2、图4、图5、图6等幢，其旒苏皆蓬松下垂。《说文》："旄，幢也。"[7] 可见这种幢可用牦牛尾制成。上引《后汉书·班超传》"假鼓吹幢麾"，李贤注："蔡邕《月令章句》曰：'羽，鸟翼也，以为旌幢麾也。'"[8] 张衡《东京赋》："鼖鼓路鼗，树羽幢幢。"薛综注："幢幢，羽貌。"[9] 可见幢上的旒苏也可用鸟羽制成。这些毛羽交织叠压，遇风飘拂摆荡，其繁盛之貌可谓"童童"。

---

1 《文选》所收潘岳《马汧督诔（序）》说："圣朝畴咨，进以显秩，殊以幢盖之制。"李善注："幢盖，将军刺史之仪也。《兵书》曰：'军主长服赤幢。'《东观汉记》曰：'段颎为并州刺史，曲盖朱旗。'"［（梁）萧统编，（唐）李善注：《文选》卷五七，中华书局，1977，第786页］这里的"幢盖"当是"赤幢曲盖"的省称，并非轺车上的幢盖。

2 相关研究还可参考［日］栗原朋信《魏志倭人傳にみえる邪馬台國をめぐる國際關係の一面》之《（三）賜幢の記事をめぐつて考えられうることどと》，《史學雜誌》第73卷12号，1964。［日］大庭脩著，徐世虹等译《秦汉法制史研究》第四篇《官僚制度研究》第二章《东汉的将军与将军假节》第七节《节与幢的关系》，中西书局，2017，第323—326页。扬之水《幡与牙旗》，《中国历史文物》2002年第1期，载《楎柿楼集》卷八《藏身于物的风俗故事》，人民美术出版社，2015，第41—58页。刘未《魏晋南北朝图像资料中的伞扇仪仗》，《东南文化》2005年第3期。战国简中还有一种"童"（又写作"繵"），是施于马首的饰物，与本文关系不大，从略。参见罗小华《战国简册中的车马器物及制度研究》，武汉大学出版社，2017，第90—92页。

3 关于先秦秦汉车盖的研究，参见孙机《中国古独辀马车的结构》，《文物》1985年第8期。《辂》，《文物天地》1991年第4期，皆载《中国古舆服论丛（增订本）》，上海古籍出版社，2013，第31—33、81—82页。孙机《汉代物质文化资料图说（修定本）》，第134—136页。李强《说汉代车盖》，《中国历史博物馆馆刊》1994年第1期，载王振铎遗著、李强整理、补著《东汉车制复原研究》，科学出版社，1997，第111—117页。郭宝钧《殷周车器研究》，文物出版社，1998，第55—58页。刘永华《中国古代车舆马具》，清华大学出版社，2013。练春海《汉代车马形像研究——以御礼为中心》，广西师范大学出版社，2017，第166—175页。汪少华编著《〈考工记〉名物汇证》，上海教育出版社，2019，第77—109页。李亚明《考工记名物图解》，中国广播影视出版社，2019，第59—68页。曹建墩《三礼名物分类汇释》，人民出版社，2021，第353—357页。

4 （晋）陈寿：《三国志》卷三二《蜀书·先主传》，中华书局，1962，第871页。

5 （汉）刘熙撰，（清）毕沅疏证，（清）王先谦补：《释名疏证补》卷六《释床帐》，祝敏彻、孙玉文点校，第199页。

6 张传官校理："'幢'，松江本、赵草本、宋甲本、宋乙本作'幰'。""'幰'即'幢'之俗体"（张传官：《急就篇校理》，中华书局，2017，第242—244页）。

7 （汉）许慎撰，（清）段玉裁注：《说文解字注》卷一三《放部》，第311页。

8 （南朝宋）范晔：《后汉书》卷四七《班超传》，第1578页。

9 （梁）萧统编，（唐）李善注：《文选》卷三《东京赋》，第61页。

图 7 山东沂南北寨汉墓东王公、西王母（线描图）[1]

图 8 山西离石马茂庄汉墓 M3 神车 [2]

图 9 陕西靖边杨桥畔杨一村东汉墓 M1 "云车升仙" 图 [3]

1　山东博物馆编著：《沂南北寨汉墓画像》，第 82、83 页。

2　王金元、刘晋平、王双斌：《吕梁汉代画像石选》，山西人民出版社，2013，封底。图片经笔者处理。

3　陕西省考古研究院编著：《壁上丹青：陕西出土壁画集》，科学出版社，2009，第 89 页。

山东沂南北寨汉墓中室八角擎天柱柱身所刻东王公和西王母画像之上，皆悬一华盖。发掘者称之为"悬着的花瓣形边、垂两流苏的圆盖"（图7）。[1] 所谓"花瓣形边"，或应为鸟羽之貌，这种华盖应该就是形如车盖的幢盖。山西离石马茂庄汉墓 M3 前室西壁右边框画像石神车，其车盖下旒苏亦似垂羽之状（图8）。该墓前室东壁横额画像石又有虎车、雁车、狐车、豹车、鱼车、狗车、龙车等神车画像，皆有类似幢盖。[2] 陕西靖边杨桥畔杨一村东汉墓 M1 前室东壁下层画像，有学者称之为"云车升仙"。"车分两层，有一华盖……华盖伞周围的缀饰分白、黄两色，车轮用上升缭绕的云气表达"[3]。此载具前部未见动物牵引，形状更近似船型。其红色伞盖，上绘黑色圈点，下垂白色毛羽旒苏（图9），应即幢盖。

10-1

10-2

图 10　山东长清孝堂山石祠"大王车"车舆[4]

11-1

11-2

图 11　山东东平石马汉画像石墓主车车舆[5]

1　曾昭燏、蒋宝庚、黎忠义著，王培永等增补：《沂南古画像石墓发掘报告（增补本）》，齐鲁书社，2021，第 26 页。

2　山西省考古研究所、吕梁地区文物工作室、离石县文物管理所：《山西离石马茂庄东汉画像石墓》，《文物》1992 年第 4 期。

3　陕西省考古研究院编著：《壁上丹青：陕西出土壁画集》，第 89 页。

4　图片为笔者自摄。

5　拓片照片由山东东平博物馆杨浩先生提供，谨此致谢！

《续汉书·舆服志上》说天子之车"羽盖华蚤"，刘昭注补："《东京赋》曰：'树翠羽之高盖。'薛综曰：'树翠羽为盖，如云龙矣。金作华形，茎皆低曲。'"[1] 山东长清孝堂山石祠车马出行图中的大王车装饰十分华丽（图10-1）。[2] 孙机指出，"其车盖顶部所刻平行的短线条，或即表示羽盖上的毳缕之蒙茸状"[3]。山东东平石马汉画像石墓前室门楣车马出行图，其主车与孝堂山石祠"大王车"近似（图11-1）。[4] 二车车盖之下都有一排水滴状装饰，应即《续汉书》所说"华蚤"。华蚤之间还刻有一些极细的短竖线，应是表示幢盖上的旒苏（图10-2、11-2）。朝鲜德兴里壁画墓前室东壁车马出行图中，两辆主车的幢盖上下也皆绘有细短线，其状与孝堂山石祠、石马画像石墓类似（图12）。山西大同北魏司马金龙墓漆画屏风"班姬辞辇"图中，汉成帝所乘之施幨步辇，其上有赤盖，盖下亦有细短线，当也是表示幢盖上的旒苏（图13）。以上二例时代虽稍晚，但其幢盖形象与汉代差别不大。这些车级别较高，幢盖上以细短线表示的旒苏，应该都是毛羽之类。

12-1

12-2

图12　朝鲜德兴里古墓主车[5]

1　（晋）司马彪：《续汉书》志二九《舆服上》，第3644、3645页。

2　山东省石刻艺术博物馆、山东省文物考古研究所编，蒋英炬、杨爱国、信立祥、吴文祺著：《孝堂山石祠》，文物出版社，2017，第37—38页。

3　孙机：《汉代物质文化资料图说（修订本）》，第136页。

4　杨浩：《山东东平石马汉画像石墓》，载山东博物馆编《齐鲁文物》第3辑，科学出版社，2014，第262—267页。

5　耿铁华：《高句丽古墓壁画研究》，吉林大学出版社，2008，图版一八、一九。

图 13　山西大同北魏司马金龙墓漆画屏风"班姬辞辇"[1]

幢盖所垂之幢除以毛羽装饰外，还用布帛制的帷裳。《急就篇》将"幢"与"帐帷"并列，《释名》将"幢"字列在《释床帐》条目之下的原因即在于此。《周礼·春官·巾车》："王后之五路……皆有容盖"，郑玄注引郑司农云："容，谓幨车。山东谓之裳帏，或曰幢容。"[2]《诗经·卫风·氓》："渐车帷裳。"毛亨传："帷裳，妇人之车也。"郑玄笺："帏裳，童容也。"孔颖达疏："以帏障车之傍，如裳以为容饰，故或谓之帏裳，或谓

之童容。其上有盖，四傍垂而下。"[3] 可见，幢容是车盖上垂下的帷幔，先秦时多设于贵族妇女所乘之车。[4]

内蒙古和林格尔壁画墓前室北壁"使持节护乌桓校尉"出行图中，墓主着赤衣，持赤节，乘三黑马驾轺车。其车盖黑色，垂束赤色之幢和四维（图14）。中室南壁的"使□□从□"车画像车盖主体亦为黑色，垂束赤色之幢（图15）。《汉书·匈奴传下》有"护乌桓使者"[5]，

1　图片为笔者自摄。

2　（汉）郑玄注，（唐）贾公彦疏：《周礼注疏》卷二七《春官·巾车》，载（清）阮元校刻《十三经注疏（清嘉庆刊本）》，第1778页。

3　（汉）毛公传，（汉）郑玄笺，（唐）孔颖达等正义：《毛诗正义》卷三《卫风·氓》，载（清）阮元校刻《十三经注疏（清嘉庆刊本）》，第685、686页。

4　参见曹建墩《三礼名物分类汇释》，第374页。

5　（汉）班固：《汉书》卷九四下《匈奴传下》，第3820页。

廖伯源以为当即护乌桓校尉。[1] 陕西绥德黄家塔 M4 画像石墓有 "使者持节护乌桓校尉王君威府舍" 榜题，[2] 更是强调了护乌桓校尉的 "使者" 身份。廖伯源也将护乌桓校尉归为 "专职使者"，即 "长期拥有使者身份之官员"[3]。上述二车正合上引《续汉书·舆服志上》所言小使车 "油（重）〔童〕" 之制。

车上施幢盖的目的，除了 "隐蔽形容"

外，更重要的是以不同的颜色凸显乘车人的身份和地位。赤色在汉代属高贵之色，因此使者车皆垂赤色之幢，而后代随着髹漆染色工艺的进步，幢的颜色也越来越丰富。《晋书·舆服志》的 "绿油幢" "青油幢"[4]，《南齐书·舆服志》的 "绿油幢" "碧油幢"[5]，《隋书·礼仪志五》的 "绿油幢" "青油幢" "紫油幢" "黄油幢"[6]，皆是以不同颜色的油幢彰显乘者的身份。

图 14　内蒙古和林格尔壁画墓 "使持节护乌桓校尉" 出行图主车（摹本）[7]

1　廖伯源：《使者与官制演变：秦汉皇帝使者考论》，文津出版社，2006，第 308 页。

2　李林：《陕西绥德县黄家塔汉代画像石墓群》，载考古杂志社编辑，刘庆柱主编《考古学集刊》第 14 集，文物出版社，2005，第 54—79 页。

3　廖伯源：《使者与官制演变：秦汉皇帝使者考论》，第 302—309 页。

4　（唐）房玄龄等：《晋书》卷二五《舆服志》，第 756、761 页。

5　（南朝梁）萧子显：《南齐书》卷一七《舆服志》，中华书局，1972，第 337 页。

6　（唐）魏徵等：《隋书》卷一〇《礼仪志五》，中华书局，1973，第 192、193、208、211 页。

7　陈永志、[日] 黑田彰、傅宁主编：《和林格尔汉墓壁画孝子传图摹写图辑录》，文物出版社，2015，第 83 页。

图 15 内蒙古和林格尔壁画墓"使□□从□"出行图主车（摹本）[1]

16-1 16-2

图 16 《洛神赋图》曹植、洛神乘车（宋摹本）[2]

---

1 陈永志、［日］黑田彰、傅宁主编：《和林格尔汉墓壁画孝子传图摹写图辑录》，第109页。

2 故宫博物院藏画集编辑委员会编：《中国历代绘画·故宫博物院藏画集 1·东晋、隋、唐五代部分》，人民美术出版社，1978，第 1 册，第 2—19 页。

这些幢盖可能已有双层者。故宫博物院藏传宋摹本《洛神赋图》曹植和洛神所乘之车（图16）、敦煌莫高窟北周296窟天人出行图神车（图17）、陕西潼关税村隋墓画像石棺左帮板所刻神车的幢盖皆

为双层（图18）。这些双层幢盖研究者多称之为华盖，它们装饰华丽繁复，样式较汉代已发生很大变化，但也可以看出它们与汉代幢盖的传承关系。[1]

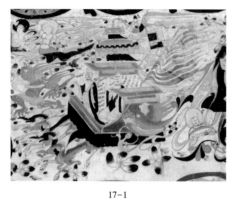
17-1

17-2

图17 敦煌莫高窟北周296窟天人出行图神车 [2]

图18 陕西潼关税村隋墓画像石棺神车 [3]

---

1 孙机认为，辂施重盖之制自唐代起已不再沿用。参见孙机《辂》，《文物天地》1991年第4期，载《中国古舆服论丛（增订本）》，第81—82页。

2 中国敦煌壁画全集编辑委员会编：《中国敦煌壁画全集3·敦煌北周》，天津人民美术出版社，2006，第126—127页，图版一三五、一三六。

3 陕西省考古研究院编著：《潼关税村隋代壁画墓》，文物出版社，2013，附图五。此石棺右帮板所刻神车画像为单层幢盖。

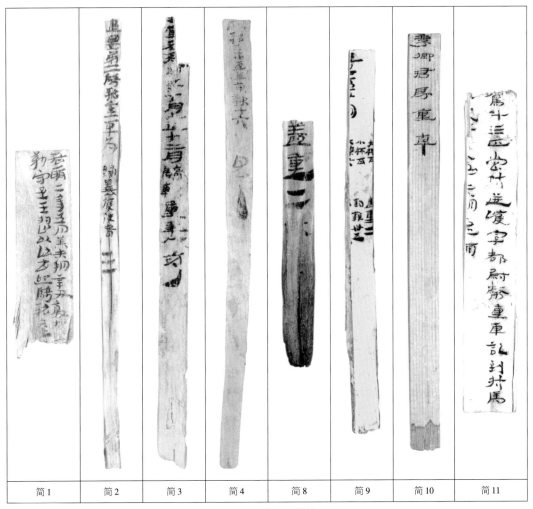

| 简 1 | 简 2 | 简 3 | 简 4 | 简 8 | 简 9 | 简 10 | 简 11 |

图 19　部分引用简牍

　　从简 3 来看，至晚在汉成帝时，车上已使用幢盖。不过，从上引《周礼·春官·巾车》"皆有容盖"和战国简的记载来看，幢盖的使用或许早有端倪。曾侯乙墓简 48 之安车有"襠轩"，整理者指出，

"'襠'，疑读为《晋书·舆服志》'油幢车'之'幢'。襠轩，似是指蒙覆有帷幕的轩"[1]。天星观楚简又有"童轩"[2]，罗小华认为，"'童轩'，疑读为'幢轩'，可能指设'幢'之'轩'"[3]。此外，曾

1　湖北省博物馆编：《曾侯乙墓》（上册），文物出版社，1989，第 492、516 页。

2　滕壬生：《楚系简帛文字编（增订本）》，湖北教育出版社，2008，第 5、1180 页。

3　罗小华：《战国简册中的车马器物及制度研究》，第 236 页。

侯乙墓简又有"王僮车"（75、120、177）。[1] 整理者认为，"僮车"疑读为"衝车"，是冲锋陷阵之车。此说得到一些学者认同。[2] 但罗小华认为，"王僮车"并未列入车阵之中，也没有其承载人马甲胄的记载，"王僮车"之"僮"，恐怕不能读为"衝车"之"衝"。罗小华因此将"王僮车"归入"一般日常用车"类。[3] 这样的怀疑是有道理的，不排除天星观简的"童轩"和曾侯乙墓简的"襡轩""王僮车"就是使用幢盖之车的早期形态。[4]

1　湖北省博物馆编：《曾侯乙墓》（上册），第494、496、499页。

2　萧圣中：《曾侯乙墓竹简释文补正暨车马制度研究》，科学出版社，2011，第175—176页。刘信芳：《楚系简帛释例》，安徽大学出版社，2011，第119页。

3　罗小华：《战国简册中的车马器物及制度研究》，第228、239页。

4　李守奎认为，战国时期的"轩"或"圆轩"不是单指车厢两旁较高的屏藩或车耳，而是由厢舆之上的屏藩、车盖以及车耳共同构成的一个形似屋室的整体结构。他怀疑"襡轩"即"重轩"，即一柄上装有两个伞盖。此说似不及整理者"幢轩"说合理。参见李守奎《出土简策中的"轩"和"圆轩"考》，载安徽大学古文字研究室编《古文字研究》第22辑，中华书局，2000，第195—199页。

《文会图》：君臣互动的图像再现及蔡京和徽宗交往模式中的关系阐释*

■ 任仕东（南京大学历史学院）

　　具有多元艺术文化特性的宋代徽宗朝绘画，堪称中国画史的典范。近年来相关学术成果不断推出，但就揭示画作的丰富性内涵而言，目前的研究仍有不足。因宋代文献和图像资料有限，宏观角度的论述已难以超越前人，所以围绕单幅画作的个案研究，以微观视角尝试新阐释是中外学者近年努力的方向。但这些个案如台北"故宫博物院"藏传宋徽宗《文会图》（图1），因局限于视野或材料，导致论者缺乏合理的研究逻辑和恰当的演绎方式，使得这些作品蕴含的实际主题、图像意涵、画中人物身份、画名以及作者归属，甚至创作年代等诸多基本问题仍未得到充分解释。

　　实际上，《文会图》并非一般以宋徽宗之帝王角色为主导的图像制作，而是一幅权臣蔡京主导下的宫廷院画。此画描绘的是北宋宣和元年（1119）九月十二日以宋徽宗和蔡京为核心的保和殿曲宴这一场景纪实，画面传达了徽宗对蔡京治世能力的高度认可。图像制作者以蔡京所撰《保和殿曲宴记》为图像叙事文本，以徽宗朝惯用的绘画表现手法为图像叙事方式，通过对唐代十八学士"登瀛图"图绘传统的图式改造，将宴会环节和话语对白中的多重君臣互动融入《文会图》图像中进行视觉再现。画上君臣二人的题诗唱和乃是对该画主题与意涵的补充阐释，以此可知，蔡京的题诗语气，依然是他在与徽宗的君臣共处模式中常常表达的对帝王的恭维之意，并在领会徽宗语意基础上对其能力的进一步自我褒扬。作为"借古论今"的图像表达工具，该图既是君臣二人艺术与政治举措下形成的图绘案例，也是徽宗朝"旧图赋新颜"新绘画类型中的一例。

---

* 本成果得到国家社科基金艺术学重大项目"中国艺术考古资料整理与研究"（项目编号：21ZD09）、江苏省"卓越博士后计划"（项目编号：2022ZB51）资助。

图 1 （传）宋徽宗《文会图》

绢本设色，184.4×123.9cm，台北"故宫博物院"藏。图版采自林柏亭主编《大观：北宋书画特展》，台北"故宫博物院"，2006，第 156 页，图版 24

秉承前人研究成果，本文首先厘清学界关于《文会图》图像、形式及题诗等的研究中存在的相关问题，分析君臣题诗文本的语意来源，初步确定蔡京与徽宗二人话语的表达指向。然后探讨《文会图》的图绘主题及其图像叙事文本、方式，分析图像制作者如何将保和殿曲宴这一历史真实中君臣互动的诸多故事环节融入《文会图》进行"文本—图像"的视觉转换。同时结合画面内容、题诗以及大量原始文献，从解读《保和殿曲宴记》君臣对白为主线的视角展示二人宴会上的实际心态，析出在徽宗朝艺术政治与文化情境下的君臣共处模式中二人各自的话语导向，并呈现蔡京和徽宗交往模式中的君臣关系脉络。虽然画上的书法题诗是多重君臣互动的后续环节，但其文字唱和恰是对图像旨意的必要补充，以此可基于宴会整体形态下对君臣题诗的语意作出综合阐释。与此同时，这些研究亦是对《文会图》意涵、画名、主导者及作者归属等诸多问题的新解释。

一　图像、形式与问题：《文会图》及其书法题诗

《文会图》描绘了一群文人雅士在巨树下围案宴饮的场景，画幅上方题有宋徽宗与蔡京书法风格的两首诗。自20世纪以来此画就以宋徽宗作品之名为世所重，此间也有学者对该画作的成画时代持有怀疑。经综合考证，此画已非徽宗朝原迹，而是一幅出自于擅长写实风格画家之手的后世摹本。[1] 由于此画完好保留再现了原作图像的基本形貌，仍不失为一幅可用以考察徽宗朝文化艺术活动的绘画作品。[2]

徽宗和蔡京除了政治上的合作外，一如《文会图》所示，他们在绘画、书法或诗词等文学艺术领域亦有这种君臣合作。现传世作品中，还有《听琴图》（故宫博物院藏）、《雪江归棹图》（故宫博物院藏）和《御鹰图》（私人藏）皆是君臣合作下的艺术作品。不过后三者虽有蔡京的题诗或长跋，但对应的徽宗部分则仅有简单题名及款印，不利于直观领悟帝王的意旨表达及其君臣共处模式中的双方态度。而《文会图》则因同时兼具徽宗和蔡京书法艺术的互动和题诗文本的唱和，并分居在画幅左右最上部的视觉形式，显示出该图具有明显的独特性。因此，学者们也多从画上二人的题诗互动入手，对《文会图》及君臣艺术文化活动等相关问题展开讨论。

1　任仕东：《台北"故宫"博物院藏传宋徽宗〈文会图〉时代考证》，《艺术设计研究》2020年第4期。

2　任仕东：《台北"故宫"博物院藏〈文会图〉视觉特征及祖本问题研究》，《南京艺术学院学报》（美术与设计版）2020年第2期。

图 2 《文会图》徽宗书题

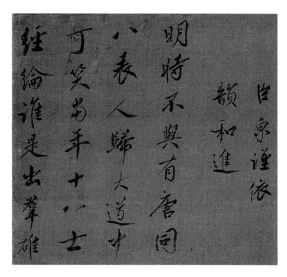

图 3 《文会图》蔡京书题

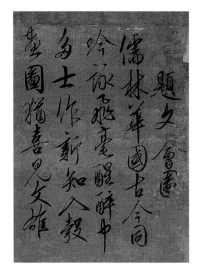

图 4 蔡京跋《雪江归棹图》（局部）

故宫博物院藏。图版采自浙江大学中国古代书画研究中心编《宋画全集》，第一卷第二册，浙江大学出版社，2010，第74—77页，图版23

在该画幅的右上角，徽宗题诗为（图2）："题文会图。儒林华国古今同，吟咏飞毫醒醉中。多士作新知入觳，画图犹喜见文雄。"左上方蔡京则题诗为（图3）："臣京谨依韵和进。明时不与有唐同，八表人归大道中。可笑当年十八士，经纶谁是出群雄。"二人书法题诗互动既有视觉效果的形式对应，亦有"同、中、雄"相同韵脚的文学趣味。一般而言，蔡京对徽宗诗词唱和都是类似《雪江归棹图》中"皇帝陛下以丹青妙笔，备四时之景色，究万物之情态……盖神智与造化等也"（图4）这种溢美之词的直接表达，而《文会图》尤其出现的"不与有唐同""可笑十八士"等语句则被学者们认为缺乏以往对徽宗的恭维之意，[1] 甚至

1 谢稚柳：《赵佶听琴图和他的真笔问题》，《文物参考资料》1957年第3期。衣若芬：《天禄千秋——宋徽宗〈文会图〉及其题诗》，载王耀庭主编《开创典范——北宋的艺术与文化研讨会论文集》，台北"故宫博物院"，2008，第363页。

被视为他罕见的抗衡心理[1]。

　　品读题诗，徽宗站在古往今来的立场写到"儒林华国古今同，吟咏飞毫醒醉中"，认为赵宋的今天与以往没有什么不同。而初读之下，蔡京的开篇却容易被理解为似有不逊，以"明时不与有唐同"的态度"反驳"徽宗，之所以"不与有唐同"是因"八表人归大道中"，那么是谁能让"八表人归大道中"的呢？他未言明。当徽宗又题"多士作新知入彀，画图犹喜见文雄"来称赞当日盛世时，蔡京仍似有反常："可笑当年十八士，经纶谁是出群雄"，尤其"经纶谁是出群雄"或是他的强烈反问：到底是谁最得以超群绝伦？他依旧没有作答。至此二人的唱和戛然而止，留给读者的尽是不明的语义指向。此外，徽宗称其为"文会图"，顾名思义，"文会"是文人赋诗雅聚的集会，按《论语》曾子有言："君子以文会友，以友辅仁"[2]，可该图描绘的分明是偌大的文士盛宴场景，徽宗何不命其为"宴会图"，反而以"文会图"称之呢？既然明确此为"文会图"，为何又要赘加一个"题"字？这仍是留给观者的疑惑。

　　依据题诗内容和图绘形式，该图表现了一般层面的唐十八学士题材殆无疑问，谢稚柳[3]、徐邦达[4]、喜龙仁（Osvald Siren）[5]、高居翰（James Cahill）[6]、曾佑和（Tseng Yu-Ho Ecke）[7]、张孟珠[8]等学者的研究中皆有观察。透过二诗口吻，如谢稚柳认为该画表现徽宗朝崇尚文风，且有意传达宋胜于唐的语意指向，[9] 是早期学术研究把握的基调。此后多数学者的观点不出其畛域，多关注该图的文治成分。但研究者同时也察觉到徽宗朝作品往往有其所赋予的特殊主题与新意涵。邱士华认为该图是因应宫廷装饰需要，拣择古画部分段

1　衣若芬：《天禄千秋——宋徽宗〈文会图〉及其题诗》，第 366 页。

2　（魏）何晏集解，（宋）邢昺疏，（唐）陆德明音义：《论语注疏》卷一二《颜渊》，载《景印文渊阁四库全书》第 195 册，台北商务印书馆，1986，第 643 页。

3　谢稚柳：《赵佶听琴图和他的真笔问题》，《文物参考资料》1957 年第 3 期。

4　徐邦达：《古书画伪讹考辨》，江苏古籍出版社，1984，第 226—227 页。

5　Osvald Siren, *Chinese Painting: Leading Masters and Principles* (New York: The Ronald Press Company, 1956), Vol. 2, p. 81.

6　James Cahill, *An Index of Early Chinese Painters and Paintings: T'ang, Sung, and Yuan* (Berkeley: University of California Press, 1980), p. 100.

7　Tseng Yu-Ho Ecke, *Emperor HuiTsung, the Artist: 1082 - 1136* (PH. D. diss., New York University, 1972), pp. 149-151.

8　张孟珠：《〈十八学士图〉源流暨图像研究》，硕士学位论文，台湾师范大学，1998，第 85—88 页。

9　谢稚柳：《赵佶听琴图和他的真笔问题》，《文物参考资料》1957 年第 3 期。

落重组创造的一件立轴。[1] 林丽娜指出该图主题模仿唐十八学士，表达出皇帝对宫廷宴会的爱好与重视。[2] 王正华[3]、陈德馨[4]等推断该图属于徽宗朝具有政治意涵的画作。伊沛霞（Patricia Buckley Ebrey）改变了她早先关于此画表达一般十八学士主题的观点，[5] 进一步推测可能是蔡京授意某位画师或官员而用来谄媚徽宗的画作。[6] 衣若芬不懈努力作文数篇，虽曾作出该图可能是徽宗时曾经举行过的一次宫廷雅宴的猜测，并以寻出此图写实依据为目标，但结论仍未免失之笼统。[7] 陈韵如也曾多次探求以期突破，她尝试摆脱此画与"十八学士"图绘传统的关系，提出《文会图》写的是徽宗朝进士及第后的"闻喜宴"[8]。

诸多学者的努力无疑深化了此一研究，但因囿于君臣题诗语意不易捕捉所限，以及无法聚焦画面之实际主题，而不能建立牢固的意涵分析基础，使得该画作所具有的意义认知也同样处于模糊或宽泛的理解层面。反思整体研究，透过"不与有唐同""可笑十八士"等语句提点的蔡京表面语气，实则易于为整体把握《文会图》带来错误的思维引导。对此有必要首先分析题诗的实际语意来源，以初步确定两人话语的表达指向。

徽宗"多士作新知入彀"是用典唐太宗"天下英雄入吾彀中"[9]，而"知入彀"则是他自诩为像唐太宗一样网罗天下英雄，其自作《宫词》也有这一用典："殿庭亲策擢群才，杂逻英贤入彀来"[10]，与《文会图》用意相同，都是在夸耀赵宋举荐选人和朝廷人才之盛。当然，徽宗并非以"入彀"用典唐太宗的先例，早在熙宁九年（1076）朝廷人才之选时，

1　邱士华：《宋徽宗〈文会图〉》，载蔡玫芬主编《精彩一百·国宝总动员特展》，台北"故宫博物院"，2011，第 272 页。

2　林丽娜：《文人雅事：明人十八学士图》，台北"故宫博物院"，2012，第 67 页。

3　王正华：《〈听琴图〉的政治意涵：徽宗朝院画风格与意义网络》，载王正华《艺术、权利与消费：中国艺术史研究的一个面向》，中国美术学院出版社，2011，第 106 页。

4　陈德馨：《宋徽宗〈文会图〉与大观新政》，转引自衣若芬《天禄千秋——宋徽宗〈文会图〉及其题诗》，第 348 页。

5　［美］伊沛霞：《文人文化与蔡京和徽宗的关系》，载漆侠主编《宋史研究论文集：国际宋史研讨会暨中国宋史研究会第九届年会编刊》，河北大学出版社，2002，第 155 页。

6　Patricia Buckley Ebrey, *Emperor Huizong*（Massachusetts：Harvard University Press，2014），p. 210.

7　衣若芬：《"昏君"与"奸臣"的对话——谈宋徽宗"文会图"题诗》，载沈松勤主编《第四届宋代文学国际研讨会论文集》，浙江大学出版社，2006，第 409—421 页。衣若芬：《天禄千秋——宋徽宗〈文会图〉及其题诗》，第 347—370 页。

8　陈韵如：《画亦艺也：重估宋徽宗朝的绘画活动》，博士学位论文，台湾大学，2009，第 96—105 页。

9　（五代）王定保：《唐摭言》卷一五《杂文》，商务印书馆，1937，第 133 页。

10　（明）毛晋辑：《二家宫词》，商务印书馆，1936，第 36 页。

宋神宗赵顼也曾借用唐太宗典故。[1] 可见有宋一代，用典"入彀"确为帝王网罗人才的广泛象征，但只就《文会图》而言还有另一具体层次的掌握。在宋人眼中，"入彀"一词多与"登瀛"相对，如范仲淹"翘翘入彀，郁郁登瀛"[2]，李昭玘"共荣于入彀时，皆谓之登瀛"[3]，"登瀛"指的就是唐十八学士登瀛洲，[4] 所以狭义而言徽宗用典"入彀"影射出的多是比拟唐太宗十八学士，而蔡京题诗也以"十八士"三字对仗徽宗"知入彀"，全然是对徽宗用典指向的释义。

蔡京对徽宗用典的释义并非出于偶然，而是藉此传达他自己的想法——"经纶谁是出群雄"。《宣和书谱》载蔡京喜用杜甫律诗[5]，"经纶谁是出群雄"正是他转用杜甫"才力应难夸数公，凡今谁是出群雄"[6] 一语。"凡今谁是出群雄"原为杜甫对论诗宗旨问题的讨论，这一用语的初衷本是杜甫藉唐人才力尚没有超越前人而劝告时人"不薄今人爱古人"，可是宋人的理解却有偏离杜甫本意之嫌，如郭知达认为杜甫"出群雄"的语气实

"则盖自负矣"[7]。那么在尚未深谙蔡京亦借用杜甫之言的深意之前，"经纶谁是出群雄"就难以逃脱狂妄自负的口气之责。微妙的是，蔡京已将原句"凡今"二字置换为"经纶"一词。"经纶"本义是整理丝缕，引申开来则指筹划国家政事的能力，所以"经纶谁是出群雄"才是他诗意的核心指向。套用宋代词人谢逸之言，其目的恐怕是要后人"知君（蔡京）才是出群雄"[8]。

另外，徽宗题诗起首所写"题文会图"四字，显然强调本图性质已不同于以往十八学士题材，而是别赋寓意的一个新题目，即"文会图"。那么，对于"题"字而言，也不是帝王的画蛇添足。"题"及徽宗诗句"画图犹喜见文雄"皆表明这是一个观画者的立场，言外之意此图不是出自徽宗之手，只是应他人之邀要为这幅符合帝王艺术理念的《文会图》进行题诗。那么能征得帝王题诗的人，想必也是位高权重，且有资格常在画上配合帝王题诗的内臣蔡京。从语气上判断二诗

1　（宋）李俊甫撰：《莆阳比事》卷一《大魁祖孙双元文武》，载（清）阮元辑《宛委别藏》第50册，江苏古籍出版社，1988，第50页。

2　（宋）范仲淹：《范文正公文集》卷一二《赠尸部郎中许公墓志铭》，商务印书馆，1936，第98页。

3　（宋）李昭玘：《乐静集》卷一七《永兴提刑谢到任》，《景印文渊阁四库全书》第1122册，第339页。

4　（后晋）刘昫等：《旧唐书》卷七二《褚亮传》，中华书局，1975，第2582—2583页。

5　（宋）佚名：《宣和书谱》卷一二《蔡京》，范红娟点校，人民美术出版社，2011，第125页。

6　（唐）杜甫：《杜工部诗集》卷一二《戏为六绝句》，中华书局，1957，第488页。

7　（唐）杜甫撰，（宋）郭知达集注：《九家集注杜诗》卷二二《戏为六绝·其四》，《景印文渊阁四库全书》第1068册，第407页。

8　（宋）谢逸：《溪堂集》卷四《次王直方承务见寄韵》，《景印文渊阁四库全书》第1122册，第500页。

似乎大相径庭，实则倒是蔡京诗文助益于进一步理解徽宗本人对该图的看法。君臣题诗唱和犹如古代次韵而成的"隐语诗"[1]，尽管隐晦不明的言语间皆表达着各自对《文会图》的看法，但其话语针对的却都是该图描绘的徽宗朝真实发生的历史事件。除了从君臣书风及款识型态可推断该图成画于徽宗朝后期即宣和时代，[2] 其实际主题的描绘亦将其指向宣和年间。

二 图像中的君臣互动：《文会图》图绘主题及其图像叙事文本与方式

以往学者常常从帝王的角度对该图展开理解，但依据画上君臣二人的题诗可知，权臣蔡京显然是理解《文会图》的另一重要人物线索。通过蔡京所撰《保和殿曲宴记》详载宴会环节的前段叙文和《文会图》画面元素的对读，以及结合宋代相关文本与图像以基于原历史情境下进行重新研究可知，该图实际描绘的乃是北宋宣和元年九月十二日，以宋徽宗和蔡京为核心的保和殿曲宴场景。图中至少云集了执政徽宗当朝的十几位君臣显贵，他们所着为燕服，[3] 其中在围案宴饮的两白衣文士中，独居大桌一缘的白衣示意者为帝王宋徽宗，坐在旁侧的白衣仰视者为宰相蔡京，蔡京身后的女性形象为宴会中场出现的徽宗妃子安妃。[4] 该图不是保和殿曲宴的现场写实，而是借用登瀛图式将蔡京叙文进行视觉化的图像再造。换言之，从宋人文献多有记载的创稿于晚唐五代时期的"登瀛图"图式传统角度修正，以故宫博物院藏宋摹登瀛图式的《春宴图》卷作为图像参照，来比对《文会图》画面的细节添加和构图变化可知，《文会图》是在唐代十八学士"登瀛图"基础上重新创稿而成。[5]

事实上，要解析《文会图》这类开创性新绘画模式，除了不能脱离"十八学士"图绘传统外，还要建立在对徽宗朝诗画关系的理解基础之上。徽宗朝的绘画多具有文学性，而演绎蔡京文本与《文会图》视觉画面如何相互转换，就需要分析图像制作者是如何把动态过程的宴会游赏所见之物象抽离原有安置空间而改放于图像中，并将宴会中游赏过的诸多流动性场景固化在《文会图》立轴的有限画幅之内。实际上，掌握其"文—图"

1　[美]姜斐德：《宋代诗画中的政治隐情》，中华书局，2009，第48页。

2　任仕东：《台北故宫博物院藏〈文会图〉视觉特征及祖本问题研究》，《南京艺术学院学报》（美术与设计版）2020年第2期。

3　同上注。

4　详参任仕东《宣和元年的君臣盛宴：〈文会图〉主题新解》，《中国美术研究》待刊。

5　详参任仕东《北京故宫博物院藏"春宴图"画名及相关问题研究》，待刊稿。

图 5 《文会图》"三足鼎"和"古琴、两本琴谱、支架、琴囊"

图 6 《文会图》"蔡京题诗所用笔、墨、砚"

转换的要义，仍在于徽宗朝惯用的"藏意"绘画手法，如"乱山藏古寺"之"荒山满幅，上出幡竿以见藏意"[1]。而保和殿的宴会背景或殿区环境，以及曲宴中的诸多环节所涉及的各类细节，皆隐绘在画中物象里。图中描绘的巨树、竹石、溪流、长陂与岸渚等庭院背景，与蔡京叙文所言"林木蔽荫如胜、高竹崇桧，已森然蓊郁"[2] 以及徽宗自述"引沧浪之水，陂池连绵，若起若伏，支流派别，萦纡清泚，有瀛洲方壶、长江远渚之兴"[3] 等文献所载保和殿的自然环境相一致。徽宗作为一代帝王，他在当日宴会上与群臣的互动表现有些尤为"主动"，甚至不顾帝王形象。

自宴会伊始，他便亲自为群臣讲解保和殿所藏先朝古物，而画家使用藏意手法以巨树下石桌上的"三足鼎"象征宴会所见诸多阁内古器物（图 5）。鼎旁边则为宴会弹奏"古调"所用的那把古琴和使用的两本琴谱（一为《兰陵王》、一为《杨州散》），以及白色支架和饰花琴囊等琴具。其左侧则为徽宗命蔡京题诗留壁瑶林殿用过的毛笔、墨块、砚台等墨具（图 6）。前景备茶处（图 7），表示的则是宴会过程中徽宗在全真殿亲自为群臣"击注赐茶"。整幅画作引人注目的是巨树下围案宴饮的场景，图中人物姿态各异，而单居大桌左侧一缘的徽宗正作示意之举（图 8）。宴桌上摆放着帝王赐宾客享用的"黄橙、金柑"之类几种果物，每个文士的大桌面前则是徽宗命侍臣

1　（宋）邓椿：《画继》卷一《徽宗皇帝》，载卢辅圣主编《中国书画全书》第 3 册，上海书画出版社，2009，第 278 页。

2　（宋）王明清：《挥麈录》余话卷之一《蔡元长保和殿曲燕记》，中华书局，1961，第 276 页。

3　（宋）陈均编：《皇朝编年纲目备要》卷二十八《徽宗皇帝》，许沛藻等点校，中华书局，2006，第 709 页。

"分赐"的一两个圆形果物。宴会告一段落时，徽宗"戏耍"群臣可于玉真轩里看"朝夕得侍上"[1] 的宠妃安妃，不料只把挂在西垣的安妃画像出示群臣。蔡京以"谢诗"之故继续提请而获得徽宗仅对他一人的召见，此时画中代表徽宗命着"素妆，无珠玉饰"[2] 的安妃向蔡京劝酒。

靠近徽宗的那盏注壶正是他亲自"手持大觥酌酒"用过的酒具（图9），而另一端与大桌相对的那盏注壶则是蔡京"持瓶注酒"的执壶。此后则是徽宗、蔡京、徽宗三子赵楷和蔡京长子蔡攸四人的诗文唱和，并在徽宗"不醉无归"的示意要求下共同将宴会推向高潮。[3]

图7 《文会图》"赐茶"环节的备茶场景

图8 《文会图》徽宗命安妃向蔡京劝酒

---

1 （元）脱脱等：《宋史》卷二四三《后妃传》，中华书局，1977，第8644页。

2 （宋）王明清：《挥麈录》余话卷之一《蔡元长保和殿曲燕记》，第277页。

3 详参任仕东《宣和元年的君臣盛宴：〈文会图〉主题新解》，《中国美术研究》待刊。

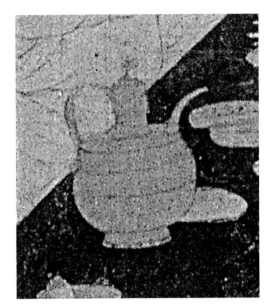

图9　《文会图》徽宗与蔡京用过的注壶

图10　宋徽宗《瑞鹤图》

绢本设色，51×138.2cm，辽宁省博物馆藏。图版采自《宋画全集》，第三卷第一册，第64—65页，图版6

以上分析表明，《文会图》的画面排布富有较多的意趣，对这些趣味的处理不是画家的偶然为之，体现的正是徽宗朝绘画的美学特质。[1] 只不过因"宣和体"花

鸟画在徽宗朝的兴起格外引人注意，使得学者对这一理念的解读多停留在花鸟画的观察层面，实际上它并不局限于继Benjamin Rowland Jr. 以来诸多学者注意

1　关于徽宗绘画美学特质的专论，详参陈葆真《宋徽宗绘画的美学特质——兼论其渊源和影响》，《文史哲学报》1993 年第 40 期。

到的徽宗朝花鸟画之运用，[1] 如《文会图》这类人物画作的构思理念亦具异曲同工之妙，以此可掌握徽宗朝人物画作中对形与意的双重讲究。也就是说，图像制作者对文本的视觉转换，并非要把宴会过程中的所有物象全部机械地复制于画面，而注重于对画意的塑造[2]，从而使得绘画作品颇有深意。只是对观赏者而言，于画幅上存有徽宗长篇诗文的图像——如《瑞鹤图》（图 10）、《五色鹦鹉图》（波士顿美术馆藏）及《祥龙石图》（故宫博物院藏）——观看之时瞬间即可令观者实现图、文之互解，[3] 可是一旦脱离原有文本的辅助说明，仅凭借想象作用去捕捉画作中的深意，其难度实不可与前者同日而语。

由于该图立轴形式使然，促使以帝王为主导的多个环节被叠合在这个看似单一场景的画面中，出现了"重景"的效果，使得徽宗的示意之举便有了多重意涵的叠加。[4] 但细究徽宗的示意动作，其正在"轮指计算状"的右手细节才是《文会图》的重要画眼，也是蔡京后段叙文的重要字眼。所以，他不惜笔墨撰写前段叙文宴会环节是为帮助塑造图像中的现实世界，其画面承载着的视觉形态仅是观者理解保和殿曲宴这一"历史真实"的"助记图式（mnemonics）"[5]，而《保和殿曲宴记》的后段文本才是蔡京何以积极主动地请示皇帝来撰写这篇叙文的内在动因。就文本内容而言，叙文后段主要是宴会上以他和徽宗君臣二人对白为主的"过往回忆录"。此段"君臣叙旧"虽仍以帝王为话语主导者，但实际却不亚于成为展现权相蔡京"文采、治道、艺术"个人才能的宴会专属舞台。以下结合画面内容、题诗以及大量原始文献，从解读《保和殿曲宴记》君臣对白为主线，展示二人宴会上的实际心态，析出在徽宗朝艺术政治与文化情境下的君臣共处模式中二

1　Benjamin Rowland Jr. ，"The Problem of HuiTsung"，*Archives of the Chinese Art Society of America*，Vol. 5（1951）：5—22. 除了 Benjamin Rowland 最早注意到徽宗朝画作对"形"与"意"的表达外，相关研究还有：李慧淑：《宋代画风转变之契机——徽宗美术教育成功的实例（上）》，《故宫学术季刊》第 1 卷第 4 期（1984 年夏）。李慧淑：《宋代画风转变之契机——徽宗美术教育成功的实例（下）》，《故宫学术季刊》第 2 卷第 1 期（1984 年秋）。陈葆真：《宋徽宗绘画的美学特质——兼论其渊源和影响》，《文史哲学报》1993 年第 40 期。陈韵如：《尽物之情态——北宋题画活动与徽宗朝花鸟的画史意义》，《美术史研究集刊》2015 年第 39 期。

2　通过结合人物、山水与花鸟画等相关作品讨论徽宗朝画作文化意义，详参陈韵如《画亦艺也：重估宋徽宗朝的绘画活动》，博士学位论文，台湾大学，2009。

3　关于此类图文互解之研究，参见陈韵如《尽物之情态——北宋题画活动与徽宗朝花鸟的画史意义》，《美术史研究集刊》2015 年第 39 期。

4　详参任仕东《宣和元年的君臣盛宴：〈文会图〉主题新解》，《中国美术研究》待刊。

5　方闻认为徽宗朝形似逼真的画作并非真是"摹拟自然"，这些图像本身只是"助记图式"（mnemonics），让观者觉得眼熟，从而仿照现实世界；作为助记之物，在达到形似之余要能体现一己所感的"真"理，或为"表意"（presentational）。参见方闻著，谈晟广编《中国艺术史九讲》，上海书画出版社，2016，第 30—47、50—66 页。

人各自的话语导向，并呈现蔡京和徽宗交往模式中的君臣关系脉络。

三　文本与图像中的话语对白：君臣宴会的心态导向及君臣共处模式中的关系脉络

当徽宗指示群臣"不醉无归"后继续"更劝迭进，酒行无算"[1]。接下来由他掀开与蔡京"君臣回忆录"的帷幕，将两人相遇的起点直接回溯到前朝：

> 上忽忆绍圣《春宴口号》二句，问曰："卿所作否？余句云何？"臣曰："臣所进诗，岁久不记。"上曰："是时以疾告假，哲宗召至宣和西阁，问所告假者，对曰：'臣有负薪之疾，不果预霜云之燕。'哲宗曰：'蔡承旨有佳句曰：红腊青烟寒食后，翠华黄屋太微间。不可不赴。'上曰：'臣敢不力疾遵奉'。是日，待漏东华，哲宗已遣使询来否。语罢，命郝随持杯以劝，凡三酬，大醉，免谢扶出。"因沉吟曰："记上下句有曰集英班者。"[2]

或因酒助兴，徽宗忽然将时空倒流至蔡京辅政哲宗时，勾起他以病告假绍圣

（1094—1098）宴但未成功的回忆。所谓徽宗当时告假"失败"，乃因哲宗援引蔡京诗文作为佳句，即"红蜡青烟寒食后，翠华黄屋太微间"这一象征天子与幸臣关系的语句为准则，来说服徽宗不得不遵奉赴宴，可见蔡京在哲宗朝时即以突出的"文采"能力被天子倚重。蔡京自神宗熙宁三年（1070）进士及第，后受眷于哲宗，继而又得徽宗重用，乃至于蔡京自己都因"岁久不记"所作诗词时徽宗尚能记忆犹新，显然可察帝王对他的认可。徽宗停顿沉思片刻，忆起蔡京诗句中有"集英班"三字，进而重新引起了他对权臣"文采"的过往回忆。在蔡京正受恩宠于当朝时，帝王竟自行将整首诗文帮他先后和盘忆出：

> 继而曰："牙牌晓奏集英班，日照云龙下九关。红腊青烟寒食后，翠华黄屋太微间。"继又曰："三天乐奏三春曲，万岁声连万岁山！欲识君臣同乐意，天威咫尺不违颜。"[3]

"欲识君臣同乐意，天威咫尺不违颜"恰如蔡京的内心世界，在当日宴会之时，有谁能够像他一样可以与帝王咫尺威颜？

君臣二人的叙旧专场以时间为轴展示

1　（宋）王明清：《挥麈录》余话卷之一《蔡元长保和殿曲燕记》，第278页。

2　同上注。

3　同上注。

了蔡京从"前朝"走向"当朝"的前世今生，徽宗"以病告假未成"的对白可兹证明蔡京仅凭"文采"技能已颇受前朝青睐，而之后得以引发回溯蔡京今朝回忆的衔接点乃是蔡京集"治道、艺术"于一身的另外两种才能，而这种能力的结果在蔡京眼中就是二十年的"操笔注思"：

> 臣顿首谢曰："臣操笔注思，于今二十年。陛下语及，方省髣髴，然不记一字。陛下藩邸已知臣，盖非今日，岂胜荣幸。"再拜谢。上轮指曰："二十四年矣。"左右皆大惊。非圣人孰与夫此！[1]

"陛下藩邸已知臣，盖非今日"不外乎蔡京继续重塑徽宗知遇之恩的过往，当然"岂胜荣幸"的拜谢之语更非蔡京言语的真正目的，而是使用"欲抑先扬"的语言手法，借"陛下语及，方省髣髴"之由前导出"（蔡京）操笔注思，于今二十年"功绩的自我肯定，将徽宗话题焦点引向了他是否操笔注思二十年的语言层面。徽宗"轮指"计算，不但更正蔡京"于今二十年"之语，而且还尤为精确地道出蔡京辅政实已"二十四年矣"！此刻

"左右皆大惊"，引起与会者的一片哗然。那么以此来看，画家何以将《春宴图》原绘孔颖达的"捉笔运思状"（图 11）[2]改为《文会图》徽宗的"轮指计算状"，原来这一动作的终极意图，是要表现徽宗前伸着的右手正"轮指"计算蔡京辅政已经"二十四年矣"（图 12）的帝王姿态，这是《文会图》的重要画眼，也是图中徽宗示意之举的最终定格，它是蔡京巧妙地将徽宗话锋转向对他一生功绩的称许。

徽宗登基前即已垂青蔡京，至今他陪伴徽宗或赵宋天下已达二十四载，难怪与会宾客"左右皆大惊"，而"非圣人孰与夫此"！除了是对帝王的迎合外，也更倾向于表达蔡京正在撰写《保和殿曲宴记》这篇文本时对其能力的自我褒扬。[3] 面对出自帝王之口的高度称赞与自夸，显然理解了蔡京题诗如"可笑当年十八士"等语句体现的膨胀心理，以及画家何以将《春宴图》原绘盖文达"童子奉杯受之"[4]的"手取杯盏状"（图 13）改为《文会图》蔡京"捋须仰视状"的一脸洋洋得意之态（图 14）。作为国之辅臣，有谁不想在朝野上下获此殊荣？除了文字书

1　（宋）王明清：《挥麈录》余话卷之一《蔡元长保和殿曲燕记》，第 278 页。

2　（宋）洪适：《盘洲文集》卷六三《跋登瀛图》，商务印书馆，1936，第 406 页。

3　"圣人"可指对帝王的尊称，又指才德兼备、智慧高超之人。此语虽不排除是对帝王的首要迎合，但参照蔡京题诗、文本等语言表达的特殊意指以及结合宴会心态，此处亦很大程度上指涉圣贤宰相的自我比况。又按《铁围山丛谈》载，国朝禁中"圣人"指称"后"而非皇帝。见蔡絛撰《铁围山丛谈》卷一，冯惠民、沈锡麟点校，中华书局，1983，第 7 页。

4　（宋）洪适：《盘洲文集》卷六三《跋登瀛图》，第 406 页。

写外，记载这一殊荣的最佳办法必然是转换眼前之景成墨彩所形构的画面，使之永久流传，让观者"知君（蔡京）才是出群雄"。通俗地讲，《文会图》就是见证蔡京一生功绩的"荣誉证书"。徽宗幼年丧父，蔡京比他年长三十五岁，平日里徽宗又常私幸蔡京府邸，政治上两人虽属君臣，生活中却又堪比父子。他不但倚重蔡京，还与其结为亲家。[1] 有这么一个可随时为他出谋划策、辅佐二十四年且自认为堪比"圣人"的宰相，不归功于蔡京又能归功于谁呢?

图 11　《春宴图》孔颖达捉笔运思状

图版采自《宋画全集》，第一卷第六册，第 78—83 页，图版 106。下同

图 12　《文会图》"徽宗轮指曰：'二十四年矣'！"

图 13　《春宴图》盖文达手取杯盏状

图 14　《文会图》蔡京捋须仰视状的得意之态

1　徽宗四女茂德帝姬下嫁蔡京五子蔡鯈，见（元）脱脱等撰《宋史》卷二四八《公主传》，第 8783 页。

蔡京自知恩遇始于藩邸、受眷哲徽两朝而功成名就，故以年迈为托词表达如今衰老俱无用的自我"惋惜"：

> 臣又谢曰："臣被知藩邸，受眷绍圣，两朝遭遇。臣驽下衰老，无毫发称报。"上曰："屡见哲宗道卿但为章惇辈沮忌，不及用。朕时年八岁，垂髫侍侧。一日，哲宗疑虑，默若有所思。问曰：'大臣以谓不当绍述，朕深疑之。'奏曰：'臣闻子绍父业，不当问人，何疑之有？'哲宗骇曰：'是儿有大志如此。'由是刘挚、吕大防相继斥逐，绍述自此始。"臣奏曰："陛下曲燕御酒，乐欣交通。而追时惟哲宗付托与绍述之始，孝友笃于诚心，非臣之幸，社稷天下之幸。"因再拜贺。黼已下皆再拜。[1]

蔡京善于揣度徽宗心思投其所好，对皇帝的话语指向多是不言自明。当蔡京谦逊道"垂垂老矣、不得受用"时，徽宗再度将回忆追溯到蔡京在哲宗朝因遭章惇等人排挤而未得以及时任用，传达前朝与当朝帝王对儒臣的"怜惜"。因此，"臣驽下衰老，无毫发称报"等语句哪能单纯地像明人郭良翰那样简单理解为蔡京"自明其不臣"[2]，反而是在追究过失源于前朝宰相章惇辈的沮忌时，又藉此间接给予今朝对蔡京坚持"绍述"之功劳的认定。事实上"绍述"并非蔡京之初衷，而是出于权利斗争迫使他见风使舵将"绍述"变成他的保护伞，正如元代郝经评价"蔡京奸计假荆公，绍述虽同事岂同"[3]。在皇帝面前蔡京多擅阿谀，不但略有迁就地认为"绍述"之功"非臣之幸"，而且还是"社稷天下之幸"，分明彰显他自认为筹划政事的"治道"才能，"因再拜贺"，而这也为蔡京独权专政再次埋下伏笔。[4] 当得到天子赞扬时，蔡京仍不忘借皇帝附加罪名于前朝政敌以映射当下宰相王黼等[5]，使得"黼已下皆再拜"，这一行文也是出自蔡京个人之口吻。须待阐明，按照蔡京从"（蔡京）因再拜贺"到"黼已下皆再拜"的先后次序，也足以表明权相蔡京自认为此时已然

1　（宋）王明清：《挥麈录》余话卷之一《蔡元长保和殿曲燕记》，第278—279页。

2　（明）郭良翰辑：《问奇类林》卷三二《辨奸佞》，载《四库未收书辑刊》柒辑第15册，北京出版社，1997，第592页。

3　（元）郝经：《陵川集》卷一五《龙德故宫怀古一十四首·三》，《景印文渊阁四库全书》第1192册，第151页。

4　自辅政伊始，蔡京便时刻打压政敌以保持自己独权专制的地位。参见杨小敏《蔡京、蔡卞与北宋晚期政局研究》，中国社会科学出版社，2012，第130—140页。

5　王黼受徽宗宠信一路高升，与蔡京屡屡对抗，如《宋史》载"时蔡京、王黼更秉政，植党相挤，一进一退，莫有能两全者"，见（元）脱脱等《宋史》卷三五二《赵野传》，第11127页。另参杨小敏《蔡京、蔡卞与北宋晚期政局研究》，第169—172页。

凌驾于群臣之上。[1]

继而，徽宗又忆起过往对蔡京的提携：

> 上又曰："尝记合食与卿否？"
> 臣谢曰："是时大礼禁严，厨饔不得入，贸食端邸，蒙陛下赐之。臣被遇，自兹终身不敢忘。"[2]

当蔡京落实于眼前的政坛时，徽宗却仍感念于君臣二人的往昔岁月。检视当前研究呈现的关系网络，虽无法客观评判蔡京地位擢升到底是以自身才能主之[3]，还是依靠帝王的多次眷顾，但不可否认的是，奉承帝王定是他政治成功的捷径之一，尤其类似"臣被遇，自兹终身不敢忘"的花言巧语，也是蔡京取得今日地位的重要凭借。随着以徽宗与蔡京为主线的君臣唱和，宴会终以体现蔡京"艺术"才能的"书扇"环节进入尾声，在最后也道出了蔡京的心声：

> 又曰："崇政殿试，卿在西幕详定时，因入持扇求书，得二诗，皆杜甫所作，诗曰：'户外昭容紫袖垂，双瞻御座引朝仪。香飘合殿春风转，花覆千官淑景移。'又：'五夜漏声催晓箭，九重春色醉仙桃。旌旗日暖龙蛇动，宫殿风微燕雀高。'"臣曰："崇宁初蒙宣谕扇犹在？"上曰："今尚在也。"臣曰："自古人臣遭遇，或以一能一技见知当时，名显后世。臣章句片言，二十年前已蒙收录。崇宁以来，被遇若此。君臣千载，盖非一日。君之施厚，臣之报丰。臣无尺寸，孤负恩纪，但知感涕！"上曰："卿可以安矣。"[4]

虽然徽宗首先言明蔡京所作杜甫诗扇乃当时"因入持扇求书"，实际上蔡京不会不知他所书写的诗扇乃是徽宗早年以高价购得，[5] 有如宴会前段环节"徽宗命蔡京留题殿壁"[6] 并形塑墨具于画面之内同样表明，这是出于徽宗尤为喜爱蔡京书法艺术而为之的结果。因此，他亦顺帝意称之为"崇宁初蒙宣谕"所作。只是与前述以徽宗为主导的一唱一和不同，这次对

1　蔡京在徽宗朝的权利结构中处于制度的顶层，地位超越普通宰相，见方诚峰《北宋晚期的政治体制与政治文化》，北京大学出版社，2015，第 147 页。

2　（宋）王明清：《挥麈录》余话卷之一《蔡元长保和殿曲燕记》，第 279 页。

3　伊沛霞对君臣关系进行重新探讨，试图挖掘蔡京政治的积极面向，见［美］伊沛霞《文人文化与蔡京和徽宗的关系》，第 142—160 页。

4　（宋）王明清：《挥麈录》余话卷之一《蔡元长保和殿曲燕记》，第 279 页。

5　蔡絛记载徽宗言及的书扇是他花费二万钱从两位执役亲事官手中购得，见（宋）蔡絛《铁围山丛谈》卷四，第 76—77 页。

6　（宋）王明清：《挥麈录》余话卷之一《蔡元长保和殿曲燕记》，第 277 页。

白蔡京竟以主导语气反问徽宗："扇犹在?"俨然变成了这次对白的"唱者",而徽宗"屈居"为"和者",给出"今尚在也"的答复。书扇上的二诗虽非蔡京所作,但徽宗至今仍能言犹在耳全赖于书扇这一物质载体上的"蔡京书法艺术"之功劳,一如宴会前奏徽宗向群臣讲解并出示其与先朝占物一同珍藏的蔡京书辞,[1] 隐射蔡京"艺术"才能对徽宗朝政的潜在影响。书扇内容分别为杜甫《紫宸殿退朝口号》与《奉和贾至舍人早朝大明宫》二诗的前两联,蔡京当时书扇之择诗,目的或出于制造宫廷祥和氛围以盛赞圣恩惠及万民、宰臣广沽皇泽的溢美之词,而今徽宗再吟两首诗文却似有重赋今日天下大治、万世太平归功于蔡京辅佐之嫌,[2] 如"卿可以安矣"短短数语足以慰藉徽宗眼中这位辅佐"二十四年"的权相功臣。要知道,这里蔡京依然使用了"欲抑先扬"的语言手法,虽然"臣无尺寸,孤负恩纪",但是"君(宋徽宗)之施厚,臣(蔡京)之报丰"!因此,一如明代周复俊评价蔡京"其一时遭际之盛,前古无匹"[3] 那样,在今日宴会"自古人臣遭遇"之时,"或以一能一技见知当时,名显后世"!这便是蔡京宴会当下的

终极心态,其看似略显浅薄的"一能一技"不外乎蔡京集"文采、治道、艺术"于一身的各种才能,而《文会图》正是蔡京借当下宴会以"图其形、叙其事",表达"见知当时,名显后世"这一至荣的历史画作,如蔡京最后之请:

> 臣又奏曰:"乐奏缤纷,酒觞交错。方事燕饮,上及继述,下及故老,若朋友相与衔杯酒,接殷勤之欢,道旧论新。顾臣何足以当?臣请序其事,以示后世,知今日燕乐,非酒食而已。"夜漏已二鼓五筹,众前奏丐罢,始退。[4]

回顾整篇文本,如蔡京所言:"乐奏缤纷,酒觞交错。方事燕饮,上及继述,下及故老,若朋友相与衔杯酒,接殷勤之欢,道旧论新。顾臣何足以当?"不正是他对《文会图》图像与《保和殿曲宴记》文本之所有情节的凝练与统括;蔡京不但自认为已凌驾于群臣之上,而且还竟以"朋友"的口气与帝王相称,今日犹如庆功般的君臣宴会,除了他还有谁能与之相配?天下没有不散的筵席,为此蔡京在宴会上即已主动向帝王"请序其事"[5],以

1　(宋)王明清:《挥麈录》余话卷之一《蔡元长保和殿曲燕记》,第277页。

2　蔡絛认为大观政和年间赵宋天下大治局面的形成应归功于蔡京的辅佐,见蔡絛《铁围山丛谈》卷二,第27页。

3　(明)周复俊:《泾林杂纪》卷一,载《续修四库全书》第1124册,上海古籍出版社,2002,第122页。

4　(宋)王明清:《挥麈录》余话卷之一《蔡元长保和殿曲燕记》,第279页。

5　与另两次宴会《太清楼特燕记》"明命是赋"和《延福宫曲宴记》"谨录进呈"相比,蔡京本次宴会"请序其事"的表现尤为积极主动,见(宋)王明清《挥麈录》余话卷之一,第276、281页。

请求载录此事，[1] 而"以示后世"不就是要达到"见知当时，名显后世"之目的？为追寻这一不朽的心愿，蔡京希望可以将这场欢聚之宴固定于图像与文本中，以求永不散席，而《文会图》上的徽宗题诗显然说明帝王早已授权。

那么，何以称此画为"文会"而非"宴会"？是因为"臣请序其事，以示后世，知今日燕乐，非酒食而已"，即告诉观者今日曲宴不在于宴饮盛会的隆重规模，而是要着意表现《文会图》宴会上这场凝聚着君臣声音的文人相会，并以凸显隐藏在天子背后那位具有"文采、治道、艺术"才能的"文雄"宰相——蔡京。显然它已超越物质享受，而升华到精神层面。因此与其说"画图犹喜见文雄"表面看到的好似"唐代十八群雄"，实际上倒不如理解为徽宗尤对"文雄"蔡京一人的嘉许。此外，徽宗何以称其为"题"《文会图》呢？也就是直接承认此画非己意所为，而是表明徽宗在代表"他人"意愿的画作上正在进行题诗。所以，《文会图》中尽显洋洋自得之状的那位白衣捋须仰视者蔡京，便是图绘制作的主导人。最后，蔡京交代"十三日臣京序"[2] 可知，他撰

写《保和殿曲宴记》文本乃次日而成，由此亦可推断《文会图》的制作并非宴会的现场写实，而是晚于蔡京成文之后"数日"的图像再加工。

四　基于宴会形态的题诗唱和：君臣题诗语意的综合阐释

以上知晓，《文会图》蔡京题诗并非学者所言的抗衡心理，[3] 而是他得以完全领悟徽宗诗词意涵的结果。虽然此图并非徽宗意愿为主导所绘，但从此前款署大观（1107—1110）前后徽宗或其画院曾作《唐十八学士图》卷（台北"故宫博物院"藏）以及卷后附有徽宗书法风格的十八学士书名来看，徽宗题画时不会不知该图带有十八学士图绘传统之色彩。只是，凡属于徽宗朝画院的作品必须要以符合帝王审美意志为前提，因此如谢稚柳所言"赵佶认为满意"，[4] 所以徽宗只需站在个人观画角度即可开始题诗，首句"儒林华国古今同，吟咏飞毫醒醉中"是说"今日"群臣宴会在"场景"安排上与唐十八学士并没有什么不同，两朝皆以

1　较有意义的重要事件一般会被载入翰林事迹，如徽宗宣和二年（1120）延福宫宴会时让李邦彦将宴会事迹载入《翰林志》，见（宋）王明清《挥麈录》余话卷之一《蔡元长延福宫曲燕记》，第280页。

2　（宋）王明清：《挥麈录》余话卷之一《蔡元长保和殿曲燕记》，第279页。

3　衣若芬：《天禄千秋——宋徽宗〈文会图〉及其题诗》，第366页。

4　谢稚柳：《赵佶听琴图和他的真笔问题》，《文物参考资料》1957年第3期。

延揽人才为目标，画中文士们或"吟咏"，或"飞毫"，或"酒醒酣醉"之间，所以才称赵宋与李唐"古今相同"。徽宗以此自喻为盛世英明的唐太宗礼待十八学士那样，[1] 以宴席招待其网罗的天下文才，一如徽宗自作诗所言："资善堂中几席开，词臣都是栋梁材。专求近密同参辅，皇嗣初看听读来。"[2]

不过徽宗不愿仅与李唐比肩，反以一国之君的傲慢姿态继续写道："多士作新知入彀，画图犹喜见文雄"，意在表明他比唐太宗更具慧眼，致力于要将更多的人才纳入彀中，以至于徽宗在一展网罗"多士"如"作新"人那样"尽入彀中"的雄心抱负时，[3] 唯独看到《文会图》中正被"他"轮指称赞的"文雄"蔡京醒目地端坐在画幅最为显眼处不免更加令人生喜，可见颇负较劲的意味。"文雄"二字是徽宗对蔡京执政"二十四年"的高度认可，就连《宣和书谱》亦将徽宗朝的盛世格局归功于蔡京[4]，并将他与神宗朝的王安石相提并论而称其为"太平宰相"[5]，回想徽宗朝的学校制度、财政方针、军事拓边、社会救助等无不与蔡京出

谋划策有关，[6] 因此也莫怪蔡京"非圣人孰与夫此"的自我比况。当题诗于图像时，这一切徽宗自然心知肚明，就像宴会环节中对蔡京的各种"礼遇"以及宴会上他还在群臣面前以"卿可以安矣"之语来慰藉蔡京，将其称为"文雄"并不过分。

基于此一架构，蔡京诗文则是在与徽宗题诗唱和基础上对自我功绩、地位认可的进一步揄扬。"明时不与有唐同"不是他执意反驳徽宗所认为的"古今同"，而是要进一步引出"八表人归大道中"解释为何"不与有唐同"，其意在说明"有唐"已经无法与"明时（赵宋）"相媲美，是因为有更多四面八方的人都来依附于当下的赵宋，这一"明时"取得的成就正是"文雄"蔡京辅佐治世之道的产物，它是"有唐"不可比拟的。因此，"明时不与有唐同"是以次韵徽宗题诗首句的表面形式需要，它实际乃是蔡京对帝王整首题诗态度的再次推进，与他在《文会图》题首自言"臣京谨依韵和进"的语气没有什么不同。

只不过，稍后蔡京继续顺徽宗之意借

1　与今日保和殿曲宴时间相近，徽宗朝秘书省"以仿登瀛洲之数"仿效唐十八学士职官改制，见（宋）章如愚编撰《山堂考索》后集卷一〇《官制门》，中华书局，1992，第513页。

2　（明）毛晋辑：《二家宫词》，第58页。

3　当日宴会的大多宾客官阶都得到不同程度的晋升，尤其新科状元赵佶之子赵楷，新晋宰相王黼等，对于徽宗来讲多名文士已尽入彀中。

4　（宋）佚名：《宣和书谱》卷一二《蔡京》，第124页。

5　同上注。

6　杨小敏：《蔡京、蔡卞与北宋晚期政局研究》，第153、203—317页。

题发挥——"可笑当年十八士，经纶谁是出群雄"，企图借"徽宗比肩并优越于唐太宗"这一帝王间的较量来表达权臣间的一决高下，直言李唐十八学士群雄也不如赵宋权相一人之"文雄"蔡京具有总领百官、匡君辅国的治世能力。蔡京的终极目的不止于贬低唐十八学士，[1] 甚至也非注重唐宋权臣间的能力高下，而是首要照顾承接迎合帝王之意，又不能失于清晰表达个人论旨，作为蔡京诗文的核心指向，"经纶谁是出群雄"是他在徽宗题诗核心指向"画图犹喜见文雄（蔡京）"能力认可的进一步自我褒扬——他要与历史比肩。坦言之，蔡京领略但不满足于徽宗"文雄"的隐晦意指，借比附唐十八学士群雄形象以抬高自己，认为唯独自己的功业不可一世，这也是徽宗朝其他臣子无法可比的。蔡京及其子孙三代服务于赵宋一朝，历史上没有哪次宴会可以像当天一样子孙多人都同时参加，[2] 并且蔡氏数子皆有官位，[3] 比起唐代十八学士还要风光得多，蔡京又是蔡氏一族中的元勋人物，包括当下其他宰执在内的"群雄"

之中又有谁能与他相比呢？总而论之，将《文会图》画面与题诗放置在这一群体的共通认知中加以理解，可以发现，蔡京题诗还是他一如既往地依顺皇帝原意并加以敷衍推展个人目的的最终结果。

同为宣和元年，蔡京就以徽宗所赐"遄"字为韵先后连续和进数诗，而徽宗亦以同韵再次回赐，并称他与蔡京的题诗唱和乃"君臣赓载，亦一时盛事耳"[4]，可见二人题诗互动在此时已趋于常态。与《文会图》书题相似，数首君臣题诗唱和也是以书法艺术的形式记录下来的，宋代王明清在蔡京之孙蔡徽处曾亲眼见到这件书法真迹。[5] 在文本和图像建构的整个宴会形态下，无论出于"见知当时"的目标，还是要"名显后世"的决心，助长蔡京"经纶谁是出群雄"傲慢气势的原因必定离不开他和徽宗建立的姻戚关系。文献记载徽宗曾七幸蔡京府邸，[6] 仅宣和元年就至少四次，[7] 可见他与徽宗已超越一般等级的君臣关系，而愈加胜似父子，因此蔡京文字上的"角力"，在徽宗眼中似已无可厚非，甚至君臣尊卑等级也在二

1　陈韵如以为蔡京题诗有两层意义，一是对"十八学士"的贬抑，二是在于对士人所崇尚的"文章"与"治道"孰者为重之辩，见陈韵如《画亦艺也：重估宋徽宗朝的绘画活动》，第 105 页。

2　比对蔡京参加并作记的三次曲宴可知，本次宴会蔡氏一族参加人数最多，见（宋）王明清《挥麈录》余话卷之一，第 273—281 页。

3　（宋）朱彧：《萍洲可谈》卷一，李伟国点校，中华书局，2007，第 112 页。

4　（宋）王明清：《挥麈录》余话卷之一《祐陵与蔡元长赓歌》，第 271—272 页。

5　（宋）王明清：《挥麈录》余话卷之一《祐陵与蔡元长赓歌》，第 271 页。

6　（元）脱脱等：《宋史》卷四七二《奸臣传》，第 13726 页。

7　（宋）庄绰：《鸡肋编》卷中，萧鲁阳点校，中华书局，1983，第 63 页。

人频繁的临幸过程中弱化了。[1] 保和殿曲宴八天之后，徽宗竟再次秘密地临幸蔡京府邸鸣銮堂，[2] 据此猜测《文会图》图像制作以及二人的题诗唱和很有可能完成于此次临幸前后，那么，至此也就宣告《文会图》图绘的整个制作工序正式结束[3]。

归根结底，无论蔡京与徽宗的关系如何复杂，就其画面、题诗与文献的相互解读与反复考证而言，图绘制作的推动者确为蔡京无疑，他对自我业绩的肯定于画幅中间那位白衣者趾高气扬的眉宇间显露无遗。而且，以蔡京意愿为主导的《文会图》之制作并非难事，要知道，就连徽宗亦曾亲自为蔡京"御画御记成平殿曲宴蔡京图"[4]。

宗朝的真实视界，透过图像可以看到君臣宴会上的环节互动、宴会对白中的话语互动、画上题诗书法的艺术互动以及题诗唱和的语意互动，多重君臣互动传达了帝王对权相几十年辅政业绩的高度肯定和赞扬。只是与一般以帝王角色为主导的图像制作性质不同，[5] 这幅画作的主要意志展现已被权臣所介入。对于该图像之功用的进一步审视，还可从制作者与观者的视角接续考察《文会图》场景再造的制作与使用脉络，展现制作者在图像中建立的符合政治伦理的位阶秩序。[6]

回顾本文研究，《文会图》之所以以"文会"而非"宴会"命名，是因为它承载着的不只是宴会的觥筹交错，而是制作者更希望观者透过此一视觉图像能够捕捉到来自宴会中的诗文唱和的声音，其背后蕴含的是君臣共处模式下权臣蔡京的心路历程。此一路径的考察，解开学界曾一度认为蔡京抗衡徽宗的疑惑，殊不知这依然是权臣在与帝王的交往模式中常常表达的对皇帝的恭维与奉承之语。随之图文的外在表现与内在关联，亦可佐证《文会图》

余论：宋代"隐括绘画"风格

综合上论，徽宗画院通过对古代名迹进行新创与再造，使得看似描绘唐十八学士的《文会图》，表象下掩盖着的却是徽

1　（明）陈邦瞻：《宋史纪事本末》卷四九《蔡京擅国》，中华书局，1977，第 500 页。

2　（宋）庄绰：《鸡肋编》卷中，第 62—63 页。

3　徽宗朝绘画从制作到成品一般都有其先后工序，如《瑞鹤图》就是成诗在前、作画其次、题跋在后，见刘伟冬《群鹤飞舞朝兮暮兮——〈瑞鹤图〉有关问题的阐释》，《南京艺术学院学报》（美术与设计版）2004 年第 1 期。陈韵如提出徽宗朝图写瑞物的新模式，认为现存具有徽宗题诗的祥瑞图绘作品都是已完成祥瑞呈报程序后的成果，见陈韵如《尽物之情态——北宋题画活动与徽宗朝花鸟的画史意义》，《美术史研究集刊》2015 年第 39 期。

4　（元）揭傒斯：《揭文安公全集》卷三《宋徽宗成平殿曲宴蔡京图御画御记》，商务印书馆，1936，第 37—38 页。

5　Maggie Bickford, "Huizong and the Aesthetic of Agency", *Archives of Asian Art*, Vol. 53（2002/2003）：71-104.

6　任仕东：《台北故宫博物院藏〈文会图〉研究》，博士学位论文，浙江大学，2020，第 130—155 页。

并非徐邦达所言的宋徽宗"代笔画"[1]，而属于谢稚柳认为的徽宗"御题画"[2]。

该图产生于徽宗执政后期，它应被视为印证徽宗朝写实风格的重要视觉证据之一。除了像《瑞鹤图》这类"写生写实"的方式之外[3]，藉《文会图》这一微观视角的案例研究，本文对徽宗朝的绘画特质亦引申出一个"借古写实"的观点，这种写实方式是借摹古以表现当下，至于为何会在"写生写实"之外衍生出"借古写实"的绘画新类型，是当今艺术史研究，也是具体观察北宋多元艺术文化的一个尤为值得探讨的问题。徽宗朝存在大量摹古画，如传世《摹张萱捣练图》《摹张萱虢国夫人游春图》等[4]。随着近年来学者们的细心研究发现，这些画作意图也不仅仅为表现"摹古"[5]，而是像《文会图》这类明显的摹古画，多属于"旧图赋新意"功能的写实模式，其最终目的皆是要达到"写实再现"。而且，这是一种宋代始创的新绘画模式，其图绘模式的发展与推进和徽宗朝的政治文化情境有着密切的关联。如果借用文学中"借他人作品寄托自己情感"的宋代"隐括词"形式加以概括，[6] 这些宋代重赋新意的"旧图像"则可被提炼统称为宋代的一种"隐括绘画"风格，《文会图》只是此图像模式中的一例。对这种绘画手法的使用不但体现在存世的其他宋代诸多绘画作品中，而且也一直影响到明清绘画，至清乾隆时期再次达到顶峰。同样值得注意的是，不论"隐括词"还是"隐括绘画"都始现于有宋一代的现象，是另一个有待深入探讨的课题。

1　徐邦达：《宋徽宗赵佶亲笔画与代笔画的考辨》，《故宫博物院院刊》1979 年第 1 期。

2　谢稚柳：《〈宋徽宗赵佶全集〉序》，载《中国古代书画研究十论》，复旦大学出版社，2004，第 199—200 页。

3　Peter C. Sturman，"Cranes Above Kaifeng: the Auspicious Image at the Court of Huizong"，*ArsOrientalis*，Vol. 20（1990）：38.

4　有关徽宗朝摹古画研究，参见王耀庭《唐韩幹〈牧马图〉与徽宗朝摹古》，载《开创典范——北宋的艺术与文化研讨会论文集》，第 373—389 页。

5　宣和四年（1122）徽宗驾幸秘书省与臣下观画赐画事件中，唯一提及一幅徽宗所摹隋代展子虔的《北齐文宣幸晋阳图》。王正华认为徽宗选择临摹此图并出示与臣下观赏就有特殊的政治意涵，他是以委婉的方式昭告臣下：徽宗虽非帝位当然继承人，但无论就命定或帝才而言皆为无可怀疑的人选。见王正华《〈听琴图〉的政治意涵：徽宗朝院画风格与意义网络》，第 108 页。Lara C. W. Blanchard 试图将徽宗朝摹古画的表现意图放置在北宋实际情境中加以理解，专文讨论《摹张萱捣练图》已非仅仅表达传统所认为的"palace sericulture（宫蚕）"，而更多蕴含着徽宗朝的制作意涵，详见 Lara C. W. Blanchard，"Huizong's New Clothes: Desire and Allegory in Court Ladies Preparing Newly Woven Silk"，*ArsOrientalis*，Vol. 36（2009）：111-135. 历史学者也试图从徽宗君臣的"历史意识"和"历史视野"着眼探讨徽宗朝文化政策，检视他们以"三代之法、古圣之道"等与"过去"相连接而承载着的想法与意念，在"法古""复古"乃至"自我作古"的说辞间，他们对于自身的历史定位之一就是要"追千载而成一代之制"，见刘静贞《法古？复古？自我作古？——宋徽宗文化政策的历史观照》，载《开创典范——北宋的艺术与文化研讨会论文集》，第 447—467 页。

6　有关宋代"隐括词"的研究，参见吴承学《论宋代隐括词》，《文学遗产》2000 年第 4 期。罗忼烈：《宋词杂体》，载氏著《两小山斋论文集》，中华书局，1982，第 139—144 页。

图与史的开合

——读贺西林《读图观史：考古发现与汉唐视觉文化研究》

■ 胡译文（中央美术学院人文学院）

自 20 世纪初河南洛阳地区墓俑、墓室壁画被不断发现以来，墓葬遗存逐渐进入美术史视野，汉唐时期罕有美术作品传世，墓葬材料无疑填补了这一时期美术史的空白。半个多世纪以来，现代考古学的发展和大量考古品的不断涌现，不仅在时间维度上将中国美术史大大向前延伸，亦将"美术品"的外延向外拓展，由考古材料建构起的早期中国美术史写作，突破了传统美术史中"经典"的写作范式。王逊先生早在《出土古文物与美术史的研究》一文中强调出土文物对美术史研究的重要价值，[1] 并在 1956 年写成的《中国美术史讲义》[2] 隋唐以前的美术史写作中率先使用大量考古材料。20 世纪七八十年代以来，金维诺、汤池先生陆续发表一系列关于墓室壁画和出土陶俑的专论，对中国早期美术史研究做了大量积累和推进，成为后辈学术研究的重要参照。[3]

贺西林于 20 世纪 80 年代在中央美术学院美术史系求学，1988 年毕业并留校任教，后又师从金维诺先生继续深造，于 2000 年取得博士学位，受过系统的美术史专业训练，在图像分析和历史文献两方面积累了深厚功底和素养。其早年专攻秦汉美术，2001 年在其博士论文基础上修改出版的《古墓丹青：汉代墓室壁画的发现与研究》，开启了汉墓壁画研究的世纪之篇。近年来其研究兴趣逐步扩展到中古，致力于汉唐视觉文化研究。2022 年 4 月出版的《读图观史：考古发现与汉唐

1　王逊：《出土古文物与美术史的研究》，《美术》1954 年第 7 期。

2　《中国美术史讲义》最初为中央美术学院内部使用讲义，1985 年由薄松年、陈少丰修订并增补明清美术，于上海人民美术出版社出版《中国美术史》（1989 年再版），后有人民美术出版社 2018 年版。

3　两位先生的文章均汇集成书，参见金维诺《中国美术史论集》中，黑龙江美术出版社，2004；汤池《轨迹：中国美术考古研究》，陕西人民美术出版社，2014。

视觉文化研究》，共收录贺西林教授10篇关于汉唐视觉文化研究的代表作，既有对新材料的发现和研究，也有对学界焦点话题的再探讨和新观点，方法上亦有新的探索。全书依据主题和内容分为三编，上编为图像表征与思想意涵，聚焦图像思想性的解读；中编为图像考辨与知识检讨，旨在图像的辨识与相关知识的反思；下编为图像传承与文化交融，侧重在历史脉络和跨文化视域中对具体物质遗存及其视觉传统进行探讨。10篇文章反映出作者研究兴趣与方法的转变，相对全面地展现了作者20年间的学术研究历程。这一转变主要体现为两点，一为时代和主题，二为视角和方法。

一　时代与主题：汉唐帝国

该书收录的10篇文章均为关于汉唐图像和实物遗存的个案研究，根据文章最初的发表时间，可见作者研究范围由汉至唐的明显转向和关注点的变化。

2000—2004年间发表的3篇文章：《洛阳西汉卜千秋墓壁画图像考辨》《天庭之路：马王堆一号汉墓漆棺画与帛画的图像理路及思想性》《洛阳金谷园新莽墓壁画图像释读》，讨论范围集中在汉代，侧重具体图像的辨识与考证，如对于蓐收和句芒、太一、五方之神和五方之兽等具体图像的辨识，并以此揭示汉代人思想中的阴阳五行观念和神仙信仰，为了解汉代人的知识系统和观念世界提供了重要

路径。

2009—2011年间发表的3篇文章：《"祁连山"的迷雾：西汉霍去病墓的再思考》《云崖仙使：汉代艺术中的羽人及其象征意义》《汉画伏羲、女娲图像知识的生成与检讨》仍属汉代议题，但作者在继续图像思想性解读的同时，开始转向对相关知识的清理与检讨。通过对"共识"的质疑与反思，如关于伏羲女娲图像的检讨、霍去病墓的反思等，清理了学界长期以来存在的误读，将相关研究向前推进了重要一步。

2019—2021年发表的4篇文章：《道德再现与政治表达：唐燕妃墓、李勣墓屏风壁画相关问题的讨论》《道德与信仰：明尼阿波利斯美术馆藏北魏画像石棺相关问题的再探讨》《胡风与汉尚：北周入华中亚人画像石葬具的视觉传统与文化记忆》《稽前王之采章成一代之文物：陕西潼关税村隋墓画像石棺的视觉传统及其与宫廷匠作的关系》，可以看到作者研究兴趣和重点的明显转变，研究范围扩展至南北朝隋唐，并转向图像脉络与传承的探讨，注重在宏观历史格局中对图像视觉传统、思想文化与政治意涵的解读。

汉唐均为中国历史上政治大一统、文化高度开放和发达的时代，形成了盛期的许多高峰，但二者在视觉文化上有着明显的差异。汉代社会盛行的阴阳五行观念和神仙信仰深刻影响着汉代人的生死观；而佛教的传入和东西交通的频繁往来，从根本上改变了人们对死亡的看法以及死后世界的想象，反映在南北朝隋唐墓葬中弥漫

的宗教信仰及其与现实世界的密切关系，这一时期墓葬画像常表现出多种文化的融合，以及当时社会中诸多因素的影响。作者无疑对汉唐的时代差异有着深刻的了解和把握，因此在处理不同时代的主题时，选取角度和侧重也完全不同。如在处理汉代视觉材料时，作者注重图像的辨识及其思想性的解读，而在处理南北朝隋唐墓葬视觉材料时，则注重其与所处时代政治和文化间的关联，因此贺西林教授的研究往往突破艺术史视角，而观照到思想史、文化史、社会史乃至政治史的相关问题。

如后记所言，该书收录的 10 篇文章，时间跨度约 20 年，但其间可见作者对同一主题的延续性思考。2011 年前发表的 6 篇文章，体现出作者对于中国早期视觉材料中神仙信仰及相关观念的持续关注，通过实物材料如马王堆一号墓漆棺与帛画、汉墓壁画中的神仙形象以及霍去病墓等，探究了汉代人对于通往天庭之路的不同表达。作者对这一时期考古材料有着长期广泛的积累，并密切关注新材料和新成果。如《云崖仙使：汉代艺术中的羽人及其象征意义》一文中，作者对汉代羽人形象的收集涉及墓室壁画、帛画、画像石、画像砖、棺板、铜管、铜镜、漆盾、摇钱树以及雕塑等多种媒材，并根据媒材所属时空体系、羽人所处位置及组合配置，揭示羽人形象变化轨迹及其功能和使命。

近年来发表的《道德与信仰：明尼阿波利斯美术馆藏北魏画像石棺相关问题的再探讨》《胡风与汉尚：北周入华中亚人画像石葬具的视觉传统与文化记忆》

和《稽前王之采章成一代之文物：陕西潼关税村隋墓画像石棺的视觉传统及其与宫廷匠作的关系》等文则体现出作者对于北魏洛阳时代中土画像石葬具视觉传统延续与流传问题的持续关注和思考。3 篇文章均从具体图像出发，通过细致的分析和严密的逻辑推理，在探讨各石葬具画像视觉传统的基础上，延伸至诸如南北互动、中西交通等大历史问题的讨论中。具体而言，作者关于明尼阿波利斯美术馆藏北魏画像石棺相关问题的讨论，为史学界长期关注的南朝文化影响问题提供了艺术史视角的有力支撑；而对于北周入华中亚人画像石葬具和潼关税村隋墓画像石棺视觉传统的探讨，均涉及不同文化和信仰间视觉资源的交融与整合。《道德再现与政治表达：唐燕妃墓、李勣墓屏风壁画相关问题的讨论》一文，在解读图像视觉逻辑的同时，更注意到其产生背后的动因，即在探讨汉晋以来列女题材视觉传统和谱系的基础上，将两墓屏风壁画置于中国历史发展脉络和特定的政治背景下，注意到图像与历史之间微妙的联动关系，阐明了其兼具道德与政治的双重意涵。尽管作者研究的主体是考古发现的墓葬材料，但其所谈及的并非完全以死亡为核心，而是其背后所反映的人、时代、政治和文化，为我们讲述了发生在不同时代人们身上的鲜活故事，环环相扣，入木三分。尽管作者均从视觉图像出发，但最终讨论的问题，已经远远超出了艺术史的范畴。

可见，作者关注大时代和大问题，其文章探讨的都是汉唐帝国视觉文化中的典型图像，很多也是学界热门话题，如汉墓壁画思想性、墓葬观者、孝子画像、唐墓树下人物屏风画以及粟特人石葬具等。但在宏大的视域下，作者对材料有着精细的观察与分析，十分注重学术史的反思与清理，具有刨根问底的精神，对所论议题的来龙去脉了如指掌，我们可以在其文章中看到清晰的学术史层次和脉络。因此，贺西林教授的研究很好地体现了儒家经典《中庸》所谓"致广大而尽精微"，即于广博宽大之格局下，见细致入微之处。也正因为如此，作者每篇文章的结论都十分具体，从不轻易得出宏大的结论，既有细致微观的具体解读，又有宏观大格局的把握与思考。作者扎实的文史功底和精于考据是这一特征的另一体现，而文章中简洁、干净的文字和富有温度的表述方式，更增添了其学术魅力。

二　视角与方法：图与史的开合

　　图像与历史的关系是美术史学科发展的重要议题，西方理论学界较早关注到这一问题且成果颇丰，近年来不断有经典著作译介国内，如弗朗西斯·哈斯克尔《历史及其图像：艺术及对往昔的阐释》、彼得·伯克《图像证史》等。然而，贺西林教授的研究旨趣显然并不在此，他在研究中几乎不专门讨论方法，也从未陷入

某一方法的泥沼，在他看来，任何方法都应服务于材料，而对不同材料的处理，也自然会使用不同方法，目的是解决问题，研究方法也就自然而然地融入自己的学术研究和写作中。

　　通读该书收录的 10 篇文章，可以深刻地体会到贺西林教授对图像材料的深厚积累和敏锐的洞察力，他立足于图像本身，精于视觉分析，关心美术史的本体问题，研究中首先对所论对象的视觉传统进行分析溯源。但他并不满足于此，而是由此出发，经由图像与文献对读，探索图与史的关系，最终走向大历史的讨论中，这也正是该书取名"读图观史"的意图所在。

　　近年来，图与史的关系成为国内文史学界热议的焦点，历史学、考古学、美术史及相关领域学者多通过具体个案研究参与到讨论中，并积累了一定经验。历史学者邢义田教授十分注重图像材料，在图像研究方面取得了丰硕的成果，如他在《画为心声》自序中所言，"古人留下的文字或图画，是以不同的形式和语言在传达所思、所感，其信息之丰富多彩，并无不同"[1]。可见在邢义田教授看来，图像是无异于文献的另一类史料，是通往立体历史的一条路径。

　　美术史出身的贺西林教授同样将视觉遗存作为另类史料，与此同时，他还十分注重对图像视觉逻辑的解读及其背后产生

1　邢义田：《画为心声：画像石、画像砖与壁画》，中华书局，2011，序第 10 页。

动因和运作机制的阐释，进而完成历史经验和体验的重构，这也是美术史的魅力所在。然而，贺西林教授对图像作为历史证据有着十分审慎的态度，有一份材料说一分话，以避免掉入"以图证史的陷阱"。对于暂时无法解释的现象，他只将问题提出，留给后人思考，从不牵强附会，过分阐释。如关于汉画阴阳主神的讨论，他注意到河南偃师辛村新莽壁画墓和洛阳北郊石油站东汉壁画墓中擎举日月的人首龙身对偶像，举月者为男子，举日者为女子，而对这种特殊图像，他直言"不得其详"；在讨论明尼阿波利斯美术馆藏北魏石棺孝子画像效仿南朝文化时，他指出一个有趣的现象，就现有材料看，南朝帝陵及贵族墓标配的竹林七贤与荣启期画像不见于北魏洛阳墓葬，而建康高等级墓葬中绝不见孝子画像，其间原因，留待后续讨论。这种诚实谨慎的学风亦体现在每篇文章最后附记中对原文发表时间、本次收录删减及相关情况的补充说明。

图像之外，作者近年的研究明显反映出其宏观的历史格局和大历史的关怀，正如他在该书后记中所言，由美术史观照思想史、文化史、社会史乃至政治史的相关问题。美术史的研究对象决定了该学科的交叉性，尤其在多学科交流日益频繁的大趋势下，好的美术史研究具有开放性。在我看来，这一开放性至少包含两个维度，一是范围的开放，包括一切与视觉相关的图像材料，这一方面近年来已取得突破性进展；二是学科的开放，关涉相关文史学科。近年来，艺术史学科正在不断努力，参与到重要史学问题的讨论中，如《艺术史中的汉晋与唐宋之变》[1] 即是从艺术史的视角，参与到史学重要问题"汉晋与唐宋变革"的讨论。与不同学科间的密切交流，势必带来方法上的融合，而不同学科的相向而行更是学术发展的必然趋势。

历史究竟是什么，是我在研究中一直思考的问题，究竟是历史本身，还是历史叙事？关于这一问题，即便历史学出身的学者，也有不同看法。而对于这一问题的态度，直接影响到学术研究的方法与方向。就考古出土品而言，除很少一部分有题名外，大多数遗物都面临文本缺失的困境，那么如何处理这些实物成为研究者面临的问题，将其直接与某一历史文本相对应未免简单，但若非如此，这些遗物本身又该如何发声？如何运用图像知识，重建古人的视觉经验，而非仅仅历史经验，也就是说，如何以图像为中心，最终解决图像自身所提出的问题，有待美术史学者进一步深入思考和回应。

附记

重读贺老师文章，总有常读常新的感觉，读其书如睹其人，跟随老师学习时的点滴历历在目。大学本科的第一堂美术史

1　颜娟英、石守谦主编：《艺术史中的汉晋与唐宋之变》，北京大学出版社，2016（本书为 2012 年 "艺术史中的汉晋与唐宋转折国际学术研讨会" 论文集）。

课，就是由贺老师讲授的。2011年我跟随老师读硕士，后来又继续读博士，至今已有11年。对老师的最初印象是，声音特别洪亮，上课时从不用讲稿，站在讲台上手一背，头一仰，古代文献信手拈来，顿挫如流。后来跟老师熟络了，问起怎么背得下来那么多古文，老师告诉我们，他刚留校的时候，上美术史课用幻灯片，为了让同学们看清，整堂课都关灯，教室里乌黑一片，即使写了讲稿也看不见，因此那时备课真的是"背课"。第一次真正与老师交流是在本科三年级的美术考古课上，期末作业写墓葬中车马出行图的研究综述，但相关材料繁杂，想课后问问贺老师意见。还清楚地记得当天我特别胆怯，虽然是冬天，但敲门的时候我攥出了一手的汗。没想到的是，贺老师特别平易近人，很耐心地帮我梳理了材料，还给了我一篇日本学者林巳奈夫关于车马出行图的研究论文。现在想起来，虽然那篇作业十分稚嫩，但正是那次交流，燃起了我对墓葬美术的兴趣，后来走向了学术之路。

读硕士以后，与老师的交流频繁起来，每周一次讨论课，同学们一起读书、分享研究成果或考察心得、交流学术观点。老师时常教导我们，今天做美术史研究，既要有传统美术史对于形式的感知和洞察，但不能局限在图像本身，还要拓宽知识面，重视文史知识的积累，更要有广阔的视野和时代格局，把美术史放在大的历史格局中讨论。因此我们的读书课从不只读美术史，老师经常带领我们阅读文史领域的大家经

典、学界新成果以及方法论书籍，培养学术判断力、分享心得收获。老师为人和蔼、平易近人，论文选题和学术交流中，充分听取我们的想法，尊重我们的个人选择，从不将他的观点强加于人。他鼓励我们自己去发现既有价值又有意义的题目，因此贺老师指导学生的毕业论文选题，从汉唐到宋元，乃至明清，各不相同。读书写作之余，老师还十分注重带领我们看实物，曾到西安、甘肃、河北、四川等地实地考察，那时候同门人数不多，也没有疫情的困扰，外出考察经常说走就走，一路欢声笑语，行程紧凑，收获满满。那段师门和谐、轻松、有爱的学习时光，是特别幸福、难忘的日子，当时以为寻常的一天，都是后来记忆的方向。

相比于近年来一些时髦、华丽的文章，老师的研究可能显得有些"老派"，信息时代下，随着国内外资讯的便利易得和交流的日益频繁，快速了解时髦、有趣的方法并非难事，相反，有意识地鉴别和取舍变得尤为重要。老师常带我们读方法论的书，但他时常告诫我们，任何方法都应服务于材料，而不要生搬硬套，要注意文和质的关系，文过重会有华而不实的危险。老师还时常鼓励我们，新时代下的年轻学子要充分利用网络电子资源，但要警惕便捷的文献检索所带来的材料碎片化，甚至断章取义的危险，因此做学问还要保留一些传统的老方法。多年来老师仍然坚持翻阅原书，并对相关文字进行摘录和分类，因此他每写一篇文章往往要翻阅、收

集大量资料，而实际在文章中引用的可能只是其中很小一部分。这种方法看似笨拙，却经常会带来意想不到的收获，很多时候会生发出新的课题。老师为人低调谦逊、敦厚朴实，其文如其人，读他的文章，会深深感受到扎实，沉得下心，屏得住气，这也正是当今学界最需要，也是最值得看重的品质。

移植与再造：东魏北齐
白石双身佛像粉本来源考*

■ 李　婧（华东师范大学美术学院）

东魏北齐白石双身佛像是魏晋南北朝双身像中的一环。所谓双身像，指双尊佛像或菩萨像以并立或并坐图式呈现，即二佛并坐、二佛并立、二菩萨并立、二菩萨并坐，题材有释迦多宝、双观音、双思惟等，在石窟寺、金铜造像、造像碑、背屏式造像中都有表现。不同于石窟寺、金铜、造像碑双身佛像，东魏北齐白石双身佛像具有数量多、分布集中、题材新等特点。尤其在题材方面不仅有北魏常见的释迦多宝题材，还新见双释迦与双弥勒，甚至还有尚待辨识的新题材。双身佛像题材不同主要体现在手印样式方面，而这在很大程度上与造像粉本来源不同有关。这为我们认识北朝双身佛像题材多样性、粉本流传、工匠系统等问题提供新视角。以往学界研究东魏北齐白石双身佛像，通常从佛像面貌、衣着、坐姿、基座、装饰等方面考察其风格样式，进而判断粉本来源，但较少以手印样式为切入点展开研究。[1]所以此前研究或博物馆展陈双身佛像时，往往将不同手印样式的双身佛像一并称作释迦多宝像，如此不免出现题材误读情况。因此，我们拟从手印样式角度讨论东魏北齐白石双身佛像粉本来源问题，探讨如何定名新题材及其对中古双身佛像题材样式的影响，进而尝试为研究或博物馆展陈双身佛像提供参考。

---

* 本成果得到国家社科基金艺术学一般项目"丝绸之路外来装饰艺术的中国化研究"（项目编号：18BG107）资助。

1 学界普遍认为释迦多宝像是《法华经·见宝塔品》的图像表现。李静杰与田军较早提出定州白石佛像样式受河北金铜佛影响一说。李裕群则较早认为北朝二佛并坐像是受萧梁时期梁武帝造"金银双像"影响。栗田功认为犍陀罗存在双身立像。姚远在其基础上提出东魏北齐定州白石双佛与双菩萨源于犍陀罗的观点。此外，简佩琦与张保珍等也撰文讨论河北地区白石双身佛像样式来源问题，但基本沿袭前人之说。参见李静杰、田军《定州系白石佛像研究》，《故宫博物院院刊》1999年第3期。李裕群《试论成都地区出土的南朝佛教石造像》，《文物》2000年第2期。姚远《东魏北齐定州白石造像研究》，博士学位论文，中央美术学院，2011。简佩琦《定州白石双身造像之形成、发展与式微》，《形象史学》2020年上半年（总第15辑）。张保珍《河北曲阳佛教造像地域风格研究——以半跏思惟像和双身像为中心》，硕士学位论文，南京艺术学院，2014。

一 手印样式概述

据现有材料不完全统计，东魏北齐白石双身佛像大致有 30 例，主要出土于河北地区，如曲阳、邺城、蠡县、藁城等，少量见于山东地区，如惠民县等，部分见藏于海外。[1] 这些佛像基本存有背屏，多见一铺两身，也有一铺四身与一铺六身。各佛像之间发髻、衣着、坐姿样式出入较小。例如，发髻常见磨光肉髻。又如，佛衣基本为敷搭双肩下垂式，但内衣有一定变化，呈现出从有结带向无结带发展趋势。[2] 再如，坐姿基本为跏趺坐，个别为交脚坐。[3] 这些方面虽然差别较小，但手印样式却有明显差异。现据手印样式不同将其分为五类，细节如下。

第一类为施无畏印组合样式，大致有 15 例，按组合不同可再分为 AB 两类：A 类为施无畏和与愿印组合，共 11 例。东魏 8 例，其中 5 例坐像有纪年，2 例坐像无纪年，1 例立像无纪年；北齐 3 例均为坐像，仅 1 例有纪年。B 类为施无畏和扶膝组合，共 4 例，均有北齐纪年，详见表 1。

表 1	双身佛像施无畏印组合样式统计	
A 类：施无畏和与愿印组合		

东魏兴和三年（541）赵道成造多宝佛像局部，曲阳修德寺遗址出土，故宫博物院藏，引自李静杰、田军《定州白石佛像》，图版 39，第 172 页	东魏武定四年（546）比丘惠朗造多宝佛像局部，曲阳修德寺遗址出土，故宫博物院藏，引自李静杰、田军《定州白石佛像》，图版 93，第 219 页	东魏武定五年（547）程爱造玉多宝像局部，曲阳修德寺遗址出土，故宫博物院藏，引自李静杰、田军《定州白石佛像》，图版 97，第 222 页

1　本文统计的东魏北齐双身佛像主要基于李静杰与田军合著的《定州白石佛像》、金申《中国历代纪年佛像图典》以及现今定州博物馆、河北省博物院、邺城博物馆等博物馆展陈，出处列于表 1 至表 4 和图 1 之中。

2　费泳：《南北朝佛教艺术研究》，四川美术出版社，2006，第 22—23 页。

3　李静杰、田军：《定州白石佛像》，（日本）财团法人觉风佛教艺术文化基金会，2019，第 53 页。

续表

东魏武定五年（547）高门村人造二佛并坐像局部，河北曲阳出土，故宫博物院藏，引自金申《中国历代纪年佛像图典》，图版179，文物出版社，1994，第248页	东魏武定八年（550）比丘尼昙口等造多宝石像局部，惠民沙河杨村出土，惠民文物管理处藏，引自李静杰、田军《定州白石佛像》，图版129，第253页	东魏（534—550）二佛并立像局部，曲阳修德寺遗址出土，故宫博物院藏，引自李静杰、田军《定州白石佛像》，图版550，第679页	东魏（534—550）二佛并坐像局部，曲阳修德寺遗址出土，河北省文物保护中心藏，引自李静杰、田军《定州白石佛像》，图版585，第714页

东魏（534—550）二佛并坐像局部，曲阳修德寺遗址出土，河北省博物院藏，拍摄于河北省博物院	北齐天保六年（555）二佛并坐像局部，流入国外，引自金申《中国历代纪年佛像图典》，图版195，第271页	北齐（550—577）比丘道悦造像局部，《增订中国佛教雕刻史研究》图录154b录，引自李静杰、田军《定州白石佛像》，图版588，第716页	北齐（550—577）二佛并坐像局部，曲阳修德寺遗址出土，河北省文物保护中心藏，引自李静杰、田军《定州白石佛像》，图版587，第715页
B类：施无畏和扶膝组合			
 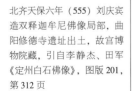			
北齐天保六年（555）刘庆宾造双释迦牟尼佛像局部，曲阳修德寺遗址出土，故宫博物院藏，引自李静杰、田军《定州白石佛像》，图版201，第312页	北齐天保十年（559）王和兄弟三人造多宝玉像局部，曲阳修德寺遗址出土，故宫博物院藏，引自李静杰、田军《定州白石佛像》，图版244，第357页	北齐太宁二年（562）陈恩业等造口玉释迦父母像局部，曲阳修德寺遗址出土，故宫博物院藏，引自李静杰、田军《定州白石佛像》，图版267，第379页	北齐河清四年（565）霍黑造玉像局部，曲阳修德寺遗址出土，故宫博物院藏，引自李静杰、田军《定州白石佛像》，图版296，第411页

资料来源：河北省博物院；李静杰、田军《定州白石佛像》；金申《中国历代纪年佛像图典》。

表 2	双身佛像禅定印样式统计		

东魏武定五年（547）王起宗夫妻造多宝玉像局部，曲阳修德寺遗址出土，故宫博物院藏，引自李静杰、田军《定州白石佛像》，图版96，第221页	东魏武定六年（548）侯能仁造白玉多宝像局部，曲阳修德寺遗址出土，河北省文物保护中心藏，引自李静杰、田军《定州白石佛像》，图版114，第238页	东魏武定七年（549）郭思显夫妻造多宝像局部，曲阳修德寺遗址出土，故宫博物院藏，引自李静杰、田军《定州白石佛像》，图版121，第244页	北齐乾明元年（560）李次兴造像局部，曲阳修德寺遗址出土，河北省文物保护中心藏，引自李静杰、田军《定州白石佛像》，图版253，第367页

北齐天统二年（566）二佛并坐像局部，曲阳修德寺遗址出土，故宫博物院藏，引自李静杰、田军《定州白石佛像》，图版302，第420页	北齐武平六年（575）郭季遵造玉像局部，《北京图书馆藏中国历代石刻拓本汇编》第8册第71页，引自李静杰、田军《定州白石佛像》，图版390，第507页	北齐（550—577）二佛并坐像局部，曲阳修德寺遗址出土，故宫博物院藏，引自李静杰、田军《定州白石佛像》，图版586，第714页	北齐（550—577）二佛并坐像局部，曲阳修德寺遗址出土，河北省文物保护中心藏，引自李静杰、田军《定州白石佛像》，图版590，第717页

　　资料来源：李静杰、田军《定州白石佛像》。

　　据表 1 可知，A 类施无畏和与愿印组合多见于东魏。造像记有多宝像与白玉像之称，尤以多宝像居多。如多宝像有 4 例，分别是赵道成造像、比丘惠朗造像、程爱造像与比丘尼昙口等造像；白玉像有 1 例，即高门村人造像。[1] 这些造像出土地与年代并不尽同，但大多造像记谓之多宝像，说明此类手印样式的双身佛像在供

1　造像记内容分别参见李静杰、田军《定州白石佛像》，第 172、219、222、253 页；金申《中国历代纪年佛像图典》，第 497 页。

养群体认知中较为统一。B 类施无畏和扶膝组合见于北齐天保（550—559）至河清（562—565）年间。造像虽有不同程度的损毁，但从刘庆宾造像左尊与霍黑造像右尊手部残存样式来看，基本可以辨识出该组造像手印样式为施无畏与扶膝组合。4 例造像记中的造像名各有不同：如刘庆宾造双释迦牟尼佛像、王和兄弟三人造多宝玉像、陈恩业等造口玉释迦父母像、霍黑造玉像。[1] 但是，在称名中以双释迦像、释迦父母像居多，说明此类双身佛像供养群体中至少有一半将其视作双释迦像。

第二类为禅定印样式，大致有 8 例，其中东魏 3 例均有纪年，北齐 5 例中仅 3

例有纪年，详见表 2。

如表 2 所示，8 例佛像手印样式表现为双手交握于胸前或腹前，以北齐居多。相较于第一类双身佛像名称混杂而言，此类名称较为统一，基本为多宝像。如王起宗夫妻造像、侯能仁造像以及郭思显夫妻造像均言各自所造为多宝像。[2] 说明供养者对禅定印双身佛像认知也相对统一，基本将此视作释迦多宝。

第三类为握莲蕾组合样式，大致有 3 例，按细节不同可再分为 AB 两类：A 类为握莲蕾与扶膝组合，共 2 例，均有北齐纪年；B 类为握莲蕾和与愿印组合，仅 1 例，存北齐纪年，详见表 3。

表3	双身佛像握莲蕾样式统计
A 类：握莲蕾与扶膝组合	

| 北齐河清二年（563）康口琮造双释迦像局部，邺城北吴庄出土，拍摄于中国国家博物馆"和合共生——临漳邺城佛造像展" | 北齐武平二年（571）张敬遵造白玉像局部，曲阳修德寺遗址出土，河北省文物保护中心藏，引自李静杰、田军《定州白石佛像》，图版348，第469页 |

1　造像记内容分别参见李静杰、田军《定州白石佛像》，第 312、357、379、411 页。

2　造像记内容分别参见李静杰、田军《定州白石佛像》，第 221、238、244、367、420、507 页。

续表

B 类：握莲蕾和与愿印组合

与愿印

握莲蕾

北齐河清元年（562）比丘尼员度门徒造白玉弥勒像局部，藁城北贾同村出土，正定县文物保管所藏，引自李静杰、田军《定州白石佛像》，图版 272，第 386 页

资料来源：中国国家博物馆"和合共生——临漳邺城佛造像展"；李静杰、田军《定州白石佛像》。

以上 3 例均为北齐造像，二佛分别一手手心向内握一莲蕾，一手扶膝。3 例造像记分别谓之双释迦像、白玉像、白玉弥勒破坐像。[1] 与前述双释迦像不同，河清二年（563）康口珎造双释迦像不见施无畏和扶膝组合样式，却见握莲蕾与扶膝组合样式，说明双释迦样式处于变动之中。双弥勒像是此期新见题材，其样式既不同于其他双身佛像，也不同于以往常见的弥勒像，具体表现在三方面：其一，面貌以佛呈现，而非菩萨；其二，手印首次见握莲蕾和与愿印组合样式；其三，坐姿不见弥勒菩萨常见的交脚坐样式，而代之以思惟菩萨常见的半跏趺坐样式。

第四类较特殊，因两尊佛像手部均有不同程度残毁，仅能辨识出其中一只样

[1] 造像记内容分别参见中国社会科学院考古研究所、河北省文物研究所编著《邺城北吴庄出土佛教造像》，科学出版社，2019，第 111 页；李静杰、田军《定州白石佛像》，第 469、386 页。

式，共 3 例，均为北齐造像。据已辨识手印情况可再分为 AB 两类：A 类为扶膝；B 类为执丸状物。详见表 4。

表4	残损双身佛像手部样式统计
A 类：扶膝	

| 北齐天保元年（550）靳阿仲造多宝像局部，曲阳修德寺遗址出土，故宫博物院藏，引自李静杰、田军《定州白石佛像》，图版144，第266页 | 北齐（550—577）二佛并坐像局部，曲阳修德寺遗址出土，河北省博物院藏，拍摄于河北省博物院 |

B 类：执丸状物

北齐（550—577）二佛并坐像局部，曲阳修德寺遗址出土，河北省博物院藏，拍摄于河北省博物院

资料来源：河北省博物院；李静杰、田军《定州白石佛像》。

图1 北齐武平元年（570）博野县菀元暮造白玉像局部
蠡县出土定州博物馆藏拍摄于定州博物馆

表4中A类佛像一手虽残，但通过年代与样式可大致判断出残损手印样式。前列东魏北齐双身佛像中只有表1与表3有扶膝组合样式，且年代在天保（550—559）至河清（562—565）年间。靳阿仲造像无论是造像年代还是扶膝样式，都较为接近表1、表3中扶膝诸像，说明它们的手印组合样式很大程度上一致，所以推测A类残存手印为施无畏或握莲蕾。B类所示北齐（550—577）双身佛像是目前所见东魏北齐唯一一尊没有舟形背屏的双身佛像。二佛双手均有不同程度残毁，仅左尊左手完好，手心向上，拇指与食指间捏有一枚丸状物。

第五类为双手托钵样式，仅1例，即北齐武平元年（570）博野县菀元暮造白玉像（图1）。两尊佛像双手交握于腹前各托一碗状物，应该是佛钵。造像记言此为白玉像。

以上即目前所见东魏北齐白石双身佛像全部手印样式。从数量上来看，施无畏和与愿印组合样式最多，共11例；禅定印样式次之，共8例。这两种手印样式东魏北齐皆有，且两个时代的供养者对其认知比较清晰统一，基本认为此即释迦多宝像。施无畏和扶膝组合样式再次之，共4例。此类样式均见于北齐，造像记有双释迦像、释迦父母像、多宝玉像、多宝像、玉像之称，其中称释迦像与多宝像者数量持平，反映供养者对这类新样式双身佛像认知已出现分化。值得注意的是，握莲蕾和扶膝组合样式也被称作双释迦像，如此一来北齐双释迦像样式有施无畏和扶膝组合、握莲蕾和扶膝组合两种。同一时期同一题材出现不同样式，说明该题材粉本尚未固定，正处于尝试之中。表明北齐双身佛像制作者在面对新题材需求时，尝试制作出新式样双身佛像以满足不同供养需求。那么新样式从何而来，为何只有施无畏和与愿印组合、禅定印两种样式双身佛像能够在跨时代、跨地域的供养群体认知中形成统一？此需从粉本方面考虑。

二　粉本移植

一般认为，双身佛像题材与图式经典依据是《法华经·见宝塔品》。该经言释迦牟尼说法时有七宝塔从地涌出住于空中，塔中狮子座上坐一位多宝佛，此佛于塔中分半座于释迦牟尼佛，二佛大显神力为众生说法。[1] 因此，以往学界解读炳灵寺西秦建弘元年（420）169 龛11 龛二佛并坐像、北魏诸石窟寺二佛并坐像以及北魏金铜二佛并坐像等图像意涵时，基本认为这些双身佛像表现的就是释迦多宝。然

而，实际双身佛像题材不仅限于此。因为从前述东魏北齐白石双身佛像造像记来看，不仅有释迦多宝，还有双释迦与双弥勒，且三者手印皆不相同。而题材与样式变化可以说与粉本有直接关系。

双身佛像手印以施无畏和与愿印组合样式呈现，在云冈二期（465—494）石窟、龙门石窟、巩县石窟等石窟寺中皆有可循之迹。例如，云冈第 5 窟西壁群龛第 3 层佛龛，第 6 窟中心塔柱北面下层佛龛，第 11 窟南壁下层佛龛和第 11 窟南壁明窗西壁佛龛等（图2）。又如，龙门石窟古阳洞南壁中层第 2 龛，古阳洞北壁上部中央比丘道匠造佛龛，皇甫公窟前壁上部小龛，药方洞北壁佛龛等。再如，巩县石窟寺第 1 窟东壁第 4 龛（图3）。但是，此手印组合样式并非独见于石窟寺二佛并坐像，在非二佛并坐的金铜佛像中也有所见。如北魏太平真君四年（443）菀申造鎏金铜佛立像（图4）。据金申考证，此像与云冈第 20 窟坐像东侧立佛相似，故其年代在云冈第 20 窟之后，"太平真君四年（443）"应是伪款。[2] 所以我们排除此样式源于北魏金铜佛像的可能性。从时间上来看，施无畏和与愿印组合样式较早见于云冈二期（465—494）石窟，其后在以龙门石窟为代表的河洛石窟寺中有所延续。

1　（姚秦）鸠摩罗什译：《妙法莲花经》卷四《见宝塔品第十一》，《大正藏》第四册 No. 262，第32—34 页。

2　金申：《北朝金铜佛像鉴定》，载金申主编《汉传佛教单尊造像收藏鉴赏百科》，中国书店，2011，第90—91 页。

图2 云冈第6窟中心塔柱北面下层佛龛

北魏，引自云冈石窟文物保管所编《中国石窟·云冈石窟第1卷》，图版63，文物出版社，1991

图3-1 比丘道匠造佛龛

北魏，龙门古阳洞北壁上部中央，引自龙门文物保管所、北京大学考古系编著《中国石窟·龙门石窟第1卷》，图版152，文物出版社，1991

图3-2 巩县石窟寺第1窟东壁第4龛

北魏，拍摄于巩县石窟寺

图4 菀申造鎏金铜佛立像局部

太平真君四年（443），日本东京国立博物馆藏，引自金申《中国历代纪年佛像图典》，图版10，第13页

东魏移民建都邺城为此样式从河南传
至河北带来契机。北魏末年高欢下令迁都
邺城，其时不少河洛工匠也随之迁移，遂
使邺城佛教造像艺术在一定程度上沿袭了
洛阳传统。[1] 可以确定的是，东魏北齐白
石双身佛像有此手印样式，是直接承继河
洛石窟寺释迦多宝样式的结果。此外，此
样式也见于西印度阿旃陀（Ajanta Caves）
第 10 窟列柱佛画、第 6 窟主尊旁左胁侍
雕像、第 7 窟主尊旁左胁侍雕像和第 7 窟
舍卫城大神变浮雕等（图 5）。一般认为

第 10 窟列柱佛画为后世补绘，第 7 窟开
凿于 5 世纪中叶至 7 世纪。[2] 现今虽然没
有阿旃陀石窟壁画、造像直接影响云冈石
窟的例证，但阿旃陀石窟所见母题如儒童
本生与罗睺罗授记，分别在云冈石窟第
10 窟前室东壁、第 19 窟南壁西侧上层出
现。[3] 这些图像上的巧合间接地告诉我
们，云冈石窟与阿旃陀石窟在一定程度上
有联系。所以云冈石窟释迦多宝像较早出
现此样式，很可能是印度石窟寺佛像样式
影响所致。[4]

图 5-1　阿旃陀第 10 窟佛和供养者

5 世纪，引自高田修《阿旃陀壁画Ⅱ》，图
版 10-10，NHK，2000

图 5-2　阿旃陀第 6 窟一佛二弟子

5 世纪，引自 Rajesh Singh. *An Introduction to the AJANTA CAVES with examples of sixcaves.* Fig. 22.（India：HARI SENA PRESS，2012）

1　何利群：《邺洛佛学与寺院建筑及造像艺术之传承》，载释永信主编《少林寺与北朝佛教》，宗教文化出版社，2018，第 267—279 页。

2　朱浒：《阿旃陀石窟本生故事壁画研究》，《中国美术研究》2020 年第 3 期。

3　赵昆雨：《云冈的儒童本生及阿输迦施土信仰模式》，《佛教文化》2004 年第 5 期。朱浒：《阿旃陀石窟佛教故事雕刻研究》，《中国美术研究》2017 年第 4 期。

4　按：与愿印和施无畏印组合样式较早见于云冈二期石窟佛像之中（包括单尊、一佛二菩萨、二佛并坐等），是云冈二期石窟佛像较为普遍的手印样式。

图 6　释迦多宝像炳灵寺 169 窟 11 号与 12 号壁画

西秦建弘元年（420），甘肃省文物工作队、炳灵寺文物保管所编《中国石窟永靖炳灵寺》，图版 35，文物出版社，1989

图 7　释迦多宝像云冈第 17 窟南壁明窗下部东侧佛龛

460—465 年，云冈石窟文物保管所编《中国石窟·云冈石窟第 2 卷》，图版 150，文物出版社，1994

图 8　北魏永平四年（511）靳口造铜二佛并坐像

1967 年，河间王士油村出土，河北省文物研究所藏，拍摄于浙江省博物馆"佛影灵奇——十六国至五代佛教金铜造像展"

从现有材料来看，双身佛像呈现禅定印样式较早见于北魏金铜释迦多宝像。如美国旧金山亚洲艺术博物馆藏延兴二年（472）释迦多宝像、日本私人收藏延兴五年（475）徐敬姬造释迦多宝像、山东博兴龙华寺出土太和二年（478）王上造像等。[1] 据不完全统计，北魏金铜释迦多宝像约有 39 例，其中有 34 例手印为禅定印，几乎占比 87% 以上。[2] 可以说，禅定印是北魏金铜释迦多宝像手印样式主流。

值得注意的是，禅定印释迦多宝像仅见于北魏金铜释迦多宝像之中，未见于石窟寺释迦多宝像。如西秦建弘元年（420）开凿的炳灵寺 169 窟 11 号与 12 号壁画释迦多宝像，是现存已知较早的石窟寺释迦多宝像例。两处佛像手印都是施无畏与执衣角组合样式（图 6）。而云冈一期（460—465）石窟如第 16 窟南壁明窗东壁佛龛、第 17 窟南壁明窗下部东侧佛龛和第 18 窟南壁上层东侧佛龛中的释迦多宝像手印也都是施无畏与执衣角组合样式（图 7）。至云冈二期（465—494）石

1　何志国：《早期纪年释迦多宝佛金铜像类型分析》，《艺术探索》2020 年第 5 期。

2　20 例采自何志国《早期纪年释迦多宝佛金铜像类型分析》一文；6 例采自李静杰《中国金铜佛》，图版 25、26、27、28、29、30，宗教文化出版社，1996；4 例采自金申《中国历代纪年佛像图典》，图版 53、60、102、107；其余 9 例采自浙江省博物馆"佛影灵奇——十六国至五代佛教金铜造像展"，分别是博兴龙华寺出土景明元年（500）石景之造像，正始四年（507）张铁武造像，北魏（386—534）二佛并坐像，北魏（386—534）二佛并坐像，河北沧州河间出土永平四年（511）靳口造像，山西寿阳出土永平五年（512）弓寄姜造像，镇原县出土熙平二年（517）铜佛像，藁城县出土正光六年（525）铜佛像，河北石家庄灵寿县出土北魏（386—534）胡市迁造像。

窟释迦多宝手印变为施无畏和与愿印组合样式时，也未见禅定印样式出现。可见，与延兴二年（472）释迦多宝像年代相距不远或较早的石窟寺释迦多宝像手印皆非禅定印。说明禅定印释迦多宝主要见于北魏金铜释迦多宝像。

禅定印释迦多宝像在河北地区也有出现。如河北唐县太和十三年（489）比丘造像、灵寿县太和年间（477—499）韩位造像、河间永平四年（511）靳口造像、藁城正光六年（525）造像等皆为代表（图8）。而曲阳白石佛像本就有仿造当地早期金铜佛像的传统。[1] 所以综合来看，东魏北齐白石禅定印双身佛像粉本无疑采自河北金铜释迦多宝像。

以上为东魏北齐白石双身佛像施无畏和与愿印组合样式、禅定印样式粉本来源。不难看出，施无畏和与愿印组合样式是制作者移植北魏河洛石窟寺释迦多宝样式的结果，而禅定印样式则是承继于北魏河北金铜释迦多宝样式。石窟寺与金铜释迦多宝像手印样式虽各有不同，但在北朝各自造像系统中较为稳定，未见混用情况，说明二者分别已有相对成熟且固定的粉本流通于世，并为跨地域、跨时代的制作者和供养者所知。正因如此，当这两种手印样式移植于东魏北齐白石双身佛像中时，即使供养者来自不同年代、不同地域，但还是无一例外地称其为释迦多宝像

或多宝像。

两种不同手印样式的双身佛像均见于曲阳，说明该地至少有两个以上的工匠派别参与双身佛像制作。不同派别的工匠有固定的客源。如东魏兴和三年（541）赵道成造多宝像和东魏武定五年（547）高门村人造二佛并坐像虽然年代相差六年，但在肉髻、结带、衣纹等方面有明显相似之处，且都出土于曲阳修德寺遗址，说明两尊像很可能由同一工匠派别制作而成。而这一工匠派别擅长制作石窟寺释迦多宝样式。所以会在曲阳见到年代相差不远、不止一例的施无畏和与愿印组合样式双身佛像。同理，制作禅定印双身佛像的工匠们擅长以金铜释迦多宝像作为粉本，其亦有稳定客源，所以会在同一地点出现一定数量的禅定印释迦多宝像。

考虑到施无畏和与愿印组合样式释迦多宝像常见于河洛石窟寺，且此类手印样式造像年代基本集中在东魏初年，而河洛工匠正是在此期迁移安居于河北，由此推测这些造像的制作者很可能就是河洛移民。同时，基于北魏河北地区已有禅定印金铜释迦多宝像的情况，所以推测东魏北齐此类样式释迦多宝像的制作者很可能为当地工匠。不过，相较于这两种手印样式有现成粉本可循而言，其余四种样式则未见可参照粉本。那么其究竟从何而来？或许要从粉本再造谈起。

1　李静杰、田军：《定州系白石佛像研究》，第66—84页。

三　粉本再造

东魏北齐白石双身佛像中有四种手印样式仅见于北齐，即施无畏和扶膝组合样式、握莲蕾组合样式、托钵样式和执药丸样式。这些样式尚未见于北魏释迦多宝像，所以考虑其很大程度上与粉本再造有关。

施无畏和扶膝组合样式双身佛像共4例，分别是天保六年（555）刘庆宾造双释迦牟尼像、天保十年（559）王和兄弟三人造多宝玉像、太宁二年（562）陈恩业等造释迦父母像、河清四年（565）霍黑造玉像。这些造像记有一半称之为双释迦像。无独有偶，河北邯郸成安县曾出土一例北魏太和六年（482）鞠抚夫妻三人造像，手印与北齐这些双释迦像一致，皆为施无畏和扶膝组合样式（图9）。更为巧合的是，此像造像记言主尊为释迦牟尼。这是目前所见中国佛教造像体系中较早的施无畏和扶膝组合样式释迦牟尼像。

北魏河北地区佛像出现施无畏和扶膝组合样式，或与印度佛教造像影响有关。据衣丽都考证，此像风格受犍陀罗佛教美术影响。[1] 而在现存犍陀罗佛传故事雕刻，如初传法轮、龙王拜访、十六人访佛等，确实见有此手印（图10）。一般认为

此类犍陀罗佛教美术作品年代大致在贵霜时期。与此同时，3世纪左右秣菟罗造像也见有此样式，典型代表即卡特拉坐佛像（图11）。由此可见，此样式早在犍陀罗与秣菟罗佛教美术中有所出现，至印度佛教东传后进入中国佛教造像体系。此样式目前仅见于鞠抚夫妻三人造像，未见于其他地区造像。但是从样式与称名的一致性来看，东魏北齐双释迦佛像粉本依据应该来源于此。只是工匠在制作时将原本单尊释迦牟尼像复制为双尊，如此既在已有造像仪轨范围之内完成了双释迦粉本创作，又满足了供养者供奉双释迦的需求。双释迦手印样式还有握莲蕾与扶膝组合，像例代表为北齐河清二年（563）康口珎造双释迦像。扶膝样式前文已述，源自北魏河北释迦牟尼像。但是从图像志来看，握莲蕾在此之前尚未见于任何佛像，而仅见于菩萨像。目前可知中国较早握莲蕾菩萨像为炳灵寺169窟观世音菩萨像（图12）。观世音菩萨左手上举并握一莲蕾。而握莲蕾样式在其后北魏多地石窟寺、背屏式菩萨像、东魏北齐石窟寺、背屏式菩萨像中屡有所见，说明此已逐渐成为菩萨像惯用手印粉本（图13、图14）。从康口珎造双释迦像样式来看，二佛均手心向内握一莲蕾，姿态与同期背屏式菩萨像手握莲蕾姿态一致。说明此像握莲蕾是工匠将菩萨手部样式嫁接于佛像的结果。

1　衣丽都：《邯郸成安县出土的北魏太和六年释迦三尊像》，《敦煌研究》2012年第3期。

图 9　北魏太和六年（482）鞠抚夫妻三人造释迦三尊像

成安南街村寺庙遗址出土，邯郸市文物保护研究所藏，拍摄于邯郸市博物馆

图 10　犍陀罗佛传故事

2 世纪，引自栗田功《犍陀罗艺术 1 佛陀的一生》，图版 342，二玄社，2003

图 11　卡特拉坐佛像

3 世纪左右，印度马图拉博物馆藏，拍摄于印度马图拉博物馆

图 12　炳灵寺 169 窟观世音菩萨像

西秦，引自甘肃省文物工作队、炳灵寺文物保管所编《中国石窟永靖炳灵寺石窟》，图版 24

图 13　麦积山第 133 窟 1 号龛内右壁菩萨像

北魏，引自天水麦积山石窟艺术研究所编《中国石窟天水麦积山》，图版 89，文物出版社，1998 年

图 14　北魏孝昌元年（525）佛来菊造观世音石像局部

曲阳修德寺遗址出土，河北省文物保护中心藏，引自李静杰、田军编《定州白石佛像》，图版 10，第 139 页

同为双释迦像却有施无畏和扶膝组合、握莲蕾与扶膝组合样式之别，说明至少有两个工匠派别参与制作双释迦像。例如，有施无畏和扶膝组合样式的陈恩业等造释迦父母像出土于曲阳修德寺，年代为北齐太宁二年（562）；而有握莲蕾与扶膝组合样式的康口琎造双释迦像出土于邺城北吴庄，年代为北齐河清二年（563）。两尊造像都有扶膝样式，说明北齐释迦牟尼像手印样式确有继承北魏释迦牟尼像的可能；二者年代相差不远但出土地却不相同，说明该样式粉本在不同地区有所流通。然而，两尊像分别各有一手样式有异，说明两像制作者在一定程度上对原粉本作出改动。

至于菩萨手标志——握莲蕾为何会安置于佛手之上，我们推测此或与多名工匠共同雕刻有关。康口琎造像有一个明显疑点：佛经记载手握莲华有供养之意。[1] 故在佛造像中，菩萨与供养人一般都会手握莲花或莲蕾，以作供养礼佛之用。所以佛像出现握莲蕾手印不符造像仪轨，似乎是技艺生疏工匠为之。但从该像镂空背屏与彩绘贴金工艺来看，此又非粗陋之作。针对此矛盾点，较为合理的解释是该像至少由两名或以上的工匠共同完成。此类透雕双树背屏佛造像工艺繁复、耗时久，理论上需要多名工匠合力而作。[2] 但每位工匠擅长之处不同，诸如一些工匠擅长雕刻发髻，另一些工匠擅长衣纹，还有一些工匠擅长手印等。如此便在佛造像上形成"混搭"痕迹。

这种"混搭"在北齐双弥勒像中也有体现。以往供养弥勒像绝大多数是以交脚或半跏趺坐弥勒菩萨形象呈现。然而，在北齐河清元年（562）比丘尼员度门徒造白玉弥勒像中，双弥勒却以佛首、菩萨手、菩萨半跏趺坐姿呈现。此既未参考现成粉本，也不合乎造像仪轨，在北朝双身佛像中颇显另类。但是从此像工艺如此繁复精美来看，其又并非出自低水平工匠之手。如此便只有一种可能，就是多名工匠一起完成，所以形成了"混搭"样式，由此产生了握莲蕾和与愿印组合样式的双弥勒像。

如果说施无畏与扶膝组合样式双释迦像、握莲蕾与扶膝组合样式双释迦像、握莲蕾和与愿印组合样式双弥勒像是制作者依据已有手印样式再创作的结果，那么托钵与执药丸样式则完全属于自主创造范畴，因为此仅见于邺城北齐双身佛像，尚未见于其他佛教造像。同时，我们在隋唐佛教造像中也发现了这两种手印样式，且独见于药师佛像之中。

托钵样式集中见于敦煌隋唐石窟寺药师佛像之中。例如，莫高窟隋代第 302 窟

1　《佛说千佛因缘经》记载"时千童子闻佛因缘，各持莲华以供养像，顶礼像足"，可见手持莲花有供养意味。（后秦）鸠摩罗什译：《佛说千佛因缘经》卷一，《大正藏》第十四册 No. 426，第 69 页。

2　和海龙在《曲阳石雕的历史沿革和艺术特色》讲座中，以台湾中台山博物馆藏北齐多层透雕曲阳白石佛造像为例，认为这类工艺繁复的白石造像即使在现代复刻也需要至少历时一月以上，且需要多人协作完成。

南壁东侧药师像左手托钵，右手施无畏印。又如，莫高窟初唐第 335 窟西壁北侧药师说法图中，药师佛左手托钵，右手作说法印。再如，榆林窟中唐第 25 窟东壁北侧药师佛，左手执钵，右手持锡杖。[1] 可见，手捧药钵是隋唐药师佛图像重要表征。[2] 执药丸出现在唐代药师图像之中。例如，陕西铜川市耀州区博物馆藏唐神龙三年（707）元玄贵等三人造青石药师立像，主尊左臂弯曲，手掌下垂，掌心握一枚药丸，右臂前伸，手掌上举作施无畏印。[3] 又如，药王山摩崖造像编号 32 组合龛像中，主尊左手持钵，右手捻一药丸举于胸前。[4] 再如，敦煌第 361 窟药师经变中，主尊药师佛左手托钵，右手似执药丸。[5] 甚至在当代药师佛像中也不乏执药丸者，今杭州灵隐寺药师殿主尊药师佛像便是如此（图 15）。这些图像关联性无不说明北齐所见托钵与执药丸样式的双身佛像，很可能表现的是药师佛。

图 15　杭州灵隐寺药师殿主尊药师佛

当代，拍摄于杭州灵隐寺药师殿

1　党燕妮：《中古时期敦煌地区的药师佛信仰》，《南京晓庄学院学报》2013 年第 6 期。

2　王忠林：《药师佛造像的仪轨与配置》，《艺海》2013 年第 11 期。

3　陕西省文物局编：《陕西文物年鉴 2008》，陕西人民出版社，2009，第 213 页。

4　李淞：《陕西古代佛教美术》，陕西人民教育出版社，2000，第 18 页。

5　赵晓星：《梵室殊严：敦煌莫高窟第 361 窟研究》，甘肃人民美术出版社，2017，第 154 页。

其实，药师像早在北魏就已出现，但其样式发展至东魏北齐时仍未固定。如北魏药师像或为禅定坐像，或为立菩萨像。东魏北齐药师像或为立菩萨像或为坐佛像。坐佛手印一般为施无畏和与愿印组合样式，与释迦像、阿弥陀像手印无异。工匠制作和供养人发愿供养这些药师像时，或在一定程度上参考了药师经典，代表有两例：其一，成都万佛寺出土萧梁时期坐佛底座上的十二身护法神像接近于慧简本《药师经》记载的十二神王像；其二，东魏天平四年（537）清信女佛弟子梁造药师像发愿文对应慧简本《药师经》第七愿。[1] 而药丸与药钵作为现实生活中医师治病救人用品，刻于佛像之上可以直观形象地表现药师佛"令诸疾病皆得除愈，无复苦患至得佛道"[2] 的愿力。可以说，这种具象化表现药师佛施药救人特性的手印样式的出现，既是北齐民众通俗化理解药师经典的直接体现，也是民众实际供养礼拜药师佛诉求的直观表达。

综上所述，北齐双身佛像手印既有依托北魏佛像粉本再造者，如施无畏和扶膝组合样式的双释迦像；也有多名工匠按不同粉本合作而成的"混搭式"佛像，如握莲蕾和扶膝组合样式的双弥勒像；还有将佛经记载与现实社会联系在一起创造出的新粉本，如执药丸与托钵样式的双药师像。初看这些有着另类手印的双身佛像，

似乎会认为这是民间低水平工匠制作出的"劣质"作品。但通过梳理可知，这些手印背后都有其合理存在的依据。尤其是以托钵和执药丸手印表现双药师像，不仅为北朝药师像样式添加新证，而且为隋唐乃至现今药师像样式来源提供参考，更为北朝双身佛像谱系建构提供力证。

结　语

东魏北齐白石双身佛像手印样式产生大致经历了这样的过程：首先沿用已有石窟寺、金铜释迦多宝样式制作释迦多宝像；然后扩大粉本范围至已有佛像、菩萨像进行组合再创造，制作出双释迦像与双弥勒像；最后抛开粉本限制，开始依据对佛经佛像的理解创造双药师像。由此，双身佛像图像意涵从已有释迦多宝扩展至双释迦、双弥勒、双药师。

通过分析不同手印对应粉本可得出三个结论：其一，制作这些双身佛像的工匠来源不同，既有来自河洛的移民，也有河北本地的工匠。其二，以工艺精湛的双弥勒像为代表的像例，很大程度上是由多名工匠协同制作而成。其三，双身佛像粉本动态变化的驱动力源于供养群体不断变化的祈愿诉求。这些情况反映出制作者工艺水平、供养者佛学水平分别会对佛像样式

1　常青：《成都万佛寺药师佛像与南北朝药师佛信仰》，《故宫博物院院刊》2021 年第 7 期。

2　（东晋）帛尸梨密多罗译：《佛说灌顶拔除过罪生死得度经》，载肖武男主编《药师佛经典》，华夏出版社，2007，第 49 页。

是否合乎仪轨、命名是否与样式匹配产生影响。而此影响导致的结果就是佛像模件化、批量化、商品化生产。[1] 如此一来，这些双身佛像手印样式出现菩萨手、托钵手、执药丸手等看似乖张的样式也自在情理之中。总而言之，双身佛像粉本移植加再造，不仅丰富了魏晋南北朝双身像题材内涵，还扩大了粉本外延，为建构中古双身像谱系留下了浓墨重彩的一笔。

---

[1] 简佩琦认为东魏北齐出现大量释迦多宝像，是制作者镜像设计思维所致。之所以会如此，原因在于"供应端出现多元化的商品设计，将刺激消费者（供养人）购买需求；而供养人的消费需求，也会回过头来刺激供应端出现更繁复、更多元的设计"。参见简佩琦《定州白石双身造像之形成、发展与式微》，《形象史学》2020 年第 1 期。

社会文化

人彘、蹴鞠与五虐之刑*

■ **闫爱民**（南开大学中国社会史研究中心）　　**路灵玉**（南开大学历史学院）

马王堆汉墓帛书《十六经·正乱篇》对于理解西汉时期的蹴鞠之戏和肉刑的实施有着重要的意义。蹴鞠是战国秦汉流行的一项民间娱乐游戏，同时它也是一项军事训练运动，传说为黄帝战蚩尤后所创；"五虐之刑"是原始古老的肉刑刑罚，也源于黄帝与蚩尤的传说。刑法、兵战与体育游戏似乎是互不搭界的内容，然而从当时流行的黄帝、蚩尤传说以及《汉书》所载吕后对戚夫人"人彘"惩罚并置于鞠域的举措来看，它们之间竟有着密切的关联。结合汉代的蹴鞠画像石等图像资料，其中反映出的汉代蹴鞠的形式、汉初五刑的变化以及吕后废除肉刑的作用，值得细致考索和深入探究。[1]

一　吕后的"使居鞠域"与戚夫人的盘舞蹴鞠

（一）"使居厕中"抑或"使居鞠域"

吕后残害戚夫人为人彘后将其置于何处，马班之书记载不同。《史记·吕太后本纪》：

> 太后遂断戚夫人手足，去眼煇耳，饮喑药，使居厕中，命曰"人彘"。居数日，乃召孝惠帝观人彘。[2]

---

* 本文得到教育部人文社会科学重点研究基地重大项目"制度与生活"（项目编号：20JJD770008）资助。

1　五刑肉刑制度的缘起，清代沈家本的《历代刑法考》和今人张晋藩的《中国法制史》认为，是夏禹时期由古苗人所创，后来才被中原王朝所沿用。（参见沈家本《历代刑法考》，商务印书馆，2011，第5—6页；张晋藩主编《中国法制史》，高等教育出版社，2007，第6—7页）关于蹴鞠、鞠域和人彘问题，秦汉史和体育史学者多有研究，对于"人彘"的研究更强调后宫之争中吕后个人的报复心态和残忍方式；蹴鞠中的鞠域问题，学者们则多关注蹴鞠场地的规制和大小等，"人彘"与蹴鞠的关系则鲜有涉及。

2　（汉）司马迁：《史记》卷九《吕太后本纪》，中华书局，1965，第397页。

《汉书·外戚传》：

> 太后遂断戚夫人手足，去眼熏耳，饮喑药，使居鞠域中，名曰"人彘"。居数月，乃召惠帝视人彘。[1]

汉人关于人彘所居的记载，有的从《史记》，有的从《汉书》。王充《论衡·雷虚篇》与《史记》"厕中"一致："吕后断戚夫人手，去其眼，置于厕中以为人豕。呼人示之，人皆伤心，惠帝见之病卧不起……戚夫人入厕，身体辱之，与洿何以别？"[2] 荀悦《汉纪》则作"鞠室"："断戚夫人手足，去眼熏耳，饮以喑药，使居鞠室中，名曰'人豕'。召帝视之。"[3] 与《汉书》的"鞠域"义近。

《史记》的"厕中"，一般理解为溷厕之厕。古人生活的厕所与猪圈相接，出土的汉代猪圈与厕所连接的"溷厕"多有验证。[4] 将"人彘"置于溷厕最为自然。钱锺书《管锥编·史记会注考证》七《吕后本纪》"厕"条就说："夫厕溷，

固豚苙豕圈也！"[5]《史记》的人彘"使居厕中"合乎常理。班固《汉书》将"人彘"置于鞠域之中，好像有些说不通。梁玉绳《史记志疑》"使居厕中"条赞同鞠域说："《汉传》作'居鞠域中'，是也。若厕，则不能居矣，且惠帝何能往视乎？荀《纪》亦云'鞠室'。"在"居数日"条谓："汉传作'数月'，恐误。"[6] 居厕中，生存环境恶劣，正如梁氏所言，确实不能久居，故《史记》载只能"居数日"而太后召惠帝往视人彘；而居鞠域，相对环境比溷厕好，故《汉书》记"居数月"不误。

《史记》《汉书》中"厕中""鞠域"的哪个记载更为准确，很难简单地是彼非此。《汉书》晚出，人彘之事据《史记》改写，班固不会不注意到豕彘居溷厕的常理，他改"厕中"为"鞠域"，肯定有其道理或者有新见资料。由此思之，人彘为何置于鞠域，吕后对戚夫人的惩罚又与蹴鞠有何关系？这些问题需要厘辨清楚，因而对于吕后残害戚夫人的心态以及西汉时期的蹴鞠游戏之法，也会有新的理解。

1　（汉）班固：《汉书》卷九七《外戚传》，中华书局，1962，第3939页。

2　（汉）王充撰，黄晖校释：《论衡校释》卷六《雷虚篇》，中华书局，1990，第300页。

3　（汉）荀悦、（晋）袁宏撰，张烈点校：《两汉纪》，中华书局，2017，第504页。

4　汉代中原地区常见的厕所一般和猪圈相连，称为"溷厕"或"溷"。从考古发现的汉代溷厕明器也证实这一特点，这类溷厕一般分上下两层，上层为厕所，下层为猪圈。参见赵璐、闫爱民《"如厕潜遁"与汉代溷厕》，《天津师范大学学报》（社会科学版）2018年第5期。

5　钱锺书：《管锥编》第二册《史记会注考证》，中华书局，1979，第282页。

6　（清）梁玉绳：《史记志疑》卷七《吕后本纪》，中华书局，1981，第240页。

（二）戚夫人的"踏地为节"之舞与画像石中的"盘舞蹴鞠"

汉家历来有喜欢蹴鞠的传统。长安新丰之建，就与刘邦为讨太上皇嗜好蹴鞠有关。高祖的后人如武帝、成帝也都以痴迷蹴鞠闻名，至于戚夫人和汉高祖本人更有此种爱好。

《西京杂记》载戚夫人"善为翘袖折腰之舞，歌出塞、入塞、望归之曲"。每年十月十五日入灵女庙以豚黍祭神后，与高帝"相与连臂，踏地为节，歌赤凤凰来"[1]。"出塞入塞望归之曲"，属戎旅军歌；"连臂踏地为节"，踏，《说文》作"蹋"，即"蹴"。"踏地"之舞，节奏感强，须有鼓舞伴奏，这种歌舞与军事体育的蹴鞠有关。汉代画像石中显示出的蹴鞠之舞，多是伴随着敲击建鼓而起舞，女性蹴鞠舞蹈更是常见。南阳后岗出土的东汉盘舞蹴鞠画像石（见图1），画面左侧有一女性舞者，长袖束腰，足下六盘一鞠，正在做"翘袖折腰之舞"，与此同时又踏盘跳跃蹴鞠；右侧一男性舞者单腿跪地，伸双臂与女舞者含情对视而鞠舞。可以说这幅画像形象地再现了当年汉高祖和戚夫人"连臂踏地为节"蹴鞠而舞的场面。

图1　新野后岗"男女盘舞蹴鞠"画像石

采自信立祥主编《中国美术全集·画像石画像砖三》，黄山书社，2009，第609页

1　（晋）葛洪撰，周天游校注：《西京杂记》卷一、卷三，三秦出版社，2006，第15、146页。

图 2　南阳邓州梁寨"舞乐"画像石

采自南阳汉画馆编《南阳汉代画像石图像资料集锦》，中州古籍出版社，2012，图 936

图 1 原名"七盘舞画像砖"，编著者认为，女伎"足下六盘一鼓"，故有"七盘舞"命名。然而从画面上看，女伎左足下空悬之圆形物，不像鼓，更似皮革或丝帛所制凹凸有型的鞠球。高国藩、刘朴认为：此画像为一人一鞠的长袖舞蹴鞠图。[1] 类似的盘舞蹴鞠图，汉画像石中还有不少。如图 2 南阳邓州梁寨汉墓出土的"舞乐"画像石，图中刻四人，左侧二人长袖而舞，中间有二盘和一樽一勺，右侧一人左足前有一鞠球，边蹴鞠边舞，最右端一人侧立观看。

另外，文献上记载汉魏时期的七盘舞，并非单纯的踏盘舞蹈，而是与踏盘相结合的蹴鞠舞蹈。卞兰《许昌宫赋》：

> 设御座于鞠城，观奇材之曜晖。二六对而讲功，体便捷其若飞。进鼓舞之秘伎，绝世俗而入微。兴七盘之递奏，观轻捷之翾翾。振华足以却蹋，若将绝而复连。鼓震动而不乱，足相缋而不并。婉转鼓侧，蜿蛇丹庭。或迟或速，乍止乍旋。似飞兔之迅疾，若翔龙之游天。赵女抚琴，楚媛清讴。奏筝慷慨，齐舞绝殊。众技并奏，捔巧骋奇。千变万化，不可胜知。[2]

由赋中可知，"观奇材""二六对而讲功，体便捷其若飞"，就是讲选拔武士的蹴鞠演练技能的；而"振华足以却蹋""足相缋而不并"，"或迟或速，乍止乍旋"等足部动作，既是描述盘舞者踏盘的灵活舞步，也是形容蹴鞠者奔跑悬停、腾跃翻转的蹴球动作，蹴鞠的魅力，就在于"千变万化，不可胜知"。

东汉和曹魏宫殿中的鞠城有皇帝专门御座，来观看蹴鞠表演和选拔将才。西汉

1　刘朴：《对汉画像石中蹴鞠活动的研究》，《体育科学》2009 年第 11 期。

2　（清）严可均辑：《全上古三代秦汉三国六朝文》，中华书局，1958 年影印本，第 1223 页下栏。

时"汉宫阁有含章鞠室，灵芝鞠室"[1]，吕后可能就是将人彘置于汉宫含章殿或灵芝殿的鞠室之中，这里是戚夫人所熟悉的场所。吕后将戚夫人残害为"人彘"置于鞠域之中事出有因，是她对当年戚夫人与高祖常在一起连臂踏地蹴鞠而舞的报复和羞辱，也是对自己早年被冷落的一种心理补偿。《汉书》人彘置于"鞠域"的记载说得通，也更合事理。高帝、戚夫人喜欢蹴鞠，吕后也懂得蹴鞠，如彘一类的猛兽也与蹴鞠有着密切关联。

二　鞠域、斗兽与兵刑之戏

（一）鞠域与鞠室之别

鞠域，又称鞠城、鞠室、鞠窟。前引《汉书·外戚传》颜师古注："鞠域，如蹋鞠之域，谓窟室也。"李善《文选注》引用东汉李尤所作"鞠室铭"[2]，欧阳询等编《艺文类聚》引文则称《鞠城铭》[3]。鞠域、鞠城、鞠室与鞠窟，后人往往混称，不加区别，它们都是蹴鞠之地，但其间还是有大小、规范的区别，应该分成鞠域与鞠城和鞠室与鞠窟两类蹴鞠场所。鞠室、鞠城的称谓，都是东汉人的说法，到东汉时蹴鞠场所才有了细致的区分。

鞠域之"域"，本字为"或"，或从土，《说文》谓："邦也。"[4]邦，通"国"和"城"，所以鞠域也可称"鞠城"。陆机《鞠歌行》序谓："后汉马防第宅卜临道，连阁通池，鞠城弥于街路。"[5]可知马防宅第外街路上鞠城的规模很大。《盐铁论·国病》说："里有俗，党有场，康庄驰逐，穷巷蹋鞠。"[6]乡野的蹴鞠也是在户外的"穷巷"里进行。

鞠室或鞠窟，鞠室应该是庭院里室内的蹴鞠场所。《汉书》说吕后将人彘置于"鞠域"，荀悦《汉纪》作"鞠室"，前文提及西汉宫中有含章鞠室、灵芝鞠室，《汉纪》的记载可能更为具体。鞠窟则为田野外构筑的蹴鞠场地。霍去病"其在塞外，卒乏粮，或不能自振，而去病尚穿域蹋鞠也"。服虔曰："穿地作鞠室也。"[7]穿域，也就是在野外掘地为窟穴以作鞠屋。武帝巡游，"从行至甘泉、雍、河东，东巡狩，封泰山，塞决河宣房，游观

1　（宋）郭茂倩编撰：《乐府诗集》卷三三，引晋人陆机《鞠歌行》序，中华书局，1979，第494页。

2　（南朝梁）萧统编：《昭明文选》卷一一《景福殿赋》，中华书局，1977年影印本，第177页上栏。

3　（唐）欧阳询等编：《艺文类聚》卷五四《刑法》，上海古籍出版社，1985，第970页。

4　（汉）许慎著，（清）段玉裁注：《说文解字注》，上海古籍出版社，1981年影印版，第631页。

5　（宋）郭茂倩编撰：《乐府诗集》卷三三，第494页。

6　（汉）桓宽撰，王利器校注：《盐铁论校注》卷五《国疾》，中华书局，1992，第370页。

7　（汉）班固：《汉书》卷五五《霍去病传》，第2488页。

三辅离宫馆，临山泽，弋猎射驭狗马蹴鞠刻镂"[1]。武帝出巡途中的蹴鞠，也应是如同霍去病那样"穿域"构窟屋而蹴鞠。

《史记索隐·骠骑列传》引汉代《蹴鞠书》中的《域说篇》："又以杖打，亦有限域也。"[2] 限域，应是专门讲述蹴鞠的场地和规格。李尤《鞠城铭》说鞠城"员鞠方墙，仿象阴阳"[3]，说明鞠城是有"方墙"的，是比较规范的蹴鞠场所；而《盐铁论·国病》所说的"穷巷踢鞠"，则是没有"方墙"，是比较随意的蹴鞠场地。数人表演蹴鞠者在鞠室，群体对抗的蹴鞠游戏在鞠城。

（二）彘类野兽与蹴鞠

不论是鞠域还是鞠室，都是蹴鞠之地，为何吕后要将人彘置于蹴鞠场地？按一般的理解，蹴鞠只是一人或数人之间的自娱表演，或者群体间的对抗游戏，与彘类野兽无关。但按《汉书》人彘"使居鞠域"的记载，西汉时代的蹴鞠之戏应该是有动物参与其中的，这是研究早期蹴鞠所不能忽视的问题。

关于蹴鞠的起源，《史记集解·苏秦列传》引刘向《别录》谓："蹋鞠者，传言黄帝所作，或曰起战国之时。"[4] 马王堆汉墓帛书《十六经·正乱篇》也认为蹴鞠起自黄帝时，"黄帝身遇蚩尤，因而擒之……充其胃以为鞠（鞠），使人执之，多中者赏"。"使人执之"，帛书编者注释："执"释为"蹋"[5]。蹴鞠除了踢踏外，还有控制鞠球的能力，所以"执"还有捕捉、掌控之义。在汉人看来，蹴鞠是黄帝对蚩尤报复性的惩罚游戏。[6]

《史记·五帝本纪》记载黄帝战蚩尤的传说：轩辕氏"教熊罴貔貅貙虎，以与炎帝战于阪泉之野"；又"与蚩尤战于逐鹿之野，遂擒杀蚩尤"[7]。在这两场部落争霸战争中，黄帝驱使熊罴虎豹，先战胜炎帝，后擒杀蚩尤。黄帝"教熊罴貔貅貙虎"驯兽参战，也为后来的尧所继承。《列子·黄帝篇》："黄帝与炎帝战于阪泉之野，帅熊、罴、狼、豹、貙、虎为前驱，雕、鹖、鹰、鸢为旗帜，此以力使禽兽者也。尧使夔典乐，击石拊石，百兽率舞。"[8]

1　（汉）班固：《汉书》卷五一《枚皋传》，第2367页。

2　（汉）司马迁：《史记》卷一一一《骠骑列传》，第2939页。

3　（唐）欧阳询等编：《艺文类聚》卷五四《刑法》，第970页。

4　（汉）司马迁：《史记》卷六九《苏秦列传》，第2257页。

5　裘锡圭主编：《长沙马王堆汉墓简帛集成》（肆），中华书局，2014，第159页。

6　在石器时代的墓葬中有石球发现，有学者认为这种石球或是早期的蹴鞠之鞠球。但石球只能以手投掷而不能以足蹴踏，这是一种投掷攻击用器，不能算作鞠球。

7　（汉）司马迁：《史记》卷一《五帝本纪》，第3页。

8　杨伯峻：《列子集释》卷二《黄帝篇》，中华书局，1979，第84页。

图 3　武梁祠 "黄帝战蚩尤" 画像石

采自傅惜华编《汉代画像全集》二编，商务印书馆，1950，第 94 页

《史记正义》引《龙鱼河图》载：蚩尤战败后，"黄帝遂画蚩尤形象以威天下"[1]。图 3 为武梁祠汉画像石 "黄帝战蚩尤"。汉人想象中的蚩尤形象，在画像中部为一人形怪兽，他的双手、双足和头分别持弓、弩、剑、戈、矛五种兵器，与黄帝所率众兽而战，正与《世本·作篇》"蚩尤作五兵，戈、矛、戟、酋矛、夷矛，黄帝诛之涿鹿之野"[2] 的记载相合。黄帝战蚩尤而训练野兽相搏，后人理解是和蹴鞠紧密关联在一起。晋人成公绥《啸赋》："百兽率舞而抃足，凤凰来仪而

拊翼。"[3] 抃足，即顿足或踏足而蹴鞠。清人顾汧《过同年颜淡园寓观蹴鞠》诗："吾闻黄帝开球场，貔貅习练都跳梁。"[4] 抃足蹴鞠是在百兽率舞跳梁中进行。

（三）鞠域中的兵刑之戏

训练野兽，也是搏杀野兽的过程。至于在百兽率舞中如何跳梁蹴鞠，史书记载往往不甚清楚。根据马王堆汉墓帛书《十六经》、汉蹴鞠画像石及传世文献《史记》等资料的描述，黄帝发明的蹴鞠

1　（汉）司马迁：《史记》卷一《五帝本纪》，第 4 页。

2　（汉）宋衷注，（清）秦家谟等辑：《世本八种》卷九《作篇》，商务印书馆，1957，第 359 页。

3　（南朝梁）萧统编：《昭明文选》卷一八《成公子安啸赋》，第 264 页上栏。

4　邓之诚：《清诗纪事初编》，上海古籍出版社，1984，第 622 页。

有两个过程：首先是驯兽或者搏兽的格斗，然后才是蹴踏鞠球的游戏。前一阶段是模仿黄帝驯服百兽和擒执蚩尤的格斗场面，所谓"教熊罴貔貅貙虎"而擒之；后一阶段是再现黄帝胜利后对蚩尤报复性的惩罚和狂欢游戏之舞，也即"充其胃以为鞠，使人执之"等。这种搏兽与蹴鞠相结合的游戏，是战国到西汉时期完整的蹴鞠过程，其在文献和画像石中多有反映。因此在蹴鞠的场地鞠域中，既有蹴鞠者，也有如彘这样的猛兽。

因为有猛兽参与其中，蹴鞠属于一种带有一定危险和对抗性很强的角抵类游戏，蹴鞠者有时甚至会丢掉自己的性命。《西京杂记》"黄公幻术"条谓：

> 余所知有鞠道龙，善为幻术，向余说古时事：有东海人黄公，少时为术，能制蛇（龙）御虎。佩赤金刀。以绛缯束发。立兴云雾，坐成山河。及衰老，气力羸惫，饮酒过度，不能复行其术。秦末有白虎见于东海，黄公乃以赤刀厌之，术既不行，遂为虎所杀，三辅人俗用以为戏，汉帝亦取以为角抵之戏焉。[1]

鞠姓，《广韵·屋韵》："姓出东莱。"[2]《史记·刺客列传》战国末燕太子丹有太傅鞠武；[3]《风俗通义·佚文·姓氏》载汉有尚书令平原人鞠谭，"或为麴氏，音讹转改"，汉还有麴衍。[4]以战国秦汉时期的命氏原则来看，鞠姓，其先人应是以职业为氏（姓），即家族是以鞠道为业的世家。在这个传说故事中，鞠道龙与黄公都精通幻术，幻术是用来"制龙御虎"，他们既是驯兽的魔术师，同时也是两位职业蹴鞠者。三辅地区的人和汉帝都以黄公斗白虎的故事作为角抵游戏。搏虎是汉代百戏之一，也属于角抵戏，角抵戏源于先秦时期的蚩尤戏。

汉代画像石中人兽相搏和武士驯兽是一个常见的主题，而在蹴鞠画像石上，斗兽的勇士又常与蹴鞠相关联。图4为汉代常见的两幅"搏虎"画像石，其中图4-1为南阳陈棚彩绘墓东汉画像石中的搏虎图，图中左方一虎逼近力士；力士似戴面具的象人，双臂平伸跨步向前作搏击猛虎状。图4-2为四川画像石中的搏虎图，搏虎者与左图徒手的力士不同，手中持有二杖。与猛兽相搏的力士，有徒手而搏者，更多的是执杖、剑等利器而搏。图中的两位力士似是靠"幻术"来御虎，不过这两幅搏虎图画面上并没有显示出有鞠球，而有的画像显示斗兽是和蹴鞠结合在一起的。

1　（晋）葛洪撰，周天游校注：《西京杂记》卷三，第120页。

2　（宋）陈彭年等编：《宋本广韵》，北京市中国书店，1982，第434页。

3　（汉）司马迁：《史记》卷八六，第2586页。鞠武，《战国策·燕策》也做"鞠武"，见（汉）刘向集录《战国策》，上海古籍出版社，1985，第1128页。

4　（汉）应劭撰，王利器校注：《风俗通义校注》，中华书局，1981，第550页。

4-1　　　　　　　　　　　　　　　　　　　　4-2

图4　汉画像石中的"搏虎图"

4-1采自凌皆兵、朱青生主编《汉画总录·南阳》（14），广西师范大学出版社，2013，第144页；4-2采自《鲁迅藏汉画象》（二），上海人民美术出版社，1986，第239页

5-1

5-2

图5　汉画像石中的"斗兽蹴鞠图"

5-1采自南阳汉画馆编《南阳汉代画像石图像资料集锦》，中州古籍出版社，2012，图944；5-2采自采自南阳汉画馆编《南阳汉代画像石图像资料集锦》，图950

图 5 为两幅斗兽蹴鞠图。图 5-1 为征集于南阳七一乡的"百戏、羽人戏龙虎"汉画像石。画像分上下两层,上层刻百戏舞乐,中间二人跽坐观看,右侧有一骑士和一马(右上方漫漶,马上似有骑士),左端一人击鼓,一人倒立;往右二人,足下有二鞠,一女性鞠舞者甩长袖踏鞠而舞,一似戴兽形面具的力士做挥臂弓步状,与其相对而蹴鞠,二人的蹴鞠表演与图 1 新野后岗男女盘舞蹴鞠画像场面十分相像。图 5-1 的下层由左向右刻一虎一龙,右端有羊马家畜;在二兽之间有二羽人手持钩戟形利器,上下跳跃在戏龙斗虎,二羽人又与前《西京杂记》中所描绘的能够"制龙御虎"的鞠道龙、黄公职业相同。

图 5-2 是征集于南阳石桥的"舞乐异兽"汉画像石,图中二人一兽,左侧一男子双手各执一似短剑的杖形物,双足弓步开立,足前各有一鞠,似是搏兽前的热身;画像右侧是一异兽,然从兽形的身首来看,与野彘相似;在蹴鞠者与异兽之间有一伎人,上肢张开面对异兽,并分开蹴鞠者与异兽,伎人似为驯兽师,又兼人兽格斗的裁判。

图 5-2"舞乐异兽"画像又称"伎人异兽"图,研究蹴鞠史的学者常引用此图,但蹴鞠与斗兽二者有何关系未作说明,蹴鞠者手持的是什么杖形器物,也有不同的解释。[1] 前述《域说篇》"又以杖打,亦有限域也"句,有的学者理解为以杖击鞠,认为早期蹴鞠可能与以杖击鞠的马球有关。[2] 然而考察现存的汉代蹴鞠画像石,蹴鞠者都是以足蹴鞠,以杖击鞠说不足信。杖,除了有木杖之义,亦有执杖的意思。《说文》谓:"杖,持也。"杖者,可以杖杖,也可以仗剑、杖斧。如图 5-2 搏兽蹴鞠者在面对猛兽时,手中所持,可能是木杖,更可能是短剑,与图 5-1 羽人所执钩戟一样,皆为搏杀的利器。《汉书·艺文志》载《蹵鞠》二十五篇,入于"兵技巧十三家,百九十九篇";而"技巧者,习手足,便器械,积机关,以立攻守之胜者也"[3]。蹴鞠者要习手足,是需"器械"在手。西汉搏兽者手中多持有短剑,辕固生得罪窦太后,太后命辕固生入圈击豕,景帝"乃假固利兵,下圈刺豕"[4]。武帝曾令李禹"使刺虎,县(悬)下圈中,未至地,有诏引出之。禹从落中以剑斫绝累,欲刺虎"[5]。搏兽者亦有如画

1　刘秉果认为图左蹴鞠者是双手各执一鼓桴,中间的伎人像是在驯兽(《世界最古老的足球——蹴鞠》,中华书局,2004,第 108 页);刘朴认为舞者双手所执是弯型棍棒,以此来拨、挑鞠球而作舞蹈动作(《汉画像石中的体育活动研究》,人民出版社,2009,第 147—149 页)。

2　熊晓正:《读史偶得——关于马球起源的断想》,《体育文史》1989 年第 2 期。

3　(汉)班固:《汉书》卷三〇《艺文志》,第 1762 页。

4　(汉)司马迁:《史记》卷一二一《儒林列传》,第 3123 页。

5　(汉)班固:《汉书》卷五四《李广传》,第 2450 页。

像石中象人那样徒手相搏者。广陵王刘胥有勇力，能"空手搏熊彘猛兽"[1]。当然蹴鞠者搏兽需要更高的勇气和技巧，持兵杖之器更是不能例外，"舞乐异兽图"中蹴鞠者所执杖形物应是用来格斗的双剑。这类蹴鞠斗兽画像表明，早期蹴鞠与斗兽是一个相互关联的过程。[2]

　　蹴鞠本属军事体育游戏，后来逐渐融入"百戏"娱乐之中。[3] 东汉时期百戏画像石中的蹴鞠表演，缺少了搏兽的格斗场面，但还是保留了以往尚武的气象。

　　图6-1为南阳英庄汉墓出土的画像石"舞乐百戏"中的蹴鞠场面。图中幔帷下刻一建鼓，下置兽形鼓跗。建鼓舞两侧二人双手执枹，且鼓且舞，并作弓步翘足蹴鞠之状。图6-2也是南阳东汉画像石"舞乐百戏"图，画面中置建鼓，鼓两侧有伎人挥动鼓枹而舞，左侧伎人转身抬腿作蹴鞠状，地上有二鞠球，左面为跪坐的伴奏乐伎；建鼓右侧，有一力士上身赤裸，带兽形面具，掷四丸，下蹲弓步对一鞠球；其对面一高髻束腰者，舒袖抬足，也是一男一女蹋鞠而舞，此蹴鞠舞蹈与前面图1、图5-1表现的场面一样，男女对舞蹴鞠是蹴鞠画像石中常见的景象。在这两幅建鼓舞蹴鞠表演画面中，猛兽变成了建鼓舞的兽形鼓座，或由戴面具的力士来装扮，剑、杖则转化成了鼓槌、鼓枹。

6-1

6-2

图6　舞乐百戏中的蹴鞠

6-1采自王建中、闪修山《南阳两汉画像石》，文物出版社，1990，图101；6-2采自王建中、闪修山《南阳两汉画像石》，文物出版社，1990，图110

1　（汉）班固：《汉书》卷六三《武五子传》，第2760页。

2　类似的蹴鞠与斗兽相关联汉画像石，还见于南阳西关晋墓中盖顶石的汉代画像，画像为两层，上层右有二人相向席地而坐，正在饮酒观赏舞乐，中间三人吹奏乐器，左端有二人，甩长袖，相对蹴鞠而舞。下层有二兕相斗，其间饰有云气（见南阳汉画馆编《南阳汉代画像石图像资料集锦》，第249页，图943）。

3　王建中认为："蹴鞠，原为军事体育，至汉代被'百戏'艺术所吸收。"见《中国画像石全集·河南汉画像石》"南阳石桥鼓舞画像石"的说明（河南美术出版社，2000，第41页）。

图 7　南阳斗鸡汉画像石

采自《南阳两汉画像石》，图 81

蹴鞠在战国秦汉社会是一项非常普及的运动，如果它包括搏兽和蹴鞠两部分内容，然而熊虎罴等猛兽只有帝王贵族少数人才有能力圈养，那么普通民众又是如何从事该项运动？庶民蹴鞠时的搏"兽"，则多为鸡犬那样常见的家禽家畜，人们也总是将斗鸡走狗与蹴鞠并列。《史记·苏秦列传》载苏秦言齐都临淄之民："其民无不吹竽鼓瑟，弹琴击筑，斗鸡走狗，六博蹋鞠者。"[1] 蹋鞠与斗鸡、走狗、六博排在一起，都属于博赛之戏。刘邦称帝前，作为平民的刘太公也是"斗鸡蹴鞠，以此为欢"[2]。到后来这种"斗鸡蹴鞠"游戏连富贵人家也喜欢，称为"鸡鞠之会"。《盐铁论·刺权篇》说：贵人之家"放犬走兔，隆豺鼎力，蹋鞠斗鸡"[3]。《汉书·东方朔传》说武帝时董偃贵宠，

"郡国狗马蹴鞠剑客辐凑董氏。常从游戏北宫，驰逐平乐，观鸡鞠之会，角狗马之足，上大欢乐之"[4]。

图 7 为南阳东汉斗鸡画像石，画中伞盖下置樽、盘，盘内堆放肴品。二只雄鸡昂首怒目跃跃欲斗。其后各有一持兵械者挥臂唆斗，另各有随侍警卫一人。鸡鞠之会在斗鸡之后，便开始了蹴鞠之戏。值得注意的是，鸡鞠之会上的四人，包括图右二之高髻女性，皆持有兵械，场上赳赳格斗气氛强烈。

受尚武风气影响，弄罴斗虎连接着蹴鞠，是早期西汉帝王和贵族喜欢的军事游戏。昭宣以后，汉家风气向"敦重好静"转变，成帝时出现了纸上蹴鞠——弹棋，"成帝好蹴鞠，群臣以蹴鞠劳体"，且有

1　（汉）司马迁：《史记》卷六九《苏秦列传》，第 2257 页。

2　（晋）葛洪撰，周天游校注：《西京杂记》卷二"作新丰移旧社"条，第 88 页。

3　（汉）桓宽撰，王利器校注：《盐铁论校注》卷二《刺权》，第 133 页。

4　（汉）班固：《汉书》卷六五《东方朔传》，第 2855 页。

一定危险性，刘向乃"作弹棋以献，帝大悦"，于是舍蹴鞠而就弹棋。[1] 另外，搏兽与蹴鞠过程的分离，东汉时期活跃在鞠域场上的猛兽则化为静止的兽形鼓跗，斗兽环节缺失。常见存世的东汉蹴鞠画像石，多数只有蹴鞠舞蹈的场面。

总的来说，汉代的蹴鞠有两种不同的性质，一种是军事训练，另一种是宴会娱乐；形式也不同，一种是对抗竞技，另一种是技巧表演。[2] 然而就战国到西汉的情形来看，蹴鞠的军事训练和娱乐游戏，这两种功能是结合在一起，表现为斗兽的对抗勇武与蹴鞠的技巧表演，二者是一个相互关联的完整过程。搏兽之后便是蹴鞠的技巧表演，也是战胜猛兽后的欢愉之舞。搏兽竞技与蹴鞠运动融为一体。《汉书》记载的有"人彘"异兽出现在鞠域场地，是合乎情理的现象。到东汉时期，搏兽环节逐渐消失，形成百戏中的蹴鞠表演。

三　人彘、蚩尤与五虐之刑

战国秦汉时期的人们认为蹴鞠是源于黄帝战蚩尤的故事，在这个传说中，首先是黄帝驯服猛兽与蚩尤格斗，然后是胜利后的狂欢和对蚩尤的报复惩罚。后一个阶段也是对战败者用刑的过程，可以说是"兵刑合一"的表现。吕后对戚夫人"人彘"的迫害，也是仿效黄帝对蚩尤的惩罚，是属于"五虐之刑"的肉刑范畴。

（一）人彘之罚与五虐之刑

"人彘"的造成，与蹴鞠中的搏兽环节有关，搏兽一般以斗杀猛兽或斩断猛兽四肢为胜。杨树达指出："《说文·九篇下》彑部云：'后蹏废谓之彘。'戚夫人断手足，与蹏（蹄）废之彘相类，故以为名。"[3] 杨说解"人彘"之称缘由非常准确。彘，《说文》从彑，甲骨文从豕，罗振玉《增订殷虚书契考释》释："身著矢，乃彘字也。彘殆野豕，非射不可得。"[4] 彘的"后蹄废"，为人兽相搏后被射伤或刀砍的结果。前引《西京杂记》卷三载戚夫人"十月十五日共入灵女庙，以豚黍乐神，吹笛击筑。歌上灵之曲，既而相与连臂踏地为节，歌赤凤凰来"。在戚夫人与汉高祖"相与连臂踏地为节"蹴鞠而舞前，曾入灵女庙"以豚黍乐

1　一说始于汉武帝时期，《古今图书集成》引《弹棋经序》曰："弹棋者，仙家之戏也。汉武帝平西域，得胡人善蹴踘者，尽衔其便捷跳跃，帝好而为之。群臣不能谏，侍臣东方朔以此进之，帝就舍蹴鞠而上弹棋焉。习之多在宫禁中，时人莫得而传。"以上见（晋）葛洪撰，周天游校注《西京杂记》卷二及注释 3，第 104—105 页。

2　参见刘秉果等《蹴鞠——世界最古老的足球》，第 11—12 页。

3　杨树达：《汉书窥管》，上海古籍出版社，1984，第 768 页。

4　李圃主编，古文字诂林编纂委员会编纂：《古文字诂林》第 8 册，上海教育出版社，2003，第 404 页。

神"，用猪彘与粟米来祭神。[1] 戚夫人祭神用的牺牲，要宰割去掉四肢，可能就是在蹴鞠开始前搏兽过程中完成，而这种对人的虐割残害，也是肉刑的实施过程。

关于五虐之刑的缘起，最早记载见之于《尚书·吕刑篇》：

> （穆王）王曰：若古有训，蚩尤惟始作乱，延及于平民，罔不寇贼鸱义，奸宄夺攘矫虔。苗民弗用灵，制以刑，惟作五虐之刑曰法。杀戮无辜，爰始淫为劓、刵、椓、黥。越兹丽刑并制，罔差有辞。民兴胥渐，泯泯棼棼，罔中于信，以覆诅盟。虐威庶戮，方告无辜于上。[2]

是谁制造了五虐之刑或五刑？古人有不同的解说。《尚书》伪孔传："三苗之主，顽凶若民，敢行虐刑，以杀戮无罪，于是始大为截人耳鼻，椓阴，黥面，以加无辜，故曰'五虐'。"伪孔传认为五虐之刑是蚩尤之后的"三苗之主"所造。然而"苗民弗用灵，制以刑，惟作五虐之刑曰法"句，也可理解为是讨伐蚩尤及后来苗乱的黄帝及尧舜禹的圣王所作。[3]《汉书·刑法志》："《书》云：'天

秩有礼，天讨有罪。'故圣人因天致而制五礼，因天讨而作五刑。大刑用甲兵，其次用斧钺；中刑用刀锯，其次用穿凿；薄刑用鞭。大者陈诸原野，小者致之市朝，其所繇来者上矣。"[4] 班固认为"因天讨而作五刑"，是讨伐三苗的圣人（王）所作。马王堆汉墓帛书所载与《刑法志》一致，也是与黄帝对蚩尤的惩罚有关。《十六经·正乱》：

> 黄帝身遇蚩尤，因而擒之。剥其□革以为干侯，使人射之，多中者赏。翦其发而建之天，名曰蚩尤之旌。充其胃以为鞠，使人执之，多中者赏。腐其骨肉，投之苦醢，使天下嗛之。上帝以禁。帝曰：毋乏（犯）吾禁，毋留（流）吾醢，毋乱吾民，毋绝吾道。止〈乏〉禁，留醢，乱民，绝道，反义逆时，非而行之，过极失当，擅制更爽，心欲是行，其上帝未先而擅兴兵，视蚩尤共工。屈其脊，使甘其箭。不死不生，悫为地桯。帝曰：谨守吾正名，毋失吾恒刑，以视（示）后人。[5]

至于五刑的种类，也有不同的说法。

1　汉代常将黍彘用于祭祀。《四民月令》载：八月祠太社之日"荐黍豚于祖祢"，次日祀冢。见（汉）崔寔撰，石声汉校注《四民月令校注》，中华书局，2013，第 60 页。

2　（清）阮元校刻：《十三经注疏》，中华书局，1980 年影印本，第 247 页下栏。

3　参见陈家康《蚩尤考》，《历史教学》1951 年第 6 期。

4　（汉）班固：《汉书》卷二三《刑法志》，第 1080 页。

5　释文参见裘锡圭主编《长沙马王堆汉墓简帛集成》（肆），第 159 页。

《吕刑篇》所载五虐之刑为：大辟、劓刑、刵刑、椓刑、黥。《尚书·舜典》"五刑有服"句，伪孔传解释为："五刑，墨、劓、剕、宫、大辟。"有剕刑而无刵刑。《十六经》所言黄帝对蚩尤的惩罚也为五种：其一"剥其革"；其二"翦其发"，此属髡刑；其三"充其胃"，近于剖腹之刑，为殷刑；其四"腐其骨肉，投之苦醢"，属于菹醢刑，殷有此刑，[1] 汉初也有菹醢之刑；[2] 其五"曲其脊"。

《汉书·刑法志》载两周之法及西汉初年的"五刑"：

> 五刑：墨罪五百，劓罪五百，宫罪五百，刖罪五百，杀罪五百，所谓刑平邦用中典者也。凡杀人者踣诸市，墨者使守门，劓者使守关，宫者使守内，刖者使守囿，完者使守积。其奴，男子入于罪隶，女子入舂槁。凡有爵者，与七十者，与未龀者，皆不为奴。

> 周道既衰，穆王眊荒，命甫侯度时作刑，以诘四方。墨罚之属千，劓罚之属千，髌罚之属五百，宫罚之属三百，大辟之罚其属二百。五刑之属三千，盖多于平邦中典五百章，所谓刑乱邦用重典者也……

西汉初年夷三族者，要"具五刑"：

> 汉兴之初，虽有约法三章，网漏吞舟之鱼，然其大辟，尚有夷三族之令。令曰："当三族者，皆先黥，劓，斩左右止，笞杀之，枭其首，菹其骨肉于市。其诽谤詈诅者，又先断舌。"故谓之具五刑。彭越、韩信之属皆受此诛。至高后元年，乃除三族罪、祅言令。[3]

《刑法志》所言汉初夷三族中的"具五刑"，为黥、劓、斩左右趾、菹其骨肉和断舌，其中"诽谤詈诅"和"祅言"应是同罪，都处断舌之刑。这是沿袭秦律而由吕后和萧何增订的汉律。由"彭越、韩信之属皆受此诛"句，戚夫人所受"人彘"之刑晚于此。

张家山汉简《二年律令·具律》中的五刑之罚：

> 有罪当黥，故黥者劓之，故劓者斩左止，斩左止者斩右止，斩右止者府（腐）之。女子当磔若要（腰）斩者，弃市。当斩为城旦者黥为舂，

---

[1] 纣王时"九侯有好女入之纣。九侯女不憙淫，纣怒，杀之，而醢九侯……剖比干，观其心"。（汉）司马迁：《史记》卷三《殷本纪》，第106页。

[2] 汉高帝十一年夏，"汉诛梁王彭越，醢之，盛其醢遍赐诸侯"。（汉）班固：《汉书》卷九一《黥布列传》，第2603页。

[3] （汉）班固：《汉书》卷二三《刑法志》，第1091—1104页。

当赎斩者赎黥，当耐者赎耐。[1]

该条主要是适用于女性囚犯的肉刑，有黥、劓、斩左右趾、腐刑以及弃市等。戚夫人所受人彘之刑大约与此同时。

回头来再看《汉书·外戚传》所载吕后对戚夫人实施的人彘之罚："断戚夫人手足，去眼熏耳，饮瘖药。"断足属刖刑，与汉初律令和高后二年律令《具律》中的斩左右趾一致；断手为殷刑，[2] 熏耳为刵刑，饮瘖（哑）药，近《刑法志》所言断舌之刑，再加上"去眼"，也是五种刑罚。另外，吕后对戚夫人实施"人彘"刑前，曾令永巷囚戚夫人，"髡钳衣赭衣，令春"[3]。还有髡钳之刑。

表 1	历代五刑所见肉刑异同										
时代/类名	肉刑刑名										出处
黄帝刑	翦其发		曲其脊					充其胃	剥其革	腐其骨肉	《十六经》
五虐之刑		黥		刵	劓		剕	椓		大辟	《吕刑》
西周刑		墨			劓		刖	宫		杀	《刑法志》
东周刑		墨			劓		髌	宫		大辟	《刑法志》
汉初具五刑		黥			劓	断舌	斩左右趾		菹其骨肉	枭首答杀	《刑法志》
高后二年前律令		黥			劓		斩左右趾	腐	磔腰斩	弃市	《二年律令》
人彘刑	髡钳			熏耳		去眼	饮瘖药	断手足			《外戚传》

1　张家山二四七号汉墓竹简整理小组编著：《张家山汉墓竹简［二四七号墓］》，文物出版社，2006，第21页。

2　《韩非子·内储说上》："殷之法，弃灰于公道者断其手。"（见《二十二子》本，上海古籍出版社，1986，第1150页上栏）。

3　（汉）班固：《汉书》卷九七《外戚传》，第3937—3938页。

历代"五刑"并不完全一致，各有不同说辞，也不限于五种。由表1可知，以《吕刑》和《刑法志》所载五虐之刑和两周五刑最合"五刑"规范。而《十六经》所记黄帝对蚩尤之刑，以殷刑为主，秦与汉初五刑，与此更为接近，吕后对戚夫人所施刑也与此相像。吕后人彘刑中的熏耳，承袭五虐之刑的刵刑；断足，自五虐之刑沿用于汉；断手沿用殷刑，饮瘖药类似秦汉间的断舌刑。去眼，秦始皇时曾用此刑，[1] 然而不见于刑名，多君王个人所为。汉文帝刑法改革后，有"髡钳为城旦舂"刑名，但吕后时戚夫人的"髡钳衣赭衣，令舂"应属于完刑的范畴，与西周五刑"完者使守积。其奴，男子入于罪隶，女子入舂槁"一致，只是"剪其发"为奴而已，仍保持身体的完整性。[2]

（二）蚩尤的"甘其脑"与戚夫人的"侍屏匽"

《十六经》中的"屈其脊，使甘其脑"句，整理者注释谓："曲其脊，即俯首为隶。脑，读为脑，即厕牏，行圊中受粪函也。甘，此处指闻或舐。《战国策·燕策》记宋王'铸诸侯之像使侍屏匽'，

屏是厕，匽是路厕。其处置敌对诸侯办法与此相似。""不死不生，憨为地桯"一句，原注："不死不生，言化为异物。古书记载蚩尤龟足蛇首（见《述异记》），水兽之形（见《苏氏演义》），与应龙战（见《山海经》），为帝车前导（见《韩非子》），盖变为虬。……地桯，地的支柱。长沙马王堆一号汉墓出土有彩绘帛画，地舆之下有螭虬之属撑柱其间，盖即蚩尤。"[3] 按《史记》记载，吕后将人彘置于"厕中"，与黄帝对蚩尤"屈其脊，使甘其脑"的惩罚一样，是惩罚戚夫人为清扫溷厕"侍屏匽"的涂厕人，同时也是"甘其脑"的人彘，仍与黄帝惩罚蚩尤有关。按马王堆一号墓T形帛画底部显示的地舆之下二螭虬交互形象（见图8），蚩尤又是"不死不生"而无手无足的怪兽。[4] 吕后"断戚夫人手足"使之为人彘怪物，可能就是有这样的考量。

吕后对戚夫人施加的人彘之刑，不论是《史记》所载使居"厕中"，还是《汉书》中的置于"鞠域"，都是在仿效黄帝对蚩尤惩罚的做法，属于"五虐之刑"的一种方式。吕后是熟悉帛书《十六经》中相关黄帝惩罚蚩尤故事的。

1　高渐离善击筑，秦始皇"重赦之，乃曚其目"。（汉）司马迁：《史记》卷八六《刺客列传》，第2537页。

2　关于汉初髡刑、完刑与五刑关系及其变化，参见韩树峰《秦汉律令中的完刑》（《中国史研究》2003年第4期，宋洁《"具五刑"考——兼证汉文帝易刑之前存在两个"五刑系统"》（《中国史研究》2014年第2期）等文。

3　裘锡圭主编：《长沙马王堆汉墓简帛集成》（肆），注释34、35、36，第161页。

4　图8底部的螭虬，也有学者认为是鳌、鲲鹏或鲧等水府之怪兽。见何介钧《马王堆汉墓》，文物出版社，2004，第209页。

图 8 马王堆一号汉墓 T 形帛画（底部图）

采自湖南省博物馆、中国科学院考古所《长沙马王堆一号汉墓》，文物出版社，1973，图三八

（三）人彘事件与吕后的肉刑革除

戚夫人的被囚禁和人彘惨祸，人们多以为是吕后肆意妄为的报复，没有什么章法，实际并非如此。吕后对戚夫人的惩罚，从开始因于永巷的髡钳舂，到后来置于鞠域或溷厕的人彘"五刑"，也即从完刑过渡到肉刑，一步一步加重，是按着她的刑罚观念行事。吕后在刑法上重要的改革之一是部分废除肉刑，早于汉文帝废除肉刑的政令。高后元年（前187），乃除三族罪、妖言令，与之同行的"具五刑"

并除。而在此之前的惠帝初年对戚夫人的人彘五刑上，吕后已开始了部分废止肉刑的实践。《汉书·五行志》："高后鸩杀如意，支断其母戚夫人手足，榱其眼，以为人彘。"[1] 人彘肉刑只提及断手足和榱眼，未及饮瘖药和熏耳。饮瘖药、熏耳是用药物施刑替代以往割耳的刵刑和断舌的肉刑，也属于废除肉刑的举措。[2] 这大概还是历史上最早以药物手段替代物理手段的行刑方式。

除了"佐高祖定天下，所诛大臣多吕后力"外，汉家制度的规划和制定，也多吕后之功。高后元年废除三族罪、妖言令，高后《二年律令》中各种律令的修订和实施，吕后对西汉刑罚制度的制定和改革起到了重要的作用。[3]

余 论

秦汉时期案件的审理称为"鞠（鞫）狱"，桎梏拘押称"鞠（鞫）系"，宣告判决为"读鞠"，提出复审称"乞鞠"，简牍中也有很多标识"鞠"的司法文书。

1 （汉）班固：《汉书》卷二七《五行志》，第1397页。

2 榱眼也可能属于药物施刑。榱眼又称"矐目"，前引《史记·刺客列传》"乃矐其目"，《索隐》："说者云以马屎燻令失明。"（汉）司马迁：《史记》卷八六，第2538页。

3 吕后对汉家制度的修订不止在刑律方面，其他如"宗庙法"的制定，也一直影响着两汉时代。《汉书·韦玄成传》载："高后时患臣下妄非议先帝宗庙寝园官，故定著令，敢有擅议者弃市。"霍光死后，霍山等曾以丞相擅减宗庙祭品为口实，准备以援引宗庙法发动政变。元帝时曾一度废止此法，成帝继位即为恢复。[（汉）班固：《汉书》，第2956、3125页] 东汉明帝时又再次重申吕后制定的法令："敢有所兴作者，以擅议宗庙法从事。"[（南朝宋）范晔：《后汉书》卷二《孝明帝纪》，中华书局，1965，第124页]

"鞫（鞠）"与"狱"等司法术语的联称绝非偶然。[1]《汉书·刑法志》："今遣廷史与郡鞫狱，任轻禄薄。"师古注引李奇曰："鞫，穷也，狱事穷竟也。"[2] 清儒李光坡《礼记述注》解曰："《汉书》每云'鞫狱'，鞫尽也，推审罪状，令无余蕴，然后读其所犯罪状之书而行之。"[3] 都将"鞫狱"之鞫，解释为"穷竟"之义。鞫的或体作"趜"，《说文·走部》也解作"穷也，从走，匊声"[4]。然而"穷"从穴躬声，与人的身体有关。《礼记·文王世子篇》有"甸人"之职："公族其有死罪，则磬于甸人；其刑罪，则纤剸，亦告于甸人。公族无宫刑。狱成，有司谳于公。"郑玄注："纤，读为殱。殱，刺也；剸，割也。宫、割、膑、墨、劓、刖，皆以刀锯刺割人体也。告，读为鞫，读书用法曰鞫。"[5] 按汉人郑玄的解读，有刑罪的公族，需施以刺割身体之刑的，要在甸人之庭受"告"（鞫）。"鞫"字的"纤剸"之义，与"宫、割、膑、墨、

劓、刖，皆以刀锯刺割人体"的肉刑相联系。鞫狱之鞫，《说文·革部》解作"蹋鞠也"；《说文》"鞫"的重文，㓷部云籟，"穷治罪人也"；勹部为匔，"曲脊也"[6]，"匔"字的从勹"曲脊"，与《十六经》中黄帝对蚩尤的惩罚"屈其脊，使甘其箙"恰好一致。由此，也印证了"鞫狱"之"鞫"与蹴鞠之"鞠"本义同出，其与蹴鞠缘起的传说紧密相关。

蹴鞠游戏的缘起，与战争和刑罚的产生有着密切的联系。在黄帝战蚩尤的历史传说中，蹴鞠最初是远古部族战争胜利一方对失败一方敌方首领的报复和集体狂欢活动。现代足球在英格兰的缘起也是如此。黄帝的五虐之刑因蚩尤"作五兵"而起，刑起于兵，而游戏又伴随着刑罚。刘向《别录》说："蹋鞠，兵势也，所以练武士知有材也，皆因嬉戏而讲练之。"[7] 由此，再为理解"鞫狱"二字含义，可能更为合理贴切了。兵刑合一之外，刑戏也合一，兵刑戏三者缘起同出于一。

1　"鞫"字在简文中多作"鞠"。关于"鞫狱"等与"鞫"（鞠）相关用语，学界有很多相关司法术语层面的讨论，如陈晓枫《两汉"鞫狱"正释》（《法学评论》1987 年第 5 期）、杨振红《秦汉"乞鞫"制度补遗》（《出土文献与古文字研究》第六辑，2015 年）、欧扬《读鞫与乞鞫新探》[《湖南大学学报》（社会科学版），2016年第 4 期]、李银良《张家山汉简〈二年律令〉辨误二则》（《中国史研究》2019 年第 3 期）等文。本文则侧重从"鞫（鞠）"字的源义上去探讨问题。

2　（汉）班固：《汉书》卷二三《刑法志》，第 1102 页。

3　（清）李光坡著，陈忠义点校：《礼记述注》卷八《文王世子》，商务印书馆，2018，第 214 页。

4　（汉）许慎著，（清）段玉裁注：《说文解字注》，第 65 页。

5　（清）阮元校刻：《十三经注疏》，第 1409 页上栏。

6　（汉）许慎著，（清）段玉裁注：《说文解字注》，第 108、496、432 页。

7　（汉）司马迁：《史记》卷六九《苏秦列传》"集解"引，第 2257 页。

沂南北寨画像石所见县上计、郡受计考证

■ 韩志远（山东师范大学齐鲁文化研究院）

沂南北寨画像石墓[1]分前、中、后三个主室，并有东侧室三个、西侧室两个，是东汉晚期较高等级的墓葬。全墓从墓门到前室、中室、后室共有 42 块画像石，分 73 幅。画像石共分为四组：墓门画像、前室画像、中室画像、后室画像。沂南北寨画像石墓墓室完整，画像精美，线条流畅，内容丰富多彩，一经发现便受到学术界的高度重视。其中，前室东、西、南壁上横额有三幅画像（图 1—图 3）历来多有探讨，主要有祭祀图[2]和上计图[3]两种说法。笔者赞同这三幅画像石是上计图的说法，但其展现的上计级别、流程等还需进一步探讨。

一 画像石上计图再考

从建筑来看，沂南北寨画像石这三幅相连画像中的建筑应该是官府之类，而非庙宇。前室东壁上横额画像石中的建筑，发掘报告中称之为"曲尺形房屋"（图 4）。侧屋尽头有一建鼓，院内有两条铺砖相交的路引至屋前，院内放着四个大缸。根据扬之水先生考证，汉代官署门前要设置建鼓。[4] 在和林格尔汉墓壁画中，有五组壁画的建鼓与幕府有关。在"幕府东门图"中，左下部分"幕府东门"的两侧左右分立两个建鼓（图 5-1）。和

---

1 沂南北寨画像石墓于 1954 年进行发掘，位于山东省临沂市沂南县北寨村。曾昭燏、蒋宝庚、黎忠义著，王培永等增补：《沂南古画像石墓发掘报告（增补本）》，齐鲁书社，2021，第 1—2 页。

2 曾昭燏、蒋宝庚、黎忠义著，王培永增补：《沂南古画像石墓发掘报告（增补本）》，第 13—14 页。孙作云：《汉代社会史料的宝库——"沂南古画像石墓发掘报告"介绍》，《史学月刊》1957 年第 7 期。张从军、袁曙光、王艳：《话说沂南汉墓》，《山东人大工作》2004 年第 10 期。杨爱国：《幽墓美鬼神宁——山东沂南北寨村汉代画像石墓探析》，《美术学报》2016 年第 6 期。信立祥：《汉代画像石综合研究》，文物出版社，2000，第 249—251 页，等等。

3 扬之水：《沂南画像石墓所见汉故事考证》，《故宫博物院院刊》2004 年第 6 期。孙机：《沟通文物研究与社会生活史研究的一种作法——评〈古诗文名物新证〉》，《文物》2005 年第 7 期。王培永：《汉画的世界：沂南北寨汉墓画像释读》，齐鲁书社，2022，第 25—28 页，等等。

4 扬之水：《沂南画像石墓所见汉故事考证》，《故宫博物院院刊》2004 年第 6 期。

图1　沂南北寨画像石墓前室东壁上横额画像石摹本

引自山东博物馆编著《沂南北寨汉墓画像》，文物出版社，2015，第10—11页

图2　沂南北寨画像石墓前室西壁上横额画像石摹本

引自山东博物馆编著《沂南北寨汉墓画像》，第12—13页

图3　沂南北寨画像石墓前室南壁上横额画像石摹本

引自山东博物馆编著《沂南北寨汉墓画像》，第15—17页

林格尔汉墓墓主为东汉晚期的护乌桓校尉，《续汉书·百官志》载："护乌桓校尉一人，比二千石。"[1] 廖伯源指出："西汉征伐将军之幕府为其参谋处与秘书处。东汉征伐将军亦当设置有参谋处与秘书处性质之幕府。"[2] 汉代护乌桓校尉秩比二千石，其官衙称为幕府。右下部分书"功曹"的建筑外也置一建鼓（图5-2），可见无论官职大小，官府门前都应放置建鼓。故而沂南北寨画像石墓中的"曲尺形房屋"应该是官署。前室南壁上横额画像石刻有五脊重层的建筑，子母阙，大门微开，门上有两个铺首衔环，两扇门的上下角还有方形的护角片，护角片上饰以涡旋，展现的应该也是一个院门（图6）。扬之水先生以安徽濉溪县孜乡常庄出土的汉画像石为参照，该画像石刻画分立两边的一对子母阙，中间篆书题写"太尉府门"（图

7)，从而考证此五脊重层的建筑应该是官署的院门。[3] 既然图中的建筑是官署所属，图中人物从事的应该是与官府有关的活动，而不应是祭祀，如此大规模的官府活动，大概只有进行上计时才能出现。

图4 沂南北寨画像石墓前室东壁上横额"曲尺形房屋"

引自曾昭燏、蒋宝庚、黎忠义著，王培永等增补《沂南古画像石墓发掘报告（增补本）》，齐鲁书社，2021，第173页

5-1 "幕府东门图"左下部分

5-2 "幕府东门图"右下部分

图5 和林格尔汉墓壁画"幕府东门图"（局部）

引自陈永志、黑田彰、傅宁编《和林格尔汉墓壁画孝子传图摹写图辑录》，文物出版社，2015，第56—57页

---

1 （南朝宋）范晔撰，（唐）李贤等注：《后汉书》志第二八《百官五》，中华书局，1965，第3626页。

2 廖伯源：《历史与制度——汉代政治制度试释》，台北商务印书馆，1997，第269页。

3 扬之水：《沂南画像石墓所见汉故事考证》，《故宫博物院院刊》2004年第6期。

图6　沂南北寨画像石墓前室南壁上横额"五脊重层"院门

引自曾昭燏、蒋宝庚、黎忠义著，王培永等增补《沂南古画像石墓发掘报告（增补本）》，第174页

在前室东壁上横额画像石的右下角有一个五脊小屋，笔者认为相较于画面中其他人物和房屋，这个五脊小屋明显较小，原因可能是雕刻者采取了等距离鸟瞰斜侧面透视法。这种透视法就是将视点提高，纵深空间的同类事物的侧面轮廓线整齐排列，上部轮廓线也在画面上整齐重叠。并且画像石在刻画时，往往为了突出主要人物而将其放大。[1] 这幅画像石观察者的视角在左侧"曲尺形房屋"下部，观察到倒数第一、第二排人物之间时，可能正好有个五脊小屋映入眼帘，最后一排人物列队到了五脊小屋之后，为了不影响展现上计时的整个队伍，并且保持上部轮廓线和纵深空间轮廓线的整齐，并尽可能展现真实场景，故而将此五脊小屋做缩小处理。这同时也说明此处建筑物密集，可能是各个官署的所在地。

图7　安徽濉溪县孜乡常庄画像石"太尉府门"

引自汤池主编《中国画像石全集》第4卷，山东美术出版社，2000，第160页

1　信立祥：《汉代画像石综合研究》，第50、56页。

前室南壁上横额画像石中的计簏应该是判断这三幅画像石是上计图最直接的证据（图8）。汉代实行封检制度，封检制度是简牍时代官私文书的保密方式。王国维《简牍检署考》："《说文》（六）：'检，书署也。'此为'检'字之本义，其所书署之物，因亦谓之检。"《说文》中指出"检"的本意是古代的封书题签，王国维进一步指出后来把封书题签的东西也称作"检"了。[1]《释名》曰："检，禁也，禁闭诸物，使不得开露也。"[2] 封检就是指被缄封的机密文件、书信及密封所用的封书题签组合而成的保密物件。张家山汉简《二年律令·户律》："民宅园户籍、年细籍、田比地籍、田命籍、田租籍，谨副上县廷，皆以箧若匣匮盛，缄闭，以令若丞、官啬夫印封。"[3] 乡里将各种簿册呈交县里时，需要用匣匮或箧封缄，然后使用封泥印封，经过印封后的盛放簿册的匣匮或箧就形成一个封检。当封检内是《集簿》等与上计相关文件时，封检物就被称为计簏。居延新简EPT20·14中有关于计簏的记载：

"党私使丹持计簏财用助谭，送到邑中，往来三日。"[4] 汉代上计内容颇多，除《集簿》外还有其他簿册呈交上级，例如尹湾汉简就有《集簿》《东海郡属县乡吏员定簿》《东海郡长吏名籍》《武库永始四年兵车器集簿》《东海郡属吏设置簿》《东海郡吏员不在署、未到官者名籍》等文件。[5] 由于文件数较多，很可能把很多文件放进一个大的计簏，施以封泥，形成沂南北寨画像石墓中的计簏形态。此计簏形态类似汉墓中出土的漆方盒或方奁。长沙马王堆汉墓中出土有长方形双层奁，该奁长60.2厘米，黑色素面无纹饰，底层分为五格，内盛竹简、帛书、帛画及蚌属等（图9）。[6] 沂南北寨画像石墓中的计簏与长沙马王堆汉墓中的长方形双层奁形状十分相似，上方为台形盖，下方为长方形盒体。沂南北寨画像石墓中计簏的台形盖上方有凸起，应该是被封泥封缄后的缘故。由此可知，当文件较多时，汉代可能用类似长方形双层奁的计簏盛放竹简、帛书等物，并加以封检，等到上计时呈送给上级。

1　王国维著，胡平生、马月华校注：《简牍检署考校注》，上海古籍出版社，2004，第75页。

2　（汉）刘熙撰，（清）毕沅疏证，（清）王先谦补：《释名疏证补》卷六《释书契》，中华书局，2008，第203页。

3　张家山二四七号汉墓竹简整理小组编著：《张家山汉墓竹简［二四七号墓］（释文修订本）》，文物出版社，2006，第54页。

4　马怡、张荣强编：《居延新简释校》，天津古籍出版社，2013，第104页。

5　连云港市博物馆编：《尹湾汉墓简牍》，中华书局，1997，第1—2页。

6　湖南省博物馆、中国科学院考古研究所：《长沙马王堆二、三号汉墓发掘简报》，《文物》1974年第7期。

图 8　沂南北寨画像石墓中的"计箧"和"书囊"

引自山东博物馆编著《沂南北寨汉墓画像》，第 15—

17 页

图 9　长沙马王堆三号汉墓出土的"漆书奁"

引自湖南省博物馆网站

图 10　青岛土山屯汉墓出土竹笥[1]

引自青岛市文物保护考古研究所、黄岛区博物馆《山

东青岛土山屯墓群四号封土与墓葬的发掘》，《考古学报》

2019 年第 3 期

在前室南壁上横额画像石中计箧的上
方绘有两个囊袋，这应该是用于盛放上计
时所使用木牍的书囊（图 8），书囊也需
进行封检。《后汉书·蔡邕列传》："以邕
经学深奥，故密特稽问，宜披露失得，指

陈政要，勿有依违，自生疑讳。具对经
术，以皂囊封上。"李贤注引应劭《汉官
仪》："凡章表皆启封，其言密事得皂囊
也。"[2] 文书在传递之前以囊盛装，在封
口处扎绳，以泥团封护，并在泥团上按玺
印，并且机密的事情要用皂囊即黑色的囊
袋盛装。青岛土山屯汉墓中也发现用书囊
盛放木牍的现象。在青岛土山屯汉墓中发
现一件竹笥，根据发掘报告，此竹笥用竹
条或苇条编制而成，呈长方扁箱状，用宽
0.5 厘米左右的细条以"人"字形编法编
成（图 10）。长约 50 厘米、宽约 20 厘
米、高约 20 厘米。墓中共有 11 枚木牍，
均放置于竹笥内，其中有 6 枚为上计时用
的文书牍。此外竹笥内还放有双管毛笔、
板研、木梳、木篦、漆刷等。[3] 竹笥就是

1　发掘者注：清理过程中，为避免对竹笥内有机质文物造成破坏，未对竹笥进行整体提取，而是选择在棺内水中
　　将竹笥上部打开，再对竹笥内部的遗物逐一提取，故竹笥的形状与棺内长方体状竹笥有所不同。青岛市文物保
　　护考古研究所、黄岛区博物馆：《山东青岛土山屯墓群四号封土与墓葬的发掘》，《考古学报》2019 年第 3 期。

2　（南朝宋）范晔撰，（唐）李贤等注：《后汉书》卷六〇下《蔡邕列传》，第 1998、2000 页。

3　青岛市文物保护考古研究所、黄岛区博物馆：《山东青岛土山屯墓群四号封土与墓葬的发掘》，《考古学报》
　　2019 年第 3 期。

汉代官吏的书囊。尹湾6号汉墓中出土一枚《君兄缯方缇中物疏》记载了墓主功曹史师饶书囊中的各种物品，包括文具和各种文本。[1] 马怡指出囊中盛放的组合起来的诸物，尤其是其中的文具，可能是墓主日常所用，死后一同下葬，较大程度上保留了原样。[2] 而进行上计时的木牍属于机密文书，需要使用黑色囊袋，并且一旦封检将不能再随便打开。在沂南北寨画像石墓前室南壁上横额画像石中计箧上方的这两个囊袋就是盛装上计时所用的木牍，上部凸起部分当是进行封缄所形成的。

二　上计图展现的上计级别

沂南北寨画像石墓前室东、西、南壁上横额的三幅相连画像中的建筑为官署，且从图中绘有上计用的计箧和皂色书囊来看，此三幅图展现的应该是上计场景。但画像石展现的是哪个级别上计或受计的过程还需进一步探究。

图 11　沂南北寨画像石墓中室北壁上横额东段画像石摹本

引自山东博物馆编《沂南北寨汉墓画像》，第62—63页

图 12　沂南北寨画像石墓中室西壁上横额画像石摹本

引自山东博物馆编《沂南北寨汉墓画像》，第58—59页

1　连云港市博物馆编：《尹湾汉墓简牍》，第24页。

2　马怡：《一个汉代郡吏和他的书囊——读尹湾汉墓简牍〈君兄缯方缇中物疏〉》（修订稿），简帛网，http://www.bsm.org.cn/? hanjian/6546.html，2015年12月1日。

图13　沂南北寨画像石墓中室北壁上横额西段画像石摹本
引自山东博物馆编《沂南北寨汉墓画像》，第60—61页

从墓葬形制来看，该墓墓主当是秩二千石的郡守一级的官员。石室墓一般可分为大、中、小三种类型。大型石室墓墓主一般是诸侯王、列侯配偶等。例如山东济宁普育小学汉墓，属于带回廊的前后石室墓，"凸"字形结构。[1] 墓中发现铜缕玉衣片，根据卢兆荫的考证，东汉诸侯王和始封列侯使用银缕或鎏金的铜缕玉衣，嗣位的列侯及其相当等级使用铜缕玉衣。[2] 中型石室墓一般就是秩二千石的官员。例如山东诸城前凉台汉墓，该墓为砖石合建，分前、中、后室，并有甬道和小耳室。在该墓宴饮、讲学图右上方隶书题名一行"密都乡安持里孙琮字威石之郭藏"（图16）[3]。根据王恩田的考证，墓主孙琮曾任汉阳太守，秩二千石，"宴饮、讲学图"实际上为"上计图"[4]。沂南北寨

画像石墓分前、中、后三个主室，并有东侧室三个、西侧室两个，墓南北长8.7米，东西宽7.55米，属于中型石室墓，因此墓主很有可能也是秩二千石的官员。

从沂南北寨画像石墓中室西壁上横额的车马出行图也能看出墓主为秩二千石的官员。沂南北寨画像石墓中室西壁和中室北壁上横额西段画像石（图12、图13）构成一个完整的车马出行队伍，有迎接者两人，施耳轺车也即主车一辆，八人仪仗，六个骑吏，一辆斧车，八辆轺车。中室北壁上横额东段（图11）中可能是妇女乘坐，应是墓主的妻子。[5] 济南长清孝堂山石祠后壁底部刻有"二千石"出行图，整列车队由西是向东行走，前导车为六辆单驾轺车，在其后为四名骑吏和两名伍佰，在之后是主车张有四维，车后刻有

1　济宁市博物馆：《山东济宁发现一座东汉墓》，《考古》1994年第2期。

2　卢兆荫：《试论两汉的玉衣》，《考古》1981年第1期。

3　任日新：《山东诸城汉墓画像石》，《文物》1981年第10期。

4　王恩田：《诸城凉台孙琮画像石墓考》，《文物》1985年第3期。

5　曾昭燏、蒋宝庚、黎忠义著，王培永等增补：《沂南古画像石墓发掘报告（增补本）》，第21—22页。

题记"二千石",主车后面有两个并行骑吏，之后是两辆单驾轺车和一名骑吏，最后是执板躬身的送行者。[1] 该车马图同长清孝堂山石祠"二千石"出行图规模大致相同，因此推断墓主至少为秩二千石的郡守一级的人物。

作为郡守，接受属县上计应是任职生涯中最为隆重且值得纪念的事情，彰显了郡守的功绩。因此将墓主接受属县上计的场景刻画在墓的前室，意在彰显墓主生前的政绩和地位，同时体现了墓主死后在地下世界也能继续为官的事死如生的观念。到了中室，车马出行图的出现更加显示了墓主的地位，整个出行车队中有迎送者，有仪仗人员，展现的应是墓主生前浩大的出行经历，主车中乘坐的应是墓主本人。车马出行图与接受属县上计的三幅画像共同彰显着墓主生前的身份和地位。

秩二千石的郡守无特殊情况不会赴中央上计。西汉时，郡赶赴中央上计的任务一般由郡丞负责，郡丞带领上计掾、上计吏及吏卒等组成上计使团。《汉书·循吏传》张敞奏黄霸："敞奏霸曰：'窃见丞相请与中二千石、博士杂问郡国上计长吏、守丞为民兴利除害，成大化，条其对。'"[2] 守丞和长史是代表郡国上计者，

因此丞相和中二千石、博士要问他们治理地方的情况。朱买臣曾作为上计使团中押送载衣食具用车的役卒跟随上计，"买臣随上计吏为卒，将重车至长安……买臣入室中，守邸与共食，食且饱，少见其绶。守邸怪之，前引其绶，视其印，会稽太守章也。守邸惊，出语上计掾吏"[3]。可以看出上计吏、上计掾均在上计使团中。

东汉时期，不仅郡守不参与上计，郡丞、长史也不再参与，而是由上计掾、史带领上计使团赴中央上计。《后汉书·独行列传》记载上计掾史向中央上书范式的优异品行："长沙上计掾、史到京师，上书表式形状。"[4] 杜佑《通典》："汉制，岁尽，遣上计掾史各一人，条上郡内众事，谓之计偕簿。"[5]《通典》描述的应该是东汉之制，未见郡丞、长史上计情形。严助任会稽太守时曾亲自赴中央上计，但这是因为严助任会稽太守后"数年，不闻问"，朝廷下诏书斥责严助，严助惶恐上书："臣事君，犹子事父母也，臣助当伏诛。陛下不忍加诛，愿奉三年计最。"如淳曰："旧法，当使丞奉岁计，（令）〔今〕躬自欲入奉也。"[6] 也就是说，郡守上计当属特殊情况，遇人事或受

1　蒋英炬主编：《中国汉画像石全集》第1卷，山东美术出版社，2000，第14—15页。

2　（汉）班固撰，（唐）颜师古注：《汉书》卷八九《循吏传》，中华书局，1962，第3632页。

3　（汉）班固撰，（唐）颜师古注：《汉书》卷六四上《严朱吾丘主父徐严终王贾传》，第2791—2792页。

4　（南朝宋）范晔撰，（唐）李贤等注：《后汉书》卷八一《独行列传》，第2678页。

5　（唐）杜佑撰：《通典》卷三三《职官》，中华书局，1988，第904页。

6　（汉）班固撰，（唐）颜师古注：《汉书》卷六四上《严朱吾丘主父徐严终王贾传》，第2790页。

朝廷责难方才亲自上计奏陈情况。而沂南北寨画像石墓的墓主作为郡守一级的人物不太可能亲自上计，因而此三幅画像石展现的应该不是墓主赴中央上计的情景。就算是墓主亲自上计，也是被责难或出现大事需要奏陈，这样不光彩的上计场景应该不会跟随墓主进入地下世界。

三 上计图所见县上计、郡受计的过程

两汉时期各郡国在中央设立郡邸，沂南北寨画像石墓前室东壁上横额应该就是属县上计人员入住县邸的场景（图1）。《汉书·文帝纪》："代王谢曰：'至邸而议之'。"师古曰："郡国朝宿之舍，在京师者率名邸。"[1] 这是郡国在中央设置的邸，侯旭东指出："郡国邸的主要用途是住宿，使用者包括各地赴京朝请的官吏，年终上计例行来京的官吏，各地选送京师的孝廉秀才亦可居住，在京求宦者也能留宿其中。"[2] 郡邸由专人管理，《汉书·百官公卿表上》载："属官有行人、译官、

别火三令丞及郡邸长丞。"[3]《续汉书·百官志二》："及郡邸长、丞，但令郎治郡邸。"[4] 西汉郡邸由郡邸长、丞管理，到了东汉则由郡邸郎管理，可见郡邸亦属官署机构。县也有在郡府所在地设置县邸的，尹湾汉简《元延二年日记》记载，墓主师饶在二月四日"宿羽"，二月六日"旦发，夕谒，宿邸"[5]，从羽山出发到东海郡郡治郯县距离仅40余公里，[6] 以汉代出行方式早晨出发傍晚就可到达。因为墓主二月七日又"宿兰陵凉亭"，可能由于该县邸距离兰陵较近，因此墓主二月六日晚选择在某县驻郡治郯县的县邸入住，师饶作为郡功曹史，入住县邸应该是被允许的。扬雄《答刘歆书》载："而雄始能草文，先作《县邸铭》《王佴颂》《阶闼铭》及《成都城四隅铭》。"[7] 证明汉代有县邸的存在，县邸的功能与郡邸应该是类似的。前文已论述沂南北寨画像石墓前室东壁上横额带有建鼓的"曲尺形房屋"可能是官署（图4），县邸作为县设置在郡府的招待、住宿机构，亦属于官署性质，故该"曲尺形房屋"的官署建筑应是县邸。

---

1 （汉）班固撰，（唐）颜师古注：《汉书》卷四《文帝纪》，第107—108页。

2 侯旭东：《汉家的日常》，北京师范大学出版社，2022，第224页。

3 （汉）班固撰，（唐）颜师古注：《汉书》卷一九上《百官公卿表上》，第730页。

4 （南朝宋）范晔撰，（唐）李贤等注：《后汉书》志第二五《百官二》，第3584页。

5 连云港市博物馆编：《尹湾汉墓简牍》，第141页。

6 羽山即今连云港市东海县境内羽山，郯县即今临沂市郯城。

7 周祖谟校笺：《方言校笺》，中华书局，1993，第93页。

图14　武氏祠左石室后壁小龛东壁"二桃杀三士"画像

引自蒋英炬主编《中国画像石全集》第1卷，山东美术出版社，2000，第59页

图15　山东苍山县兰陵镇出土"豫让刺赵襄子画像"画像石

引自焦德森主编《中国画像石全集》第3卷，山东美术出版社，2000，第103页

沂南北寨画像石墓前室东壁上横额面向县邸的第一至第五排人物皆佩戴进贤冠。进贤冠是汉代文官所戴官帽。《续汉书·舆服志》介绍："进贤冠，古缁布冠也，文儒者之服也。前高七寸，后高三寸，长八寸。公侯三梁，中二千石以下至博士两梁，自博士以下至小史私学弟子，皆一梁。"[1]《汉书·百官公卿表上》："博士，秦官，掌通古今，秩比六百石。"[2] 汉代博士秩比六百石，图中人物又佩戴一梁进贤冠，因此都在六百石以下。汉代大县设令，小县设长，"万户以上为令，秩千石至六百石。减万户为长，秩五百石至三百石。皆有丞、尉，秩四百石至二百石，是为长吏。百石以下有斗

1　（南朝宋）范晔撰，（唐）李贤等注：《后汉书》志第三〇《舆服下》，第3666页。

2　（汉）班固撰，（唐）颜师古注：《汉书》卷一九上《百官公卿表上》，第726页。

食、佐史之秩，是为少吏"[1]。小县县长、县丞、县尉及斗食、佐史都在六百石以下，因此佩戴一梁进贤冠者应属县级文官。画像中最后一排人物佩戴圆帽，并有尾状物体向正前方自然下垂。孙机指出："最高级的武冠与笼冠是皇帝的近臣如侍中等人戴的。他们在这类冠上加饰貂、蝉。"[2] 武氏祠左石室后壁小龛东壁"二桃杀三士"画像左侧三士头部就佩戴向前或向后垂的尾状物（图14）。沂南北寨画像石墓前室东壁上横额最后一排人物的尾状物较小，可能是因为级别比较低，所以佩戴较小的类似貂尾的尾状物。山东苍山县兰陵镇出土画像石（图15）左下角躬身迎接车马队伍的人物应是亭长，[3] 他的头部佩戴的尾状物较小，因而可以判断沂南北寨画像石墓前室东壁上横额和前室西壁上横额的最后一排佩戴圆帽和尾状物的人物应是低级武官，可能是亭长、游徼之类的官员。在县邸前面向众人的人物头部只佩戴了介帻，应是县邸的工作人员正在迎接本县上计的官员、优秀官吏以及选拔的人才等入住县邸。

沂南北寨画像石墓前室西壁上横额模拟的是郡上计掾、史在厅堂外逐县听计的场景（图2）。诸城前凉台出土有展现各县计吏共聚一堂以备随时答问或听取上计掾、史讲话的画像石。该画像石绘有一座方形高堂，三面回廊，高堂上坐一人在讲话，对面一人双手捧简，堂前还有十三人捧简环坐，右上方隶书题铭"密都乡安持里孙琮字威石之郭藏"，发掘报告称之为"宴饮、讲学图"（图16）[4]。根据王恩田的考证，墓主孙琮生前曾任汉阳太守，汉阳有13个县，画面中在庭院环坐的正好是十三人，应是各县来上计的人员，他们手里捧着的应该是计簿，堂上二人就是负责上计的上计掾、史。[5] 因此，诸城前凉台上计图应是各县计吏共聚一堂的场景，而沂南北寨画像石墓前室西壁上横额展现的则是在厅堂外逐县听计的场景。从衣着来看，诸城前凉台上计图中的堂上二人与沂南北寨画像石墓前室西壁上横额中面向众人捧简直身跪立的应该属于同一类人，是郡一级的上计掾、史，皆佩戴进贤冠，其面对的众人应该是属县上计的官吏及其随从人员。《续汉书·百官志》："秋冬集课，上计于所属郡国"，刘昭注引胡广曰："秋冬岁尽，各计县户口、垦田、钱谷入出，盗贼多少，上其集簿。"[6] 县上计需要呈交各县集簿、户口、垦田、钱谷、捕盗贼数等

1　（汉）班固撰，（唐）颜师古注：《汉书》卷一九上《百官公卿表上》，第742页。

2　孙机：《华夏衣冠——中国古代服饰文化》，上海古籍出版社，2016，第59页。

3　扬之水：《沂南画像石墓所见汉故事考证》，《故宫博物院院刊》2004年第6期。

4　任日新：《山东诸城汉墓画像石》，《文物》1981年第10期。

5　王恩田：《诸城凉台孙琮画像石墓考》，《文物》1985年第3期。

6　（南朝宋）范晔撰，（唐）李贤等注：《后汉书》志第二八《百官五》，第3623页。

以供考核，青岛土山屯汉墓中就出土了堂邑县的《堂邑元寿二年要具簿》《元寿二年十一月见钱及逋簿》《堂邑盗贼命簿》《堂邑元寿二年库兵要完坚簿》等上计所用簿册。[1] 因此随从人员中除了县主管上计的官员外，应该还有主管户口、垦田、钱谷、捕盗贼、兵器等多项事务的官员，以供随时被郡守及郡上计掾、史答问。在进行上计的人群中，第一排从北侧数的第二人佩戴网状的武弁大冠，这应是县内主管军事的官员，可能是县尉，上计时需要向郡汇报县的军备情况。

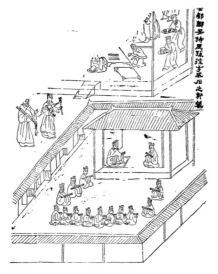

图 16　诸城前凉台汉墓"上计图"
引自任日新《山东诸城汉墓画像石》，《文物》
1981 年第 10 期

县上计时除呈送上计文书外，"计偕物"必不可少。"计偕物"中应有供给朝廷的"贡物"。《礼记·射义》："是故古者天子之制，诸侯岁献，贡士于天子。"[2] 孔颖达疏："诸侯岁献者，谓诸侯每岁献国事之书及献计偕之物于天子也。"[2] 沂南北寨画像石中的这三幅图里的物品，应该就属"计偕物"中的贡品。《汉书·武帝纪》："征吏民有明当时之务、习先圣之术者，县次续食，令与计偕。"[3]《汉书·儒林传》载："郡国县官有好文学，敬长上，肃政教，顺乡里，出入不悖，所闻，令相长丞上属所二千石。二千石谨察可者，常与计偕，诣太常，得受业如弟子。"[4] 这两则是朝廷征召人才和品学兼优者送至京师，而这些人才也需由县推荐至郡，经郡丞、郡守考核后才可"与计偕"至京师。《后汉书·明帝纪》："令司隶校尉、部刺史岁上墨绶长吏视事三岁已上理状尤异者各一人，与计偕上。"[5] 这是朝廷命令选拔优秀地方官吏送至中央，这些优秀官吏从郡属官吏和县官吏里选拔，被选拔的县官吏就在赴郡上计时

1　青岛市文物保护考古研究所、黄岛区博物馆：《山东青岛土山屯墓群四号封土与墓葬的发掘》，《考古学报》2019 年第 3 期。

2　（汉）郑玄注，（唐）孔颖达正义：《礼记正义》卷六二《射义》，载阮元校刻《十三经注疏》，中华书局，1980，第 1687 页。

3　（汉）班固撰，（唐）颜师古注：《汉书》卷六《武帝纪》，第 164 页。

4　（汉）班固撰，（唐）颜师古注：《汉书》卷八八《儒林传》，第 3594 页。

5　（南朝宋）范晔撰，（唐）李贤等注：《后汉书》卷二《显宗孝明帝纪》，第 112 页。

"与计偕"至郡。沂南北寨画像石墓前室西壁上横额倒数第二排戴进贤冠的官员没有胡须年龄较小，可能是被县选拔的优秀文官。在尹湾汉墓简牍《东海郡下辖长吏名籍》中，以捕盗贼维护治安而获得升迁的有 10 人，例如"戚左尉，鲁国鲁史父庆，故假亭长，以捕格不道者除""利成右尉，南阳郡堵阳邑张崇，故亭长，以捕格山阳亡徒尤异除""开阳右尉，琅邪郡柜王蒙，故游徼，以捕群盗尤异除"等[1]，这些优秀武官可能就会在上计时跟随上计。因此，沂南北寨画像石墓前室西壁上横额最后一排站立的佩戴着圆帽和尾状物的人物可能是县选拔的亭长、游徼一类的优秀武官，被送至郡准备接受郡守、郡丞的考核。

郡上计掾、史参与朝廷上计时代表的是郡守，因此得以参加朝廷的盛大典礼。沂南北寨画像石墓前室南壁上横额展现的应是各县上计人员齐聚，参与郡重大典礼的场景（图 3）。《续汉书·礼仪志上》载，"东都之仪……郡国计吏会陵……郡国上计吏以次前，当神轩占其郡（国）谷价、民所疾苦，欲神知其动静"[2]。郡国上计吏需要向神明宣告郡守的政绩。县上计官吏参与郡受计时当然也要参加郡举行的典礼。沂南北寨画像石墓前室南壁上

横额所展现的可能是共同参见郡守，也可能参与某种上计中的典礼。《周礼·春官·典路》郑注引郑司农说："汉朝上计律，陈属车于庭。"[3]《后汉书·文苑列传》记载赵壹上计时的情景："光和元年，举郡上计到京师。是时司徒袁逢受计，计吏数百人皆拜伏庭中。""时诸计吏多盛饰车马帷幕。"[4] 郡组织的受计活动比中央的规模要小，但诸县上计时应该也会"陈属车于庭""多盛饰车马帷幕"。在此幅画像石中最左端有一辆轺车和一辆棚车，右边也有一辆轺车和辎车，这应该就是各县上计吏"陈属车于庭"的情况。计吏携带着计箧、书囊以及计偕物等候郡守接见或者等待着参与一场重大典礼。

前室南壁上横额画像作为上计时最重大的活动被布置在进入墓室后的第一幅的位置。并且墓主的棺椁应是位于后室，这幅画像位于前室南壁，与墓主的棺椁相对，墓主在地下仍注视着属县来上计的官员。同时画像的正中刻画着官府大门，南壁又是前室的入口处，也体现着这是刚进入墓室的地方。前室东壁展现的入住县邸和西壁展现的上计于郡上计掾、史可能与现实世界的方位有关，此郡的各县县邸可能位于该郡治的东部，而上计掾、史接受属县上计的地方可能位于西部，因此这两

1　连云港市博物馆编：《尹湾汉墓简牍》，第 85—88 页。

2　（南朝宋）范晔撰，（唐）李贤等注：《后汉书》志第四《礼仪上》，第 3103 页。

3　（汉）郑玄注，（唐）贾公彦疏：《周礼注疏》卷二七《典路》，载阮元校刻《十三经注疏》，中华书局，1980，第 825 页。

4　（南朝宋）范晔撰，（唐）李贤等注：《后汉书》卷八〇下《文苑列传下》，第 2632 页。

幅画像石以南壁的官府大门为中心，分别位于两侧的东壁和西壁。

结　语

沂南北寨画像石墓东、西、南壁上横额三幅画像石生动展现了一次郡受计的场景，这也是汉代上计过程在画像石中为数不多的一次比较完整的展现。县上计人员入住县邸，县上计吏上计于郡上计掾、史并参与上计过程中的重大活动，同时也刻画出计箧、书囊以及计偕物等上计使用的物品，对于研究汉代上计制度提供了重要材料。这次上计活动可能是墓主生前作为郡守接受县上计的一次重要经历，同时为了彰显墓主身份和死后仍然享受殊荣，这三幅上计图就被带入了地下世界。

大足宝顶《地狱变相》"餐厨图""养鸡图"试析[*]

■ 张　文（西南大学历史文化学院）　　张　坦（西南大学美术学院）

大足宝顶石刻位于重庆市大足区城东北 14 千米的宝顶镇境内，系由南宋密宗第六代祖师赵智凤主持设计、统一规划建成的具有强烈世俗化、中国化特征的兼容显密二教的系列造像，时间约从淳熙六年（1179）开始，历时数十年。其中，位于大佛湾北崖中后段的第 20 号《地狱变相》顶高 13.8 米，宽 19.4 米。全图共分三层：上层以地藏造像为主尊，辅以十斋日佛[1]与十王两司造像。中层连续凿刻十大地狱。下层以赵智凤像及其身后宝塔为中心，左右分布着三组世俗造像："餐厨图""养鸡图""饮酒图"，周围环绕八个地狱（见图 1）。[2] 自民国时期大足石刻被重新"发现"以来[3]，《地狱变相》因其宏大的规模、逼真的造型、世俗的格调而备受瞩目。其中，以养鸡、餐厨、饮酒等世俗画面为核心的下层造像因与地狱场景混杂，视觉冲击强烈，格外引人注目。

纵观对《地狱变相》的研究，学界以往主要讨论了其所依据的经文问题，认为与《佛说十王经》《大方广华严十恶品经》《地藏菩萨本愿经》三部疑伪经有关。[4] 不过，对于经文的主次问题并未讨论清楚，对全图的结构布局也未形成统一意见。近年来的研究多集中于个别造像的考察，尤其是养鸡女备受关注。如陆晨琛、王颖注意到养鸡女形象与周围的地狱场景格格不入，认为这种设计是出于突出

* 本文写作过程中，作者团队曾多次赴大足石刻考察、搜集资料，得到大足石刻研究院领导与工作人员的大力支持及热情接待，在此深表谢意。

1 陈灼：《大足宝顶石刻"地狱变相·十佛"考识》，《佛学研究》，1997。

2 刘长久、胡文和、李永翘：《大足石刻内容总录》，四川省社会科学院出版社，1985，第 215—224 页。

3 参见陈明光《60 年前的大足石刻之旅》，《文史杂志》2005 年第 6 期。

4 参见杜斗城《〈地狱变相〉初探》，《敦煌学辑刊》1989 年第 1 期。胡文和《四川摩岩造像中的"大方广华严十恶品经变"》，《敦煌研究》1990 年第 2 期。张总《地藏信仰研究》，宗教文化出版社，2003，第 190—191 页。

地狱对作恶者与纵恶者的惩罚目的，但"工匠故意把养鸡女塑造的（得）温柔可亲，以和周围的凄惨世界形成更强烈的对比"[1]。高安澜通过对比相关经文以及同类型石刻题材，认为养鸡女"在造像上设计出一个接地气的农妇形象，很有可能是为了增强民众寻求行法会进行忏悔、祷告与祈福的意愿"。换言之，这一设计"反映出佛教在中国发展的晚期进程中的本土化改动与创造"[2]。此外，一些专题研究也涉及《地狱变相》中的个别造像。如程郁对大足石刻中部分劳动妇女形象进行了深入分析，涉及厨娘形象、养鸡女形象等职业妇女的讨论，认为这体现了"传统的社会性别观造成善恶的双重标准"[3]。

图1　《地狱变相》全图

大足石刻研究院提供

1　陆晨琛、王颖：《关于大足宝顶山石窟养鸡女石刻的研究分析》，《戏剧之家》2013年第3期。

2　高安澜：《大足宝顶山大佛湾第20号龛"养鸡女"造像辨析》，《大足学刊》第五辑，2021。

3　程郁：《从大足石刻观察宋代一些特殊的劳动妇女》，《中华文史论丛》2020年第4期。

从以上学术回顾可知，对于《地狱变相》的研究主要集中于对几个热点造像的考察，其与全图主题的关系问题并未兼顾，仍有讨论余地。有鉴于此，笔者拟将基础研究与专题研究统一起来，做一次整体的主题式探讨。其中，宝顶石刻未见任何出资人（供养人）的造像或题记，也未见任何工匠题名。尽管学界对此一直有种种猜测，包括资金是否来源于寺院产业，或来源于水陆法事收益；[1] 从北宋皇祐年间（1049—1054）开始活跃于大足地区的工匠家族如文氏、伏氏等，自南宋绍兴（1131—1162）以后逐渐沉寂，是否被赵智凤吸纳为宝顶石刻的实施者，[2] 等等。就现有资料来看，基本可以确定赵智凤是宝顶石刻的"总设计师"，图像内涵融入了其思想倾向，应着重考察。至于出资人与工匠，即便能够确认，也仅是对部分造像形式有所影响，而难以改变图像的整体意涵。

一 弘扬孝道：《地狱变相》主题与赵智凤的意图

如前所述，《地狱变相》主要依据了三部疑伪经，全图文本主题的确定当与此三部经相关。其中，《佛说十王经》又名《佛说阎罗王授记四众逆修生七斋往生净土经》《佛说阎罗王授记四众预修生七往生净土经》等，久佚，后于敦煌发现多种版本，其中一些经卷自题为"成都府大圣慈恩寺沙门藏川述"。学界一般认为该经约写成于晚唐，系由四川僧人藏川写定，后传播于敦煌地区。[3] 该经卷首先叙佛陀为阎罗王授记，奠定了十殿阎王的主角地位；又显示以地藏为首的六大菩萨，体现地藏菩萨的重要地位。该经用图文形式表现了亡人在七七"中阴期"及百日、一周年、三周年的十个日子中在"十殿阎王"过审的场景，并提示生前免罪与死后免罪的途径。对比《地狱变相》，上层"十殿阎王"造像及现报司、速报司造像即来源于该经，但省略了亡人过审的场景，重点集中于为生者及亡人示现免罪途径。总体而言，《佛说十王经》系上层造像的主要依据，但主尊已是地藏菩萨，十殿阎王成为配角。

《大方广华严十恶品经》又名《大方广华严十恶经》《华严十恶经》等，作者不详，一般认为系南北朝时为适应梁武帝断屠食素运动由僧人撰造的伪经。该经受众主要针对世俗众生，主旨在于宣扬佛教五戒：不害生、不放逸、不饮酒、不食肉、常行大慈，重点论述了饮酒食肉的罪

1　王天祥、李琦：《建构、转述与重释——赵智凤形象考释》，《西南民族大学学报》2008 年第 9 期。

2　米德昉：《宋代文氏一系工匠与宝顶山石窟寺的营建》，《敦煌研究》2020 年第 4 期。

3　杜斗城：《敦煌本〈佛说十王经〉校录研究》，甘肃教育出版社，1989，第 146 页。张总《地藏信仰研究》，第 24 页。

孽及断食酒肉所得的福报。[1] 对照《地狱变相》，下层三组世俗造像及其环绕的八个地狱所刻铭文均来源于该经，但有改动。其中，将不饮酒、不食肉放到首位，点出了下层三个世俗场景的主旨：东段"饮酒图"体现不饮酒戒律，其中又包含"沽酒图""厖崛摩罗饮酒堕地狱图""醉酒不识亲图"三个子图；西段包括"养鸡图""餐厨图"两个子图，体现不食肉戒律。最后，位于全图西段的"父母喂儿饭图"及其经文对下层不饮酒、不食肉两个戒律做了总结，将主题导向孝道问题。即总体而言，《大方广华严十恶品经》系下层造像的主要依据。

《地藏菩萨本愿经》署名为唐代于阗国实叉难陀译，但学界普遍认为系由中土高僧为适应本土文化而撰造的伪经，时间当在唐代或唐宋之际。[2] 从经文看，主要内容有两点：一是叙说地藏菩萨本缘，确立其阴阳两界双重教主身份。地藏菩萨在过去诸劫中曾为国王、长者子、婆罗门女、光目女，因发下不度尽众生誓不成佛大愿，故而佛陀在灭度之前，将救度幽冥世界与世俗世界的责任托付给地藏菩萨，

从此时至弥勒佛降生之前，地藏菩萨既是幽冥世界教主，也是世俗世界教主。二是叙说地藏菩萨救度众生法门，确立孝道在阴阳两界救度中的核心地位。其中举了两个地藏菩萨的例子，强调后嗣超度死亡眷属的重要性，皆与孝道有关。根据经文，地藏菩萨于过去不可思议阿僧祇劫曾为婆罗门女，"其母信邪，常轻三宝"，死后坠于地狱。于是，婆罗门女出卖家业，大兴供养，"为母设供、修福"，"非唯菩萨之母得脱地狱，应是无间罪人此日悉得受乐，俱同生讫"[3]。又于过去无量阿僧祇劫为光目女，其母"好食啖鱼鳖"，多有杀害，死后坠在"恶趣"。光目女"即舍所爱，寻画佛像而供养之。复恭敬心悲泣瞻礼"，而其母得以转生，但为婢女之子，"又复短命"。于是，光目女发下大愿，度尽众生方始成佛。最终，其母"过是报后，当生无忧国土，寿命不可计劫"[4]。关于救度世俗世界法门，根据经文，阎浮提众生多生恶业，且刚强难调难伏，离地狱近在咫尺，救度之法是讲孝道、不杀生。其中，重点提示不孝父母的恶劣后果："若有众生不孝父母，或至杀

1　徐绍强整理：《大方广华严十恶品经》，载方广锠主编《藏外佛教文献（第一辑）》，宗教文化出版社，1995，第 359 页。

2　参见张总《地藏信仰研究》，第 7—8 页。尹文汉《地藏菩萨图像学研究》，宗教文化出版社，2017，第 28—29 页。

3　（唐）实叉难陀译：《地藏菩萨本愿经》卷上《忉利天宫神通品第一》，载大正新修《大藏经》第 13 册，台北新文丰出版公司，1983，第 778—779 页。

4　（唐）实叉难陀译：《地藏菩萨本愿经》卷上《阎浮众生业感品第四》，载大正新修《大藏经》第 13 册，第 780—781 页。

害，当堕无间地狱，千万亿劫求出无期。"[1] 又于初死七七之日内，亲属"为作功德"，可以减轻处罚。否则，"无人继嗣为作功德救拔苦难，生时又无善因，当据本业所感地狱"，渡海坠入相关地狱。[2] 对照《地狱变相》，上层十斋日佛与中层十大地狱形成对照，皆源于本经或相关的《地藏菩萨十斋日经》。[3] 所谓十斋日，即每月特定的十天，诸罪结集，"南阎浮提众生举止动念，无不是业，无不是罪，何况恣情杀害、窃盗、邪淫、妄语百千罪状。能于是十斋日，对佛菩萨诸贤圣像前读是经一遍，东西南北百由旬内无诸灾难。当此居家若长若幼，现在未来百千岁中永离恶趣"[4]。《地狱变相》中层十大地狱所附刻文将其简化为"念某某佛一千遍，不堕某某地狱"。如"月一日念定光佛一千遍，不堕刀山地狱"，"日念贤劫千佛一千遍，不堕寒冰地狱"等。[5]

总体而言，《地狱变相》所依据的主经为《地藏菩萨本愿经》，又辅以《佛说十王经》《大方广华严十恶品经》，构成了一个以地藏菩萨为主尊、救度阴阳两界的大型经变相。因此，《地狱变相》的文本主题是地藏菩萨本愿。此外，以往的研究对于全图结构也未作细致区分，只是笼统地将上层视为佛国冥府、中下层皆视为地狱，这是不准确的。[6] 实际上，上层以地藏菩萨为主尊（地藏菩萨也是全图主尊），辅以十斋日佛与十王两司，构成"神界"；中层十大地狱中的受刑者，已是经过审判入狱服刑的"鬼"，构成"鬼界"；下层尽管有八个地狱环绕，只是提示世俗生活与地狱关系密切，展示重点仍是阎浮提众生的世俗场景，构成"人界"[7]。其中，下层中间有一方名为"铁围山阿鼻地狱"的石碑，出自《大方广华严十恶品经》，主要内容是"一不听饮酒，二不听食肉"，又说"食肉者堕阿鼻"地狱。[8] 也就是说，这段铭文起到连接左右两大场景的作用：左侧是由"餐厨图"与"养鸡图"表达的"食肉"场

1　（唐）实叉难陀译：《地藏菩萨本愿经》卷上《观众生业缘品第三》，载大正新修《大藏经》第 13 册，第 779 页。

2　（唐）实叉难陀译：《地藏菩萨本愿经》卷上《忉利天宫神通品第一》，载大正新修《大藏经》第 13 册，第 779 页。

3　参见尹富《〈地藏菩萨本愿经〉综考》，《四川大学学报》2007 年第 6 期。

4　（唐）实叉难陀译：《地藏菩萨本愿经》卷上《如来赞叹品第六》，载大正新修《大藏经》第 13 册，第 783 页。

5　重庆大足石刻艺术博物馆等编：《大足石刻铭文录》，重庆出版社，1999，第 142 页。

6　杜斗城：《〈地狱变相〉初探》，《敦煌学辑刊》1989 年第 1 期。

7　下层中凡涉及人与地狱关系的经文，一般表述为做了某某事"当堕"地狱，或者表述为"死堕地狱"，即死后堕入地狱，都属于将来时态，反证所处场景仍为人间。

8　重庆大足石刻艺术博物馆等编：《大足石刻铭文录》，第 148 页。

景，右侧是"饮酒"场景，下场都与地狱有关。这段刻文与《大方广华严十恶品经》原文相比，将五大戒律中的"三者不饮酒，四者不食肉"改为"一不听饮酒，二不听食肉"，突出强调了饮酒食肉的罪过，也点明了《地狱变相》下层的主旨。总体看来，《地狱变相》的文本主题为地藏菩萨本愿，其救度阴阳两界的法门中，孝道处于核心位置。救度世俗众生的途径更为倚重孝道，其与酒肉的关系，用一句话表达即是：酒肉害孝。由此，全图的价值主题即弘扬孝道也得以显现。"饮酒图"展示的是饮酒害孝，"养鸡图"与"餐厨图"展示的是食肉害孝。限于文章篇幅，本文将集中讨论后者。

关于《地狱变相》的孝道问题，前此研究者或从大足石刻全局角度或从某个专题角度有所涉及。[1] 李静杰则明确指出《地狱变相》具有弘扬孝道的含义，他说："本铺图像的地藏菩萨作为主尊并大画面表现，在突出其救度职能的同时，似乎还隐含着践行孝道的用意，与观无量寿佛经变异曲同工。"[2] 不过作者并未就此展开，也未落实到具体细节。实际上，宝顶石刻充斥着孝道主题，又集中体现在两

处：一是《地狱变相》与第 18 号龛《观无量寿佛经变相》毗邻，构成一组对比强烈的孝道主题。其中，《观无量寿佛经变相》主像为西方三圣，展现了西方净土极乐世界景象，其中所刻经文特别强调极乐世界与孝道的关系："凡夫欲修净业者，得生西方极乐国土。欲生［彼］国者，当修三福：一者孝养父母，奉事师长，［慈］心不杀，修十善业。"[3] 在经文所开列的往生净土的条件中，"孝养父母"居首，点明了该组造像的主题，也与毗邻的《地狱变相》形成互补：孝养父母者上天堂，不孝父母者下地狱。二是与《地狱变相》同在北崖的两铺图像构成一组具体的孝道表达。第 15 号龛《父母恩重经变相》用生动的画面表现了父母养育子女的恩情，既是对父母恩情的具体表达，也为孝养父母提供了"反哺"指向。其中也设计了阿鼻地狱，作为惩罚不孝者的手段。[4] 第 17 号龛《大方便佛报恩经变相》主要展现了释迦牟尼种种行孝场景，其中也凿刻部分地狱场景，[5] 意思显然也是一致的。也就是说，地狱与孝道相互关联，密不可分。

事实上，早在嘉定年间（1208—

1　胡昭曦：《大足宝顶石刻与"孝"的文化》，《中华文史论坛》1995 年第 3 期。许孟青：《论大足孝道石刻在佛教中国化中的作用》，《宗教学研究》2010 年第 2 期。

2　李静杰：《大足宝顶山南宋石刻造像组合分析》，载黎方银主编《2014 年大足学国际学术研讨会论文集》，重庆出版社，2016，第 22—23 页。

3　重庆大足石刻艺术博物馆等编：《大足石刻铭文录》，第 116 页。

4　刘长久、胡文和、李永翘：《大足石刻内容总录》，第 197—201 页。

5　刘长久、胡文和、李永翘：《大足石刻内容总录》，第 202—206 页。

1224），昌州知州宇文屺即对宝顶石刻与赵智凤本人有类似评价。刻于大佛湾第5号华严三圣龛下部现存宇文屺诗云："劖云技巧欢群目，今贝周遭见化城。大孝不移神所与，笙钟麟甲四时鸣。"后附跋文云："宝顶［赵智宗刻］石［追孝］，心可取焉。目成绝句，立［诸］山阿。笙钟［麟甲事］见坡诗，谓为神杋［阿护］［之意］也。"末尾署名："朝散郎知昌州军州［事兼管内劝农事□□二江宇文屺书］。"[1] 陈明光认为，此碑刻于嘉定十六年。[2] 一般认为，赵智宗即赵智凤，前者是法号，后者是俗名。嘉定年间，大足宝顶石刻主体部分已基本建成，彼时赵智凤仍在世。此时作为昌州地方长官的宇文屺为宝顶题刻，且重点肯定了赵智凤的孝行与弘孝理念，一方面显然来自于观礼宝顶石刻的感受，另一方面也不排除来自赵智凤的自我表达。因为该铭文刻于大佛湾主体造像之下，除非赵智凤有意安排，显然无法实现。换言之，宇文屺应该是与赵智凤有过当面交流，听取过赵智凤的自我说明。

关于赵智凤个人经历，南宋史料有三：一是上引宇文屺题刻中的记录，二是《舆地纪胜》中的记录："宝峰山，在大足县东三十里。有龛岩，道者赵智凤修行之所。"[3] 三是嘉熙年间（1237—1240）昌州军事判官席存著题刻在宝顶小佛湾的铭文，字已漫漶不清，仅存"承直郎"三字。《（乾隆）大足县志》保存了部分内容，文曰："赵本尊名智凤，绍兴庚辰年生于米粮之沙溪。五岁入山，持念经咒。十有六年，西往弥牟。复回山修建本尊殿，传授柳本尊法旨，遂名其山曰宝鼎。舍耳炼鼎（顶）报亲，散施符法救民。尝垂戒曰：'热铁轮里翻筋斗，猛火炉中看倒悬。'嘉熙年间承直郎昌州军事判官席存著为之铭。"[4] 明代史料有两种：其一为弘治十七年（1504）曹琼所撰《恩荣圣寿寺记》，将赵智凤视为毗卢佛再世，文曰："今考其书，毗卢佛再世托生于本邑米粮里赵延富之家，奉母最孝。母尝抱疾，乃礼求于其师，将委身以救之，母疾以愈。他凡可以济人［利］物者，靡所不至。清苦七十余年，始幻化超如来地之上品观，此又未必无据也。"[5] 其二为刘敞人的两通碑记，内容大致相同，今节录洪熙元年（1425）《重开宝顶石碑记》，文曰："传自宋高宗绍兴二十九年七月十有四日，有曰赵智凤者始生于米粮里沙溪。年甫五岁，靡尚华饰，以所

1　重庆大足石刻艺术博物馆等编：《大足石刻铭文录》，第233页。

2　陈明光：《大足石刻考古与研究》，重庆出版社，2001，第169—172页。

3　（宋）王象之撰，赵一生点校：《舆地纪胜》卷一六一《潼川府路·昌州·景物下》，浙江古籍出版社，2013，第3460页。

4　（清）李德纂修：《（乾隆）大足县志》卷九《仙释》，清乾隆十五年刻本。

5　重庆大足石刻艺术博物馆等编：《大足石刻铭文录》，第218—219页。

居近旧有古佛岩，遂落发剪爪，入其中为僧。年十六，西往弥牟云游三昼。既还，命工首建圣寿本尊殿，因名其山曰宝顶。发弘誓愿，普施法水，御灾捍患，德洽远近，莫不皈依。凡山之前岩后洞，琢诸佛像，建无量功德。"以下，又叙及柳本尊简历及此后宝顶遭际。[1] 根据以上记录，大体勾勒出赵智凤生平轮廓。

关于其生年，有绍兴二十九年与绍兴三十年两说。关于其卒年，前引席存著"为之铭"一句属于当时墓志铭的惯用语，即赵智凤当卒于嘉熙四年之前，具体在端平二年（1235）至嘉熙四年（1240）之间。至于曹琼所记"清苦七十余年"一句，可以理解为赵智凤5岁出家到卒年的数字，共75年左右。也有学者将其理解为建造宝顶的时间，则认为赵智凤卒于淳祐九年。[2] 总体而言，赵智凤为大足本地人，5岁出家，修行16年后（依席存著所记），21岁即淳熙六年或淳熙七年前往川密祖庭弥牟镇修习，返回大足后，以柳居直为本尊，奉行四川密宗，于圣寿寺建立本尊殿。后经多年经营，建立了规模宏大的宝顶道场。

回顾以往学界对赵智凤的研究，因其密宗背景而更为重视其作为宗教家的身份。实际上，我们首先应该将赵智凤还原为一个富于情感的个体，关注其个人成长中的情感性因素，以此作为判断其价值倾向的依据。根据以上史料，前三条均为赵智凤同时代人所记，高度可信。尤其是宇文屺与席存著作为地方官，对赵智凤自当更为熟悉，二人都特别提到赵智凤的孝行。其中，宇文屺称赞赵智凤"大孝不移"，创造宝顶为"刻石追孝"。所谓追孝，意为追荐父母，奉行孝道。席存著则称赵智凤"舍耳炼鼎（顶）报亲"，即以类似柳本尊燃香烧炼肢体的苦行方式报答亲恩，孝行感天动地（实施这一行为当在赵智凤自弥牟镇重返大足奉行密宗之后）。后两条明代史料，一说"今考其书"，一说"传自"，似乎既有文本依据，也有本地流传故事。考虑到彼时席存著所作铭文仍存于小佛湾可资参考，明代的两条史料总体可信。换言之，所有史料几乎都提到赵智凤孝行卓著，前引曹琼《恩荣圣寿寺记》中更明确说，赵智凤尤其孝母，其出家为僧系因母亲患病，不惜委身佛门，而"母疾以愈"。由此，可以得出一个初步认识：赵智凤虽为高僧，但极讲孝道，尤其对母亲最为孝顺。再联系《地狱变相》的孝道主题，我们认为赵智凤具有明显的弘扬孝道的意图，"餐厨图"与"养鸡图"正是这一意图的体现。具体而言，两图主要表达了食肉与害孝的因果关系，以戒杀生作为弘扬孝道的具体途径。此外，两图中的一些细节，还隐藏着赵智凤追孝父母的意图。

---

1 重庆大足石刻艺术博物馆等编：《大足石刻铭文录》，第211—212页。

2 陈明光：《大足石刻考古与研究》，第179页。

二　食肉害孝："餐厨图"与"养鸡图"的孝道表达

食肉害孝由两组图像构成，一个是关于"兔"的，包含在"餐厨图"即俗称的"厨娘图"（见图 2）中。该图位于赵智凤像与宝塔右侧，核心是一位厨娘坐于厨桌前，双手正在加工一只切掉头的兔子。与厨桌毗邻的餐桌前端坐两男子，正在等着用餐。围绕厨娘及用餐者有铁轮、镬汤、粪秽、矛戟四个地狱。最西端有一组"父母喂儿饭图"，一对老年夫妻相对而坐，小儿居中侧立。老母左手持金碗，右手持饭碗，任儿选取。从整体布局看，这组造像是围绕厨娘与用餐者设计的，相关刻文也支持这一判断。其中，厨娘身前桌布上刻铁轮地狱经文："大藏佛告迦叶：抢菟之人，堕铁轮地狱，方丈万钉，间无空处。一切众生煮肉者，堕镬汤地狱……炙肉之人，堕铁床地狱；斩肉之人，堕剉碓地狱；杀生之人，堕鏊戟地狱……"[1] 关于刻文中的"抢"字，各家均无专门解释。通过分辨拓片及现场观察，"抢"当为"枪"（见图 3）[2]，可释为"刺"，引申为"杀"。这段刻文是该组造像的主旨，即有关杀生下地狱的细节，其中以杀兔代指杀生行为。由杀生导致食肉，则坠于粪秽地狱。其刻文叙述由食肉引发的孝道危机："《大藏经》云：迦叶菩萨白佛言：世尊，食肉者非如来弟子，即是外道眷属。食肉者不觉、不知、不闻、不见，若当食肉，或君食臣肉，或臣食君肉；或父食子肉，或子食父肉；或兄食弟肉，或弟食兄肉；或姊食妹肉，或妹食姊肉；或夫食妻肉，或妻食夫肉……"[3] 又于"父母喂儿饭图"侧刻文："《大藏经》云：迦叶白佛言：食肉者堕何处地狱？佛告迦叶：食肉者堕粪秽地狱……迦叶白佛言：如来若说法时，一切众生为受不受？佛告迦叶：譬如有人，年已八十，贫穷孤老，后生一子，极其怜悯，一手把金，一手把饭，二团俱授，如过与子。婴儿愚騃，不识其金，而取其饭。一切众生，亦复如是。我悯一切众生，犹如慈父，众生而悉舍去□作礼奉行。"[4] 这段刻文源自《大方广华严十恶品经》结尾部分，是对食肉者入地狱的重复解释，也点明该组造像的孝道主旨：父母养育子女之情一如佛陀对待众生，力图为其提供最有价值的东西。父母既以此心待子女，则子女也当以是心待父母，此即子女孝顺父母的伦理基础。

1　重庆大足石刻艺术博物馆等编：《大足石刻铭文录》，第 152 页。

2　重庆大足石刻艺术博物馆等编：《大足石刻铭文录》，第 152 页。刻文右起第 1 列第 7 字即所谓的"抢"字，其偏旁与右起第 5 列第 4 字的"持"字的提手旁写法完全不同，当为木字旁的"枪"。

3　重庆大足石刻艺术博物馆等编：《大足石刻铭文录》，第 152 页。

4　重庆大足石刻艺术博物馆等编：《大足石刻铭文录》，第 153 页。

图2　　"餐厨图"

作者摄制

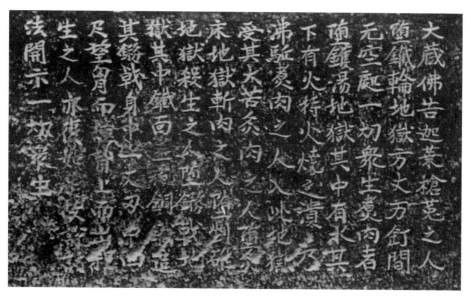

图3　铁轮地狱经文刻文拓片

引自《大足石刻铭文录》

图4　"养鸡图"
作者摄制

食肉害孝的另一个表达是"鸡",包含在"养鸡图"即俗称"养鸡女图"(见图4)中。该图位于赵智凤像与宝塔左侧,核心是一青年村妇,头挽高髻,双手正打开鸡笼,笼前二鸡正争食一蚯蚓,笼下数只小鸡探出头来。围绕养鸡女有三个地狱:刀船、铁轮、饿鬼。其中,刀船地狱刻文:"《大藏经》言:佛告迦叶,一切众生养鸡者,入于地狱。迦叶白佛言:

养鸡者何故入其地狱?佛告迦叶□□□□三百□□□□□百五十鸡自作□□百三十,是故主□□于地狱。一切众生□鸡者,心生大慈□□有罪,若为利肉所□是故主人入于地狱。"[1] 以上三组地狱图像,共同构成对"养鸡图"的解释。其中,养鸡女处于问题的核心,由于养鸡,导致杀生,故而养鸡女处罚最重,既入铁轮地狱,又入刀船地狱。

1　重庆大足石刻艺术博物馆等编:《大足石刻铭文录》,第149页。

以上关于"兔"与"鸡"的寓意，根据佛典，菩萨曾化身为十二兽，"游阎浮提，教化如是种类众生"。十二兽住在南瞻部洲四方海岛中，南方蛇、马、羊，西方猴、鸡、犬，北方猪、鼠、牛，东方狮、兔、龙。[1] 据此，可以判断这种设计代表了在世俗世界教化众生的两种兽，进一步强化杀生的罪孽，同时也进一步印证了《地狱变相》下层为阎浮提世界的定性。唯一的问题是，《地狱变相》中兔在西，鸡在东，方位相反。对此，宋人陆佃有段说明可证其理："旧说日中有鸡，月中有兔。按：鸡，正西方之物；兔，正东方之物。大明生于东，故鸡入之；月生于西，故兔入之。此犹镜灯西象入东镜，东象入西镜云尔。"[2] 意思是，鸡是西方动物，兔是东方动物，分别依托日、月而行，从而形成镜像关系，也可以表述为鸡在东、兔在西，符合佛典原意。要之，则此处选择"兔""鸡"两种动物作为象征，无疑是颇有深意的安排。

除此之外，我们还注意到"兔""鸡"图文中的特殊细节，显示在此表象之下还隐藏着某种功能性表达。其中，厨娘与养鸡女及其地狱所附刻文均来自《大方广华严十恶品经》，但比较敦煌本《大方广华严十恶品经》，并无"抢菟之

人，堕铁轮地狱，方丈万钉，间无空处"这段文字，也无"佛告迦叶，一切众生养鸡者，入于地狱。迦叶白佛言：养鸡者何故入其地狱"这段文字，而仅有"食鸡肉者，当堕地狱；三人共偿倍半，相迎同入地狱"两句。[3] 为什么赵智凤有如此改造？程郁推测可能是地方性的说辞，即"针对当地现实的发挥"[4]。不过，就笔者所见，并无文献支持这一推测。我们认为，这一细节是有意味的安排，属于赵智凤特有的表达。因为很显然，宋代饮食习惯中，杀羊或杀猪远比杀兔普遍，养羊或养猪的杀生性质也远比养鸡典型，舍弃普遍性而以特殊性代之，显然另有所指。为此，我们进一步注意到，刻文中的"兔"字加了草字头，作"菟"。《战国策·楚策四》："见菟而顾犬，未为晚也。"是"菟"可通"兔"。但"菟"也有其他意思，这里舍"兔"而用"菟"，显然别有意味。另外，刻文中的"鸡"首字写作"鶏"，其他则一律写作"雞"。根据宋代字书《广韵》解释，"雞"为通行正字，"鶏"为籀文，属于特殊写法。考虑到"鸡"与"兔"的对称关系，我们认为两者系出于同一理由所作的特殊处理。根据宋人习惯，文字经过特殊处理者，多与避讳有关。

1　（北凉）昙无谶译：《大方等大集经》卷二三《虚空目分中净目品第五》，载大正新修《大藏经》第 13 册，第 167—168 页。

2　（宋）陆佃撰，王敏红校点：《埤雅》卷六《释鸟·鸡》，浙江大学出版社，2008，第 52 页。

3　徐绍强整理：《大方广华严十恶品经》，载方广锠主编《藏外佛教文献（第一辑）》，第 367 页。

4　程郁：《从大足石刻观察宋代一些特殊的劳动妇女》，《中华文史论丛》2020 年第 4 期。

图 5　初江大王颂词拓片
引自《大足石刻铭文录》

图 6　《大藏佛说守护大千国土经》拓片局部
引自《大足石刻铭文录》

图 7　《普劝持念阿弥陀佛》拓片局部
引自《大足石刻铭文录》

　　从避讳性质看，分为国讳与家讳两种，国讳又称官讳，即避讳帝王名讳；家讳又称私讳，一般只需避讳父祖名讳。在书写时，通常用改字、改音、空字、缺笔等方式处理。[1] 赵智凤父亲名叫赵延富，

通过对宝顶铭文检索，没有发现"延"字，但发现 4 个"富"字，确实存在避讳情况。小佛湾灌顶井龛戒律文："宁以守戒贫贱而死，不以破戒富贵而生。"其中的"富"字并非通行字，而是写成

1　参见朱瑞熙《宋代的避讳习俗》，《上海师范大学学报》1988 年第 4 期。

"贝"加"足"组合。[1] 关于此，以往学界有过多次讨论，通常认为是赵智凤自造字。[2] 大佛湾铭文中有3个"富"字，一在《地狱变相》上层初江大王颂词中，其中"往生豪富信心家"一句出现"富"字（见图5）；[3] 二在第2号龛所刻《大藏佛说守护大千国土经》中，其中"富贵长远"一句出现"富"字（见图6）；[4] 三在第18号龛所刻《普劝持念阿弥陀佛》碑文中，其中"富贵资财不厌多"一句出现"富"字（见图7）。[5] 经笔者现场确认，三个"富"字都写作"冨"，均缺上边一点。其中，第三个"富"字在拓片上看似有一点，实则是碑上污渍。关于"冨"字，明代《洪武正韵》与《正字通》解作"富"之俗字，宋代《广韵》则不录此字，仅有富字。可见，大佛湾的三个"冨"应属赵智凤避父讳所为。至于小佛湾的"富"字，一般认为属于赵智凤自造字，也不排除具有避讳的性质。这很符合赵智凤的孝道理念，也证明其父名赵延富的记载属实。至于宝顶是否存在避赵智凤母讳的情况，由于文献失载，因而无法确认。

三 争讼害孝："斗鸡争虫"与昌州地方社会问题

综上所述，《地狱变相》是赵智凤精心设计的一组造像，除了体现地藏菩萨救度阴阳两界的本愿外，具有明显的弘扬孝道的意涵，即本图的价值主题所在。这一安排，既体现了赵智凤作为一名高僧的宗教情怀，也体现了赵智凤作为一个富于情感的个体的人间情怀。即，总体而言，《地狱变相》突出地表达了孝道观念，这一设计无疑令人印象深刻。就本文所论的食肉害孝而言，我们认为还与彼时昌州地方社会问题形成关联。

如前所述，"养鸡图"中刻画了两只成鸡争抢蚯蚓的细节，但形象颇为奇怪：小头细颈，梭身束尾，长腿尖爪。尤其是鸡冠很小，体型饱满，腿肌发达，强劲有力（见图8）。从宋人所绘《子母鸡图》中的成鸡形象看，彼时家鸡与今日中国土鸡并无不同。[6] 在宋代文献中，上述成鸡形象反而更符合斗鸡的特征。南宋周去非

---

1 重庆大足石刻艺术博物馆等编：《大足石刻铭文录》，第 195 页。

2 参见米德昉《宝顶山佛籍铭文中的稀见字例释——兼论赵智凤造字问题》，《大足学刊》第三辑，2019。

3 重庆大足石刻艺术博物馆等编：《大足石刻铭文录》，第 135 页。

4 重庆大足石刻艺术博物馆等编：《大足石刻铭文录》，第 94 页。

5 重庆大足石刻艺术博物馆等编：《大足石刻铭文录》，第 127 页。

6 启功主编：《中国历代绘画精品·花鸟卷（二）》，山东美术出版社，2003，第 21 页。冯骥才：《画史上的名作·中国卷》，文化艺术出版社，2016，第 59 页。

曾谈到他在广东见到的斗鸡："毛欲疏而短，头欲竖而小，足欲直而大，身欲疏而长，目欲深而皮厚，徐步眈视，毅不妄动，望之如木鸡。"[1] 所谓"望之如木鸡"，是指斗鸡特有的沉毅神态。图 8 所见《地狱变相》中的双鸡，右鸡稍稍伸颈过去叼住蚯蚓一端，肌肉开始紧张，呈现欲争斗之态；左鸡虽口衔蚯蚓一端，但形态屹立不动，符合"呆若木鸡"特征。通过与现存传统斗鸡品种的中原斗鸡比对，两者的形态特征也非常接近。包括体型紧凑，体格结实，腿骨粗壮，瘤状平冠，肉髯薄小，紧贴颌下等，这些特征都高度相似。[2] 由此可证，《地狱变相》所刻双鸡确为斗鸡。那么，赵智凤为什么要采用斗鸡形象？从实证的角度看，蜀地有斗鸡风俗。张咏曾吟咏蜀中风俗道："斗鸡破百万，呼卢纵大噱。"[3] 不过，如果仅是为了说明蜀地斗鸡风俗，为何还要设计双鸡争虫细节？这些细节与《地狱变相》主题有什么关系？关于这一问题，需要从历史语境与历史情境两个方面进行解读，方能均衡解释斗鸡形象与双鸡争虫这一独特的细节安排。

从历史语境看，彼时有"鸡虫得失"典故，颇为时人所知。该典故出自杜甫《缚鸡行》："小奴缚鸡向市卖，鸡被缚急相喧争。家中厌鸡食虫蚁，不知鸡卖还遭烹。虫鸡与人何厚薄，吾叱奴人解其缚。鸡虫得失了无时，注目寒江倚山阁。"[4] 根据王嗣奭解释，此诗原意是指："公晚年溺佛，意主慈悲不杀，见鸡食虫蚁而怜之，遂命缚鸡出卖。见其被缚喧争，知其畏死，虑及卖去遭烹，遂解其缚，又将食虫蚁矣。鸡得则虫失，虫得则鸡失，世间类者甚多，故云'无了时'。"[5] 到宋代，该典故含义已发生转换，常常用于譬喻为了细微利益不顾后果的争斗行为。如刘挚诗云："鸡虫闲得失，蛮触小交攻。"[6] 又李昴英诗云："每羞名利区，得失争虫鸡。"[7] 均是此意。特别值得注意的是，鸡虫得失又专指民间为了细微利益相互争讼。南宋刘克庄在回顾自己所作判决文书时说："所决滞讼疑狱多矣，性懒收拾，存者惟建溪十余册，江东三大册，然县案不过民间鸡虫得失，今摘取臬司书判稍紧

1　（宋）周去非撰，查清华整理：《岭外代答》卷九《斗鸡》，大象出版社，2019，第 257 页。

2　参见李居仁、赖银生《我国的禽种资源——中原斗鸡》，《中国畜牧杂志》1979 年第 2 期。

3　（宋）张咏撰，张其凡整理：《张乖崖集》卷二《悼蜀四十韵》，中华书局，2000，第 8 页。

4　（清）彭定求等编：《全唐诗》卷二二一《杜甫·缚鸡行》，中华书局，1960，第 2335 页。

5　（明）王嗣奭：《杜臆》卷八《缚鸡行》，上海古籍出版社，1983，第 288 页。

6　（宋）刘挚撰，裴汝诚、陈晓平点校：《忠肃集》卷一六《二月二日》，中华书局，2002，第 367 页。

7　（宋）李昴英：《文溪集》卷一三《是日至马祖岩和前韵》，清道光刻《粤十三家集》本。

切者为二卷，附于续稿之后。"[1] 综合来看，在宋代语境中，双鸡争虫具有为了争夺微利不顾后果的意思，又特指民间为了纤毫利益相互争讼的行为。而将争虫鸡塑造成斗鸡形象，更加强化了纤毫必争不计后果的寓意。从历史情境看，这一细节设计是对民间面对利益纤毫必争的艺术隐喻，又集中体现在昌州地区民间围绕财产问题的争讼方面，可归纳为"争讼害孝"，系赵智凤有意设计的细节。

图 8 "养鸡图"细节
作者摄制

北宋时期，昌州素有"讼简"的美誉。所谓"讼简"，是说风俗淳厚，百姓和睦，争讼稀少。大约熙宁年间（1068—1077），张唐民知昌州，对该地风俗之美深有感触，赋诗赞叹："讼简民淳羡小州，两衙才退似归休。"[2] 尽管南宋时期的两本地理志仍称昌州"其俗朴厚"[3]，"士愿而劝学，民勤而力稼，不趋末作，不事燕游"[4]。但各种文献中再无昌州"讼简"的赞誉，反而出现一些民间争讼不断的记录。南宋时期，由于川陕战场军费需求大增，赋税沉重。彼时，南宋在四川、淮东、淮西、湖广设立四大防区，各自成立总领所负责筹集军费。其中，"合三总领所支，仅当四川一年之数"[5]。也就是说，四川军费支出相当于其他三个战区总和。绍兴七年，四川每年征收赋税达到 3667 万缗，其中，2068 万缗系南宋以后新增部分，皆用于军费支出，"比旧额已过倍"[6]。绍兴十一年宋金和议后，尽管有一些减免，但总体情况并不乐观。绍兴二十六年，潼川府路转运判官王之望说，尽管朝廷屡有减免，而实际效果有限，"其本原实在军中也。军中之费仍

1 （宋）刘克庄撰，辛更儒笺校：《刘克庄集笺校》卷一九三《乐平县汪茂元等互诉立继事》，中华书局，2011，第 7546 页。

2 （宋）佚名：《锦绣万花谷·续集》卷一三《潼川路·昌州》，文渊阁《四库全书》本。

3 （宋）祝穆撰，（宋）祝洙增订，施和金点校：《方舆胜览》卷六四《潼川府路·昌州》，中华书局，2003，第 1121 页。

4 （宋）王象之撰，赵一生点校：《舆地纪胜》卷一六一《潼川府路·昌州·风俗形胜》，第 3455 页。

5 （宋）李心传撰，徐规整理：《建炎以来朝野杂记·甲集》卷一七《淮东西湖广总领所》，大象出版社，2019，第 390—391 页。

6 （元）脱脱等：《宋史》卷三七四《李迨传》，中华书局，1985，第 11594 页。

旧，则岁计所减必妨"1。直到嘉定初年，魏了翁还说："蜀中赋敛繁重，久为民病者，如折帛之害，盐酒之害，皆中兴以来军兴一切之须，名号纷纷，未易悉数，逾八十年，而未得驰焉。"2 在此背景下，包括昌州在内的四川地区社会矛盾必然呈现加剧趋势，有害孝道的民间纠纷屡屡见诸记录。就昌州而言，绍兴四年发生了一件颇有典型性的事件。当地有个叫陈祈的富民，彼时父亡母存，因为担心三个年幼的弟弟长大后分其产业，于是将家中善田质押给泸州人毛烈。待其母亲去世，陈祈用少量财产打发了三个弟弟，随后载着数千缗钱去找毛烈赎押。毛烈见财起意，将这笔钱贪污。陈祈诉于县，县吏受毛烈贿赂，县令反而杖责陈祈。"诉于州、于转运使，皆不得直。"陈祈被迫到东岳行宫告阴状，毛烈被抓到阴间对质，冥官用业镜一照，所做恶行暴露。最终陈祈得以申冤，而毛烈也交代除陈祈之外，"平生以诈得人田，凡十有三契"3。这个故事于民间而言至少说明两点，一是民间围绕财产问题纠纷严重，二是围绕财产争夺而孝道尽失。绍定六年（1233），潼川府路安抚使、知泸州魏了翁指出："本路之民，元是淳朴，其间或被凶猾之人扇摇是非，兴起词讼，甚至假儒衣冠，出入官府。"

又说："东川之俗，素号淳朴，乃自近岁，物贵银艰，重以科调百出，民不聊生，浸失常心，有关风化。且如子于父母一体而分，若兄若弟，实同一气。至于族属虽有远近，自祖先视之，则均为骨肉。今或父母尚在而子孙析居异财，视父母如路人，兄弟乖争，田产费用，纤毫必较，往往迭相吞并，连岁兴讼。又有不幸偶无子孙，远近族属争相睥睨，死者之肉未寒，他人入室，掩有家赀，如被劫盗。甚者诬谤寡妇，撼摇当立之人。此风薄恶，渐不可长。又如甥舅之亲，婚姻之家，虽由人合，实系天伦，或因贫富不侔以丐贷而争讼，或因孤弱无知以欺陵而致词，不思一到讼庭，便是仇敌，其如无理，不免犯法，纵令得理，亦已伤恩。其争起于毫芒，其怨及于子孙。"4 魏了翁多次在潼川府路任职，包括与昌州毗邻的遂宁府，因而对这一带的情况比较了解。其所说的"本路""东川"系指潼川府路，也包括昌州在内。所谓"其争起于毫芒"，与"鸡虫得失"颇有异曲同工之妙。从魏了翁反映的情况看，南宋以后包括昌州在内的四川地区民生艰难，民间争讼不断，与北宋时期的"讼简"已截然不同。造成这一切的主因当然是战争导致的"科调

1　（宋）李心传：《建炎以来系年要录》卷一七五"绍兴二十六年十月乙未"条，中华书局，1988，第2884页。

2　（宋）魏了翁：《鹤山先生大全文集》卷三二《上吴宣抚（猎）论布估书》，《四部丛刊》本。

3　（宋）洪迈撰，何卓点校：《夷坚志·甲志》卷一九《毛烈阴狱》，中华书局，2006，第168—169页。

4　《鹤山先生大全文集》卷一〇〇《绍定六年劳农文》。因《四部丛刊》本《鹤山先生大全文集》文字存在窜乱，故采用《全宋文》参校。见曾枣庄、刘琳主编《全宋文》卷七〇六七《魏了翁十五·绍定六年劳农文》，上海辞书出版社、安徽教育出版社，2006，第309册，第288—290页。

百出"，但在民间集中表现为争讼不断而致孝道沦丧。因此，赵智凤设计的斗鸡争虫细节，似在隐喻民间围绕财产问题的争讼现象：好讼者就像斗鸡一样，不满足于简单友爱的生活，非要你争我夺，由此导致人伦孝道丧失，甚至杀生害命，堕入地狱恶趣。其现实隐喻巧妙贴切，图像内外自然关联，体现了赵智凤高超的艺术设计能力，是赵智凤对彼时昌州地方社会现实问题的艺术回应。

文本研究

犍陀罗舍身饲虎本生考论[*]

■ 张利明（浙江大学历史学院）

佛教生命观的核心理念是生死轮回。佛本生（Jātaka）故事讲述了佛陀在前世轮回中的修行事迹，是佛陀生命史的一部分。舍身饲虎本生（Vyāghrī—Jātaka）是最著名的佛本生故事之一，产生于犍陀罗，传入中国后成为中国佛教艺术中非常流行的主题。在克孜尔石窟、敦煌莫高窟和麦积山、云冈、龙门等石窟，以及五代宋初的金铜阿育王塔上都有大量的舍身饲虎图像。舍身饲虎本生也经常出现在汉文译经中，从东汉建安二年（197）康孟祥等译出的《修行本起经》开始，记载这个故事的佛经多达十余部。现存与舍身饲虎本生相关的材料绝大部分保存在中国佛教艺术和汉文译经中。因此，对该本生故事的研究也就主要集中在对中国舍身饲虎图像、文本的研究上，成果丰硕。[1]

舍身饲虎本生在犍陀罗（Gandhara）佛教中也扮演着重要角色，舍身饲虎处是吸引中古中国僧人求法巡礼的佛教圣地之一。法显（约334—420年）、玄奘（602—664年）等西行求法的高僧反复记载了他们巡礼舍身饲虎处的事迹。[2] 据法显记载，舍身饲虎处的纪念塔是西北印度四大塔之一，装饰华丽，信徒众多。[3] 遗憾的是，长期以来鲜有对犍陀罗舍身饲虎

* 本成果得到国家社科基金重大项目"犍陀罗与中国文明交流史（多卷本）"（20&ZD220）资助

1 最主要的研究参看梁丽玲《萨埵太子本生故事画所据佛典之判读》，载兰州大学敦煌学研究所、麦积山石窟艺术研究所编《麦积山石窟艺术文化论文集》（上），兰州大学出版社，2004，第546—567页。董华锋《庆阳北石窟寺第165窟"舍身饲虎"图像考辨》，《敦煌研究》2015年第1期。李静杰《南北朝隋代萨埵太子本生与须大拏太子本生图像》，麦积山石窟艺术研究所编《石窟艺术研究》第1辑，文物出版社，2016，第126—140页。孟瑜《舍身饲虎本生的文本和图像研究——兼论德国佛教艺术史研究方法》，沈卫荣主编《西域语言历史研究集刊》第10辑，科学出版社，2018，第229—240页。高海燕：《舍身饲虎本生与睒子本生图像研究》，甘肃教育出版社，2021。

2 （东晋）法显撰，章巽校注：《法显传校注》，上海古籍出版社，1985，第38—39页。（北魏）杨衒之撰，范祥雍校注：《洛阳伽蓝记校注》，上海古籍出版社，1978，第299页。（唐）玄奘、辩机著，季羡林等校注：《大唐西域记校注》，中华书局，1985，第317—318页。

3 （晋）法显撰，章巽校注：《法显传校注》，第38—39页。

本生的专门研究。致使人们只知该故事在犍陀罗的重要性，却不知其具体情况。因此，本文尝试对相关图像和文本作进一步分析，挖掘舍身饲虎本生在犍陀罗佛教中的更多细节。

一 犍陀罗的舍身饲虎图像

犍陀罗地区[1]现存舍身饲虎图像遗存很少，目前能够确定的只有两例。[2] 其中一例雕刻在一件小型石塔方形塔身的一面，[3] 年代约在公元2—3世纪。图像画面简单：正中一人仰卧，右臂自然伸直，一只大虎伏在其胸前噬咬；此人头顶环绕几只小虎，数量不少于四只（图1）。塔身另外三面的图像未见公布，具体内容不得而知。巴基斯坦白沙瓦博物馆也收藏有一件形制几乎完全相同的佛塔。[4] 从风格判断，二者同属犍陀罗中心地区的作品。这幅舍身饲虎图像是贵霜时期犍陀罗中心地区现存唯一的舍身饲虎本生实物遗存，直观地展示了犍陀罗舍身饲虎本生的面貌。同时，这也是目前所知最早的舍身饲虎图像，为论证舍身饲虎本生产生于犍陀罗地区提供了直接证据。

一直到中国北魏后期，犍陀罗中心地区仍然流行着舍身饲虎图像。《洛阳伽蓝记》记载了正光元年（520）惠生在犍陀罗看到雀离浮屠后，请工匠在当地铸造"雀离浮屠仪"和"释迦四塔变"的事迹：

> 复西南行六十里，至乾陀罗城。东南七里有雀离浮屠……宋云以奴婢二人奉雀离浮屠，永充洒扫。惠生遂

1　狭义的犍陀罗地区是指以贵霜首都弗楼沙（Purusapura，玄奘称之为"布路沙不逻"，今巴基斯坦白沙瓦）为中心的白沙瓦平原。日本学者高田修提出了"大犍陀罗"（Greater Gandhara）的概念，将周边的塔克西拉（Taxila）、斯瓦特（Swat，古代的乌仗那即Uddiyana）、哈达（Hadda，古代的那竭国）、贾拉拉巴德（Jalalabad，古代的醯罗城）、迦毕试（Kapisa）、巴米扬（Bamiyan，古代的梵衍那国）等地区也被纳入犍陀罗的区域范畴。

2　此前研究中提到的一些例子可能并非都是舍身饲虎图像。高海燕援引Anna Maria Quagliotti的观点提到两例犍陀罗地区的舍身饲虎图像。其中一例位于绍托拉克（Shotorak）出土的佛座上，此图描绘的是"六牙象本生"（Saddanta—Jātaka），而非舍身饲虎本生。孟瑜也援引了Quagliotti提到的另一件所谓犍陀罗的舍身饲虎图像，根据公布的图像，其题材也非舍身饲虎。此外，孟瑜还列举出印度地区的两个例例，分别在秣菟罗Bhutesvar出土的栏楯上和阿旃陀石窟中。李静杰已撰文否定了Bhutesvar栏楯雕刻是舍身饲虎图像的可能性。上述例中只有阿旃陀石窟的那幅壁画可以确定为舍身饲虎图像。详见高海燕《舍身饲虎本生与睒子本生图像研究》，第95—97页；孟瑜《舍身饲虎本生的文本和图像研究——兼论德国佛教艺术史研究方法》，第233—236页。李静杰《南北朝隋代萨埵太子本生与须大拏太子本生图像》，第138页。

3　对此图像的讨论不多，栗田功和玛丽琳（Marylin Martin Rhie）有简单提及。详见［日］栗田功编著《ガンダーラ美術Ⅱ・佛陀の世界》（改订增补版），二玄社，2003，第352页。Marylin Martin Rhie, *Later Han, Three Kingdoms and Western Chin in China and Bactria to Shan—shan in Central Asia* in *Early Buddhist Art of China and Central Asia*, Brill, 2007, pp. 38—39. Fig. 1. 15。

4　［巴基斯坦］穆罕默德·瓦利乌拉·汗著，陆水林译：《犍陀罗——来自巴基斯坦的佛教文明》，五洲传播出版社，2009，第286页。

减割行资，妙简良匠，以铜摹写雀离
浮屠仪一躯及释迦四塔变。[1]

"雀离浮屠仪"是小型的佛塔模型，
"释迦四塔变"则是指西北印度四大塔处
本生故事的变相图，[2] 其中包括舍身饲虎
变相图。"摹写"一词说明二者有本可
依，是以当地流行的形制和图像样式为粉
本制作的。而且"释迦四塔变"极可能
是装饰在"雀离浮屠仪"上的附属图像，
将舍身饲虎图像装饰在小型佛塔模型上的
做法可能在犍陀罗地区长期存在。

中国和日本、韩国出土的大量五代至
宋初阿育王塔[3] 为这种做法的长期延续提
供了实物证据。这些小型佛塔全都表现为
方形塔身，塔身四面铸有与"释迦四塔
变"内容一致的佛本生图像（图2）。根
据唐大历十四年（779）成书的《唐大和
上东征传》中对鉴真（688—763年）所
礼拜阿育王塔相状的描述，[4] 至少在唐代
天宝（742—755年）以前就有相同图式
的阿育王塔实物存在。[5] 阿育王塔上许多

图像及其组合的文化源头都可以直接追溯
到犍陀罗佛教艺术中，比如高圆拱龛与金
翅鸟的组合、基座上禅定佛像与方形立柱
的组合等。[6] 在阿育王塔方形塔身上铸造
舍身饲虎图像的做法很有可能也源自犍陀
罗地区，这一做法是犍陀罗舍身饲虎图像
在中国佛教艺术中的直观反映。

另一例是位于斯瓦特北部齐拉斯
（Chilas）地区的舍身饲虎岩画，齐拉斯
属于大犍陀罗的区域范畴。据画面旁边的
婆罗米文（Brāhmī）题记和图像的风格
判断，岩画的年代约在5世纪前后。[7]

画面右下方，舍身饲虎者仅着贴身短
裤，平躺于地，一只小虎伏其胸上；舍身
者右手置于胸前，左手自然伸直；其耳垂
硕大，头顶突出似为肉髻，是修行者的形
象。画面右下方（按照观看岩画的方
向），有不少于四只老虎向舍身者走来。
画面右上方，三人立于山崖之后，祖露上
身，下着与舍身者相似的短裤，其余无任
何装饰；左侧之人背左手、右手抚胸，凝
望崖下；中间之人右手指向崖下，左手指

1　（北魏）杨衒之撰，范祥雍校注：《洛阳伽蓝记校注》，第327—329页。

2　相关述论见李静杰《南北朝隋代萨埵太子本生与须大拏太子本生图像》，第164页；吴天跃《吴越国阿育王塔的图像与形制来源分析》，第29—30页。

3　详细统计参看黎毓馨《阿育王塔实物的发现与初步整理》，《东方博物》2009年第2期。吴天跃《日本出土的吴越国钱俶造铜阿育王塔及相关问题研究》，《艺术设计研究》2017年第2期。吴天跃《韩国出土的吴越国钱俶造铜塔和石造阿育王塔研究》，《美术学报》2019年第5期。

4　（唐）真人元开：《唐大和上东征传》，载高楠顺次郎编《大正新修大藏经》（以下简称《大正藏》），东京大正一切经刊行会，1934，第51册，第989页中栏。

5　吴天跃：《吴越国阿育王塔的图像与形制来源分析》，载中山大学艺术史研究中心编《艺术史研究》第21辑，中山大学出版社，2019，第45—46页。

6　吴天跃：《吴越国阿育王塔的图像与形制来源分析》，第16—21页。

7　李静杰：《南北朝隋代萨埵太子本生与须大拏太子本生图像》，第138—139页。

向右侧之人并扭头似与其交流；右侧之人留络腮胡，左手掐腰，右手搭凉棚，探身下望。画面左上方，树干中有一人，现半身，着圆领上衣，右手置于胸前，左手搭凉棚向下张望（图3）。

有学者推测树干中之人为"菩提树神"，并据此认为该岩画可能据《金光明经·舍身品》绘制。[1] 但细读该经内容可以发现，菩提树神是舍身饲虎故事的听闻者而非见证者，她和萨埵太子并不存在于同一个时空中。在舍身饲虎现场出现所谓"菩提树神"并不合理。

解读这幅岩画首先要回答一个问题：画面是"一图一景"还是"一图多景"？如果按照以往，用《金光明经·舍身品》来解释的话。崖上三人与崖下的舍身饲虎画面分属两个不同的场景。因为据经文内容，崖上三人是在山中游玩的三位王子，他们看到的是崖下饥困将死的虎母子，并非岩画左下方舍身饲虎的场面。

图1　犍陀罗残塔舍身饲虎浮雕

采自中国国家博物馆田野考古中心等编著《连云港孔望山》，文物出版社，2010，第199页

图2　金华万佛塔出土阿育王塔

采自浙江省博物馆编著《佛影灵奇：十六国至五代佛教金铜造像》，文物出版社，2018，图版342

1　参看高海燕《舍身饲虎本生与睒子本生图像研究》，第96页。李静杰《南北朝隋代萨埵太子本生与须大拏太子本生图像》，第138页。

图 3　齐拉斯舍身饲虎岩画线描图

采自晃华山《佛陀之光——印度与中亚佛教胜迹》，文物出版社，2001，第 205 页

回到图像本身，从众人的目光、手的指向和身体前倾的方向来看，画面焦点集中在崖下的舍身饲虎场面上，描绘的更像是同一时刻发生的一个场景。而且在相距不远的特尔班（Thalpan）地区，与之年代相近的佛传、本生岩画都表现为"一图一景"的模式，如"降魔成道""初转法轮""尸毗王本生""五仙本生"等

岩画。[1]

另一方面，尽管上述岩画在人物刻画上都比较简练，但并没有省略能够体现人物身份的发式、冠饰、服饰、手印等关键性特征。因此，崖上赤裸上身、不着装饰的三人，不太可能是世俗的王子形象。我们倾向于认为舍身饲虎岩画表现为"一图一景"的模式，崖上三人并非三位王

1　相关图像见［德］豪普特曼（Harald Hauptmann）著，边钰鼎译《巴基斯坦北部印度河上游古代文物研究——兼论丝绸之路南线岩画走廊的威胁与保存》，载李崇峰主编《犍陀罗与中国》，文物出版社，2019，第 454—457 页。

子，而是太子舍身饲虎时的观众。

这种看法也能够得到佛经的印证，在法盛译《佛说菩萨投身（饴）饿虎起塔因缘经》（后称"法盛译本"，约在5世纪三四十年代译出）中，太子在众人的见证下投崖饲虎。相关描述与岩画画面有一定程度的吻合：

> 时崖头诸人下向望视，见太子为虎所啖，骨肉狼藉，悲号大叫声动山中；或有搥胸自扑宛转卧地，或有禅思，或有叩头忏悔太子。[1]

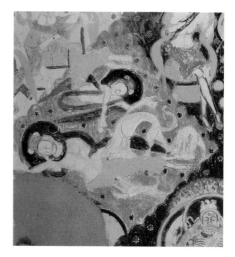

图4　克孜尔石窟第17窟舍身饲虎壁画
采自新疆维吾尔自治区文物管理委员会等编《中国石窟·克孜尔石窟 一》，文物出版社，1989，图版61

图5　莫高窟第254窟舍身饲虎壁画
采自敦煌文物研究所编《中国石窟·敦煌莫高窟 一》，文物出版社，1999，图版36

1　（北凉）法盛译：《佛说菩萨投身饴饿虎起塔因缘经》，载《大正藏》第3册，第427页中栏。

法盛曾亲临犍陀罗舍身饲虎处瞻仰圣迹，他的译本与犍陀罗的舍身饲虎本生密切相关，齐拉斯的舍身饲虎岩画可能受到了与法盛译本相关的佛经的部分影响。从中国5、6世纪的舍身饲虎图像来看，这一时期不同版本的舍身饲虎故事有各自的流行区域。新疆地区的舍身饲虎图像主要依据《贤愚经·摩诃萨埵以身施虎品》[1]（455年译成）绘制，大多表现为一母虎与二虎子啃食太子的画面（图4）；新疆以东的河西和中原北方地区则主要依据《金光明经·舍身品》[2]绘制，老虎的数量普遍在三只以上（图5）。齐拉斯的舍身饲虎岩画位于新疆以西，依据《金光明经·舍身品》绘制的可能性很小。

二　法盛译本：来自犍陀罗的舍身饲虎文本

除了犍陀罗的舍身饲虎图像外，法盛译本也与犍陀罗的舍身饲虎本生密切相关。该经开篇就明确交代了故事的发生地："一时，佛游乾陀越国毗沙门波罗大城，于城北山岩荫下，为国王、臣民及天龙八部、人、非人等说法教化，度人无数。"[3]

智昇在唐开元十八年（730）撰成的《开元释教录》中著录了此经的译后记，记载了法盛在舍身饲虎处看到的情景：

> 其投身饿虎经后记云："尔时国王闻佛说已，即于是处起立大塔，名为菩萨投身饿虎塔，今见在。塔东面山下有僧房讲堂精舍，常有五千众僧，四事供养。法盛尔时见诸国中，有人癫病及癫狂聋盲，手脚躄跛，及种种疾病，悉来就此塔，烧香燃灯，香泥涂地，修治扫洒，并叩顶忏悔，百病皆愈。前来差者便去，后来辄尔，常有百余人。不问贵贱皆尔，终无绝时。"[4]

对照译后记中"尔时国王闻佛说已，即于是处起立大塔，名为菩萨投身饿虎塔，今见在"的记载。法盛所见"菩萨投身饿虎塔"建在"乾陀越国[5]毗沙门波罗大城"附近。因而松村顺子认为法盛

1　《贤愚经》中的故事是凉州沙门慧觉、威德等八僧在于阗无遮大会上听得后汇编而成的，反映了5世纪新疆地区相关故事的面貌。

2　《金光明经》的译出时间约在沮渠蒙逊攻取敦煌（421年）后不久。详见汤用彤《汉魏两晋南北朝佛教史》，商务印书馆，2015，第315—316页。

3　（北凉）法盛译：《佛说菩萨投身饴饿虎起塔因缘经》，第424页中栏。

4　（唐）智昇撰：《开元释教录》，载《大正藏》第55册，第522页上栏。

5　"乾陀越国"这一名称在汉文译经中经常出现，慧琳《一切经音义》对"乾陀越国"作了解释，将其等同为"香林""香净国"等译名，这些名称都是对"Gandhāra"的同名异译。季羡林等在《大唐西域记校注》中对"健陀罗"作了校注，对相关译名论之甚详。参看《大唐西域记校注》，第233—235页。

译本记载了犍陀罗当地的舍身饲虎故事[1]。孟瑜则认为，"乾陀越国毗沙门波罗大城"是一个虚构的地方，松村顺子的结论需要更多佐证。[2]

"乾陀越国毗沙门波罗大城"（过去九劫时名为"乾陀摩提国"）是法盛译本中提到的两个地名之一，另一个地名是"裴提舍国"。"裴提舍"一词也曾出现在法盛自己所撰的行记中。《高僧传》卷二昙无谶传末记载了法盛的事迹："时高昌复有沙门法盛，亦经往外国，立传凡有四卷。"[3] 法盛所立之传为著录其西行经历的《历国传》，原书已佚。日本僧人信行撰集的《翻梵语》中征引了该书部分名物。[4] 据《翻梵语》对《历国传》名物的征引，城名中提到了"裴提舍城"[5]，此地是法盛实际到达过的地方。因此，法盛对"裴提舍"这个名称肯定不陌生。"裴提舍城"或是"裴提舍国"的都城，两者皆出自法盛笔下，它们在名称上的一致应该不是偶然。这说明法盛译本中的地名与他实际到的地方有着真实的对应关系，"乾陀越国毗沙门波罗大城"应当也不是虚构的。

法盛曾在舍身饲虎处瞻仰"菩萨投身饿虎塔"，并目睹了当地的佛教盛况以及人们供养礼拜该塔的场景，他对于犍陀罗舍身饲虎本生的实际情况应该有相当程度的了解。法盛翻译此经是有可靠现实依据的，并不只是单纯的文本翻译。

在法盛翻译此经前不久，凉州高僧昙无谶已经译出了《金光明经·舍身品》。吐鲁番出土了写于公元430年的《金光明经》写本，[6] 说明此经译出后很快便流传到了高昌地区。法盛长期生活在高昌地区，据《名僧传抄》（1235年日本僧人宗性抄录）记载，法盛十九岁时在高昌遇到了西行归来的智猛，[7] 智猛是元嘉元年（424）开始从天竺返回的。据此推算，昙无谶被杀时（433年）法盛大约27岁。可以说，法盛的青少年时代生活在以昙无谶为领袖的佛教环境中；而且他在翻译此经之前不可能不知晓《金光明经·舍身品》的内容。法盛之所以敢挑战权威，刻意译出一部与昙无谶译本大相径庭的单

1 Junko Matsumura, "A Unique Vyāghrī—jātaka Version from Gandhāra: The Foshuo pusa toushen (yi) ehu qita yinyuan jing", *Journal of the International College for Postgradyate Buddist Studies*, Vol. 16, p. 60.

2 孟瑜：《谈舍身饲虎本生的起源问题》，载乌云毕力格主编《西域历史语言研究集刊》第13辑，社会科学文献出版社，2020，第2—3页。

3 （梁）慧皎撰，汤用彤校注，汤一玄整理：《高僧传》，中华书局，1992，第81页。

4 相关考证，参看阳清、刘静《晋唐佛教行记考论》，中华书局，2021，第113—145页。

5 ［日］信行撰集：《翻梵语》，载《大正藏》第54册，第1042页。

6 姚崇新：《北凉王族与高昌佛教》，载氏著《中古艺术宗教与西域历史论稿》，商务印书馆，2011，第180—181页。

7 （梁）宝唱撰，宗性抄录：《名僧传抄》，载《大正藏》第77册，第358页下栏。

行本佛经，应该与他在犍陀罗舍身饲虎处获知了当地流行的故事版本有关。这与慧觉、威德等在于阗无遮大会上听到不同版本的舍身饲虎故事后译出《贤愚经·摩诃萨埵以身施虎品》的道理是一样的。

再者，译后记中用大量笔墨描述了法盛在舍身饲虎处见到的病人礼塔治病的场景。关于这一点，200 多年后到达舍身饲虎处的玄奘也有所记载：

> 舍身北有石窣堵波，高二百余尺，无忧王之所建也，雕刻奇制，时烛神光。小窣堵波及诸石龛动以百数，周此茔域。其有疾病，旋绕多愈。[1]

这说明绕塔治病的习俗在当地曾长期存在。不仅如此，法盛译本的经文中也有供养太子舍身塔能够治愈疾病的记载。太子舍身前曾发誓愿：

> 今我以肉血救彼饿虎，余舍利骨，我父母后时必为起塔。令一切众生身诸病苦，宿罪因缘，汤药针灸不得差者，来我塔处至心供养，随病轻重不过百日，必得除愈。[2]

当地人在舍身饲虎处的实践活动与法盛译本的内容十分吻合，说明法盛译本确

实有很强的现实观照，也能够进一步证明法盛译本反映的就是 4—5 世纪舍身饲虎本生在犍陀罗的真实状况。

三　布施与慈孝：法盛笔下的舍身饲虎本生

法盛译本的内容丰富，能够为认识犍陀罗的舍身饲虎本生提供大量细节。故事的主人公名叫旃檀摩提，是乾陀摩提国唯一的太子。故事开头并没有直奔主题去讲述太子舍身饲虎的情节，而是先依次讲述了太子在家布施和出家修行的情节，共分为三部分。

第一部分讲太子在家时的种种布施活动，包括多次财物布施和卖身布施，强调了布施的功德。财物布施依次为"游园还宫，路侧布施""乞施库藏、国王不允""阇耶奉钱布施""料捡私藏布施"。累次布施的结果是，金钱已尽，但贫者犹多，不足周用。于是太子潜出宫城前往裴提舍国，卖身为奴，得钱继续布施。太子在裴提舍国以奴身入山伐薪，得牛头旃檀，并以此治愈了国王癞病。国王答谢，许以半国，太子未受，代以其国库藏肆意布施五十日。

紧接着，插叙了国王、王夫人及太子妃得知太子出走后的反应，突出了王夫人

1　（唐）玄奘、辩机著，季羡林等校注：《大唐西域记校注》，第 318 页。

2　（北凉）法盛译：《佛说菩萨投身饴饿虎起塔因缘经》，第 427 页上栏。

对太子的慈爱：

> 时，王夫人惧失太子，忽忽如狂，即与妃后襄裳被发奔走出城，东西驰逐寻觅太子。王恐夫人念子懊恼，或能致命……夫人垂泪曰："今失我子，用生何为？宁死于此，不空还也。"[1]

继而转回对太子的叙述，充分展现了太子对父母的孝道。太子在裴提舍国感应到父母臣民因其离国而产生的忧愁苦恼后，辞王归国。因担心父母"哀念情重或丧身命"，便托乌鸟衔书先至；王夫人闻信，"如死还苏"。太子归国后以"子道不孝"为由向国王致歉并在国中布施一年，起到了"冤敌恶人闻太子功德者，自然修善"的良好效果。

第二部分讲太子出家修道以及出家后与父母的联系。太子在山上遇到了"修禅行道，志求菩提"的五通神仙后，经过种种观想思惟，毅然放弃了累次布施积累的功德，决定留住山中，从师学道。出家修行所追求的是"教化天下，皆令修善"，显然超越了他竭诚布施所达到的效果。

太子出家后，国王使者和王夫人与太子妃上山劝返。王夫人甚至以命相挟，再次凸显出对太子的慈爱："夫种谷防饥，掘井待渴，立郭防贼，养子侍老。汝今不还国者，吾命不全。"[2] 然而太子意志坚定，无意归还，"宁碎身于此，终不还也"。在多次的对答中还透漏出，太子虽已出家，却仍保持着与父母、家庭的密切联系：

> 太子答曰："……今求无为，欲度众苦，得道之日先度父母。今此处不远，亦当时往奉觐。"
>
> ……今且与子相去不远，饷至饮食，消息往来，可以自慰。于是夫人得王谏已，忧情小歇。时时遣人赍持饮食及诸甘果，种种美馔，往到山中，供养太子，如是多年。太子亦时时下来，问讯父母，仍复还山修道。[3]

这展现了犍陀罗地区对出家和孝亲这一关系的态度与做法，反映了犍陀罗地区对孝道的重视。

第三部分讲述太子舍身饲虎和父母为之起塔的故事。首先描绘了太子与诸仙道士在崖上看到的场景：

> 其山下有绝崖深谷，底有一虎母，新产七子。时，天降大雪，虎母抱子，已经多日，不得求食，惧子冻

1　（北凉）法盛译：《佛说菩萨投身饴饿虎起塔因缘经》，第425页中栏。

2　（北凉）法盛译：《佛说菩萨投身饴饿虎起塔因缘经》，第426页中栏。

3　（北凉）法盛译：《佛说菩萨投身饴饿虎起塔因缘经》，第426页下栏。

死，守饿护子。雪落不息，母子饥困，丧命不久。虎母既为饥火所逼，还欲噉子。……往到崖头，下向望视，见虎母抱子为雪所覆。[1]

太子看到的是一个虎母舍命护子的慈爱画面。这可以与前两部分中反复强调的王夫人对太子的慈爱相呼应。太子以身体布施畜生道的饿虎，如同慈母爱子，是将守饿护子的虎母视作了自己噉噉待哺的孩子，做到了"大悲普覆，平等无二"。这一行为超越了同在山上修行的己师与五百同学。最后讲述了太子在众人见证下发愿投崖、众人对太子舍身饲虎的反应以及父母为其收骨建塔的行为。强调了该行为带来的"超越师前悬挍九劫，今致得佛济度无极"的果报。

法盛译本用种种财物布施、慈孝故事为太子舍身饲虎的行为作铺垫，层层推进，衬托出了这一行为的艰难和伟大，自然而然地将舍身饲虎置于很高的境界。旃檀摩提太子从财物布施到出家修行再到舍身饲虎的行为转向，展现了对过往诸善行、修行方式和同学与几师的逐步超越，宣示了神圣对世俗、佛教对外道的胜利，反映了布施观念、慈孝精神、大乘菩萨道思想和成就法身思想在犍陀罗佛教中的流行。

四　超越弥勒：舍身饲虎与成佛次序

贵霜帝国的崛起极大地推动了佛教的发展，犍陀罗一跃成为世界佛教的中心。为了凸显犍陀罗的佛教中心地位，迦腻色迦（Kanishka Ⅰ）在贵霜首都弗楼沙建造了号称"西域浮图，最为第一"[2] 的雀离浮图（Cakri Stupa）；象征佛法的佛教圣物——佛钵（Pātra）也被抢夺到这里供奉。通过佛本生故事再造圣迹，也是犍陀罗塑造自己佛教中心运动的重要组成部分。很多佛本生故事的发生地被放在了犍陀罗。比如著名的燃灯佛授记（也称"儒童本生"），这个故事赋予了释迦牟尼在未来成佛的神圣性和合法性。[3] 舍身饲虎处也是吸引中国中古僧人求法巡礼的佛教圣地之一，是犍陀罗地区重要的佛教中心。

犍陀罗的舍身饲虎本生倡导慈孝、强调布施的功德，而且礼拜舍身饲虎塔还具有治愈疾病的实际功效。这为舍身饲虎本生赢得了广泛的信众基础，是该故事广泛流行的重要原因。但舍身饲虎处之所以能够成为犍陀罗的佛教圣地，并不仅仅是因为这些因素。法盛译本的结尾处写道：

弥勒菩萨从昔已来常是我师，以

1　（北凉）法盛译：《佛说菩萨投身饴饿虎起塔因缘经》，第 426 页下栏。

2　（北魏）杨衒之撰，范祥雍校注：《洛阳伽蓝记校注》，第 328 页。

3　孙英刚、何平：《犍陀罗文明史》，生活·读书·新知三联书店，2018，第 246 页。

> 吾布施不惜身命救众生故，超越师前
> 悬挍九劫，今致得佛，济度无极。[1]

这段话是全经的落脚点，指出了舍生饲虎本生的核心价值。因为释迦佛前世舍身饲虎的缘故，他能够超越自己的老师弥勒菩萨而先成佛。这个故事在释迦和弥勒成佛次序的叙事逻辑中发挥了关键作用。如果没有这个故事，就无法解释释迦为何能够先于弥勒成佛，佛教世界的秩序将会发生根本改变。

在佛教世界的秩序中，弥勒是继释迦之后成佛的未来佛。但这样的顺序并不是一开始就注定的。释迦为何能够先于弥勒成佛是一个不可回避的问题。竺法护在太安二年（303）译出了反映弥勒下生信仰的《弥勒菩萨所问本愿经》，这是最早的汉译弥勒经典之一。经中交代了释迦与弥勒成佛的次序问题：

> 弥勒发意先我之前四十二劫，我
> 于其后乃发道意，于此贤劫以大精
> 进，超越九劫，得无上正真之道，成
> 最正觉。[2]

《分别功德论》[3] 中还专门以问答的形式来解释这个问题：

> 诸佛之中勇猛精进无过释迦文
> 者，兄弟之中弥勒应在前，今反
> 在后。
>
> 何者？昔三十劫前，时有三菩萨
> 共在山上游行。时见有饿虎欲食其
> 子……即从山上投身来下，趣彼虎
> 口。身则安隐，虎不敢食。所以尔
> 者，夫入慈三昧者，物莫能害也。故
> 以竹自刺，使虎得食。曰是勇猛，即
> 超九劫，今在弥勒前。[4]

在此经中，引用舍身饲虎本生故事的唯一目的就是来说明释迦先于弥勒成佛的原因。不仅如此，通过对早期汉文译经中舍身饲虎故事的全面梳理可以发现，这也是汉晋之际长达两百多年的时间里，各经引用舍身饲虎本生最主要甚至唯一的目的。

现存汉文译经中最早记载舍身饲虎本生的是《修行本起经》，内容简练："为众生故，投身餧饿虎，勇猛精进，超逾九

1　（北凉）法盛译：《佛说菩萨投身饴饿虎起塔因缘经》，第 427 页下栏。

2　（西晋）竺法护译：《弥勒菩萨所问本愿经》，《大正藏》第 12 册，第 188 页中栏。

3　该经为失译经，其翻译时间不早于西晋，约在东晋十六国时期。详见方一新、高列过《从文献记载看〈分别功德论〉的翻译年代》，《中国典籍与文化论丛》第 14 辑，2012，第 203—213 页。王毅力《从词汇角度看〈分别功德论〉的翻译年代》，《宗教学研究》2012 年第 1 期。陈祥明《汉文佛典失译经语言时代考辨——以〈分别功德论〉为例兼及其译作者》，《泰山学院学报》2017 年第 4 期。

4　失译《分别功德论》，载《大正藏》第 25 册，第 35 页上栏。

劫。"[1] 这段叙述出现在燃灯佛授记的内容中，意图非常明确，专门用来解释为何本应百劫成佛的释迦佛能够九十一劫便成佛。可见舍身饲虎本生传入中国之初的主要目的，就是说明释迦成佛的具体时间，强调其逾劫成佛的果报。

康僧会译《六度集经》（251—280 年间译出）简单讲述了舍身饲虎的情节，结尾处写道："以斯猛志，跨诸菩萨九劫之前，誓于五浊为天人师，度诸逆恶，令伪顺道。"[2] 支谦译《惟日杂难经》中不引舍身饲虎的具体情节，直接指出该故事的作用："菩萨持身餧饥虎，不百劫，九十一劫便作佛者，用不觉痛苦灭九劫……以身餧饿虎，出众菩萨前九劫。"[3] 西晋法炬译《前世三转经》中的相关表述更加明确："'……时婆罗门子自投身餧饿虎者，亦是我身；两道人者，是迦叶，弥勒菩萨。'佛告阿难：'我精进行道故，超越九劫出弥勒前。'"[4]

早期佛典语言的研究表明，早期汉文译经可能是最接近犍陀罗佛经原典的文本。以《修行本起经》为例，早期汉文译经与犍陀罗佛教图像之间有非常契合的对应关系。[5] 这些佛经的翻译者竺大力、康孟祥、康僧会、支谦等人也都与犍陀罗地区有着直接或间接的联系。因此，上述诸经中对舍身饲虎本生果报的译解不仅代表了当时中国佛教僧团的基本认知，也能够反映长期以来犍陀罗地区舍身饲虎本生所强调的主旨。

佛本生故事是释迦佛生命史的重要组成部分。类似于燃灯佛授记赋予了释迦能够转世成佛的合法性，舍身饲虎本生改变了释迦成佛的具体时间，赋予了释迦能够先于弥勒成佛的合法性。超逾九劫先于弥勒成佛的果报使得舍身饲虎本生成为释迦神圣历史中具有转折性意义的重大事件，是促成舍身饲虎本生处成为犍陀罗佛教圣地和中心之一的根本原因。

1　（东汉）竺大力、康孟祥译：《修行本起经》，载《大正藏》第 3 册，第 463 页上栏。

2　（吴）康僧会译：《六度集经》，载《大正藏》第 17 册，第 714 页下栏。

3　（吴）支谦译：《惟日杂难经》，载《大正藏》第 17 册，第 605 页中栏—606 页下栏。

4　（西晋）法炬译：《前世三转经》，载《大正藏》第 3 册，第 449 页中栏。

5　相关论述详见孙英刚《从犍陀罗到中国——五道大神考》，载刘进宝主编《丝路文明》第 6 辑，上海古籍出版社，2021，第 125 页。孙英刚：《魏晋南北朝时期犍陀罗对中国文明的影响》，《复旦学报》2022 年第 1 期。

佛陀的神化之路：乌仗那国佛陀降龙故事考*

■ **祁姿妤**（复旦大学文物与博物馆学系）

引言：乌仗那传说的性质与结构

　　公元前 6—前 5 世纪，佛教在恒河流域兴起。《大唐西域记》中记载恒河流域流传着佛陀诞生、降魔、说法、涅槃等不同阶段的圣迹及相关传说故事。这些佛传故事将他的一生与地域圣迹联系起来。但作为人的佛陀，生前并未离开过恒河流域。当公元前 2—前 1 世纪佛教中心开始逐渐从中印度转移到西北印度时，当地的信徒急需佛陀到过西北印度的证据。在这种需求之下，佛教徒曾借助当地既已流行的多种多样的神话或习俗，从文本叙事和实物证据层面将佛陀从中印度引入西北印度。其中有一种重要的神话类型被记载于《大唐西域记》卷三乌仗那国佛陀降龙圣迹神话中。

（一）乌仗那传说的梗概与性质

　　古乌仗那国（今巴基斯坦斯瓦特地区）处于古代西北印度，北临兴都库什山，向东连通瓦罕走廊，可以进入中国新疆地区。印度苏婆伐窣堵河（斯瓦特河）是印度河上游的重要支流，先汇入喀布尔河后，与其他五河一同汇入印度河。斯瓦特河上游山谷，在每年雨季因水土流失，白色的沙土和河水定期顺流而下，往往泛滥成灾。因而在民间流传"龙王"与"白水之灾"的传说。

　　《大唐西域记》记载阿波逻罗龙王是古代印度苏婆伐窣堵河（斯瓦特河）的化身。[1] 它生前为控制暴雨、守护农业的

---

*　本研究得到国家社会科学基金艺术学青年项目"外来艺术样式中国化研究——佛塔、佛像、佛足的中国化"项目（批准号 17CA178）资助。

1　苏婆伐窣堵河，梵名 Apalāla，阿波逻罗龙泉又作阿波罗利龙泉、阿钵罗龙泉。意译无稻秆龙泉、无留龙泉、无流延龙泉。迪恩根据玄奘所记距离及方向比定为柯昔斯坦（Kohistan）的迦兰姆（Kālam）地方，乌特洛特—加龙省（Utrot）及乌苏（Ushu）二溪合流处，是斯瓦特河源头。（唐）玄奘、辩机著，季羡林等校注：《大唐西域记校注》卷三，中华书局，1985，第 276 页。

术士，但不满农民的进贡，便兴风作恶。死后化作此地龙，给当地带来白水之灾。佛陀闻讯飞到乌仗那国，用金刚杵敲击山体，产生地震，降伏恶龙，对龙说法并定下契约，将白水之灾限制在十二年一次，并于石上留下佛足迹。

如何看待这类故事的性质？陈引驰认为，《大唐西域记》的口传故事中一类属于"闻诸先记"，是玄奘将当地口传故事记入典籍中。这类在中国传统士人眼中较为荒诞不可信的故事，被有机地融入了《大唐西域记》的框架中，而形成了为唐太宗经略西域服务的严肃历史地理著作的一部分。[1]

与中国不同的是，古代印度并无史学传统，神话、史诗、赞歌典籍、经文就是他们的历史记载来源。从公元前 20 世纪直到公元 3 世纪，早期阶段流行四吠陀典籍，晚期流行两大史诗、奥义书、往世书等。无论是吠陀经典还是佛教经典，小乘经典还是大乘经典，大体都是通过口语传承的，多种经典文本、口传故事之间应当存在文化背景的共识和一致的神话思维。

《大唐西域记》成书于 646 年，相较成书于 416 年的《佛国记》（又称《法显传》），所提及乌仗那国神话的情节更为丰富，这些新增的文本细节，其实应当或来自当地持续流行着的古老口述传统。这一传统就像一个蓄水池不断地给到访这里的佛教徒、求法僧提供遗存了早期地方文化传统的知识。法显和玄奘所撰写的乌仗那国圣迹故事，都只相当于是把当地口述故事转化为文字记载的步骤。

（二）故事的关键情节与特色问题

《大唐西域记》乌仗那国佛陀降龙神话故事原文如下：

> 瞢揭厘城东北行二百五六十里，入大山，至阿波逻罗龙泉，即苏婆伐窣堵河之源也。派流西南，春夏含冻，晨夕飞雪，雪霏五彩，光流四照。此龙者，迦叶波佛时生在人趣，名曰殑祇，深闲呪术，禁御恶龙，不令暴雨，国人赖之，以稸余粮。居人众庶感恩怀德，家税斗谷以馈遗焉。既积岁时，或有遗课。殑祇含怒，愿为毒龙，暴行风雨，损伤苗稼。命终之后，为此池龙。泉流白水，损伤地利。释迦如来大悲御世，愍此国人独遭斯难，降神至此，欲化暴龙。执金刚神杵击山崖，龙王震惧，乃出归依，闻佛说法，心净信悟，如来遂制勿损农稼。龙曰："凡有所食，赖收人田，今蒙圣教，恐难济给，愿十二岁一收粮储。"如来含覆，愍而许焉。故今十二年一遭白水之灾。阿波逻罗龙泉西南三十余里，水北岸大盘石上，有如来足所履迹，随人福力，量有短长，是如来伏此龙已，留迹而去。后人于上积石为

1　陈引驰、陈特：《〈大唐西域记〉所载佛教口传故事考述》，《岭南学报》2015 年第 1 期。

室，遐迩相趋，花香供养。[1]

在这则神话中提到三处值得深究的文本细节，进而可归纳为三个待深化的研究问题：

（1）"释迦如来大悲御世，愍此国人独遭斯难，降神至此，欲化暴龙。执金刚神杵击山崖，龙王震惧，乃出归依，闻佛说法。"[2] 佛陀从人变为会飞行的神，从中印度被引入乌仗那地区，用金刚杵降龙。为什么故事的主角佛陀会飞，并使用金刚杵降龙？

（2）"瞢揭厘城东北行二百五六十里，入大山，至阿波逻罗龙泉，即苏婆伐窣堵河之源也。"阿波逻罗龙王象征斯瓦特河源头。阿波逻罗龙王从何而来？

（3）"阿波逻罗龙泉西南三十余里，水北岸大盘石上，有如来足所履迹"佛陀伏此龙后在水北岸大盘石上留迹而去。作为人的佛陀如何在石上留下足迹呢？

在这则神话传说中，龙王以"轮回"转换前生今世角色的身份。龙是由于巫师前世发恶愿而生，佛陀降伏毒龙的故事兼具调服身心的意味；在故事中也并没有任何有关违背佛教伦理的血腥画面；前两条还记载了不少与河流相关的地理信息，这些信息与早期神话史诗的关系都值得深究。

图1　印度国家博物馆藏佛陀降伏阿波逻罗龙王浮雕

采自孙英刚《犍陀罗浮雕中的佛陀与龙》，《文史知识》2017 年第 10 期，插图 11

1　（唐）玄奘、辩机著，季羡林等校注：《大唐西域记校注》卷三，第 274 页。

2　《大唐西域记校注》将执金刚神杵击山崖理解为，"执金刚神，杵击山崖"。笔者认为这里应当是"执金刚神杵，击山崖"。佛陀一人做出了执杵的动作，这是由于佛陀模仿了因陀罗持金刚杵的形象，将在后文详细展开。

一　相关学术研究及问题

目前专门针对乌仗那国佛陀降龙神话的研究较少。孙英刚将图 1 主题识别为乌仗那国佛陀降龙神话故事，但此浮雕反映出的情节与乌仗那故事并非一一对应，图中佛陀并无金刚杵，随从第一位眷属手中有金刚杵。

目前对持金刚杵的人物和龙王身份来源已经有了一些相关研究。如固陀罗、赫拉克勒斯、佛陀、密迹等人物。

（一）对持金刚杵人物的研究

公元前 3 世纪，亚历山大征服中亚之后，这些希腊人的后裔日后占领西北印度，形成希腊化王国，古希腊所流行"人神同形"的观念也传播到西北印度，为佛教造像的出现奠定了文化基础。贵霜王朝大力赞助佛教，出现了大量具备希腊化人体特征石质佛像雕刻。目前，已经有不少前辈学者综合佛典对照雕塑主题，将持金刚杵的人物形象来源也追溯到希腊神话中的大力神赫拉克勒斯。[1] 持类似观点的有田边胜美、邢义田等。张建宇最新的研究分析了这类佛陀身旁持金刚杵人物，根据狮皮、棍棒（被认为是金刚杵早期形象）等物，分析其原型为希腊神话中的赫拉克勒斯与双翼阿特拉斯力士等多种神祇在内的混合形象。[2]

需要注意的是，希腊文化的具象且强大的影响力，也会影响我们对持金刚杵人物多样性的认识。依然有多种持金刚杵人物并不来源于希腊文化，无法被放在同一个系统解释。

例如，东晋（317—420）僧伽提婆译《增一阿含经》第五章分别功德论中记载了佛陀身后的弟子降龙的故事，这个弟子的形象与赫拉克勒斯除了金刚杵，并无其他一致的特征。佛陀在世的时期，摩竭国（摩揭陀国）暴雨，损害了庄稼粮食，阿阇世王招募巫师梵志以保佑农业收成。但国王只是口头答应给予回报，最终并没有给梵志任何封赏。梵志大怒，誓作毒龙，从而引发了更大的饥荒。佛陀派出二弟子，包括使金刚杵震碎山石的密迹和可以隐形的般吡最终降伏了毒龙。

> 时摩竭国人民种作苗稼适生，龙即雹杀。如是经数年，人民饥困死亡者众。佛愍伤之，欲化此龙，即将密迹、阿难、般吡至俱持国，诣龙所止。……佛右回视密迹，密迹知佛

---

[1]　赫拉克勒斯是古希腊神话中的大力神，他完成了 12 个任务，第二项就是降服巨大水蛇海德拉。海德拉吞食田地，蹂躏人畜，无恶不作，所吐出来的毒气还使得当地成为所谓的瘟疫沼泽。赫拉克勒斯运用智慧，成功地击败了海德拉。海德拉也被称为九头蛇，也是一种巨蟒，与《梨俱吠陀》《阿维斯塔》等多种文明中提到的早期蛇妖同出西亚神话一源，这个发展过程较为复杂，本文暂不展开。

[2]　张建宇：《赫拉克利斯与佛教护法：犍陀罗艺术中的希腊武备》，《美术研究》2022 年第 2 期。

意，即以金刚杵拟之堕大石山，塞其龙渊。龙大瞋怒，眼中火出。佛右回视般咃比丘，般咃比丘即知佛意欲使降龙。般咃即以神足隐形，以水灭龙眼火。……佛即授之八关斋法。自是以往风雨和调，五谷丰熟人民安宁。以是因缘，知般咃隐形第一也。[1]

在乌仗那国持金刚杵降龙的主角是佛陀，在摩揭陀国持金刚杵降龙的主角是密迹。两者降龙的故事情节类似，主角有变化。摩揭陀国故事中的三个人物分别具有说法、降龙、隐形等特征，这三种特征在乌仗那国是共同属于佛陀一人的。那么这两国的故事谁先谁后呢？笔者认为还是西北印度乌仗那国的佛陀降龙神话影响到了恒河中下游的摩揭陀国，佛陀原本的符合功能分别给了他的两位弟子，这种功能与人物意义对应的关系相当刻意；而乌仗那国佛陀降龙神话具备更早吠陀赞歌的故事结构和人物设定，也要早于摩揭陀国故事的。

赫拉克勒斯、佛陀、密迹等多重人物的共同特征不仅是都持有金刚杵，更深刻的共性在于这些人物都是降龙者。[2] 因此，如果想要解释清楚他们之间的关系，仅仅将目光停留在古希腊文化影响的层面

还是不够的，还需要上溯至吠陀时期以来的神话传统。

已有学者对相关文化背景和主题进行了初步的涉略。王镛认为佛教传播到西北印度受到婆罗门教神话的影响，但并未指明有哪些类型的神话。李翎曾提出手持金刚杵的人物为金刚手或秘迹金刚，他与因陀罗（Indra，梵文 Śakra，巴利文为 Sakka）在文献上的描述有一定相似性，尚未对人物和龙的两方面作出系统化解释。[3]

也有学者对因陀罗信仰的兴衰变化有过研究。因陀罗称号 Indra 意思是"有能力的"、王者、征服者、最胜者。在早期吠陀经典《梨俱吠陀》中因陀罗神曲数目来看，因陀罗最初为第一级神，属于高级神祇。

因陀罗信仰是发展变动的。郭良鋆认为因陀罗是印度吠陀时代雅利安部落社会的英雄神，帝释天是印度列国时代佛教的护法神。这种分法还是相对独立于佛教发展史的。因陀罗在吠陀诸神中的地位有下滑的趋势，三大主神地位后期逐渐上升。从在后期的吠陀经典"梵书"中，随着雅利安人与印度土著居民的融合，婆罗门教逐渐吸收印度民间宗教信仰成分：原本在吠陀神话中地位不高的楼陀罗（即后来的

1　（东晋）瞿昙僧伽提婆译：《增一阿含经》，第 4 卷，第 25 册，第 1507 号，台北新文丰出版公司，1983—1985，第 51—52 页。

2　降龙神话是一种古老的象征文化疆域的母题，它在历史的发展中波及西亚、地中海、中亚、西北印度乃至东亚各个区域。在西北印度生发出来的因陀罗神话和古希腊文化中生发出来的赫拉克勒斯形象之母题同出一源，但各自发展历程较为复杂，篇幅有限，暂不展开。

3　李翎：《金刚手：匠人创造的神》，《雕塑》2018 年第 5 期。

湿婆）和毗湿奴上升为主要的神；同时，出现了抽象的创造主——梵（即后来的梵天）。最后，吠陀神话演变成以梵天、毗湿奴和湿婆为三大主神的往世书神话。[1]

佛教对因陀罗信仰的模仿与吸纳，也是随着因陀罗信仰的兴衰而动态发展的。从佛教典籍中的记载来看，因陀罗后期演化成了帝释天的译名，实质上是同一身份。从词语翻译来看，因陀罗全名释提桓因陀罗（Śakro devānām indrah），合意即为"能够为天界诸神的主宰者"，即"能天帝"或"释天帝"等。梵文汉译时为了符合汉语语序就将原语序反转，译作"帝释天"。张聪对佛传故事帝释天如何被佛教收编，借以突出佛陀的地位进行了整理研究。[2]

总之，梳理佛陀对早期因陀罗的模仿，是研究佛陀与因陀罗持续变动关系的首要基础，是佛教借鉴其他宗教文化形成文化共识，进行壮大发展的重要起点。而乌仗那国佛陀降龙神话正是能够体现佛教模仿早期吠陀神祇的关键起始点。

（二）对佛传中龙王的研究

以往对龙王的研究所依据佛典与晚期吠陀经典，多认为龙王来源于本土蛇王那伽（Naga）信仰。展千雯对向相关学术史作过系统研究。[3] 法国学者雷奈·格鲁塞认为印度的蛇崇拜和树崇拜是最古老和原始的，比一切主神崇拜都早。[4] 印度美术史家阿南达·库马拉斯瓦米认为在雅利安进入印度原始期，就出现了蛇神 Naga 和树神药叉的造像和崇拜。[5] J. 沃格尔博士在与阿南达于 1929 年合写的《印度蛇传说》中也提出蛇被印度人赋予神圣的意涵，存在着非雅利安特征。[6] 这些观点侧重于说明被雅利安人入侵之前的印度广大地区广泛流行着对蛇王的信仰传统。

吠陀文化除了具有四部吠陀经典（前 2000—前 800），还有梵书（前 1000—前 600）、经书（前 600—前 200）、奥义书（约前 550）、往世书为代表的时代（约前 400）。发展到后期，入侵的雅利安人与印度本土达罗毗荼人文化融合，逐渐形成两大史诗《罗摩衍那》《摩诃婆罗多》（前 400—前 200）。其中《罗摩衍那》故事背景发生在恒河流域；《摩诃婆罗多》故事中的俱卢大战发生在西北印度东部边缘，以蛇王为表象的龙王信仰一直在印度本土持续兴盛，蛇神的功能主要

1　郭良鋆：《帝释天和因陀罗》，《南亚研究》1991 年第 1 期。

2　张聪：《犍陀罗佛传图像中的梵天与帝释天》，《艺术科技》2017 年第 7 期。

3　展千雯：《印度早期佛教 Naga 图像及其中国化研究》，硕士学位论文，华东师范大学，2020。

4　[法] 雷奈·格鲁塞著，常任侠、袁音译：《东方的文明》，中华书局，1999，第 397 页。

5　AnandaK. Coomaraswamy，*History of Indian and Indonesian Art*（London：Dover Publications，1927）.

6　AnandaK. Coomaraswamy & J. Ph Vogel，"Indian Serpent Lore，or the Nagain Hindu LegendandArtindian Serpent Lore，ortheNagas in Hindu Legendand Ar."*Journal of the American OrientalSociety*. 49（1929）：186.

是润泽大地，继而产生蛇族等概念，而且佛传故事中对龙王形象的描述已经相当成熟，有明确的蛇的外形，在佛陀出世之时为佛灌顶。

然而，《大唐西域记》中乌仗那国佛陀降龙神话中并没有提及龙王的蛇王外形，只是强调它是江河的化身。而且，只有西北印度北部山区斯瓦特河流域还有可能局部保留早期吠陀文化中与河流相关的神话痕迹。乌仗那国神话中的龙王与诸多佛传故事中的龙王并不是同一个来源，因此需要核对乌仗那国神话中的龙王与早期吠陀文献中龙的形象的关系。

（三）新的反思与线索

既有研究参考了大量吠陀后期印度史诗、希腊化时期雕塑、佛典中反映的相关故事，有人认为持金刚杵人物与希腊神话中的赫拉克勒斯有关，有人认为与印度因陀罗有关；有人认为龙王则与吠陀晚期两大史诗中的印度本土信仰蛇王 Naga 有关。这些观点往往相对独立，无法关联互证。分别就持金刚杵人物和龙王两者为线索，难以顾全两种个体之间的关系；从文献证据的选择来说，采用文献上也呈现出重希腊化图像、重晚期吠陀、轻早期吠陀的趋势。

西北印度由于地形原因容易被攻陷，多次被来自中亚和西亚的民族入侵，文化

多元。[1] 因此，需要考虑早期吠陀、晚期吠陀、希腊化时期、出现大量佛典的贵霜时期等至少四个时期的重叠文化背景。佛教传入西北印度后，需要在多元文化的基础上才能传播佛教。如果单纯看重后两三个时期，就会忽略佛教对早期吠陀时期文化的借用和吸取。

因此，应当拓宽材料年代和类别的选取，系统化论证早期降龙神话原型发展脉络，才是打通诸多问题关节的关键。而乌仗那国佛陀神话的来龙去脉，正能说明这一环节的佛教文化发展，说明佛教对早期吠陀文化的模仿借用。本文将以乌仗那国佛陀降龙神话为例，拓展神话比较学和区域美术发展等视角，作出材料选取与方法运用上做出尝试。

本文的基本结论是：乌仗那佛陀降龙故事是一种介于神话与历史记录之间的地方传说，它综合了早期吠陀文化中"因陀罗降伏水母神"和"因陀罗降伏乌蟒"两种故事原型，创造出"佛陀降伏阿波逻罗龙王"的流域传说，持久地在乌仗那塑造出佛教圣迹。佛教徒借用早期吠陀中因陀罗在西北印度持续的影响力，统合了中印度、西北印度两种地区的美术和神话传统，在时间和空间两个维度统合了多元文化，从而使佛陀从中印度"飞来"西北印度，成为诸多佛教圣迹模仿的范

1　公元前 5 世纪波斯将此地作为西部行省，从印度第一个统一的孔雀帝王瓦解之后，公元前 2 世纪至公元 1 世纪希腊人的后裔进入该地，建立印度—希腊王国。与此同时，中印度受巽伽王朝迫害的佛教徒也来到西北印度。后来经历几度政权更迭，月氏人进入这里开启了贵霜王朝，西北印度佛教开始崛起。王镛：《印度美术》，人民美术出版社，2010，第 75—76 页。

本，也使西北印度诞生的诸多经典得以有效传播。

二　佛陀模仿吠陀赞歌中的因陀罗

佛陀形象明显模仿了吠陀文化早期的因陀罗。为什么要模仿因陀罗？还要关注该神在印度流行的范围与功能。

因陀罗是在印度伊时期前（约公元前三四千年）中亚各地亚连部族共同敬奉的神灵，影响时间长、影响范围大。公元前2000年，雅利安人分别进入伊朗高原和印度。到达印度河两岸和五河地区（也称旁遮普）的雅利安人通过口头唱诵的方式，历经若干世纪创作《梨俱吠陀本集》（吠陀经）。公元前2000—前800年，四吠陀之一《梨俱吠陀》已经陆续成书，其中保留了大量早期雅利安人对主神因陀罗的赞歌，有约259支，占全书的1/4。[1] 正是由于因陀罗在西北印度有深远的影响力，佛教需要基于这种根源性文化传统进行模仿，以当地人能够理解的方式争取更多佛教信徒，营建佛教圣迹，书写佛教经典。

《梨俱吠陀》中因陀罗赞歌，描绘了因陀罗喜欢饮苏摩酒之后与黑魔弗栗多、巨蟒阿醯（Āiḥ）搏斗的故事。因陀罗手持金刚杵，释放雷电，能在空中飞翔。弗栗多是众魔之首，是黑魔（乌云）的化身，能组织降雨。笔者通过对比《大唐西域记》中乌仗那国神话与《梨俱吠陀》中"空中飞行""斗龙"等修辞、情节描述，可以得知：乌仗那国佛教佛陀降龙神话受到了因陀罗信仰的直接影响。

第一，因陀罗是空界之王，现身广大，统摄天地空三界，一伸手就能抓到上边的天界和下边的地界。佛陀之所以在圣迹神话和经文中具备了"神足通"，成为能跨越天地时空的神，正是因袭着因陀罗空界之王的角色特质。因陀罗是早期吠陀中最重要的主神之一，空界之神，佛教徒只有模仿因陀罗，才能使佛陀具备飞行的能力，从中印度飞到西北印度。因陀罗信仰在吠陀后期衰退，只保留在西北印度地区，佛教利用残存的因陀罗信仰重新在印度河上游支流乌仗那流域地区塑造神化的佛陀形象，使佛陀更具古老的神力，在当地达到更广泛的文化共识，促进佛教在当地扎根、发展。

这些纵横天地的因陀罗人物特征被西北印度诞生的佛陀圣迹神话与佛经吸纳。例如《阿育王传》与《西域记》记载的是乌仗那，《佛所行赞》及《智度论》仅记载北印度。这都说明乌仗那国该神话作为一种圣迹神话类型传播到了周边地区。

佛教经典分为经、律、论。有关论的经典、学问也被称为毗昙学。贵霜时期迦

1　巫白慧译解：《梨俱吠陀神曲选》，商务印书馆，2020，第6—7页。

腻色迦王时期形成的第四次结集，成果便是形成毗昙经典《大毗婆沙论》。在毗昙学经典中，正式赋予佛陀飞行的能力。佛陀开始具备"神足通"，有三种神异特征：一为随心所欲飞往任何地方，二为随意改变形象，三为随意转变外界环境（六境）之圣如意（随意自在）。这便是在佛教经典内部，将佛陀能够从中印度飞来西北印度的能力总结为一种"神通"。例如，尊者瞿沙造失译（220—265）译《阿毗昙甘露味论》是最早说明佛陀具有神足通，可以飞行的论典。

在更早期的阿含经典中，《长阿含经》卷九："谓六神通：一者神足通证，二者天耳通证，三者知他心通证，四者宿命通证，五者天眼通证，六者漏尽通证。"[1] 成书于西北印度的《阿毗昙甘露味论》卷二《13 杂定品》："云何神足通？是有三种：一者飞行、二变化、三圣人通。有三种飞行：一、自身去譬如飞鸟；二、于此土忽然不现到他方；三、心力自在如屈申臂。"[2] 如在《菩萨本行经》《根本说一切有部毗奈耶药事》《佛所行赞》《智度论》《善见律毗婆沙》中，都提及或以变体形式记载乌仗那国佛陀降龙故事。

第二，佛陀用金刚杵降龙，对应着因陀罗赞歌中因陀罗挥动金刚杵，施放雷与电。暴风神队是因陀罗的追随者们。《梨俱吠陀》中有 7 处专门描写它们随因陀罗斗恶魔的活动。暴风神队在因陀罗降龙之前，为其磨苏摩汁；在其降龙之后唱赞歌。其中的一位工匠还为因陀罗制作金刚杵（雷电棒）。

譬如《梨俱吠陀》第一卷第 85 曲 12 个颂中第六段讲述因陀罗喜好苏摩汁："让汝疾奔跑，载汝到此来；尽速往前奔，伸开汝手臂。伏祈坐圣草，汝之大宝座；甘美苏摩汁，敬请汝品尝。"[3]《梨俱吠陀》第一卷第 80 曲中颂 8 讲述因陀罗使用金刚杵释放雷电。"因陀罗！挥动金刚杵，施放雷与电，遍及众河川，数有九十九。具大勇猛威，双臂藏力量。欢呼汝显示，最高之神权。"[4]

第三，乌仗那国佛陀所降之龙阿波逻罗龙王，对应着《梨俱吠陀》因陀罗赞歌中的巨蟒阿醯。巨形的乌蟒名为阿醯，也是恶魔弗栗多的化身，它横卧在七水河，截断河流，制造干旱，因陀罗因此大怒，杀掉乌蟒，恢复了七河的流水。也是由于这个故事，因陀罗成了西北印度七河范围内的保护神。

譬如《梨俱吠陀》颂 1："请打金刚身杵挥舞着！如是畅饮已，醉人苏摩酒；

1　大藏出版编辑部：《大正新修大藏经》第 4 卷，第 1 册，第 1 号，台北新文丰出版公司，1983—1985，第 54b9—13 页。

2　大藏出版编辑部：《大正新修大藏经》第 4 卷，第 28 册，第 1553 号，第 975c23—26 页。

3　巫白慧译解：《梨俱吠陀神曲选》，第 155 页。

4　巫白慧译解：《梨俱吠陀神曲选》，第 120 页。

婆罗门祭祀，唱毕赞美诗；运用汝力量，打击摩阿醯；即从大地上，将之逐出去。欢呼汝显示，至大之神威。"颂6："天帝因陀罗，酒醉喜若狂，高擎雷电器，百刃金刚杵，攻击弗栗多，在彼脑门上。原供众友好，醍醐甘美食。欢呼彼显示，至高之神权。"[1]

乌仗那国的故事之所以模仿因陀罗来塑造佛陀的神化形象，一部分原因是因陀罗是空界之神，可以跨区域飞行与天地之间；另一部分原因是因陀罗降龙的故事流行于七河流域，作为塑造文化边界的至高角色，可以形象地塑造出因陀罗在当地的文化权威和文化世界。乌仗那国中的佛陀正是通过模仿因陀罗，使斯瓦特河流域成为佛教圣地。

三　佛陀所降之龙的早期来源

乌仗那国的阿波逻罗龙王虽然名为龙王、蛇妖，但其意象明确地象征斯瓦特河，与印度本土的蛇形的龙王 Naga 有本质区别。笔者综合雅利安人在《阿维斯塔》和《梨俱吠陀》中的记录，认为阿波逻罗龙王应当是综合了均被印度因陀罗所降伏的"乌蟒"与"水母神"而被创造出来的融合神祇。

在印度—雅利安人的早期经典《梨俱吠陀》之中，因陀罗除了降伏乌蟒阿醯，还降伏过水母神阿波诃。水母神又称水蜜神，是次要的吠陀神组，她既是天上的也是地上的，大海是它们奔流的终点。水化七河，遍流三界。在《梨俱吠陀》中有4支歌颂水母神的神曲。在《阿波诃赞》第1、2颂之中，描述了因陀罗为水母神开道泄洪的故事："……威武因陀罗，金刚杵本主，为诸女水天，开凿泄洪道。诚恳水母神，在此护助我。是诸水神，下降自碧落，长流在水道，挖出或自出……"[2] 水母神饱含蜜味的水波成为固陀罗最爱的苏摩酒的原料。

吠陀研究者巫白慧认为"水蜜神"这一身份与伊朗—雅利安人信奉的祆教经典《阿维斯塔》中水神（Āpo）一致。经笔者核对，印度水蜜神从江河流域范围、高度女性神身份等方面，都与《阿维斯塔》中江河之神阿娜希塔（阿维斯塔文Anāhīta，吠陀梵文Apas）一致。[3]《阿维斯塔》中第5篇《亚什特》中专门歌颂她是"金光灿烂的强者，身材颀长，婀娜多姿，（恰似）奔腾咆哮的洪流，挟天下之水，一泻千里"[4]。阿娜希塔拥有千条江河、千座湖泊，有季节性涨落，来势

1　巫白慧译解，《梨俱吠陀神曲选》，《梨俱吠陀》第1卷，第80曲，共16颂，第119—120页。

2　巫白慧译解，《梨俱吠陀神曲选》，《梨俱吠陀》第7卷，第49曲，共4颂，第174—175页。

3　［伊朗］贾利尔·杜斯特哈赫选编：《阿维斯塔》，商务印书馆，2010，第384页。

4　［伊朗］贾利尔·杜斯特哈赫选编：《阿维斯塔》，第144页。

汹汹，最终汇入大海。她是河流之神，也是生育女神。她使女人顺利生产，必要时令产妇的乳房充满奶汁。

阿娜希塔是前琐罗亚斯德时期伊朗雅利安人信奉的重要神祇。有学者认为袄教经典《阿维斯塔》成书于伊朗东部，其中最早的《伽萨》颂歌与《阿维斯塔》后出诗篇所提到的名山大川、宗教活动的范围集中在锡斯坦一带。锡斯坦位于伊朗东南部，东面阿富汗和巴基斯坦交界。与琐罗亚斯德（前628—前551）同时代的凯·维什塔斯普在锡斯坦向阿娜希塔致祭行礼。[1]《阿维斯塔》与《梨俱吠陀》的流行范围在地理上相接壤，阿维斯塔语和印度吠陀梵语的关系也比伊朗西部的古波斯语更近，江河女神应当属于两类经典中的基本共识。

在波斯帝国时期巴克特里亚地区的江河女神信仰传统又得到了加强。克里斯滕认为，阿塔薛西斯二世（？—前359）不仅特别推崇自古相传的江河女神阿娜希塔，而且这位君王最先在巴比伦、苏萨和厄克巴坦树立起"阿芙洛狄忒——阿娜希塔"神像，并教会波斯人、巴克特里亚人对之顶礼膜拜，从而形成偶像崇拜的习俗。《阿维斯塔》中对阿娜希塔女神有具体的描写，因此他推测该章节写于薛西斯二世时期的结论。[2]

总的来说，西北印度原本发达的因陀罗信仰与乌蟒、水母神等多种神祇之间都

有关系。佛教徒将这些与因陀罗有关的诸多神话合并为一处乌仗那国的流域传说，借以沿用早期吠陀文化的影响力，塑造出一种以佛陀为主角的神龙故事，形成新的区域文化共识，目的是争取更多当地的信徒。

种种细节表明，与《大唐西域记》中记载的西北印度其他有佛陀降龙神话——例如佛影窟的记载相比，乌仗那国故事遗存的吠陀神话和地理信息最全面，时代当属最早。

四　佛足迹的新旧表现

故事中记载，佛陀在乌仗那国降伏龙后，在水北岸大磐石上留迹而去。佛陀为何能在石上留足迹？这并非是佛陀的脚有什么奇异的穿透力。它是依据中印度佛足迹石的美术传统而产生的。除了模仿因陀罗，佛教徒还依靠持续叙述中印度用佛足迹暗示佛陀的美术观念，来延续佛陀的原本特性。

孔雀帝国军队统帅普什亚密多罗·巽伽篡位末代皇帝，并于中印度成立巽伽王朝（前185—前73）。但由于巽伽王朝并不像孔雀王朝那样支持佛教，转而支持婆罗门教，佛教在当地呈现出商人或村民捐资供养的情况，美术传统的面貌更加具有

1　元文琪:《二元神论——古波斯宗教神话研究》，商务印书馆，2018，第121页。

2　元文琪:《二元神论——古波斯宗教神话研究》，第216页。

中印度美术特色，不用佛像，而是用佛足迹暗示佛陀。公元前 2—前 1 世纪，中印度桑奇、巴尔胡特佛塔遗迹中保存有以佛足迹暗示佛陀的石雕。巴尔胡特佛塔围栏上雕刻《佛陀从三道宝阶降下》的主题，现藏加尔各答印度博物馆。这类早期佛足迹多刻在方形石块上，足迹轮廓内有脚趾及法轮等。梯子顶端和底端分开的两只佛足迹，象征佛陀跨越天地，从三十三天降凡来到人间。礼拜者仅刻出后脑部分，与朝下的佛足迹形成相对关系（图 3）。

图 2　巴尔胡特围栏上从三十三天降凡浮雕画（前 2—前 1 世纪）

吴天越拍摄于加尔各答博物馆

图 3　桑奇东门外侧第二条横梁右侧伞盖下佛足迹与礼拜者（前 1 世纪）

笔者拍摄

图 4　桑奇北门立柱外侧佛足迹图像（前 1 世纪）

笔者拍摄

图 5　斯瓦特出土佛足迹石

[日] 栗田功：《ガンダーラ美術》（改定增补版全二卷），二玄社，2003，II 图 755

桑奇大塔东门第二横梁外侧浮雕描绘了《逾城出家》的场景，最右侧有"伞盖与佛足"的组合图像。浮雕从侧面表现了一个正双手合十的人物对伞下的佛足迹顶礼膜拜（图3）。北门东侧立柱内侧（朝西）浮雕最下方有一对佛足，佛足迹石在浮雕立面中脚趾朝下（图4）。根据塔门上的铭文，这两处佛足迹图像的年代也为公元前75—前20年。

随着佛教发展中心转移，中印度佛足迹的美术传统并没有被大规模兴起的造像观念取代。佛足迹脱离了佛塔装饰环境，融入山川景观中，被用来营建佛教圣迹。一块乌仗那国遗存的佛足迹石，再加上当地的佛陀降龙传说，就足以暗示当地广阔的佛教文化空间。目前在斯瓦特（今乌仗那所在地）发现了一些佛足迹石实物。例如日本个人收藏的双足佛足迹石，足中有法轮，足跟有三宝标，脚趾有卍字纹（图5）[1]。这些足内有凸起的法轮，大多并非只是足迹轮廓，更能说明"佛陀留下佛足迹"的说法并非佛陀身体留下了穿石痕迹，而是一种对于既有图案的文本描述。西北印度佛足迹石大多没有铭文，所以以往佛足迹石和佛教圣迹神话故事之间的关系并没有得到应有的重视。

日本私人藏另一块佛足迹石也出土于巴基斯坦斯瓦特，但具体地点不明（图6）。方石上一对佛足呈凸起浅浮雕，两组间隔三柱。脚心有法轮，脚跟有三宝标，长脚趾，轮廓接近矩形。左右大脚趾均有三宝标，其余四趾分别表现逆时针、顺时针方向的卍字符号，年代在2—3世纪前后。[2]

斯瓦特提拉特（Titrat）地区还出土了一例图案更简单的佛足迹石，石块长95厘米，宽50厘米，时代约3—4世纪，梯形石块中央断裂，双足凹陷雕刻，足心有法轮阴线刻，趾前有婆罗迷文字，体现出早期中印度特征在延续。1862—1943年被斯坦因发现，现藏阿富汗斯瓦特考古博物馆。[3] 李静杰、栗田功对此有过研究。

图6 斯瓦特出土佛足迹石

［日］栗田功：《ガンダーラ美術》（改定增补版全二卷），二玄社，2003，Ⅱ图787

---

1 （日）栗田功：《ガンダーラ美術》（改定增补版全二卷），二玄社，2003，Ⅱ图755。

2 （日）栗田功：《ガンダーラ美術》（改定增补版全二卷），Ⅱ图787。

3 东武美术馆、奈良国立博物馆、名古屋市立博物馆等《ブッダ展——大いなるS旅路》图版3，东京 NHK，NHKブルモーション1998年。

以佛陀降龙、留下佛足迹石的神话书写佛教圣迹故事，不仅流行于西北印度，还在恒河以外更广阔的区域，尤其是远离佛陀诞生地的国家广布流传。根据日本奈良药师寺佛足迹石上的铭文，可以向前复原乌仗那国佛陀降龙神话与佛足迹石之间的必然联系。铭文的核心文本中保留了来自《大唐西域记》中的故事碎片，故事结构大致为：乌仗那国佛陀降龙，摩揭陀国佛陀留佛足迹石、龟兹国佛足迹石斋日放光、灭罪经文等文本片段；除此之外还增补了王玄策从中印度鹿野苑带回的图像等信息，以增强佛足迹的古老依据，显得流传有序可信。只不过完整的乌仗那佛陀降龙圣迹故事的情节逐渐流失，多地零散的佛陀降龙、佛陀留佛足迹故事碎片被拼凑在一起，东亚构成中古时期对印度圣迹零散的认知。[1]

结　语

乌仗那佛陀降龙故事是一种介于印度神话与历史记录之间的地方传说，出现在诸多佛经中的说法背景。它可以勾连起早期雅利安人信仰的吠陀文化与佛教典籍，反映出佛教徒借用早期吠陀中因陀罗在西北印度持续的影响力，把佛陀从人塑造为神；它也能解释晚期吠陀、古希腊化雕塑、佛典等文献解释不了的持金刚杵人物、龙王来源问题，将早期因陀罗信仰对佛像的影响展现出来。

首先，佛教徒模仿因陀罗以金刚杵降乌蟒的故事，在斯瓦特河流域塑造出佛教文化圣迹，成为诸多佛教圣迹模仿的范本，也使西北印度诞生的诸多经典得以有效传播。其次，阿波逻罗龙王的形象借鉴了雅利安人信仰的乌蟒和水母神，而非本土龙王 Naga 信仰。江河之神从在中亚流经七国，到西北印度发展为流经七河，后仅指斯瓦特河流域的佛教文化边界以内。最后，乌仗那故事借用因陀罗是空界之神的特性，保留了中印度以佛足迹暗示佛陀的美术传统，从而将佛陀神化从中印度引入西北印度。

关于持金刚杵的因陀罗、佛陀、佛陀的胁侍间的关系问题，通过乌仗那佛陀降龙神话，可以贯穿佛陀形象发展由于因陀罗的互动，也呈现出三个阶段。第一个阶段，佛陀是中印度流域的圣人，其相关圣迹也多以生平经历重要时刻为主；第二个阶段，西北印度的佛陀模仿早期吠陀文化中的持金刚杵降龙因陀罗，突破了人格，形成了神格；第三个阶段，《增一阿含》中又发展出以佛陀为中心的三位神祇组合，抬高佛陀地位作为主神，其他胁侍分担一部分佛陀持金刚杵降龙等功能，譬如佛陀、密迹、般咃等组合，或者直接吸纳因陀罗为帝释天作为协侍，衬托佛陀更高的地位，譬如佛陀、帝释天、大梵天等组合。

1　祁姿妤：《佛足迹寻踪——佛教美术样式的跨文化传播》，上海古籍出版社，2022，详见第三章。

唐天宝元年《大方山香谷寺法轮禅师塔铭》考释[*]

■ 沈国光（中国社会科学院考古研究所）

　　龙门石窟研究院工作人员在石窟调查中发现了一方《大方山香谷寺法轮禅师塔铭》（下文简称《塔铭》），并在 2008 年公布于《新获大方山香谷寺法轮禅师塔铭》（下文简称《新》）一文中。该塔铭位于河南省新密市以西郭村，登封北之大方山。[1] 塔铭通高约 50 厘米，宽约 80 厘米，建于天宝元年（742 年）八月。铭文由路启还撰，沙门慧明书，详细记述了高法轮（？—741 年）的生平事迹，为进一步了解唐代北宗禅的发展提供了重要的新材料。本文拟在校录《塔铭》文字的基础上，考察开元后期洛阳及周边地区北宗禅的发展。

一　校录

　　龙门石窟研究院工作人员在公布此方石刻时已有初步录文。2016 年《溱洧碑刻》（下文简称《溱》）的出版提供了《塔铭》拓片，并再次进行了录文。[2] 可惜此书中所附拓片模糊不清。2020 年《秦晋豫新出墓志蒐佚三编》出版，提供了清晰的拓片。[3] 据拓片，以上两录文鱼鲁之处颇多，现重新对此《塔铭》进行录文，以祈正于方家。

> 大方山香谷寺法轮禅师塔铭并序
> 王屋山逸人清河路启还撰 (一) ｜
> 　夫太空之性，性本窈然，大道体常，常自如也。性常之理，非物所俱，闻 ｜ 者徒闻，见者无见，其兹范也 (二)。行藏于人，隐性在家，现常处启，宏空朗月，岂 ｜ 非照焉 (三)？有不及其所覩者，瞿目之汇也。然欲

* 本文为国家社科基金重大项目"中国历代释氏碑志的辑录整理与综合研究"（20&ZDZ66）阶段性成果。

1　张丽明、杨超杰：《新获大方山香谷寺法轮禅师塔铭》，载敦煌研究院编《敦煌壁画艺术继承与创新国际学术研讨会论文集》，上海辞书出版社，2008，第 629—631 页。

2　郑国顺编：《溱洧碑刻》，河南人民出版社，2016，第 66—68 页。

3　张永华等编：《秦晋豫新出墓志蒐佚三编》，国家图书馆出版社，2020，第 608 页。

观乎，遥天澄明者，以何及之⁽四⁾？斯乃由我一子之父，大雄猛尊，拨云掩尘，丧道摧魔⁽五⁾。舒大悲之手，直指我体性虚，惠照之用也⁽六⁾。

禅师讳法轮，河南氾水人也，俗高氏焉。幼而聪惠，世所孤绝，目不再揽，心不重记，眉疏目朗，方口聊耳⁽七⁾。厥躬之量，应度之规，其敦色颜，欲玄欲赭⁽八⁾。稚年孤异，靡流群童，自天夷然，无辄戏弄，宿殖臧本，行愿扶生⁽九⁾。七岁出家，一心至诵，依年披削，具净尸罗。通试贝文，奉特敕度。时帝重僧宝，制有美词，牒下鸿胪，配住福昌十善⁽一〇⁾。师以名利之地，不欲所居，遂移于本县等慈，权止进道。师叹前后念际，生灭难期，析身既空，名不可得⁽一一⁾。时遂往都天宫，从禅伯大通之学⁽一二⁾。毁形灭饰，身充辇步，亲侍数载，攻穿妙用。大通知师必为苍生眼目，故嘿授师“法轮”之谥⁽一三⁾。师不欲人寰邑居，思泊林薮，至索虚静，宴坐禅庐⁽一四⁾。时栖心于太室之左，大周之山。不逾其年，毕悟其道。至先天二年，奉皇恩锡以大方山古香谷之额⁽一五⁾。帝选缁徒德行精邈者，陪住山门⁽一六⁾。古香谷寺时推师德行高远，于彼等慈征住此也。其此寺也，先有元置寺故大禅师讳智成，所谓大通异之，印曰：入室四焉者，则先故大师当其入室之首也⁽一七⁾。爰兹大师，寔犹宏天之梁，茫海之

筏，接无股肱之手足，启不耳目之聪明，导引黎氓，信亦无算⁽一八⁾。师自届于此，则师于大师，更研心内之心，性里之性⁽一九⁾。大师所应度者，皆已度毕，其未度者，留灯我师，固嘱大悲广燃于后⁽二〇⁾。至开[元]十三年，缁素方会众矣，于我师下求甘露润殷，再悲拜⁽二一⁾。恐惠水常涸，禅林永枯，清心洗想，延开秘范。我师于是大憋苍生，启一乘道，开三趣门，芸除魔芽，长佛心地⁽二二⁾。有蒙其教者，烦恼军败，若祁寒煞于潜阳；菩提路兴，如伏阴丧于夏暑⁽二三⁾。粤是能注大悲雨，灭劫焚火，放毗岚猛风，碎耶见稠林者，此惟我师神力不共之功也⁽二四⁾。师匡如来，使辎重荷躬，不倦劳山，深入烦海，其度人众，颇测其崖，稻苇丛林，近取其谕⁽二五⁾。师耳目之教，尘内息尘，至身意间，动中修静，若禅若空，示病深地，破妄有界，除涅槃土⁽二六⁾。师誓渝广，冀所有生，随生此生，信非缘生⁽二七⁾。至开元年廿九年春三月二日后夜分时，诚别门人，跏趺宴坐，示不生相，倏忽归寂。时亲禀繡编，卒奉凶讳，承缠（缵）杖经者，不可胜数⁽二八⁾。嗥鸣雷恸，歖习原野，血现遍体，挝胸拍头，悲哽无息，呜呼痛哉⁽二九⁾。履险丧目，大夜炬灭，舟断楫折，浮囊劫刹，生死溟海，徒[然]永没⁽三〇⁾。师

化之次，亥时也，天殒一星，等之若雷，爆光彗空，天地洪燃，仍有」异声，如群山崩^(三一)。宇宙见闻，食顷方灭，悲风欻起，拔木驰物，哀云」卒兴，凝空塞野，风止雪降，深过尺余^(三二)。师若非圣流，不感如也。凡所彰」纪，不逮嘉迹，举略而述，粗有铭曰^(三三)：

惠日流娑婆，遍照曾不亏；」日没映高山，山外日还晖。东海有摩尼，水深人不知；海静久珠现，」采得实是谁^(三四)？

沙门慧明书。天宝元年岁次壬午八月癸酉朔建^(三五)。

（一）"启"，拓片作"碒"。《新》《溱》误作"硲"，当为"启（啓）"。

（二）《溱》误"俱""兹""范"作"渐""此""茫"。

（三）《新》《溱》误"启"作"硲"。又《溱》脱"于"字，误"家"作"蒙"。因录文有误，导致《溱》此句句读失误。

（四）《新》《溱》误"觌"作"觐"。《溱》误"瓔""之"作"缨""济"。

（五）《溱》脱"斯"字，误"丧"作"芒"。

（六）《溱》误"直"作"宜"，误将"惠"字上属。

（七）《新》《溱》误"惠"作"慧"；《新》误"揽"作"览"。

（八）"敦"，《新》作"敫"，《溱》作"敦"。拓片作"敦"，此字右部为反文旁，左上部漫漶，左下部为"子"。《吕氏春秋》有称："臣尝闻相人于师，敦颜而土色者忍丑。"[1]

（九）《新》《溱》误"臧"作"藏"。《溱》误"群""夷"作"辟""成"。又，《溱》句读将"宿"字上属，亦误。

（一〇）《溱》句读"时帝重僧，宝制有美词"，后句"师"上属，均误。

（一一）"析"，《新》误作"片"，《溱》误作"折"。拓片作"折"，当作"析"。《溱》将"不可得"三字下属，亦误。

（一二）《溱》误"时""从"作"过""徒"，又脱"往""伯"。《新》误"往"作"住"。

（一三）《溱》句读"眼目"下属，"嘿"误作"黑"，又误将"嘿授"二字断开。唐澄观《华严经行愿品疏》卷八有"前即嘿授，今方言授"之语[2]

（一四）"庐"，《新》误作"虑"，《溱》误作"庸"。又《溱》将"居"字下属，"宴"字上属，后句之"时"字上属，均误。

1　陈奇猷校释：《吕氏春秋新校释》卷二〇《恃君览》，上海古籍出版社，2002，第1384页。

2　（唐）澄观：《华严经行愿品疏》卷八，载《卍续藏经》，（台北）新文丰出版股份有限公司，1993年影印本，第7册，第678页下栏。

（一五）《新》误"锡"作"赐"。《溱》误"恩"作"因"，将"高远于彼"连属且与下文断开，亦误。

（一六）《溱》误"门"作"间"。

（一七）《溱》误"元""异"作"先""舆"，又误将"则先故"与"大师"断开。

（一八）《新》《溱》误"启"作"硌"。《溱》阙"氓"字。

（一九）《溱》误"自"作"目"。

（二〇）《新》误"嘱"作"属"。

（二一）《新》误"下"作"不"。《溱》误"至""殷"作"圣""毅"。又"开"字下脱"元"字，现补入。

（二二）《新》《溱》误"憼""启"作"敏""硌"。《新》误"芸""芽"作"芒""牙"，句读误作"硌一乘道开，三趣门芒，除魔牙"。《溱》误"恐""开"作"问""想"，句读误为"硌一城道问三趣门芸，处磨芽，长佛心"。下句"地"字当上属。"芸"与"除"当连属。"芸除"常见于佛典。隋慧远《大般涅槃经义记》卷三有云："众僧如田能生福故，殖福之人如似田夫，供僧生福如种稻谷，僧中恶行如似稊稗，简恶供善故名芸除。"[1]

（二三）"蒙""兴"，《新》误作"汇""与"。《溱》误"蒙""军""兴""丧"作"象""运""典""芒"。

（二四）《溱》误"猛"作"温"。此字左部漫漶，拓片作"▨"。当从《新》作"猛"。唐菩提流志编译的《大宝积经》收北齐那连提耶舍译《菩萨见实会·六界差别品》载："大王！譬如毗岚猛风吹诸飞鸟，彼鸟散灭无有遗余。大王！如是如是，此三千大千世界为毗岚猛风之所吹坏，一切散灭无有遗余。"[2]《新》《溱》误"碎"作"诈"。此字拓片作"▨"，左部为"石"，当作"碎"。"耶"通"邪"，"碎邪山"常见于佛典。唐般若共牟尼室利译《守护国界主陀罗尼经》有偈："能师子吼无所畏，摧诸外道碎邪山。"[3]

（二五）《新》误"匡""惓""苇""近"作"主""倦""簟""迩"。《溱》误"惓"作"卷"，句读又误将"使"字上属。"谕"字左部漫漶，拓片作"▨"。《新》作"俞"，《溱》作"谕"，当从《溱》。"取谕"，又见于《无为军崇寿禅寺转轮大藏记》，其称："圣贤乃推己之明而正人之昧。故三藏之取谕者谕于此也，五乘之所归者归于此也。"[4]

1　（隋）慧远：《大般涅槃经义记》卷三，载《大正新修大藏经》（下文简称《大正藏》），第37册，大正新修大藏经刊行会出版，1934年影印本，第683页下栏。

2　（唐）菩提流志编译：《大宝积经》卷七三，载《大正藏》，第11册，第415页上栏。

3　（唐）般若共牟尼室利译：《守护国界主陀罗尼经》卷三，载《大正藏》，第19册，第536页中栏。

4　（宋）释契嵩：《镡津文集》卷一三《无为军崇寿禅寺转轮大藏记》，纪雪娟点校，西南师范大学出版社，2016，第295页。

（二六）《溱》误"示"作"亦"。

（二七）《新》于"冀"后衍"济"字。《溱》误"冀"作"异"。

（二八）《新》误"稟""繻""卒"作"秉""熏""杂"。《溱》误"卒"作"本"，又误将此字上属。《新》《溱》均误"经"作"经"。此外，拓片作"纕"字，《溱》误作"襄"，《新》录文无误。但此字当为"缞"之讹。"缞经"指丧服。

（二九）拓片"鸣"字漫漶，左部为口，右部仅存一横与一竖弯钩，《新》《溱》误作"明"，当为"鸣"。"噪鸣"即指野兽嚎叫。《新》误"恸""搥"作"动""槌"。《溱》误"胸"作"匈"。"血"字，拓片作"⬛"，《溱》误作"四"。"血现遍体"出自佛典。东晋法显译《大般涅槃经》卷上称："诸天人众，忽闻此声，心大悲懊，遍体血现。"[1] 此外，《溱》句读作"噪明雷，恸歔习，原野四现，遍体槌匈，拍头悲哽无息"，皆误。

（三〇）《溱》误"丧""楫"作"襄""机"。"刹"字拓片作"⬛"，《溱》误作"剂"。"劫刹"常见佛典。唐实叉难陀译《大方广佛华严经》卷五二有颂"如三世劫刹众生，所有心念及根欲"云云。[2] 又，"徒"字，拓片为"⬛"，似当作"从"。此字后一字残坳。

《溱》将此二字释为"徒然"，暂从之。

（三一）《新》《溱》误"彗"作"慧"。又《新》误"殒""异"作"陨""雷"。"雷"，拓片作"⬛"，《新》未能释读，《溱》作"雷"。观上下文意，从《溱》。《溱》将"雷爆"连属，误作"等之若雷爆"。

（三二）《溱》误"见""拔""卒""兴""过"作"现""秩""本""与""遍"，又误将"见闻"二字断开。《新》误"哀"作"长"。

（三三）《溱》误"逯""举"作"遐""奉"。

（三四）"亏"，《新》误作"朽"，《溱》误作"虚"。《溱》误"映""采"作"显""株"。"摩"后一字残坳，从《新》作"尼"。

（三五）《溱》误"元"作"四"。天宝元年干支为壬午。

二　得度与驻寺：法轮前期生平考述

法轮俗姓高氏，河南汜水人，七岁出家，后披削受戒。《塔铭》称其"通试贝文，奉特敕度"。一般而言，唐代僧尼得度的方式有三种，即试经、特恩以及进

1　（晋）法显译：《大般涅槃经》卷上，载《大正藏》，第 1 册，第 191 页下栏。

2　（唐）实叉难陀译：《大方广佛华严经》卷五二，载《大正藏》，第 10 册，第 275 页下栏。

纳。[1] 从"通试贝文"而言，法轮当是试经得度；从"奉特敕度"而言，法轮似属特恩得度。

先看法轮得度的大致时间。后文称唐廷"牒下鸿胪"，法轮配住"福昌十善"。唐初，天下僧尼隶属鸿胪寺。延载元年（694 年）五月有制称"天下僧尼隶祠部，不需属司宾"[2]。司宾即指鸿胪寺。法轮得度当在延载元年五月之前。鸿胪寺于光宅元年（684 年）更名为司宾，神龙元年（705 年）复旧。[3]《塔铭》中称"鸿胪"而不称"司宾"，则法轮得度的时间又可推至光宅元年之前。

再看唐代施行"试经度僧"的时间。元僧觉岸《释氏稽古略》引《唐旧史》称，神龙二年八月"诏天下试童行经义"，又称"试经度僧从此始"[4]。但此事似当系于神龙元年。《宋高僧传·大义传》载，"中宗正位，恩制度人，都督胡元礼考试经义，格中第一。削染，配昭玄寺"[5]。"中宗正位"即在神龙元年。

按以上记载，自中宗朝始，作为一种定制的试经得度开始在全国范围内推行。但在此前，唐廷已在不同场合施行过试经度僧。前彦注意到，唐代最早出现试经得度是在高宗显庆三年（658 年），是年有敕"更令诠试业行童子一百五十人拟度"。此次试经是配合玄奘徙居新建之西明寺而展开的。[6] 吐鲁番文书《唐龙朔二年（662 年）正月西州高昌县思恩寺僧籍》记载了三位曾于高昌时期得度的僧人，又注前二位诵《法华》《药师》《佛名》等经。[7] 有学者认为这是对其学业的记录，[8] 亦有学者指出这是高昌时期得度的僧人入唐后通过试经获得唐廷的僧

1　［日］道端良秀：《唐代佛教史の研究》，法蔵館，1967，第 34—52 页。

2　（唐）杜佑：《通典》卷二三"祠部郎中"条，中华书局，2016，第 636 页。关于唐代僧尼隶属机构的变迁，参见 ［日］山崎宏《唐代に於ける僧尼所隷の問題》，《支那中世仏教の展開》，清水書店，1942，第 559—597 页。［日］滋野井恬《唐代前半期の僧道統摂機関について》，《唐代仏教史論》，平楽寺書店，1973，第 144—165 页。

3　（唐）李林甫：《唐六典》卷一八"鸿胪寺"条，陈仲夫点校，中华书局，1992，第 505 页。

4　（元）觉岸：《释氏稽古略》卷三，载《大正藏》，第 49 册，第 822 页下栏。

5　（宋）赞宁：《宋高僧传》卷一五《唐越州称心寺大义传》，范祥雍点校，中华书局，1987，第 362 页。《佛祖统纪》对唐开始试经度僧的记载十分混乱。其称神龙元年"诏天下试经度人，山阴灵隐僧童大义，年十二，诵《法华经》，试中第一"，后系此诏及童大义试经得度于景龙初。（宋）志磐：《佛祖统纪校注》卷四一、五二，释道法校注，上海古籍出版社，2012，第 936、1219 页。斯坦利·威斯坦因认为《佛祖统纪》关于大义得度的记载与《释氏稽古略》中的诏令为同一诏令。［美］斯坦利·威斯坦因：《唐代佛教》，张煜译，上海古籍出版社，2010，第 166 页。

6　（唐）慧立、彦悰：《大慈恩寺三藏法师传》卷一○，孙毓棠、谢方点校，中华书局，2000，第 215 页。

7　荣新江等编：《新获吐鲁番出土文献》，中华书局，2008，第 61 页。

8　孟宪实：《吐鲁番新发现的〈唐龙朔二年西州高昌县思恩寺僧籍〉》，《文物》2007 年第 2 期。

籍。[1] 即使如后者所论，这一举措恐怕也是针对原高昌僧人，带有一定的地域性与时效性。又，《续高僧传·释明导传》有"因僧大集，简试度人"之语。暂不论这里的"试"是否指试经，但这也是一场临时性的度人。盖因麟德元年（664 年）"今上造老子像，敕送芒山"，长史韩孝威"妄讬天威"，"私嘱僧尼普令同送"，导致二十二县五众集于洛州，因此才"简试度人"[2]。可以明确，在神龙时期施行全国范围内的试经度僧前，此制已经存在。但这些事例似都是临时性措施，针对特殊事件而产生，也带有鲜明的"特恩"性质。法轮试经得度的时间在光宅元年之前，其中机缘已不可知，但当同样具有"特恩"的性质。

法轮得度后"配住福昌十善"。福昌指福昌县，十善即十善寺。隋文帝仁寿四年（604 年）分颁舍利于诸寺，熊州十善寺即在其列。[3] 福昌县隋属熊州，至唐显庆二年后属洛州。[4] 法轮得度后配住的十善寺即是此寺。

《塔铭》称法轮因十善寺为"名利之地"，故又至氾水等慈寺。但等慈寺在太宗至高宗时期也属"名利之地"，与唐廷有着密切的关联。《广弘明集》所收《唐太宗于行镇所立七寺诏》称"建义已来交兵之处，为义士、凶徒陨身戎阵者，各建寺刹"[5]。因李世民在氾水破窦建德，故于此立等慈寺，并由颜师古撰写碑铭。[6] 疑此寺在北齐时已存在。《金石萃编》收录一残塔铭，为北齐武平五年（574 年）十月刻，残铭中有"寺居冲要"之语。[7] 因其后被安置在等慈寺后殿

1 王旭送：《唐代西州佛教管理研究二题》，《唐史论丛》第 30 辑，三秦出版社，2020，第 203—216 页。

2 （唐）道宣：《续高僧传》卷二三《唐洛州天宫寺释明导传》，郭绍林点校，中华书局，2014，第 882 页。

3 （唐）道宣：《续高僧传》卷一一《隋西京静法道场释慧海传》，第 377 页；向达：《摄山佛教石刻补记》，载氏著《唐代长安与西域文明》，河北教育出版社，2001，第 471 页。

4 （后晋）刘昫等：《旧唐书》卷三八《地理一》，中华书局，1975，第 1421—1422、1424 页。

5 （唐）李世民：《唐太宗于行镇所立七寺诏》，载道宣《广弘明集》卷二八，《大正藏》，第 52 册，第 328 页下栏。

6 （宋）王溥著，牛继清校证：《唐会要校证》卷四八"寺"条，三秦出版社，2012，第 724 页。此书误作"氾水"为"汜水"。欧阳修《集古录跋尾》卷五系立碑时间为贞观二年。参见（宋）欧阳修《集古录跋尾》卷五《唐颜师古等慈寺碑》，载《石刻史料新编》，（台北）新文丰出版公司，1982 年影印本，第 1 辑第 24 册，第 17877 页下栏。清人武亿已据《旧唐书·太宗纪》所载诏书指出此碑当立于贞观三年。参见（清）武亿《金石二跋》卷一，载《授堂金石三跋》，上海古籍出版社，2020 年影印本，第 131 页。对太宗此诏发布时间讨论的梳理及等慈寺的相关讨论，参见雷闻《从"京观"到佛寺——隋与唐初战场尸骸的处理与救度》，《魏晋南北朝隋唐史资料》第 31 辑，上海古籍出版社，2015，第 175 页。

7 （清）王昶编：《金石萃编》卷三五《残造塔铭》，载《石刻史料新编》，第 1 辑第 1 册，第 608 页下栏—609 页下栏。拓片见北京图书馆金石组编《北京图书馆藏中国历代石刻拓本汇编》，第 8 册，中州古籍出版社，1989，第 61 页。

窗壁下，故又称《等慈寺造像记》。[1] 现已不知太宗下诏建寺是否在原寺基础上复建，但可知汜水一地在北朝末期已有佛教流布。初唐时，有远法师驻锡等慈寺弘法。郑地人贞固初入释门时在远法师处"伸侍席之业"[2]。等慈寺内还有两方唐代碑刻。一方为《大唐纪功颂并序》，高宗御书御制，撰于显庆二年十月，碑石立于显庆四年八月。[3] 清人见此碑在等慈寺内，恐怕唐代立碑的地点就是等慈寺。《玉海》"唐汜水刻石立颂"条称：

> 《实录》：高宗显庆二年十月幸郑州，壬子次汜水。以先帝于汜水擒窦建德，因平王世充，于是刻石立颂以纪功烈。帝自为颂文。[4]

据所引《实录》，高宗曾至汜水。[5]

《纪功颂》内容与颜师古撰《等慈寺碑》均同李世民擒窦建德相关，推测唐时两碑均在等慈寺，至清末未动。另一方碑立于神龙三年五月，碑阳刻景龙元年（707年）《卢正道敕》，碑阴刻《识法师颂卢公清德文》。[6] 后者载：

> 河南道巡察使、卫州司马路敬潜以政术尤异奏闻……爰有等慈寺头陁逸僧识法师……发愿为国敬造阿弥陁石碑像，并颂圣德，及铸神钟。乡人前巴州曾口县尉刘虔奖，录事王虔福、常守一，佐史里正等，或簪缨著族，凤劳州郡之班，或仁义在躬，暂屈乡间之任。[7]

卢正道时为荥阳令，颇有政绩。路敬潜于神龙初任河南道巡察使，[8] 将卢氏政绩奏闻唐廷，故有中宗之敕。[9] 汜水与荥

1　梅耀元编：《嵩山古遗存》，河南人民出版社，2019，第 729 页。

2　（唐）义净：《重归南海传》，载义净著，王邦维校注《大唐西域求法高僧传校注》，中华书局，2020，第 233 页。

3　王昶编：《金石萃编》卷五二《大唐纪功颂并序》，载《石刻史料新编》，第 1 辑第 2 册，第 872 下栏—876 页下栏。

4　（宋）王应麟：《玉海》卷一九四《纪功》，江苏古籍出版社、上海书店，1987 年影印本，第 3561 页上栏。

5　《资治通鉴》作"汜水曲"，胡注称："在郑州新郑界界。"汜水未过新郑，疑胡注误。（宋）司马光：《资治通鉴》卷二〇〇"高宗显庆二年十月"条，中华书局，2011，第 6419 页。

6　王昶编：《金石萃编》卷六八《识法师颂卢公清德文》《卢正道敕》，载《石刻史料新编》，第 1 辑第 2 册，第 1157 页上栏—1161 页下栏。拓片见北京图书馆金石组编《北京图书馆藏中国历代石刻拓本汇编》，第 20 册，第 49、57 页。

7　王昶编：《金石萃编》卷六八《识法师颂卢公清德文》，载《石刻史料新编》，第 1 辑第 2 册，第 1158 页下栏—1159 页上栏。

8　（宋）王钦若：《册府元龟》卷六五八《奉使部》，中华书局，1960，第 7880 页上栏。

9　关于卢正道事迹的考证，参看赵振华、张胜钢《唐卢正道墓志与有关碑刻研究》，载赵振华主编《洛阳出土墓志研究文集》，朝华出版社，2002，第 304—313 页。

阳相邻，等慈寺僧在此一带当颇有号召力，故能聚集邻县县尉、录事等人合力建造了此阿弥陀石碑及神钟。

汜水一地本为交通要冲，史称此地"舳舻控引，循金提以逼侧；冠盖往来，趣玉门而隐轸。势居爽垲，物称衍沃，诚原陆之膏腴，信康庄之都会"[1]。等慈寺更是在太宗至高宗时期与唐廷关系密切，至景龙初期还在地方社会中扮演着重要的角色。

三　作为北宗禅僧人的高法轮及其师承谱系

高法轮最重要的求法历程与北宗禅密切相关。因在等慈寺感叹"析身既空，名不可得"，高法轮前往东都洛阳的天宫寺，跟随大通禅师神秀学法。久视二年（大足元年，701年），武则天遣中使奉迎神秀入洛，使其驻锡天宫寺。[2] 此后神秀往返于两京之间，但天宫寺是其在洛阳最重要的驻锡地，神秀最终亦于神龙二年二月迁化于此。[3] 天宫寺在武周时期与宫廷译经关系密切。长寿二年（693年），天宫寺僧达摩难陀以及上座沙门知道参与了与武周政权合法性关系密切的《佛说宝雨经》翻译工作。[4] 北印度僧阿你真那于同年至洛阳，敕于天宫寺安置，并于是年译出《随求即得大自在陀罗尼神咒经》，又于长安二年（702年）在天宫寺译出《文殊师利根本一字陀罗尼经》。[5] 天册万岁元年（695年），天宫寺昙懿、明绍二僧参与了《大周刊定众经目录》的编撰。长安三年，天宫寺僧明晓又请翻《金光明最胜王经》《根本说一切有部毗奈耶》两部经典。[6] 可以说，天宫寺在神秀入驻

1　王昶编：《金石萃编》卷四二《等慈寺塔记铭》，载《石刻史料新编》，第1辑第1册，第724页下栏。

2　赞宁：《宋高僧传》卷一九《唐洛京天宫寺惠秀传》，第497页。神秀入洛之时间，《传法宝记》称"久视中"，《楞伽师资记》引《楞伽人法志》称"大足元年"。（唐）杜朏：《传法宝记》、（唐）净觉：《楞伽师资记》，载韩传强《禅宗北宗敦煌文献录校与研究》，江苏人民出版社，2018，第48、332页。久视二年正月，武周改年号为大足，当以此年为是也。

3　（唐）张说：《荆州玉泉寺大通禅师碑》，载（宋）李昉等编《文苑英华》卷八五六，中华书局，1966，第4521页上栏—4522页下栏。据此碑载，神秀曾于武德八年（625年）于天宫寺受具足戒。伊吹敦注意到唐代洛阳天宫寺立于贞观六年（632年），因此认为关于神秀二十岁得度的记载是后世伪造。［日］伊吹敦：《神秀得度受戒年代考》，《佛教文化研究》第1辑，江苏人民出版社，2015，第256—275页。神秀在两京的事迹，可参看［美］马克瑞《北宗禅与早期禅宗的形成》，韩传强译，上海古籍出版社，2015，第51—53页。

4　［日］池田温：《中国古代写本识语集录》，东京大学东洋文化研究所，1990，第240页。关于《宝雨经》与武周政权之关系，参见孙英刚《庆山还是祇阇崛山：重释〈宝雨经〉与武周政权之关系》，《兰州学刊》2013年第11期。

5　（唐）智昇：《开元释教录》卷九，富世平点校，中华书局，2018，第550—551页。

6　［日］池田温：《中国古代写本识语集录》，第242—243、260—265页。

前后是当时东都一所重要的寺院。[1]

神秀在入洛之前已颇有道价，所谓"学徒不远万里，归我法坛，遂开善诱，随机弘济，天下志学，莫不望会"[2]。神秀入洛也吸引了不少东都及周围的僧侣与信众，史称"王公已下，京邑士庶竞至礼谒，望尘拜伏，日有万计"[3]。《楞伽师资记》的撰者净觉在序文称其在大足元年于东都遇神秀，得以"蒙授禅法"[4]。神秀圆寂后，武则天下敕"宜差太子洗马卢正权，充使送至荆州，安置度门人，寺额亦付正权"[5]。卢正权先人"因官徙居河南里"，故"今乃为河南府河南县人"，与夫人"受法于大通秀禅师"[6]。又有侯莫陈琰之，法号智达，"在嵩山廿余年，初事安阇梨，后事秀和尚，皆亲承口决，密受教旨"[7]。据《六度寺侯莫陈大师寿塔铭文并序》载，智达"年甫弱冠，便入嵩山"[8]。安阇梨即是老安，与神秀同为弘忍弟子，曾于嵩山少林弘法，并晚

于神秀圆寂。智达亦当是在神秀入洛后离开老安，继师大通。《塔铭》称高法轮在神秀身边"亲侍数载"，其当与这些僧人与信众一样，在神秀入洛后不久就前往天宫寺学法。神秀十分器重高法轮，"法轮"之谥即是由神秀赐予。《塔铭》中没有说明高法轮于何时离开神秀，只记载了其前往"太室之左"的大周山中修禅。荥阳县南三十五里有嵩渚山，又名小径山与周山。[9] 古人多以左指东，从地理位置上看，此周山即是法轮修禅之大周山。

先天二年（713年），大方山寺获锡"古香谷"之额，寺僧因法轮"德行高邈"故而推举他入住山门。香谷寺始建年代不详，现称香峪寺，有石窟一所。石窟内主佛卢舍那佛造像头部左侧刻有造像记如下：

　　香谷寺沙门慧隐敬造卢舍那｜
　　一龛。上为皇帝皇后师僧父母，｜下

1　天宫寺的具体研究，参见王庆卫《新出岩和尚墓志所见唐代洛阳天宫寺考》，《中原文物》2019年第6期。遗憾的是，此文误将《宋高僧传》的"惠秀"与神秀分为两人。

2　杜朏：《传法宝记》，载韩传强《禅宗北宗敦煌文献录校与研究》，第48页。

3　赞宁：《宋高僧传》卷八《唐荆州当阳山度门寺神秀传》，第177页。

4　净觉：《楞伽师资记（并序）》，载韩传强《禅宗北宗敦煌文献录校与研究》，第280页。此时期净觉的动向，可参看［日］柳田圣山《初期禅宗史書の研究》，法藏館，2000，第88—89页。

5　净觉：《楞伽师资记（并序）》，载韩传强《禅宗北宗敦煌文献录校与研究》，第334页。

6　（唐）宋温璩：《大唐故正议大夫曹州别驾上柱国范阳卢公（正权）墓志文并序》、（唐）佚名：《唐故曹州别驾卢府君（正权）妻安平郡夫人李氏合祔志文》，载李钢主编《全唐文补遗（千唐志斋新藏专辑）》，三秦出版社，2006，第129、139页。

7　（唐）智达编：《顿悟真宗金刚般若修行达彼岸法门要诀》，载韩传强《禅宗北宗敦煌文献录校与研究》，第264页。

8　周绍良主编：《唐代墓志汇编》，上海古籍出版社，1992，第1155页。

9　（宋）乐史：《太平寰宇记》卷九"荥阳县"条，王文楚等点校，中华书局，2007，第173页。

及法界仓生三途地狱，愿皆离苦，咸
登正觉。」

天平二年岁次甲寅二月乙卯朔七
日庚申造。」丙子再游此。」郑圍杨
祖德。[1]

东魏天平二年（535 年）已有人于此
进行造像活动。香谷寺获额之前，智成和
尚在此弘法。《塔铭》载，神秀称其有
"入室四焉"，智成为"入室之首"。羊愉
曾撰《嵩山会善寺故景贤大师身塔石
记》，并于开元廿三年（735 年）建塔。
此记中有"赫赫大通，济济多士，寂成
福藏"的记载。[2] "寂"指普寂，"福"
指义福，"藏"指降魔藏。以往一直不清
楚"成"指何人。现在可以明白，"成"
即是指智成。不过，对于神秀门人四杰的
记载，在禅宗初期的文献中并不统一。
《楞伽师资记》载神秀的弟子中有杰出者
四人，分别是普寂、敬（景）贤、义福
以及惠福。[3] 同时，智成为神秀"入室之

首"的记载值得关注。严挺之《大唐故
大智禅师碑铭并序》称神秀密付的法嗣
是普寂与义福，又称"唯禅师亲在左右，
密有传付，人莫能知"[4]，将义福视为神
秀的合法传人。葛兆光曾指出所谓"六
祖"之争实际上是"七祖"之争，这不
仅只存在北宗与南宗之间，密宗、天台宗
以及牛头宗也纷纷觊觎此称号。[5] 以普寂
为"七祖"的说法在此后十分流行。管
见最早将普寂视为七祖的材料是《菩提
达摩南宗定是非论》。该文献记录了禅宗
南、北二宗在滑台大会中的辩论，神会指
斥道："秀和上在日指第六代传法袈裟在
韶州，口不自称为第六代数。今普寂禅师
自称为第七代，妄竖秀和上为第六代，所
以不许。"据胡适考证，滑台大会的召开
是在开元二十年。[6] 可知在此时，北宗禅
内部已经有僧侣将普寂视为神秀的继承
人，并提出了普寂为七祖的说法，故而引
起了南宗系神会的不满。在天宝元年李邕
所撰《大照禅师塔铭》也看到将普寂称

1 杨超杰：《洛阳周围小石窟全录》，外文出版社，2010，第 1 卷，第 111—112 页。书中附拓片，录文脱"圍"
字。

2 （唐）羊愉：《嵩山会善寺故景贤大师身塔石记》，载（清）董诰编《全唐文》卷三六二，中华书局，1983 年影
印本，第 3676 页下栏。《金石萃编》收此碑多有阙文，但篇末存建塔时间并附王昶考证。参见王昶编《金石萃
编》卷七九，载《石刻史料新编》，第 1 辑第 2 册，第 1337 页下栏—1339 页上栏。

3 净觉：《楞伽师资记（并序）》，载韩传强《禅宗北宗敦煌文献录校与研究》，第 335—336 页。

4 王昶编：《金石萃编》卷八一，载《石刻史料新编》，第 1 辑第 2 册，第 1372 页下栏。

5 葛兆光：《谁是六祖？——重读〈唐中岳沙门释法如禅师行状〉》，《文史》2012 年第 3 辑，中华书局，2012，
第 245—266 页。

6 胡适：《新校定的敦煌写本神会和尚遗著两种》，《"中研院"历史语言研究所集刊》第 29 本下册《庆祝赵元任
先生六十五岁论文集》，1958，第 827—882 页。

为"禅门七叶"的记载。[1] 至少可以说在神秀去世后至天宝初，北宗内部也尚未确立一个公认的"七祖"。同样建于天宝元年的《高法轮塔铭》将智成塑造为神秀"入室之首"的形象恰好也反映了此问题，这种书写恐怕也是出于北宗禅内部智成一脉对自身法系正统性的建构。

高法轮入香谷寺后从智成学法。智成坐化的时间应该在高法轮继师弘法的开元十三年前不久。此后，高法轮一直在香谷寺修禅，直至开元二十九年圆寂。《塔铭》的撰者路启还称法轮为"我师"，当是其弟子。《塔铭》书者慧明亦当是香谷寺僧。上引香峪寺石窟摩崖中有"慧隐"。杨超杰认为此摩崖纪年后题记刻于主尊像头光内，"香谷寺沙门慧隐"云云与"天平二年"云云存在先后关系，是独立的两则造像记。其又据造像风格、题材指出，现造像为唐代开元年间开凿。[2] 据铭文所示，此石窟开龛于东魏当无疑问，唐代可能在原石窟基础上进行补凿。按此，这位"慧隐"与慧明所处时间相当，字辈亦相同，或同为法轮之弟子。据《会善寺戒坛牒》，香谷寺有两位僧人在

大历二年（767 年）前后被抽调至嵩山会善寺扫洒。[3] 但已无从得知此二僧是否为北宗禅传人。

学界早已意识到嵩山是北宗禅重要的弘法化区。[4] 从《塔铭》的记载可知，除嵩山之外，大周山与大方山也有北宗禅僧人的活动轨迹。高法轮弟子路启还自号"王屋山逸人"，说明此时在洛阳西北的道教名山中也存在北宗禅传人的身影。

结　语

普寂一直被认为是洛阳北宗禅在神秀后的代表性僧人，但《塔铭》记载了两位与普寂同时期的北宗禅僧侣——法轮与智成。二人在神秀圆寂后一直活跃于洛阳周边地区。洛阳北宗禅的兴起与武周政权密切相关。[5]《塔铭》对两位僧人弘法地点的记载说明，虽然武周政权结束以后洛阳的政治地位急速下降，但至开元中后期，洛阳及周边地区依然弥漫着浓厚的北宗禅氛围。尤其是对于智成的叙述，廓清了史料中神秀"寂成福藏"四大弟子之

1　（唐）李邕：《大照禅师塔铭》，载（清）董诰编《全唐文》卷二六二，第 2657 页下栏；韩传强：《禅宗北宗研究》，宗教文化出版社，2013，第 230—233 页。

2　杨超杰：《香峪寺石窟开凿年代辨析》，《中原文物》2004 年增刊。此文将纪年中的"乙卯"误作为"甲癸"。

3　王昶编：《金石萃编》卷八一，载《石刻史料新编》，第 1 辑第 3 册，第 1568 页。

4　[日] 小川隆：《初期禅宗形成史の一侧面——普寂と"嵩山法门"》，《驹泽大学佛教学部论集》第 20 号，1989。

5　[法] 伯兰特·佛尔：《正统性的意欲：北宗禅之批判系谱》，蒋海怒译，上海古籍出版社，2010，第 21—27 页。葛兆光：《谁是六祖？——重读〈唐中岳沙门释法如禅师行状〉》，《文史》2012 年第 3 辑，第 245—266 页。

一的"成"指何人的问题。结合《塔铭》与相关史料可知，神秀圆寂后，北宗禅内部存在着对神秀合法继承人身份的竞争，这当与对禅宗"七祖"身份的竞争并行。智成作为神秀系僧人在北宗禅内部"七祖"竞争中的失败者，其事迹也在普寂一系强势的合法性建构中被遮蔽。此方《塔铭》的记载，为复原神秀之后北宗禅谱系与禅僧形象的建构提供了新的线索。

图1　唐《大方山香谷寺法轮禅师塔铭》拓片

采自张永华等编《秦晋豫新出墓志蒐佚三编》，国家图书馆出版社，2020，第 608 页

道教典籍的史源学研究
——以宋元道史仙传征引志书为例

■ **宋学立**（中国社会科学院古代史研究所、中国国学研究与交流中心）

  "史源学"是 20 世纪 30 年代陈垣创立的一种史学研究方法，当时他在北京多所高校开设"史源学实习"课程，旨在"一一追寻其史源，考正其讹误，以练习读史之能力，儆惕著论之轻心"[1]，是一种"考寻史料来源的史学方法"[2]。除了课堂实习培养史才外，他的《中国佛教史籍概论》即是利用史源学理论、方法研究佛教史籍渊源、版本、文献价值等的典范之作。陈智超整理的《陈垣史源学杂文》《史源学实习及清代史学考证法》，以及相关后学对陈垣史源学的研究阐释，深入推进了史源学方法的赓续和史学方法论研究的创新。[3] 相比于正史史源学研究，学界对道书史源学的专门性探讨相对不足。[4] 本文以宋元道史仙传为研究对象，从征引志书视角，尝试考察道书的史源问题。这相较于世俗文本之间的传承转化更为复杂，仅此抛砖引玉，不妥之处，敬请方家批评指正。

1　陈垣著，陈智超编：《史源学实习及清代史学考证法》，商务印书馆，2014，第 1 页。

2　蒋大椿、陈启能主编：《史学理论大辞典》，安徽教育出版社，2000，第 434 页。

3　对陈垣史源学本身的研究，可参见史丽君《陈垣的史源学理论与实践》，人民出版社，2016。既有对以往陈垣史源学研究的学术史回顾，亦有作者本人比较系统的阐释。近年来，利用史源学方法，探寻史书史料来源成为史学史研究领域的热点之一。学界先后推出了一系列相关研究成果，如赵萍：《〈资治通鉴〉史源学考察（以唐玄宗、肃宗朝为中心）》，硕士学位论文，吉林大学，2007。郑春颖：《〈后汉书·高句骊传〉史源学研究》，《中国边疆史地研究》2010 年第 1 期；《〈周书·高丽传〉史源学研究》，《东北亚研究论丛》第 6 辑，东北师范大学出版社，2013。刘洁：《〈列女传〉的史源学考察——兼论〈列女传〉所反映的先秦至秦汉妇女观念的变迁》，人民出版社，2016。苗润博：《〈辽史〉探源》，中华书局，2020。刘军：《洛布本〈地理志〉残篇 55b 的史源学考察》，《史学史研究》2021 年第 2 期。施新荣、魏晓金：《史源学方法的价值——以清代伊犁惠远城建城时间为例》，《西域研究》2021 年第 2 期。胡康：《后突厥汗国末期史事新证——基于史源学的考察》，《学术月刊》2022 年第 1 期等。

4　许蔚以《历世真仙体道通鉴》各卷所录《真诰》经文与《正统道藏》本《真诰》对读的方式，对《真诰》进行了校正。参见氏著《〈历世真仙体道通鉴〉所见〈真诰〉校读记》，《宗教学研究》2011 年第 1 期。另有刘屹《古灵宝经的汉译佛经来源问题——以〈敷斋经诀〉"劫之譬喻"的史源为中心》（《道教学刊》2018 年第一辑）、唐武嘉《敦煌道经佛源词研究——以〈老子化胡经〉为中心》（硕士学位论文，浙江财经大学，2013）等成果刊出。

一　宋元道史仙传征引志书概说

（一）背景与文本

隋唐以来，科举大兴，包括寒门之士在内的整个社会的文化素养普遍提高。这是宋元道书造作繁盛的宏观时代背景。宋元时期是道教发展继魏晋南北朝之后的又一迸发期，传统道派赓续发展，神霄、清微、净明、东华、天心、太一、真大、全真、内丹南宗等新的道法系统不断涌现。相应的，道教典籍大量涌现，新旧道派创制了大量道经、仙传、谱录、科仪等文本。这是包括道史仙传在内的宋元道书频出的道门语境。

陶弘景《真诰》引《孔子福地记》云："岗山之间有伏龙之乡，可以避水、辟病、长生。"引《名山内经福地志》云："伏龙之地，在柳谷之西，金坛之右，可以高栖，正金陵之福地也。"[1] 两书已佚，从书名及引文观之，或为类似地记、地志类文献。隋唐时期，道教文献征引志书渐现端倪。唐初崔融撰《唐嵩高山启母庙碑铭并序》参考了顾野王《舆地志》和卢元明《嵩高纪》："臣谨按启

母庙者，盖夏后启之母也，汉避景帝讳，启之字曰开，厥后相传，或为开母。而顾野王《舆地志》、卢元明《嵩高记》并不寻避讳之旨，以为阳翟妇人，事不经见，谅无所取。"[2] 唐末，杜光庭《录异记》引用《灵池县图经》所言朱桃槌异迹，引《地理志》称益水在益阳县之南侧。其《神仙感遇传》对《地理志》亦有征引。李冲昭《南岳小录序》交代，编纂《小录》时曾"遍阅古碑及《衡山图经》《湘中说》"[3]。这一时期道教史传引志的情况尚不普遍。

张国淦谈到，"方志之书，至赵宋而体例始备。举凡舆图、疆域、山川、名胜、建置、职官、赋税、物产、乡里、风俗、人物、方技、金石、艺文、灾异无不汇于一编。隋唐以前，则多分别单行，各自为书。其门类亦不过地图、山川、风土、人物、物产数种而已"[4]。从道教文献与世俗文献互动角度看，宋元道书引志之风大兴，当与唐宋以来志书与方志学不断走向成熟有关。[5]

按照道教的经书体系，道经分为三洞、四辅、十二部类。谱录类系第五类，《道教义枢·十二部义》云："第五谱录者，如生神所述，三君本行之陈五帝，其

1　《道藏》第 20 册，文物出版社、上海书店、天津古籍出版社，1988，第 554 页下栏—555 页上栏。

2　《道藏》第 19 册，第 708 页中栏。卢元明事见《魏书》卷四七《卢玄传》。《嵩高记》即《嵩高山记》。顾野王，南朝陈地理学家，下文详述。

3　《道藏》第 6 册，第 861 页下栏。

4　张国淦编著：《中国古方志考·叙例》，中华书局，1962，第 2 页。

5　相关内容可参看王德恒著，朱天俊审定《中国方志学》第三部分，大象出版社，1997。

例是也。谱，绪也，录，记也，谓绪记圣
人，以为教法，亦是绪其元起，使物录持
也。"记传类为第十类，"记传者，如道
君本业，皇人往行之例是也。记，志也。
传，传也。谓记志本业，传示后人也"。[1]
这类多是众仙的传记、碑铭及山渎道观的
志书。[2]《正统道藏》虽冠以三洞四辅之
名，实则分类较混乱。现在观之，谱录
类、记传类均不出史传范畴。《中华道
藏》对《正统道藏》、《万历续道藏》、敦
煌道书等重新整理分类，将记传类、谱录
类整合为"道史仙传类"，收入第45—48
册。本文即以《中华道藏》所收道史仙
传为文本基础，开展史源学的相关探讨。

《中华道藏》共收道史仙传96种，包
括"神仙高道传"66种、"仙境名山志"
30种。其中明确出于宋元时期的道书至少
有53种。[3] 不计晋唐道书散佚情况，宋元
道书占到了1/2强。53种道书中引用志书
者有19种，选择宋元道书探讨道史仙传的
志书史源是有一定代表性的。

（二）宋元道史仙传引志概况

兹大体按成书先后顺序，查考19部
宋元道史仙传引志情况。[4]

1.《龙瑞观禹穴阳明洞天图经》，题
"宋翰林学士李宗谔修定"，文末有宋政
和四年（1114）越州进士叶枢《记》。仅
千余字，载录龙瑞观仙山、圣迹。[5] 征引
志书有《山海经》、孔灵符《会稽记》、
《舆地志》、《越州图经》、《会稽志》等。

2.《三洞群仙录》，题"正一道士陈葆
光撰集"。前《序》作于宋绍兴二十四年
（1154）。20卷，主要集录盘古以降至北宋
末1000余位得道者仙传。征引志书有《湘
川记》《会稽记》《豫章记》《武夷山记》
《西山记》《茅山记》《湘中别记》。

3.《庐山太平兴国宫采访真君事实》，
不署撰者。前有宋绍兴二十四年叶义问
《序》。7卷，载录唐元间太平兴国宫采访
真君事迹及其崇奉情况。征引志书有
《本州图经·孝行传》。

4.《南岳总胜集》[6]，宋陈田夫编，前
有隆兴二年（1164）拙叟《序》，隆兴元
年陈田夫《总序》。3卷，记载南岳山水、
岳祠、观寺、灵植异兽、异人高僧、隐逸
等。征引方志有《禹贡》、《山海经》、

1　《道藏》第24册，第816页下栏、第817页上栏。

2　任继愈主编：《宗教大辞典》，上海辞书出版社，1998，第352页。

3　个别史传记述内容在宋元时期，但至明永乐朝始刊印者，如《华盖山浮丘王郭三真君事实》。又有主录诗文且篇幅短小者，如《四明洞天丹山图咏集》不分卷，汇集唐元间四明山有关诗文，只录《宋孔先生传赞》《四明山铭》《白水观记》三篇史传，引志书有《山海经》《会稽志》《四明郡志》。未统计在内。

4　大体按照成书先后排列，然道书所引志书往往略去作者、版本等信息，历史上志书同名者不乏见，造成一些志书成书时代难以确考，难以稽考者排在最后。书名讹误者暂依原书，"余论"部分举例检讨。

5　《宋史》卷二百四《艺文三》记载，李宗谔《阳明洞天图经》十五卷，《道藏》本为节本。原本未见。

6　《正统道藏》本《南岳总胜集》1卷，只节录卷中道教宫观部分，兹据《续修四库全书》3卷本。

《湘中记》(《湘川记》)、《荆州记》、徐灵期《南岳记》(《衡山记》)、《方舆记》、《九域志》、《福地志》、《岳图经》、地理志、图经等。

5.《西岳华山志》，题"莲峰逸士王处一编"，前有金大定二十三年（1183）刘大用序、唐玄宗御制序。1卷，记述华山山水名胜、仙人修炼事迹等。征引志书有《禹贡》《山海经》《华山记》《十大洞天记》《三十六小洞天记》《水府记》《方域志》、本郡图经等。

6.《混元圣纪》，题"宋观复大师高士谢守灏编"，前有陈傅良宋绍熙四年（1193）《序》、谢氏绍熙二年上光宗《表》。9卷，载录天地开辟以来至宋徽宗宣和朝老子垂世立教、历劫为师的仙化事迹以及历代崇奉老子史事。征引志书有《禹贡》《山海经》《秦图经》《水经注》《十三州已并图经》《地理志》《蜀图经》、郡国图经、图经等。

7.《太上老君年谱要略》，题"永嘉谢守灏编集，隐山李政道校正"。1卷，以年谱形式概述老子神仙事迹及历朝崇奉情况。征引志书有《禹贡》、崔玄山《地理志》、《天台山记》、《洞天福地记》、《蜀图经》、郡国图经、诸郡图经等。

8.《太上混元老子史略》，题"庐山清虚庵道士臣谢守灏编"。3卷，系简化《混元圣纪》而成。征引志书有《禹贡》、《洞天福地记》、诸郡图经。

9.《金华赤松山志》，南宋末松山羽士倪守约撰[1]，前有倪氏《序》。1卷，载述道教二皇君成道故事及赤松山山水、宫宇、人物、制诰、碑籍名录。征引志书有《洞天福地志》。

10.《玄元十子图》，赵孟頫作于元至元二十三年（1286），前有大德九年（1305）至至大元年（1308）时人所作序文四篇。1卷，绘玄元十子像并配简传。所引志书有《吴兴志》《太平寰宇记》。

11.《武当福地总真集》，题"林下洞阳道人刘道明集"。前有元至元二十八年（1291）刘道明《序》。后有大德五年（1301）吕师顺《跋》。3卷，记述武当山水、宫观、异兽、灵植、玄帝封号及在山修道之士简况。征引志书有《水经注》《舆地志》《雍州记》《舆地纪胜》《方舆胜览》《武当图记》、风土记、图经、图记、郡国志等。

12.《历世真仙体道通鉴》，元浮云山圣寿万年宫道士赵道一编，前序文四篇，其中刘辰翁《序》、邓光荐《序》作于元世祖至元三十一年（1294）。53卷，编录黄帝至宋徽宗朝林灵素、王文卿745位仙真传记。

13.《历世真仙体道通鉴续编》，赵道一编。5卷，编录34位道士史传，以金元时人居多。

14.《历世真仙体道通鉴后集》，赵道一编。6卷，收上古至宋末120位女仙

1　四库馆臣云："书中称真庙、神庙、孝庙、宁庙，知为宋人。人物之末称咸淳年号，知作于度宗时矣。"（清）永瑢等：《四库全书总目》卷七〇《赤松山志一卷》，中华书局，1965，第617页。

传记。

以上三书实为一体，征引志书包括《山海经》《湘中记》《舆地志》《十道四蕃志》《青城山记》《青城记》《方舆记》《吴兴志》《寰宇记》《茅山记》《九域志》《豫章职方乘》《南岳总胜集》《罗浮图志》《华林山实录》《洞天记》《忠州图经》及图经等。

15.《洞霄图志》[1]，题"本山隐士邓牧牧心编，本山道士孟宗宝集虚集"。前有至大三年（1310）吴全节《序》，大德九年（1305）沈多福《序》。6 卷，分宫观、山水、洞府、古迹、人物、碑记六门记载洞霄宫历史，着重突出宋元时期。征引志书有《山海经》《舆地志》《吴地记》《太平寰宇记》《九域志》《余杭图经》及郡志、旧志。

16.《茅山志》，题"上清嗣宗师刘大彬造"。前有元泰定元年（1324）赵世延《序》、泰定四年（1327）吴全节《序》、天历元年（1328）刘大彬《叙录》。33 卷，记述茅山历代帝王诏诰、山水古迹、灵植物产、上清仙真传记、道书碑记、诗文杂著等。征引志书有《孔子福地记》、《名山内经福地志》、《舆地志》（《舆地记》）、《洞天福地记》、《茅山记》、《赤城志》等。

17.《玄品录》，题"句曲外史吴郡

海昌张天雨集"。前有张天雨元元统三年（1335）《序》。5 卷，集录先秦至宋代 140 位修老子之学而得道者传记。征引志书为《豫章记》。

18.《仙都志》，题"玉虚住山少微陈性定此一编集，独峰山长番阳吴明义仲宜校正"。前有元至正八年（1348）《序》。2 卷，记述仙都山山水、祠宇、神仙、高士、草木、碑碣、题咏等。征引志书有刘澄《山水记》、《舆地志》、旧《东阳记》、《太平寰宇记》、《东阳志》、陈百朋《续志》、县经、括苍旧志、旧志、图经、郡志等。

19.《天台山志》，不署撰者。《道藏提要》考证，撰于元至正二十七年（1367）[2]。1 卷，抄录晋唐以来部分文赋、碑刻、题咏及洞井、宫观史事。征引志书有《会稽记》、《十道志》、徐灵府《小录》、《赤城志》、《会稽志》、《续志》、《名山福地记》、旧图经等。

二 道史仙传征引志书的体例与内容

（一）体例

从征引形式上看，可分为直接引入正文和为正文作注两种。就前者言之，《历

1　《正统道藏》本《大涤洞天记》3 卷，为 6 卷本《洞霄图志》节本，六门之中，删去人物门，其他五门亦有不同程度的缩减。为保证文本讨论的完整性，本文采用足本，即清《知不足斋丛书》本《洞霄图志》（载高小健主编《中国道观志丛刊》第 16 册，江苏古籍出版社，2000）。

2　任继愈主编：《道藏提要》，中国社会科学出版社，1991，第 433—434 页。

世真仙体道通鉴》卷一〇《李八百传》称，李八百曾于蜀之金堂山龙桥峰炼成金鼎还丹，丹成，已八百岁。关于金堂山，赵道一引《九域志仙居观图经》云："李八百于此上升。"同书卷二四《葛洪传》引《罗浮图志》云："眉山唐庚子西赞云：江左日陋，无复德辉。翔而不集，翩然南飞。邓岳细儿，处仲余党，岂有识知，亦复瞻仰。吾缘内丹，遂居罗浮。岂以岳故，而议去留。所就者大，宁恤其小。吾与岳游，如狎鸥鸟。"[1]

就后者言之，《通鉴》卷五《王远传》采用双行小注形式引用《忠州图经》云："禹庙景德观，前汉王方平得道之山。旧名仙都宫，宋真宗咸平元年赐太（原误作'大'——笔者按）宗皇帝御书一百二十卷，景德元年赐今额。"同卷《刘安传》亦采用双行小注形式引用《舆地志》："八公山在淝水北、淮水南，淮南王与八公居此，白日升天，今属寿州。一云此非也，乃苻坚望草木为兵处。八公山有淮南八公憩石，汉属九江郡，今属滁州来安县之西南。一云八公山上有淮南王安庙，今属无为军巢县西。"[2]

从是否引自原书角度可分为直接引用和间接引用两种。直接引用指所引文句出自原书，如上文谈到的李八百于金堂山升仙，即《通鉴》直接引自宋王存《元丰九域志》卷七《成都府路》："古迹仙居观，李八百于此上升。"[3]《通鉴》卷二《赤精子传》云："赤精子在颛顼时说微言经，教以忠顺之道。《南岳总圣集》云：芙蓉峰今有传经坛，晋咸和中，山南见数童子与群白鹤游翔其上。"[4] 陈田夫《南岳总胜集》卷上"芙蓉峰"条云："今有传经坛，咸和中，山南见数童子与群白鹤游翔其上。"[5]《通鉴》只多一"晋"字。卷二〇《刘根传》也直接引用了《南岳总胜集》关于刘根修大洞帝一（乙）之道、游宦四方、晚归南岳东峰炼真朝斗、服炁祭神而玄化的记载。

间接引用指虽提及某部志书，但所引文字与原志存在不同程度出入的情况。《通鉴》卷三《篯铿传》："按《寰宇记》，殷之贤臣彭祖，颛帝玄孙，至殷末，寿七百六十七岁，今墓北故邑号大彭。"[6] 宋乐史《太平寰宇记》作："殷之贤臣彭祖，颛顼之玄孙，至殷末，寿及

1　《道藏》第 5 册，第 161 页中栏、第 237 页中、下栏。

2　《道藏》第 5 册，第 133 页上栏、第 136 页下栏、第 137 页上栏。

3　(宋) 王存：《元丰九域志》卷七，载《景印文渊阁四库全书》第 471 册，台北商务印书馆，1986，第 163 页下栏。

4　《道藏》第 5 册，第 113 页上栏。《南岳总圣集》，《通鉴》又有作《南岳总胜集》者。

5　(宋) 陈田夫：《南岳总胜集》卷上，载《续修四库全书》编辑委员会编《续修四库全书》第 725 册，上海古籍出版社，2000，第 437 页下栏。

6　《道藏》第 5 册，第 115 页上栏。

七百六十七岁。今墓犹存，故邑号大彭焉。"[1] 可见文字之出入。《天台山志》："《会稽志》载，司马悔桥，在新昌县东南四十里。旧传司马承祯隐天台山，被召，至此而悔，因以为名。窃谓此桥当表而出之，以为处士轻出者之戒"[2]，并引《云笈七签》介绍此桥得名缘由。考《嘉泰会稽志》与《天台山志》引《会稽志》略同："司马悔桥，在县东南四十里。一云落马桥。旧传唐司马子微隐天台山，被征，至此而悔，因以为名。窃谓此桥当表而出之，足为处士轻出者之戒。"[3] 又，《天台山志》关于司马悔桥的记载，与《嘉定赤城志》卷四〇引《会稽志》《云笈七签》略同，只是《赤城志》略有阙文。《天台山志》所引完备，是撰者见到了更早的《会稽志》还是有意做了完善？值得进一步探讨。

间接引用还有一种比较常见的情况，即不直接抄录（节录）原书原文，而是围绕主题对某个对象物的相关内容做出概括。《玄元十子图·文子》称，"按《寰宇记》《吴兴志》俱载，余英东南三十里有计筹山，越度地形，因名焉"[4]。《太平寰宇记》云："计筹山，在县东南三十五里。《吴兴记》云：'计筹山，昔越大夫计然多才智，筹算于此山。按其地与余杭县分界，今俗谓之界头山，盖筹、头声相应也。'"[5] 《十子图》关于计筹山的记载明显是参考了《寰宇记》以及《寰宇记》引《吴兴记》的说法。这就涉及二次间接引用的问题。《武当福地总真集》卷下称，"关令尹真人，周康王之大夫，姓尹名喜，号文始先生。当周之末，大道将隐，预占紫气西迈，有道者过之，出为函谷关令。未几，太上度关，喜执弟子礼迎拜，授之《道》《德》二经，约后会蜀之青羊肆。托疾不仕，隐居谷内，后入蜀，归栖于武当三天门石壁之下，石门、石室，喜之所居，古有铜床、玉案，今无之矣。以其所居名曰尹喜岩，涧曰牛漕涧、青羊涧，皆太上神化访喜之地。出《舆地纪胜》"[6]。考《舆地纪胜》，无与之对应文句。仅是在卷八五《景物下》中谈到，武当山"有石门、石室，相传尹喜所栖之地"。又《仙释》部分云："尹真人，《南雍州记》云：武当山有石室，相承云是尹喜之室，有钜床、玉案。《图经》及《郡县志》云：武当有尹喜

1　（宋）乐史：《太平寰宇记》卷一五《河南道十五》，王文楚等点校，中华书局，2007，第297页。

2　《道藏》第11册，第90页中栏。

3　《嘉泰会稽志》卷一一，载浙江省地方志编纂委员会编《宋元浙江方志集成》第4册，杭州出版社，2009，第1906页。

4　《道藏》第3册，第259页上栏。

5　（宋）乐史：《太平寰宇记》卷九四《江南东道六》，第1888页。

6　《道藏》第19册，第664页下栏、第665页上栏。

岩。即其处。"[1]《总真集》所记尹喜在武当山的活动，显系结合《舆地纪胜》及其他相关记载总结归纳而成。

（二）内容

道史仙传征引志书的内容主要包括记述地点、时间、事件等，即时空与事件。通常情况下，三者难以截然分开，时空是事件发生的场域，事件是时空叙述的目的。具体内容包括某些仙山胜地的地理位置、来历沿革、仙真修道地点、身世、神异事迹、国家祭祀活动等。

《三洞群仙录》《玄品录》均引《豫章记》称，隋开皇间改豫章为洪州。《豫章记》一卷，南朝宋雷次宗撰。《隋书·经籍志》有著录。《南岳总胜集》卷上："灵麓峰，即岳麓也，在潭州湘水之西，系二十洞真墟福地。……《湘中记》云：中有抱黄洞，下有洞真观，乃东晋邓郁之修内外丹处，后升真于南岳。"[2]《湘中记》，又作《湘中山水记》或《湘川记》。晋罗含撰。一卷。郑樵《通志》有著录。《武当福地总真集》据"《图经》碑刻"，称玄帝（即真武大帝）在武当山五龙宫

飞升台奉天诏，"五龙掖之上升，地皆变金玉之色"[3]。《通鉴》卷一四《梅福传》称，"建宁府梅山在城南三里。《方舆记》：梅福尝炼丹于此，有升仙坛。"[4] 徐锴，字楚金，会稽人。陆游《南唐书》有传。《崇文总目》《通志·艺文略》《宋史·艺文志》称，徐锴著《方舆记》一百三十卷。原书已佚。《通鉴·梅福传》所引与《方舆胜览》同，[5] 赵道一所引自何，仍待进一步探究。

《洞霄图志》阐述大涤洞天抚掌泉命名缘由："《余杭图经》载，钱武肃王至宫，有双鹤飞舞其上，因抚掌招之，鹤坠而泉涌。漕使陈尧佐因按察至焉，问羽士所以名泉之意，答曰：昔仙人抚掌而泉涌。公于是抚掌，亦然。"[6]《咸淳临安志》卷六二、六八两引《淳熙余杭图经》，卷二四"抚掌泉"条云："旧传钱武肃王至宫，有双鹤飞舞其上，因抚掌招之，鹤坠而泉涌。故号抚掌。或言旧名涌泉，漕使陈公尧佐因按察至焉，问羽士此何水，答曰：涌泉。昔仙人抚掌而泉涌。公于是抚掌，果如其言。"[7] 虽未注明出自《淳熙余杭图经》，但是从《通鉴》《咸淳临安志》所引

1　（宋）王象之编著：《舆地纪胜》，赵一生点校，第6册，浙江古籍出版社，2012，第2115、2120页。

2　（宋）陈田夫：《南岳总胜集》卷上，载《续修四库全书》编辑委员会编《续修四库全书》第725册，第440页上栏。

3　《道藏》第19册，第654页下栏。

4　《道藏》第5册，第184页下栏。

5　（宋）祝穆撰，（宋）祝洙增订：《方舆胜览》卷一一《福建路》，施和金点校，中华书局，2003，第183页。

6　（宋）邓牧：《洞霄图志》卷四，载高小健主编《中国道观志丛刊》第16册，第81页。

7　（宋）潜说友：《咸淳临安志》第3册，浙江古籍出版社，2012，第971页。

对勘看，二者均可能出自《余杭图经》。仙都山，原名缙云山，为道教第二十九洞天。《仙都志》引《太平寰宇记》称，唐置缙云县。又引《图经》解释改名仙都山的缘由："唐天宝七年六月八日，有彩云起于李溪源，覆绕缙云山独峰之顶，云中仙乐响亮，鸾鹤飞舞，俄闻山呼万岁者，九诸山皆应，自申至亥乃息。刺史苗奉倩上其事于朝，敕改今名。"[1]

记述相关感应灵异事迹，也是道史仙传引志的重要题材。如《庐山太平兴国宫采访真君事实》卷七引《本州图经孝行传》，讲述江州德化人文彪、文子解兄弟二人孝行，重点记载文彪取肝救父事迹："元丰七年，父病垂死。彪诣采访殿祷告，归家剖腹，取肝为剂二十四粒，杂他药进之。父病即愈。"同时，记述了父痊愈后的诸种神异之迹，如称"父后二十四年而卒，与肝剂数同"。当初文彪先是误剖右胁，"忽闻空中有语云：'在左边'"。文彪纳入右肝，再剖左胁得之。终经一道士救助，得以复苏。[2]《洞霄图志》阐述"重荣木"之灵异："《余杭图经》载，宫外有大砾木，相传唐咸通二年吴天师所种，至宋咸平元年无故自枯，

历十五年，祥符壬子复荣。漕使陈公尧佐异之，图状进呈，并奏五色云现及地涌泉事。寻降旨设醮，以褒神异，故改洞霄宫。后熙宁三年五月，一夕，风雷大震，不知是木所之，以为灵化焉。"[3]

道史仙传未将目光局限于道教内部，有些道书在引用志书时对道教与国家社会关系有所揭示。如《洞霄图志》引《余杭图经》记述明星渎在历朝国家祭祀中的地位：明星渎"在县东一里二百步，周回一百五十步，溪之南塘，历朝敕使投龙简于天柱大涤洞，必先祭明星渎"[4]。此说可佐证于《元丰九域志》："明星（原误作'皇'——笔者按）渎，敕使往天柱山投龙，必先祭之。"[5]

在众多道史仙传中，《通鉴》及《续集》《后集》引志广泛，仅以《通鉴》卷一八《张天师传》为例，其中多次引用《青城山记》。《郡斋读书志》云："《青城山记》一卷，右伪蜀杜光庭宾圣撰集。蜀山若水在青城者，悉本道家方士之言。"[6]《全唐文》有录文。[7] 兹将《通鉴·张天师传》引《青城山记》与《全唐文》对勘如表1。

1　《道藏》第 11 册，第 77 页上栏。

2　《道藏》第 32 册，第 700 页上栏。

3　（宋）邓牧：《洞霄图志》卷四，载高小健主编《中国道观志丛刊》第 16 册，第 93 页。

4　（宋）邓牧：《洞霄图志》卷四，载高小健主编《中国道观志丛刊》第 16 册，第 82 页。

5　（宋）王存：《元丰九域志》卷五，载《景印文渊阁四库全书》第 471 册，第 120 页上栏。

6　（宋）晁公武：《郡斋读书志》卷二下，载《景印文渊阁四库全书》第 674 册，第 204 页下栏。

7　（清）董诰等编：《全唐文》卷九三二《青城山记》，中华书局，1983，第 9709—9711 页。

表1	《通鉴·张天师传》引《青城山记》与《全唐文》对勘一览	
序号	《通鉴·张天师传》引《青城山记》	《全唐文》所收杜光庭《青城山记》
1	《青城山记》云：誓龙台在丈人峰，古有龙穴，每年夏秋，出水暴害禾稼。天师立石台镇毒龙，以压水怪。（双行小注）	
2	《青城山记》云：羊马台在赤石城崖上，是天师与鬼担石如羊马，或云羊马自鸣则有升天者。天师居鹤鸣山，此羊马频鸣	李膺记云：入山七里，至赤石城，有羊马台、三师坛
3	《青城山记》云：降剑坛，昔道君授天师阴阳剑处，有隐剑迹。（双行小注）	
4	《青城记》云：有龙宫石室，天师修道处。（双行小注）	东北有二石室，名"龙宫"，可容百余人
5	《青城山记》云：山有誓石，天师与鬼为誓，朱笔画山清崖中绝险断处，并丹色，阔二寸丈，深六七丈。 　　又云：戒鬼笔迹在大龙桥侧，昔天师以正一之法制伏鬼神。誓曰：人生于昼，鬼行于夜。阴阳分判，各有司存。违之者，正一存法必加诛戮。（双行小注）	山傍有誓石，天师张道陵与鬼兵为誓，朱笔划山，青崖中绝。今嶮断石并丹色，阔二十丈，深七六丈，望之絶然
6	《青城记》云：寅玄观后有试笔迹，有降魔斗法石。（双行小注）	
7	《青城山记》云：青城山有石天地，上圆下方，阔一丈二尺，有十二角。又有石日月，各阔五丈，厚一丈二寸，相对柱上，乌兔炜烁，方圆磅薄，可睹焉。（双行小注）	又有黄帝坛，石法天地，上圆下方，阔一丈二尺，有十二角。观东有石日月，各阔五尺，厚一尺二寸。相对柱上，乌兔烁炜，方圆磅礴，可睹焉
8	《青城记》云：天师誓鬼，石天地、石日月，候日月天地重明方得人身也。（双行小注）	
9	《青城记》云：赤城山有天师藏经处，一云于浕口山中封藏经诰。按，浕口治在阆州苍溪县。（双行小注）	

《通鉴·张天师传》引《青城山记》凡6条（第5条实为2条）、《青城记》4条。从文本相似度看，第5条、第7条应

该是《张天师传》直接袭自《青城山记》。第2、4条当为化用。《张天师传》6次引用《青城山记》，4次引用《青城

记》。那么,《青城山记》和《青城记》是同一文本,还是后者是对前者的缩略简称?从文本对读角度看,所引 4 条《青城记》,《全唐文·青城山记》未见。又第 7、8 条采用连注方式,即"《青城山记》云……《青城记》云……"。如果二者为同一文本,似无必要重复罗列。不排除二者系不同文本的可能。[1]《张天师传》有 4 处引用《青城山记》,未见于杜氏《青城山记》。是赵道一在杜氏《青城山记》基础上的化用发挥,还是目前我们见到的《全唐文》本在赵道一时代之后又有删节,或者另有所本?值得进一步探讨。

三 道史仙传征引志书的特点与价值

(一)引用志书的类型

道史仙传所引志书可分为世俗志书与道教志书两种类型。世俗志书在其中所占比例尤重。从世俗志书成书时代来看,宋元道史仙传对晋唐古志与宋元近志皆有引用。和方志在中国古代社会生成发展史、中国古籍在散佚中更新的"新陈代谢"规律相一致,道书引志呈现"厚今薄古"

的特征,对唐以降志书征引较多,对唐以前者征引相对较少。

一些道史仙传为了论证时空、事件亘古之渊源,广泛引用《禹贡》《山海经》等早期地理、地记类史书。佚名作于元至正八年(1348)的《仙都志序》开篇揭示了《禹贡》在地志类史书中的渊源地位:"疆理之书,肇于《禹贡》而具于《职方》,然水有经,郡邑有乘,此《仙都志》所由作也。"[2] 就具体征引言之,《西岳华山志》据《禹贡》分野,称华州归属于雍州分野。"蜕遗穴"条引《山海经》云:"华山有兽而翼,六足蛇身,出则天下大旱。"[3]《山海经》"太华山"条云:"有蛇焉,名曰肥蟥,六足四翼,见则天下大旱。"[4] 上引为间接引用。《洞霄图志》卷二"苕溪"条"《山海经》云:天目山一名浮玉,苕溪出焉"[5] 亦为间接引用。《通鉴》卷一《轩辕黄帝传》称,黄帝杀蚩尤于黎山之丘,掷械于大荒中宋山之上,其械后化为枫木之林。并引《山海经》注称,"融天山有枫木之林,蚩尤之桎梏所化也"。需要注意的是,《通鉴·轩辕黄帝传》正文和引《山海经》作注与《云笈七签》卷一〇〇《轩

---

1 《道藏阙经目录》卷下录《青城山记》,未著著者、卷数,又录《青城山神仙灵异记》,三卷。《道藏》第 34 册,第 509 页上栏、第 515 页上栏。

2 《道藏》第 11 册,第 76 页下栏。

3 《道藏》第 5 册,第 747 页上栏。

4 〔晋〕郭璞传,(清)郝懿行笺疏:《山海经笺疏》第二《西山经》,齐鲁书社,2010,第 4693 页。

5 〔宋〕邓牧:《洞霄图志》卷四,载高小健主编《中国道观志丛刊》第 16 册,第 51 页。

辕本纪》只有一"之"字之差，不难揭示赵道一舍求远寻求史源之法。

隋唐至北宋地方志书主要流行形式是图经。图经独领志坛达 500 余年之久，直至北宋之后才日见衰弱。[1] 宋元道史仙传征引《图经》者颇为常见。例如，出自北宋谢守灏之手的记述老子仙事的三部道书广泛征引了《秦图经》、《蜀图经》、《郡国图经》、《十三州已并图经》、诸郡图经、图经等。如《混元圣纪》卷一云："汉安元年壬午，老君降于蜀之鹤鸣山，授天师张道陵《正一盟威秘箓》。五月再降，赐《泰清中经》九百三十卷、符文七十卷。建康元年甲申，老君再降于阆州云台山，授天师三洞众经及超度九祖斋直之法。见《天师传》及《蜀图经》。"[2] 唐宣宗大中九年（855），卢求作《唐成都记序》，称"西蜀图经甚备，朝野之士多寄声写录"[3]。图经在唐宋时期走入巅峰，但引文仅称《蜀图经》，具体所指不甚明了。道书引用《忠州图经》《越州图经》等当世图经者也不乏见。《宋史·艺文志》载"《忠州图经》一卷"。之后《蜀中广记》《宋史新编》《千顷堂书目》等明清史书、书目承袭《宋史》说。推知《忠州图经》当出自宋代。《宋史·艺文志》载"《越州图经》九卷"。《文献通考》对其纂修有明确交代："李宗谔祥符所上也。末有秘阁校理李垂、邵焕修及覆修名衔。然则书成于众手，而宗谔特提总其凡耳。"[4]

道书所引世俗志书还可分为总志和地方分志两种类型。《舆地志》《方舆记》《太平寰宇记》《元丰九域志》《舆地纪胜》《方舆胜览》等属于总志范畴。《湘中记》《会稽记》《豫章记》《吴兴志》《忠州图经》《越州图经》《余杭图经》《赤城志》等属于分志范畴。征引两类志书，可以概见不同历史时期道教圣地、仙真高道在全国或某一地区的地理分布、发展状况。

相比于世俗志书，道教志书出现相对较晚。道教志书在世俗志书的"刺激"下，自唐末以降开始大量涌现。宋元道史仙传主要对《青城山记》《罗浮图志》《南岳总胜集》等征引较多。《道光广东通志》卷一九三《艺文略五》称"《罗浮图志》，宋王胄撰，佚"[5]。据现存王胄《〈罗浮图志〉后跋》，是书成于宋宝庆三年（1227）。是作者集《罗浮山记》《罗浮集》二家之长而成，"凡地里广袤之数，岩洞泉石之名，祠宫蓝舍之居，真仙

1　王德恒著，朱天俊审定：《中国方志学》，第 92 页。

2　《道藏》第 17 册，第 791 页中栏。

3　（宋）袁说友等编：《成都文类》卷二三《序二》，赵晓兰整理，中华书局，2011，第 476 页。

4　（元）马端临：《文献通考》卷二百四《经籍考三十一》，上海师范大学古籍研究所、华东师范大学古籍研究所点校，中华书局，2011，第 5834 页。

5　（清）阮元修，陈昌齐等纂：《道光广东通志》（五），《中国地方志集成：省志辑·广东》，凤凰出版社，2010，第 247 页下栏。

高士之迹，宸奎圣翰之焕炳，符瑞宝镇之璀璨，与夫一草木、一禽虫之有异于人间者，靡不详访而备录之。而又搜寻古今之碑记，以实其言，收拾士大夫之诗词"[1]。《罗浮图志》多次被《通鉴》征引，原因是其对道教仙山圣迹记载的更为集中，更便于征引使用。[2]《罗浮图志》《南岳总胜集》作为宋代两部比较有代表性的道教志书，问世不久就被《通鉴》广泛征引，成为元代道史仙传的近水源头。另有《孔子福地记》《名山内经福地志》《十大洞天记》《三十六小洞天记》《水府记》《洞天福地记》《洞天福地志》《名山福地记》等颇具道教宇宙论色彩、名目繁多的（准）地志类文献，渊源、内容待考。

（二）志书入道书与道史仙传书写模式的转化

志书的大量引入，使宋元道史仙传的书写模式发生了结构性转化。杨莉以上清派《内传》为例，总结了早期仙传的生成、特点、功能等问题。她谈到，上清仙传是在修炼者降真通灵、得到上界启示的情况下记录整理而成的。这种传记并非人人可作，亦非人人可读，对传主、作者以及读者都有十分严格的限制。作者均为教内人士，多由传主的弟子或同门撰写。从功能上讲，这类传记负有宣讲本派经典出世与传授的责任，用以建立教团内部所共识的传承谱系，属于教派圣传，具有教派经典的神圣性与神秘性。[3]

宋元时期，世俗志书引入道史仙传丰富了道教典籍的内容和表现笔法，为相关论述提供了世俗层面真实性史源，使道书对时空、事件的叙述显得更为切近于现实日用，仙人仙迹显得更为触手可及，更加贴合信众和普通民众的知识认知，在一定程度上实现了知识性、实证性、神圣性的有机整合。和上清派《内传》皆出于道士笔下不同，宋元道史仙传的作者虽仍以道门之士居多，但也出现了"宋翰林学士李宗谔"、赵孟頫[4]等世俗精英作者。之所以出现这种结构性转变，一则与方志学在宋元时期不断走向成熟有关，再则与唐宋之际道教的民间转向、道经书写的趋世俗化特征有关。

同时，世俗志书入道书，实现了原志由凡而仙的转化，扩大了志书的传播和阅

---

1 曾枣庄主编：《宋代序跋全编》卷一八〇《题跋》，齐鲁书社，2015，第5123—5124页。

2 王胄《〈罗浮图志〉后跋》："是编既成，可以穷数千载事于须臾，览数百里境于指顾，名公巨卿昔之愿一见而不可得者，兹不待躬履而得之矣。刻诸珉石，藏之琳馆，是亦山中之一宝镇也。"曾枣庄主编：《宋代序跋全编》卷一八〇《题跋》，第5124页。

3 杨莉：《仙传类道经说略》，载朱越利主编《道藏说略（增订本）》，北京联合出版公司，2022，第661—663页。

4 至元二十三年（1286）赵孟頫作《玄元十子图跋》。此年，行台侍御史程巨夫奉诏搜访遗逸于江南，举荐赵孟頫赴阙。他才气英迈，神采焕发，深得元世祖赏识。（明）宋濂等：《元史》卷一七二《赵孟頫传》，中华书局，1976，第4018页。

读范围。这个过程也是道教通过文本书写巩固扩大地盘的过程，对推动宋元道教的整体发展不无裨益。

（三）道史仙传与古志辑佚

方志古籍整理者为稽考已经散佚的古志，广泛利用史志、类书、文集、目录等多种史料。世俗志书入道书，为研究早期志书的源流特别是一些散佚志书的辑佚、文本校证以及道书断代工作提供了重要线索和助益。从古志辑佚角度看，包括道史仙传在内的道教文献的价值和作用值得进一步发掘。宋元道书对《湘中记》《舆地志》等早期志书有所征引，可作为古志辑佚的重要线索和史料来源。下面仅以顾野王《舆地志》为例，加以说明。

顾野王（519—581），字希冯，吴郡吴县人，生活于南朝梁陈之间。幼以儒术知名，"及长，遍观经史，精记默识，天文地理、蓍龟占候、虫篆奇字，无所不

能"。著述颇丰。《陈书》《南史》均有传。《隋书》、两《唐书》、《通志》载顾氏撰《舆地志》三〇卷。[1]《隋书·经籍志》称，"陈时，顾野王钞撰众家之言，作《舆地志》"[2]。《舆地志》是全国性地理总志、六朝时期历史地理学的重要文献史料。王谟《汉唐地理书钞》、王仁俊《玉函山房辑佚书补编》对《舆地志》有辑录。前者称，"按《隋志》顾氏此书，实监省陆、任二家书钞，集汉魏以来二百四十家地理书大成。宋初尚有传本，故《太平御览》及乐史《寰宇记》率多采摭，而不著录于《文献通考》。则其时已无传矣"，并从《史记注》《后汉书注》《文选注》《初学记》《御览》《寰宇记》等辑出佚文335条。[3] 后者从《太平寰宇记》辑出2条。[4] 两部成果及相关专文都未及道书。[5] 2011年《舆地志辑注》出版，对道书间或征引。[6] 宋元道史仙传引用《舆地志》合计9条，考证如表2。

1　唐杜甫撰、宋蔡梦弼笺《杜工部草堂诗笺》、宋乐史《太平寰宇记》等唐宋文献亦有作"顾野王《舆地记》"者。另外，除了顾氏《舆地志》，北宋晏殊亦著有《舆地志》。南宋《咸淳临安志》《淳祐临安志》《乾道临安志》以及王十朋集注《东坡诗集注》有征引。但多冠以"晏殊（晏公、晏元献公）《舆地志》"，且佚文鲜有与顾氏《舆地志》重合者。晏殊影响力远不及顾。宋元以降少量史志、文集对晏书的征引基本不出以上四部南宋文本的范围。故可大体排除重名问题带来的辑佚麻烦。张可辉亦有类似认识。参见氏著《〈景定建康志〉与〈丹阳记〉、〈舆地志〉的辑佚》，《南京晓庄学院学报》2009年第4期。

2　（唐）魏征、令狐德棻：《隋书》卷三三《经籍二》，中华书局，1973，第988页。

3　（清）王谟：《汉唐地理书钞》，中华书局，1961，第186页。

4　（清）王仁俊：《玉函山房辑佚书补编》，上海古籍出版社，1989，第291页。

5　参见李迪《顾野王〈舆地志〉初步研究》，《内蒙古师大学报》（哲学社会科学版）1998年第3期。陆川《新刊〈舆地志辑注〉献疑》，《中国历史地理论丛》第28卷第3辑，2013。陆川《顾野王〈舆地志〉的著录、征引与内容——以唐宋文献为中心的考察》，《中国历史地理论丛》第31卷第1辑，2016。

6　（陈）顾野王著：《舆地志辑注》，顾恒一等辑注，上海古籍出版社，2011。

表 2		宋元道史仙传征引《舆地志》情况一览		
序号	道书名称	征引内容	世俗志书相关征引	《舆地志辑注》
1	《龙瑞观禹穴阳明洞天图经》	《舆地志》云：会稽山，一名衡山。其山有石，状如覆釜，亦谓之覆釜山	《嘉泰会稽志》卷九："《舆地志》云：会稽山，一名衡山，其山有石，状如覆釜，亦谓之覆釜山。"[1]	《嘉泰会稽志》卷九、《洞天图经》、《嘉靖浙江通志》卷一五、《清一统志》卷二二六（按，应为二九四）、《方舆纪要》卷八九、《水经注疏》卷四〇
2	《龙瑞观禹穴阳明洞天图经》	《舆地志》云：宛委山上有石匮，壁立干云。升者累梯而至	（宋）王十朋《会稽三赋》："《舆地志》云：宛委山上有石箦，壁立干云。升者累梯而至。"[2]《梅溪先生后集》卷一同	《洞天图经》
3	《通鉴》卷五	《舆地志》云：八公山在淝水北，淮水南，淮南王与八公居此，白日升天	《元丰九域志》卷五："《舆地志》云：八公山，在淝水北淮水南，淮南王八公居此，因以为名。"[3]	《元丰九域志》卷四（应为五）
4	《通鉴》卷二三	按《舆地志》，于赤乌二年建立方山观也	（唐）许嵩《建康实录》卷二："《舆地志》：赤乌二年，为玄于方山立观。"[4]	《建康实录》
5	《武当福地总真集》卷中	隐仙岩，一名尹仙，一名北岩，在竹关之上。高耸云烟，俯视汉水，石如玉璧，呈瑰纳奇。古神仙尹喜、尹轨所居。历代神仙多炼大丹于此，丹室炉灶存焉。近代田蓑衣隐此证道。岩右大木下，石棋盘局，横铺于上，左右列石为坐。传云：尹轨抨棋之所。夜籁澄寂，常闻步虚玉磬之声，频见神仙往来，熊虎宿卫。出《舆地志》		

1　《嘉泰会稽志》卷九，载浙江省地方志编纂委员会编《宋元浙江方志集成》第 4 册，第 1816 页。

2　王十朋，字龟龄，温州乐清人，学者称梅溪先生。绍兴二十七年（1157）进士第一，官至龙图阁学士。绍兴二十七年官越州时所作《会稽风俗赋》《民事堂赋》《蓬莱阁赋》，合称《会稽三赋》。参见祝尚书《宋人别集叙录》卷一九《会稽三赋注》，中华书局，1999，第 926 页。《三赋》非志书，列出以供考证佚文传布史。下引《建康实录》同。

3　（宋）王存：《元丰九域志》卷五，载《景印文渊阁四库全书》，第 471 册，第 112 页下栏。

4　（唐）许嵩：《建康实录》卷二《太祖下》，张忱石点校，中华书局，1986，第 55 页。

续表

序号	道书名称	征引内容	世俗志书相关征引	《舆地志辑注》
6	《武当福地总真集》卷中	星牖，在白云峰。事见本峰1，出《舆地志》		
7	《洞霄图志》卷二	《舆地志》云：自余杭西亦名泠溪。乘舟到此，轻若凌虚。盖取清泠之意。溪两滨有琴、鹤、翁、姥四山，皆有居民在其下		《大涤洞天记》卷中，《洞霄图志》卷二
8	《茅山志》卷六	金牛穴，在柏枝洞东，秦时采金，获金牛，为女子所触，遂掷而出，取之不可，逐牛至丁角，地名因曰上栏、下栏。又有曰犇牛，牛犇入海，不复睹之也。《舆地志》亦云	（元）张铉《至正金陵新志》卷五："金牛洞在句容县崇寿观东，秦时采金，获金牛，为女子所触，遂躅而出，迹着于石。又云：觅牛至丁角，地因名曰上阑、下阑。又有犇牛，牛犇入海，不复观之也。"2	
9	《仙都志》卷上	《舆地志》云：缙云堂，即三天子都	《太平寰宇记》卷九九："《舆地志》云：永康县南忠义村下有石亭，长二十里。有缙云堂，即三天子都也。"3	《太平寰宇记》

道史仙传征引《舆地志》与世俗方志、《舆地志辑注》之间存在着比较复杂的对应关系。从《辑注》角度言之，《龙瑞观禹穴阳明洞天图经》《洞霄图志》为之贡献了三条佚文。即第1、2、7条。4 更为关键的是，第2、7两条仅见于道史仙传。第5、6、8三条未收入《辑注》。是辑注者未见还是与"出《舆

1　《武当福地总真集》卷上 "七十二峰" 云："白云峰在大顶之西。紫盖、皇崖，东西互拱。下有一岩，名曰白云，虚寂轩豁。傍一石穴如星，名曰星牖。俯视万虎涧，松风哮吼，硼云交飞，与道合真，方可栖息。陈希夷避名三迁于此，次后五龙徙之华岳。"《道藏》第19册，第649页中、下栏。

2　（元）张铉：《至正金陵新志》卷五，《中国方志丛书：华中地方》第436册，台北成文出版社，1983，第1799页下栏。

3　（宋）乐史：《太平寰宇记》卷九九《江南东道十一》，第1983页。

4　其中，第7条，《舆地志辑注》注出 "《大涤洞天记》卷中，《洞霄图志》卷二"，见该书第276页。前者实为后者之节本。

地志》""《舆地志》亦云"的表述方式有关？这3条内容他书鲜载，或可作为辑注的重要线索。从《辑注》所用辑本看，世俗志书、道史仙传是其重要史料来源。《辑注》在每条佚文之后，注明条文辑自书目。如第1条，注辑自《洞天图经》等六书。值得注意的是，六书所引《舆地志》佚文并不完全一致。如《方舆纪要》《水经注疏》均省去了"其山"二字。但存在体例不一的情况，如第2条，《辑注》只引了《龙瑞观禹穴阳明洞天图经》，未引《会稽三赋》《梅溪先生后集》。《洞天图经》成于北宋末，王十朋书成于南宋，征引成书早者甚是，然从体例统一角度看，应对王氏书目有所交代。同样的，第9条，《辑注》只引了《太平寰宇记》，而未交代元末的《仙都志》。虽然后者佚文较短，也是考证《舆地志》文本传承史的重要线索。从佚文演化角度看，第3条，《辑注》脱淮南王的"王"字。所辑佚文与《九域志》高度同源。第4条引自《建康实录》。从道书与世俗志书对比角度看，上述两条《通鉴》所引当为间接化用。特别是第3条文末将"因以为名"改为"白日升天"，引志服务于道门宗旨的意图显而易见，展现了道书作者本于原志又有意发挥的笔法。

余 论

道史仙传征引志书开辟了道书书写模式的新趋向。在肯定志书史源学价值的同时，也要对引志存在的问题与不足予以正确认识。从宏观层面讲，道书所引志书虽多冠以原志之名，但内容是源自原志还是录自他书？考证源流，对研究原志的文本发展史和道书作者的著史方法、态度都具有重要的学术价值。从微观层面讲，存在征引名称错误、只引书名不注作者或成书时代、引文查无所据等情况。就第一种情况言之，李宗谔《龙瑞观禹穴阳明洞天图经》引孔晔《会稽志》记述射的山圣迹。张国淦考证，"晔"为孔灵符之名，"皐"为"晔"之讹。[1] 孔灵符，南朝宋孝武帝朝任会稽太守，著有《会稽记》，《宋书》有传。[2] 准此，《会稽志》即为《会稽记》之误。接下来的问题是，"记"误为"志"，是李宗谔自为之、以讹传讹，还是《道藏》抄录所致？值得进一步探讨。[3]《混元圣纪》引郦道元《水经注》、阚骃《十三州已并图经》等解释老子故里"濑乡曲仁里"之"赖"俗化为"濑"的原因。阚骃，字玄阴，敦煌人，博通经传，聪敏过人，深得北凉君主沮渠

1　张国淦编著：《中国古方志考》，第321页。

2　（梁）沈约：《宋书》卷五四《孔灵符传》，中华书局，1974，第1531页。

3　宋初《太平寰宇记》记作"孔晔《会稽记》"。

蒙逊赏识，著有《十三州志》。[1]《圣纪》所引阚书名称不确。《仙都志》引刘澄《山水记》云："缙云台，黄帝炼丹之所。"[2]《隋书·艺文志》云："《永初山川古今记》二十卷，齐都官尚书刘澄之撰。"[3]《初学记》："永康县有缙云堂，黄帝炼丹处……以上并见宋《永初山川古今记》。"[4] 故刘澄《山水记》当为刘澄之《永初山川古今记》之讹。举几个第二种情况的例子。《通鉴》卷一五《李阿传》云："《九域志》：资州醮坛山，昔李阿真人修炼于此，后于蜀州新津上升。"经核，引文所言《九域志》并非《元丰九域志》，而是与成书于绍圣四年（1097）的《新定九域志》高度同源。[5]《天台山志》称"本郡《赤城志》：司马悔山，在天台县北一十三里，天台山后"[6]，未交代《赤城志》成书时代。

《嘉定赤城志》云："司马悔山，在县北一十三里，天台山后。"[7] 较引文少"天台"二字，推测"本郡《赤城志》"可能是指《嘉定赤城志》。再如《三洞群仙录》《通鉴》《茅山志》多次引用《茅山记》，均未交代作者、版本。[8] 类似情况还包括《三洞群仙录》数引《西山记》。[9] 宋元道史仙传中还频现"旧志""旧记""郡志""续志""县经""图经""本州图经"等不甚明确的表述，给探讨道书史源造成极大的困难。未见原书载录者，《洞霄图志》卷二"天目山"条："《太平寰宇记》云：天目山高三千九百丈，周五百五十里，多美石甘泉，有数百年古木，山上两湖，若左右目，故名。"[10] 查《寰宇记》未见上述记载。[11]

以上从内容上举陈道书引志存在的问

1　（北齐）魏收：《魏书》卷五二《阚骃传》，中华书局，1974，第 1159—1160 页。

2　《道藏》第 11 册，第 77 页中栏。

3　（唐）魏征、令狐德棻：《隋书》卷三三《经籍二》，第 984 页。

4　（唐）徐坚等：《初学记》卷二四《堂第七》，中华书局，2004，第 576 页。

5　（宋）王存：《元丰九域志》附录《新定九域志》卷七《资州》，第 666 页。

6　《道藏》第 11 册，第 90 页中栏。

7　《嘉定赤城志》卷二一，载浙江省地方志编纂委员会编《宋元浙江方志集成》第 11 册，第 5301 页。

8　《宋史·艺文志》载"陈倩《茅山记》一卷"，又"张隐龙《三茅山记》一卷"。（元）脱脱等：《宋史》卷二百四《艺文三》、卷二百五《艺文四》，中华书局，1985，第 5157、5197 页。《文献通考》："《茅山记》一卷。陈氏曰：嘉祐六年，句容令陈倩修。"（元）马端临：《文献通考》卷二〇六《经籍考三十三》，第 5858 页。

9　《宋史·艺文志》："李上交《豫章西山记》二卷。"（元）脱脱等：《宋史》卷二百四《艺文三》，第 5157 页。《文献通考》："《豫章西山记》一卷。陈氏曰：赞皇李上文撰。嘉祐丁酉岁。"（元）马端临：《文献通考》卷二〇六《经籍考三十三》，第 5858 页。

10　（宋）邓牧：《洞霄图志》卷二，载高小健主编《中国道观志丛刊》，第 16 册，第 41 页。

11　《太平寰宇记》："天目山。……《舆地志》云：'上有两湖，若左右目，名天目也。山极高峻，山多美石、泉水、名茶。'"（宋）乐史：《太平寰宇记》卷九三《江南东道五》，第 1866—1867 页。

题。在论述逻辑上，也存在难以融通的情况。例如，谢氏三书数引《蜀图经》阐述老子降化事迹。如《太上老君年谱要略》称："赧王九年乙卯，秦昭王立，老君与尹喜诸仙西游女几……昭王闻之，乃于老君所经由处为置城邑……见《天师传》及《蜀图经》。"[1]《蜀图经》即便不是唐宋之作，但也决不可能早成至周代。引证逻辑上未免有以今证古之嫌。[2]

志书广泛进入道书，与中国古代社会发达的史地学传统有关。世俗之士、宗教人士不同程度上受到史地学的熏陶，甚或从小受过专门的训练。宋元道史仙传的作者以道士居多，他们对方舆之学的研习为志书入道书搭建了知识论层面的桥梁。兹举二例。朱思本，字本初，号贞一，临川人。学道于龙虎山，尝从吴全节居大都。元代玄教代表人物，也是著名的地理学家。"学有源委，尝著《舆地图》二卷，刊石于上清之三华院"[3]。倪文光（1278—1328），无锡人。晚年自号玄中子、初阳真逸。稍长，入乡校，"经史之外，凡罹聃之书，至于舆地象胥之说，莫不精究"。幼弟成年，出家为黄冠师。深受玄教大宗师张留孙赏识，曾为州道判、

道正、常州路道录。元延祐二年（1315），特赐玄中文节贞白真人号。[4]

以上着重从史源学角度考察了志书向宋元道史仙传的"输出"。实则，二者并非单向流动，也有反向"输出"，即道书成为世俗志书的史源。如《嘉泰会稽志》卷九云："射的山，在县南一十五里，旧经云：山西石室，乃仙人射堂也。东峰上有射的，遥望山壁，有白点如射侯。土人常以占谷贵贱。语曰：射的白，米斛百，射的玄，米斛千。其石室深可二丈，遥望类师子口，俗谓之师子岩。"[5] 此说基本源自北宋《龙瑞观禹穴阳明洞天图经》。不同者，引文中的"旧经"，《图经》明确为孔晔《会稽志》。《方舆胜览》记载武当山真武神迹云："图经引道书载：真武开皇三年三月三日生，生而神灵，誓除妖孽，救护群品，舍俗入道，居武当山四十三年，功成飞升，遂镇北方。人召而至，语以其故，妖气遂息。因曰：尔后每遇庚申、甲子及三、七日，当下人间断灭不祥。五龙观即其隐处。"[6]《武当福地总真集》谈及五龙灵应宫仙源称，"玄帝升真之时，五龙掖驾上升，以其旧隐为奉真

1 《道藏》第 17 册，第 886 页上栏。

2 赵道一《通鉴·尹喜传》基本沿袭谢氏说，足见"引经据典"影响之深。

3 陈垣编纂：《道家金石略》，陈智超、曾庆瑛校补，文物出版社，1988，第 931 页。

4 陈垣编纂：《道家金石略》，第 935—936 页。

5 《嘉泰会稽志》卷九，载浙江省地方志编纂委员会编《宋元浙江方志集成》第 4 册，第 1819 页。

6 （宋）祝穆撰，（宋）祝洙增订：《方舆胜览》卷三三《京西路》，第 594 页。

之祠。《方舆胜览》曰：五龙观即其隐处"[1]。道书作为世俗志书（包括《图经》和以之为文本基础的《胜览》）的史源，之后世俗志书又成为道书的史源，双向交流的表现颇为明显。

注：此文初稿曾在 2020 年 12 月 6 日"书架上的隐喻：道教与阅读"系列讲谈三发表，得到了中国社会科学院哲学研究所胡士颖、日本早稻田大学文学学术院广濑直记两位先生的点评，在此谨表谢忱。

---

1 《道藏》第 19 册，第 655 页下栏。

中国王朝时期的"天下秩序"
——以地图、职贡图等图像史料为核心

■ **成一农**（云南大学历史与档案学院）

引 言

中国王朝时期（以下简称"王朝时期"）虽然"普天之下莫非王土"，但这一"天下"并不是均衡、平等的，而是由"华"和"夷"构成的。两者中，无论在文化、经济方面，还是在政治等方面，"华"都占有绝对主导地位，因而这个"天下"是围绕"华"展开的，而"夷"则居于从属以及被支配的地位，且相对于"华"是不重要的，是受到轻视的。这一王朝时期的观念对于研究者和普通民众而言，都不是陌生的。在具体论述中，这一认知有时被称为"华夷秩序""华夷观"等，本文则使用"天下秩序"来表示这一观念，因为这一观念的前提是要承认王朝时期构建的"天下"，如果不承认或没有正确认知王朝时期的"天下"的话，那么也就无法真正理解王朝时期构建的这一"秩序"。

对于上述认知，不仅有着一些以此为主题的研究，而且在众多的以疆域、"国家"的现代转型以及地图、职贡图等为主题的研究中对此也有涉及，似乎已经没有进行讨论的必要。不过在以往的研究中，或多或少地可以看到这样一种倾向，即认为王朝时期的"天下秩序"在清末之前的某一时期就已经转型或开始转型，如后文提及的葛兆光认为是在宋代，而管彦波和邱靖嘉认为是在明末清初。此外，一些相关研究虽然没有直接涉及这一问题，但在其主要观点的背后则隐藏着"天下秩序"的转型，如李大龙提出《尼布楚条约》的文本中使用了"中国"一词，且与"清朝"一词可以互换使用，由此表明当时"中国"已具有近现代主权国家的含义。[1]

如果从历史研究方法而言，以往几乎所有这种"转型"的研究，其背后实际

上都有着"线性史观""后见之明"的身影，甚至带有"辉格的历史解释"的色彩。具体而言，以往对于这种"转型"的研究，实际上都默认所有文明、国家最终应当确立和认同的"国际秩序"就是近现代以来"万国平等"的"国际秩序"，由此随着历史的发展，王朝时期的"天下秩序"必然要转型以及只能转型为"万国平等"的"国际秩序"，这显然是一种典型的"线性史观"。而正是有意无意的持有这种"线性史观"，因此研究者在研究中也就会去刻意搜寻能证明这种"转型"的史料，并加以解读，从而对这种"转型"进行论证，且往往在研究中还或隐晦或明确的表明这种"转型"是正确的。不仅如此，也正是持有这样的认知，由此研究者在寻找那些能证明其观点的史料的同时，也往往会对"反面"的材料视而不见，同时通常也会一厢情愿地按照其所希望的方式对史料进行解读。如后文所列举的认为这种"转型"发生在明末清初的研究者，他们通常会对同一时代的以及清代中后期的"反面"材料有意无意地视而不见，同时又会有意无意地夸大明末清初"正面"史料的代表性。而这种研究方法就是所谓的"后见之明"，即研究者基于当前的认知和目的通过选取和解读史料，来构建历史。而"辉格的历史解释"则是一种直接参照今日的观点和标准来进行选择和编织历史的方法，从而必定使写出的历史完美地汇聚于研究者选定的时间。通过上文的描述来看，以往"转型"研究中的"线性史观"

和"后见之明"实际上就属于"辉格的历史解释"。

而本文的目的就是以地图、职贡图和一些文本材料为史料，来介绍王朝时期构建的"天下秩序"，一方面希望强调这一"天下秩序"在王朝时期是多么的"顽固"；另一方面，也希望由此对以往各种"转型"的研究进行反驳。

首先，在中国古代的各类文本文献中很容易看到对这种"天下秩序"的呈现，典型的就是以二十五史为代表的正史。大致而言，一方面，这些正史就其记载的地理范围而言，除王朝直接统辖的区域之外，还或多或少地涵盖与王朝有着往来的或者对于王朝具有某种意义以及当时王朝所了解的"蛮夷"之地，尤其是在"列传"部分，由此整部正史表达的就是王朝统驭的是"天下"；另一方面，整部正史重点记载的是作为王朝"核心区"的其所直接统辖的地理范围，对其中发生的历史事件、人物的生平、执行的典章制度等的记载占据了绝大部分篇幅，而对于"蛮夷"之地，对其历史和地理的记载则通常放在史书的末尾，且内容也极为简单，所占篇幅甚少，由此也就展现了王朝时期以"华"为主导的"天下秩序"。

一　"天下图"中的"天下秩序"

王朝时期绘制的"天下图"中对于这种由"华""夷"构成的"天下秩序"

有着更为直接的反映，以往对此也有着一些研究，如管彦波的《明代的舆图世界"天下体系"与"华夷秩序"的承转渐变》[1]，还有葛兆光在《宅兹中国》一书第三章《作为思想史的古舆图》中的"从天下到万国：古代中国华夷、舆地、禹迹图中的观念世界"的部分讨论了"古代中国地图里所含的有关'天下'的想象和观念"等。[2]

葛兆光在书中提出"中国人始终相信自己是世界中心，汉文明是世界文明的顶峰，周边的民族是野蛮的、不开化的民族，除了维持朝贡关系之外，不必特意去关注他们。所以，古代中国的世界地图，总是把中国这个'天下'画的很大，而把很大的世界万国，画得很小。古代的《华夷图》《禹迹图》《地理图》，像宋代留下来的那几幅地图，有的叫'华夷图'，就是华夏加上四夷；有的叫'舆地图'，就是说舟车可至的地方。但是，画的还是以当时的汉族中国为中心的一圈，尽管有时也把周边国家画上，但比例很小，小得好像它们真的是依附在中国这个大国身上的'寄生'物[3]。这段叙述并无太多新奇之处，但需要注意的是作者提到的"有关'天下'的想象和观念"一句，其中"观念"并无问题，但"想象"则带有一定的歧义，即其中表达的是古人

对构成"天下"的万国的地理、文化、历史的"想象"，还是对于"天下秩序"的"想象"？从行文来看，葛兆光很可能指的是后者，但这样的认知，即"有关'天下'的想象"显然是一种我们现代人的认知，因为无论是前人的研究，还是从本文讨论的文本文献和图像史料来看，这种"天下"和"天下秩序"对于王朝时期的人来说是一种既定"事实"，甚至是一种"客观事实"。作者在这段论述的结尾还谈及利玛窦地图的传入"给中国思想世界带来了一个隐性的、巨大的危机。因为它如果彻底被接受，那么，传统中华帝国作为天下中心，中国优于四夷，这些文化上的'预设'或者'基础'，就将'天崩地裂'"[4]，这一论述同样存在问题。中国古人并不是不知道在"中国"周围以及在遥远之地，存在众多的部族和国家，甚至有些面积巨大，这点阅读一下各朝的地理总志以及正史中关于"四夷"的列传就能明了，而古人在将这种"地理事实"转换为地图时，则揉入了"天下秩序"，因为在古人看来，"天下秩序"本身也是一种"事实"，且可能是超越于"地理事实"之上的一种"事实"。基于此，在当时王朝士大夫眼中，利玛窦地图只是将这种"地理事实""如实的描绘"

1　管彦波：《明代的舆图世界"天下体系"与"华夷秩序"的承转渐变》，《民族研究》2014年第6期。

2　葛兆光：《宅兹中国——重建有关"中国"的历史论述》，中华书局，2011，第107页。

3　葛兆光：《宅兹中国——重建有关"中国"的历史论述》，第108页。

4　葛兆光：《宅兹中国——重建有关"中国"的历史论述》，第111页。

了出来，这点并没有冲击性，其"冲击性"是这种绘制方式有意无意地否定了王朝时期的"天下秩序"，不过，问题在于，在持有"天下秩序"，有着"中国"文化的优越感的明末士大夫眼中，利玛窦地图及其传入的知识，是否能产生实质性的冲击？从当前的研究来看，这些地图和知识在当时只是被作为一种"新奇"之物而已，[1] 基本没有产生太大的影响，且本文后面所引用的文本文献和地图也证实了这一点。

管彦波的《明代的舆图世界"天下体系"与"华夷秩序"的承转渐变》一文也基本如此，其结论中有如下认知："这种缺乏世界意识的'天下'、'王土'观念，作为统治中国数千年的政治地理观念，它有非常顽强的历史韧性，任何来自内外的力量均不可能在短期内改变之。然而，入明以后，承继蒙元帝国东西扩张的世界经验，有了郑和下西洋和西方传教士所带来的新鲜域外地理知识的持续发酵，以'中国'为中心天下观念也在被消解、重构的过程中有了太多的变化，许多睁眼看世界的开明士大夫，他们在重新寻找解释天下体系的合理依据的同时，也有了明显的'世界性意识'，在一定程度上承认中国只是天下万国中的一个国家。正是在这种天下观向世界观逐渐转变的过程中，传统的'天朝上国'的帝国观念，实际上已悄然在发生变化。"[2] 从这段文字来

看，作者有着明显的"后见之明"以及"现代意识"，是以现代"世界观念"和"世界体系"为标准来评判古人的"天下秩序"，并加以贬低，且由此认为，从"天下体系"向现代的"世界观念"和"世界体系"的转型是历史的必然，这显然是存在问题的，且这样的认知往往会夸大某些史料的说服力，如作者在文中就强调了元明时期地理知识的传入对传统"天下体系"造成的冲击，但仅从传世的清代地图来看，直至晚清，传统的"天下体系"和"天下秩序"依然占据着主导。

虽然并不具有太多的新意，但本文的这一部分希望通过对王朝时期绘制的"天下图"的介绍，以期能强调王朝时期的"天下秩序"的长期延续。

中国现存较早的"天下图"应当就是石刻《华夷图》，其于刘豫阜昌七年（1136），即南宋绍兴六年刻石；绘制时间当在政和七年至宣和七年（1117—1125年）之间，绘制者不详。图中上部正中写有"华夷图"三字，该图绘制范围，东抵朝鲜，西至葱岭，北达长城以北，南到南海和印度洋。虽然从《华夷图》这一图名以及图中所绘来看，该图呈现的应当就是绘制者认为的由"华""夷"构成的"天下"，但图中主要绘制的是"华"的地域范围，而对于"华"之外的朝鲜

---

1   可以参见黄时鉴、龚缨晏《利玛窦世界地图研究》，上海古籍出版社，2004。

2   管彦波：《明代的舆图世界"天下体系"与"华夷秩序"的承转渐变》，《民族研究》2014 年第 6 期。

半岛、中南半岛以及西域绘制得极为简单，甚至只是在图的四周用文字注记说明"四方番夷"的历史沿革。与该图存在渊源关系的《历代地理指掌图》中的"古今华夷区域总要图"也是如此。[1] 而《历代地理指掌图》中的"历代华夷山水名图"，虽以"华夷"为图名，但图中所绘基本集中在"九州""中国"的范围内，只是在西域、辽东和西南点缀有数量极少的"蛮夷"之地的"山水"。在南宋末年成书的《事林广记》的元禄本中也有一幅"天下图"，即"华夷一统图"[2]，该图的绘制范围东至山东半岛，南至海南岛，西南至交趾，西至"吐藩界"，西北包括了西夏，北至长城以北的"契丹界"，东北至"会宁路"，由此来看，其强调的依然是"华"，而对"夷"则不太在意。

图1　大明混一图（中国第一历史档案馆藏）

1　成一农：《浅析〈华夷图〉与〈历代地理指掌图〉中〈古今华夷区域总要图〉之间的关系》，《文津学志》2013年第6辑。

2　关于这幅地图的研究，参见成一农《宋元日用类书〈事林广记〉〈翰墨全书〉中所收全国总图研究》，《中国史研究》2018年第2期。

图 2 　《天下九边分野 人迹路程全图》（中国国家图书馆藏）中的北美洲

《大明混一图》，绘制于明洪武年间，绢底彩绘，图幅巨大，即 347×453 厘米。该图描绘范围东起日本，西达欧洲，南至爪哇，北抵蒙古，因此从绘制范围来看，其应当是一幅名副其实的"天下图"；但图中明朝直接统驭的区域不仅占据了图面的中央，而且还不成比例地占据了图幅绝大多数面积，而"夷"则只是被填塞在地图的角落之中，甚至巨大的非洲大陆也只是占据了地图左侧的一个角落，因此该图着重表现的同样是"华"。

明代中晚期绝大部分的"天下图"大都是受到三幅地图影响而绘制的，即《广舆图叙》之"大明一统图"、《广舆图》"舆地总图"和《大明一统志》"大

明一统之图"，而这三幅地图的绘制范围大致近似，即北至河套或长城，西北至哈密或吐鲁番，西至西番，东南包括了云南，并标绘了安南、缅甸等，南至海南岛，西南至琉球，东至海（有时标绘有日本），西北包括了辽东、朝鲜。这些地图的图名中出现的"一统""舆地总图"展现了它们所呈现的应当是明朝的"天下"，但就图面来看，主要标绘的是明朝直接统驭的范围，对于周边的"蛮夷"标绘得极为简单，且有时方位和轮廓都极不准确。

还有流行于明代中晚期和清初的《古今形胜之图》系列地图。[1] 其中明万历二十一年（1593）刊印的《乾坤万国

1　对于这一系列地图的研究，参见成一农《"古今形胜之图"系列地图研究——从知识史角度的解读》，《形象史学》2020 年上半年（总第 15 辑）。

全图 古今人物事迹》，地图中上部的注记提到"故合众图而考其成，统中外而归于一。内而中华山河之盛，古今人物之美，或政事之有益于生民，或节义之有裨于风化，或理学之有补于六经者，则注于某州某县之侧；外而穷荒绝域，北至北极，南越海表，东至汪洋，西极流沙，而荒外山川风土异产，则注于某国某岛之傍"，因此这同样是一幅"天下图"，但该图同样是将明朝直接控制的地理范围置于中央，且不成比例地占据了大部分的图幅，同时将周边的国家和地区，不论大小，都以小岛状散绘在海洋之中，而不考虑其所标位置、大小是否恰当。属于这一系列地图的金陵曹君义刊行明崇祯十七年（1644）《天下九边分野 人迹路程全图》，同样以明朝所直接控制的地域范围为主要呈现对象，占据了图幅的绝大部分面积，不过受到西方传教士所传入地图的影响，图中还绘出了亚洲、欧洲、非洲、北美洲和南美洲以及南极，且标绘有经纬网，绘制范围比《乾坤万国全图 古今人物事迹》更为广大。不过将这幅地图与当时传教士绘制的世界地图进行对比就会发现，虽然在《天下九边分野 人迹路程全图》中，南、北美洲和南极的很多地名被保留了下来，但它们的形状被大幅度地剪裁、缩小、扭转甚至变型。如在利玛窦绘制的《坤舆万国全图》上，虽然绘制得不太准确，但基本将北美洲轮廓、墨西哥湾、加

利福尼亚半岛，甚至古巴等岛屿清晰地表现出来，现代人一眼就能识别出这是"北美洲"。而《天下九边分野 人迹路程全图》中的北美洲则"蜷缩"在地图的右上角，古巴用山形符号标绘在远离海岸的位置上，如果不是其上标注有"加拿太国"这一名称的话，估计现代人很难识别出这一"北美洲"；同时"南美洲"被放置在地图右下角，与"北美洲"远远隔绝开来。因此这幅地图只是在一幅表达了明朝直接控制的地域范围的地图之外，套叠了来自传教士地图上的世界其他地域的一些缩小变形的图像，且对它们进行了大幅度的精简，其核心依然是"华"所在的"九州"和"中国"。

清代中后期在民间广泛流传的《大清万年一统地理全图》系列地图也是如此，在这一系列地图中，清朝所直接统驭的区域同样占据了图面的中央以及图幅的绝大部分面积，而"夷"依然被变形且有些随意地放置在地图的角落中。还需要强调的就是"大清万年一统"系地图晚至咸丰年间甚至之后还以《天下总舆图》为名在坊间流传。[1] 将美国国会图书馆藏《天下总舆图》与乾嘉时期流行的《大清万年一统天下全图》进行比对，可以明显发现，《天下总舆图》虽然在《大清万年一统天下全图》的基础上删去了大量文字注记，但整体框架依然保留了下来，即虽然整个图幅的四至依然是东至朝鲜，

---

1 王耀：《清代彩绘〈天下全图〉文本考述——兼释海内外具有渊源关系的若干地图》，《中国国家博物馆馆刊》2016 年第 10 期。

西至西洋，北至沙漠，南至东南亚，且标注有大西洋、小西洋、荷兰国、日本、琉球等，但整幅地图的绝大部分图面依然描绘的是清朝直接统驭的范围。甚至晚至光绪年间借由年画铺坊刻印发售的不著作者的《古今地舆全图》也是如此。[1]

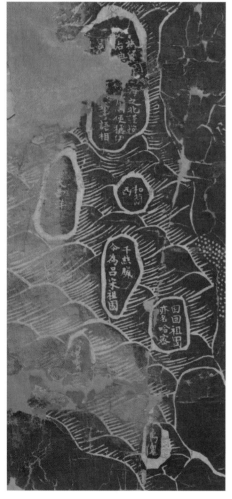

图3　《大清万年一统天下全图》（美国国会图书馆藏）左上角描绘的大西洋和荷兰国等

总体而言，王朝时期的"天下图"通过将王朝所直接控制的地域范围绘制在地图中间，且不成比例地放大，同时将"夷"不成比例地缩小，点缀在地图图幅四周，从而凸显了王朝时期的"天下秩序"，由此对于地图的观看者而言，整个"天下"是围绕"华"展开的，且"华"占据着统治和支配地位，而居于从属地位的"夷"是不重要的。还需要注意的是，在这一"天下秩序"中，"夷"的重要性也是存在差异的，且这种差异性是相对于"华"的，这点在"天下图"上也表现得非常明显。如在这些地图上，与"华"有着更为密切交往的"朝鲜"等通常被绘制得更大、更为详细，在具体方位上也大致准确，而那些几乎只是有所听闻的"夷"，如欧洲、非洲诸国，则通常绘制得非常小、极为简略，方位也只是示意性的。更为重要的是，上述对王朝时期流行的"天下图"的介绍，展现出这种"天下秩序"并不像之前学者所认知的在宋代或者明代晚期开始转型，而是一直延续到了清末。

还需要说明的就是，上述"天下图"中以《今古舆地图》系列地图和《大清万年一统地理全图》系列地图为代表的地图，不仅流传于当时的士大夫中，且还在普通民众中广泛流传，由此这些地图所展现的"天下秩序"对于"中国"的普

1　该类地图存世较多，主要有光绪十年（1884年）、光绪十一年（1885年）、光绪十四年（1888年）、光绪十八年（1892年）和光绪二十一年（1895年）刊印的五种。

通民众而言，不仅不是陌生的，而且很可能也被认为是既定"事实"，这似乎也展现了这种"天下秩序"在王朝时期被广泛接受的程度。

作为对上述认知的补充，就现存的地图而言，清代晚期之前，王朝时期绘制"九州"和"中国"之外地区的地图的数量极为有限，主要集中在朝鲜、日本、越南、琉球和西域等少数在历史上与王朝存在密切往来或者曾影响到王朝统治或稳定的国家和地区。而且就绘制时间而言，这些地图不仅主要集中在这些国家和地区与王朝存在密切往来的某一时期，而且多是相互抄袭的。上述现象应当也是王朝时期的"天下秩序"造成的，因为，在这一观念之下，"蛮夷"之地是不需要给予太多关注的，由此也就没有太大必要绘制地图对他们进行展现。试想中国古代不乏著名的旅行家，如我们耳熟能详的明代的徐

霞客、王士性，但是他们的旅行范围只是局限在"九州"之内，在他们的著作中根本看不到对域外的兴趣。当然在中国古代也存在一些域外的探险，但这些探险绝大多数不是基于地理目的，如汉代开通西域的张骞，以及后来不断派往西域的使团，他们的政治目的远远大于地理兴趣，一旦政治目的消失了，这些"夷"地就很少有人涉足；唐代前往印度的玄奘，其目的为求法，而不在于地理探险；明初的郑和，七次下西洋的政治目的，也远远高于地理探察。而且虽然这些活动很多都带回了大量地理知识，甚至有著作存世，但是这些著作并没有引起中国古代知识分子的太多兴趣。试想《水经注》、历代正史中《地理志》，为其注释者前后不绝，但是中国古代对《大唐西域记》《岛夷志略》这些有关域外的著作进行的研究有哪些呢？

图4　《杨子器跋舆地图》（中国国家图书馆藏1983年摹绘本）的"凡例"

最后，还要提及的就是王朝时期的"天下秩序"在某些地图上还渗透到了其所使用的符号中。清末之前，明确注明图面所用符号的地图数量不多，也基本没有地图对其所使用符号的含义和原因进行介绍，但比较特殊的就是《杨子器跋舆地图》，其在"凡例"中对图中使用的符号的含义进行了如下叙述：

> 一京师八其角，以控八方也。
>
> 一蕃司为圆，府差小焉，治统诸小，非一方拘也。
>
> 一州为方，县则差小，大小各一方也。
>
> 一附都司、卫所，加城形者，示有捍御，不附书，总具图空，不得已也。
>
> 一守御所特设者，斜其方，以武非治世之正御，与都司以次而大，因其势也。
>
> 一夷邦三其角，偏方也，不多及者，纪其所可知者耳。
>
> 一宣慰司以下无别者，王化所略也。
>
> 一山川、陵庙各随形以书其名，非特纪名胜，正以定疆域也。

此处对所使用符号含义的描述有着浓厚的等级意识，如从京师的"以控八方"，藩司和府的"治统诸小"，到州县的"各一方"；且省会和府之间，州和县之间，虽然使用的符号相同，但都用大小来表达了等级差异。与本文主题相关的符号就是这一叙述中强调的用于"夷邦"的符号，即"偏方也不多及者，纪其所可知者耳"，由此显示出"华"与"夷"之间的等级差异；而"宣慰司以下无别者，王化所略也"更是对这一"天下秩序"进行了直白的表达。

二 职贡图所反映的王朝时期的"天下秩序"

以历代的《职贡图》入手讨论"华夷秩序"和"天下秩序"的研究数量同样众多，如葛兆光《想象天下帝国——以（传）李公麟〈万方职贡图〉为中心》、苍铭等《〈皇清职贡图〉的"大一统"与"中外一家"思想》[1]、杨德忠《元代的职贡图与帝国威望之认证》[2] 以及赖毓芝《图像帝国：乾隆朝〈职贡图〉的制作与帝都呈现》[3] 等，这些研究对职贡图的讨论中大都将王朝视为

1 苍铭等：《〈皇清职贡图〉的"大一统"与"中外一家"思想》，《云南师范大学学报》（哲学社会科学版）2019年第3期。

2 杨德忠：《元代的职贡图与帝国威望之认证》，《美术学报》2018年第2期。

3 赖毓芝：《图像帝国：乾隆朝〈职贡图〉的制作与帝都呈现》，《"中研院"近代史研究所集刊》2012年第75期。

"国家"和"帝国",这点从这些论文的标题就可以看出,但"王朝"与"帝国"和"国家"在空间结构上是存在差异的,简言之"王朝"涵盖的是"天下",而无论是"帝国"还是"国家"则都有着明确的地域范围。[1] 以往的相关研究由于持有这样的视角,因此在研究中虽然强调"王朝"与"蛮夷"的等级差异,但同时在研究中通过将"王朝"称为"帝国""国家"从而有意无意地将"王朝"与同样作为"国家""部族"的"蛮夷"并立,因而并没有真正理解王朝时期的"天下秩序"。

此外,葛兆光的《想象天下帝国——以(传)李公麟〈万方职贡图〉为中心》提出,"本文以(传)宋代李公麟创作《万方职贡图》的宋神宗熙宁、元丰年间为例,考证当时北宋王朝与周边诸国的朝贡往来实况,并与《万方职贡图》中的朝贡十国进行比较,试图说明如果《万方职贡图》真是李公麟所绘,那它的叙述虽然有符合实际之处,但也有不少只是来自历史记忆和帝国想象。这说明宋代中国在当时国际环境中,尽管已经不复汉唐时代的盛况,但仍然在做俯瞰四夷的天下帝国之梦。特别要指出的是,这种'职贡图'的艺术传统还一直延续到清代,而类似'职贡图'想象天下的帝国意识,也同样延续到清代"[2]。虽然,在我们现代人看来,王朝时期构建的"天下秩序"确实有着想象的成分,但在研究中,我们要意识到的是,识别出这种"想象"的是我们现代研究者,而对于王朝时期的人来说,这些有可能并不是"想象"而是"事实"。由此,在历史研究中,当分析王朝时期的认知的时候,需要将"天下秩序"作为"事实"来看待,否则就会对当时人的认知产生或多或少的曲解。

不仅如此,以往的研究基本都忽略或忽视了王朝时期"职贡"一词的含义。王朝时期的"职贡"指的是"天下"各地按等级向王朝中央交纳贡赋的制度,也即"纳职贡"是臣属于王朝的地区的职责和义务,也是其臣属于王朝的标志。以往将王朝作为一个"国家"或者"帝国"进行的研究,虽然认识到了"王朝"与朝贡的国家、部族、政权之间存在着"不平等"的关系,但没有意识到"纳职贡"意味着"臣属"。这里需要说明的是,这种"臣属"是王朝视角的,即王朝认为"纳职贡"意味着"纳职贡"的地区承认了王朝的统治权,但来"纳职贡"的地区是否意识到了这点或者是否认可这点则是另外一回事。由此,"职贡图"本身通过绘制"纳职贡"的国家和

1　参见成一农《王朝是"帝国"吗?——以寰宇图和职贡图为中心》,《云南大学学报》(社会科学版) 2022 年第 1 期。

2　葛兆光:《想象天下帝国——以(传)李公麟〈万方职贡图〉为中心》,《复旦学报》(社会科学版) 2018 年第 3 期。

地区就已经展现了王朝时期的"天下"以及"天下秩序"。

虽然存在争议，但大致可以认为南京博物院所藏南朝梁元帝萧绎原作、北宋熙宁时期摹绘的《职贡图》应当是目前存世最早的《职贡图》。[1] 该图现存绘制有外国使节 12 人的残卷，且在人物旁列有其国名与大段题记，从右至左依次为滑国、波斯国、百济、龟兹、倭国、狼牙修国、邓至国、周古柯国、呵跋檀国、胡蜜丹国、白题国和末国；此外，清代吴升在《大观录》中记载，当时他所看到的图卷所列为 25 国。[2] 这一《职贡图》中记录的来"纳职贡"的诸国大致涉及东亚、中亚和西亚，远远超出了南朝梁所控制的区域，一方面显然其所表达的是南朝梁的"天下"，另一方面这些国家、部族前来南梁"朝贡"，无论是真实的，还是想象的，[3] 都意味着在南梁心目中这些国家、部族，与南梁所控制的区域相比是地位较低的，由此也是对"天下秩序"的展现。

此外，以往研究较多的就是宋代李公麟所作的《职贡图》。该图在世界各地多有收藏，图名不一，且对这些地图的真伪，学界存在较多争议。如赵灿鹏认为台北"故宫博物馆"所藏"传为李公麟作

《万国职贡图》诸国题记，实自明人王圻等撰《三才图会》一书抄撮而成"，且其还认为其他 13 种传为李公麟所作的《职贡图》也都不会是李公麟的作品。[4] 葛兆光则认为美国弗利尔美术馆所藏《万方职贡图》确实为李公麟所绘，不过赵灿鹏的分析中没有涉及这幅图。

这些《职贡图》是否为李公麟所绘对于本文的分析并无影响，因为即使按照赵灿鹏的分析，台北"故宫博物馆"所藏传为李公麟所作的《万国职贡图》的史料来源于明代的《三才图会》，那么其也可以反映明人心目中的"天下秩序"。大致来说，这些传世的李公麟的《职贡图》涉及的国家和部族基本来自东亚、东南亚、中亚和西亚，也都远远超出了宋朝（明朝）直接控制的地域范围，由此同样展现出以宋朝（明朝）直接控制的地域为中心的"天下秩序"。对于这一图像展现的"天下秩序"，葛兆光分析如下："其实，正如与李公麟同时代的苏轼所说，包括高丽在内的各国，'名为慕义来朝，其实为利'。很多人可能都看到了，'高丽之臣事中朝也，盖欲慕华风而利岁赐耳；中国之招来高丽也，盖欲柔远人以饰太平耳'，所谓"饰太平"，实

1　金维诺：《"职贡图"的时代与作者——读画札记》，《文物》1960 年第 7 期。

2　（清）吴升：《大观录》，民国九年武进李氏圣译廎本。

3　所谓"想象"的，可能是这些国家和部族中的一些实际上并未前来朝贡，也可能是这些国家和部族确实派遣使者来到南梁，但南梁将这种行为想象是"朝贡"，而来访的使节可能并没有这样的意识。

4　赵灿鹏：《宋李公麟〈万国职贡图〉伪作辨证——宋元时期中外关系史料研究之一》，《暨南史学》2013 年第 8 辑。

际上就是为了展现以王朝直接统治的地域为核心的"天下秩序",即"但是,在一种需要表现'柔远人以饰太平'的传统天朝上国的心态中,他们觉得仍然可以用图画的方式、居高临下的眼光俯瞰四夷,一方面流露对野蛮人的怜悯和轻蔑,一方面满足唯我独尊的天下帝国意识,李公麟《万方职贡图》似乎就是这样的艺术作品"[1];"即使到了北宋行将遭遇灭顶之灾的前夕,仍然有一个叫翁彦约的官员向宋徽宗建议绘制职贡图。他说,现在'天复万国,化行方外,梯航辐辏,史不绝书',比三代汉唐都伟大,域外蛮夷'莫不向风驰义,重译来宾',中国'声教所及,固已袭冠遣子弟,旷然大变其俗',所以应当'观其赀币服饰之环奇,名称状貌之诡异','以见中国至仁,彰太平之高致,诚天下之伟观也'"[2]。

清朝乾隆时期绘制的《皇清职贡图》也是如此。这一图册的绘制始于乾隆十六年(1751),至乾隆二十二年(1757)基本绘制完成,后经过多次补绘,直至乾隆五十八年(1793)才最终绘制完成,此后嘉庆时期又进行了补绘。[3]《皇清职贡图》第一卷包括朝鲜国、琉球国、安南国、暹罗国、苏禄国、南掌国、缅甸国、大西洋国、小西洋国、英吉利国、法兰西

国、瑞国、日本国、文郎马神国、文莱国、柔佛国、荷兰国、鄂罗斯国、宋腒朥国、柬埔寨国、吕宋国、咖喇吧国、亚利晚国等国的外国官民,及达赖喇嘛地方政权所属藏民,伊犁等处厄鲁特蒙古,哈萨克头人,布鲁特头人,乌什、拔达克山、安集延等地回目,哈密及肃州等地回民,土尔扈特蒙古台吉等。第二卷为东北边界地带的鄂伦春、赫哲等7族,福建所属古田县畲民等2族,台湾所属诸罗县诸罗等13族,湖南所属永绥乾州红苗等6族,广东所属新宁县傜人等10族,广西所属永宁州梳傜人等23族。第三卷为甘肃与青海边界地带土司所属撒拉等34族,四川与青海及达赖喇嘛地方政权交界地带土司所属威茂协大金川族等58族。第四卷为云南所属景东等府白人等36族,贵州所属铜仁府红苗等42族。基于"职贡"的含义,《皇清职贡图》实际上反映了清朝自认为其所拥有的"天下"包括了所有"纳职贡"的诸国、部族、政权,显然远远超出了清朝当时直接控制的地理范围;同时,图中没有绘制的,也即不纳职贡的满、汉和蒙古及其所占有的地理范围,也就成为"天下"的核心,由此也展现了清人的"天下秩序"。

1 葛兆光:《想象天下帝国——以(传)李公麟〈万方职贡图〉为中心》,《复旦学报》(社会科学版)2018年第3期。

2 同上注。

3 参见祁庆富《〈皇清职贡图〉的编绘与刊刻》,《民族研究》2003年第5期。

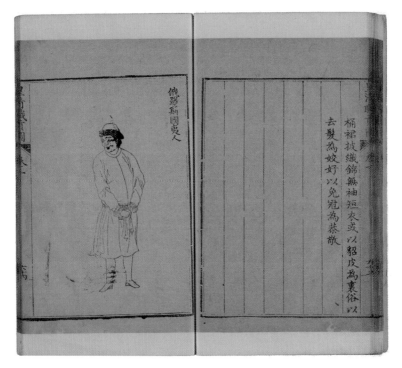

图 5　《皇清职贡图》（中国国家图书馆藏）俄罗斯"夷人"

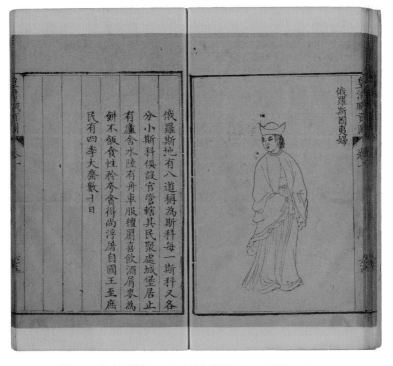

图 6　《皇清职贡图》（中国国家图书馆藏）俄罗斯"夷妇"

三　王朝时期"风水"观念中的"天下秩序"

"风水"观念，虽然现代人看起来是一种"迷信"，但在王朝时期，那些涉及"天下形势"的"风水"观念确实有着广泛的影响，如"分野""山河两戒"和"三大干龙"，而这些观念都展现了王朝时期的"天下秩序"，现分别进行介绍。

"分野"，即王朝时期通过将天上的星宿与地上的行政区划或者区域对应起来，由此希望可以运用天象来预测对应区域的吉凶祸福。[1] 按照今人的理解，天与地是相对的，既然用天上的星宿与地上的区域进行对应，那么在理论上应当是"普天"的星宿——与"普天之下的王土"进行对应，但实际上，在王朝时期，"分野"主要对应的就是"九州""中国"。因此，王朝时期虽然是"普天之下莫非王土"，但士人心目中的"天"所关注的"王土"只有"中国""九州"，或者至多泛化为设置郡县之地。对此邱靖嘉在其专著《天地之间：天文分野的历史学研究》中进行了很好的概述，且其中对"分野"展现的"天下秩序"也进行了非常切实的评述，现摘录如下：

"分野止系中国"集中体现了古代中国人认为中华文化至上、"中国即世界"的传统天下观。天下观是古代中国人所特有的一种政治哲学和文化地理观念，它是中国传统世界观的核心。一般认为，古人所说的"天下"主要有两种涵义：就狭义而言，"天下"即指单一的政治社会——"中国"；若从广义来说，"天下"则是"天之所覆，地之所载"的普天之下——"世界"。这两种看似对立的"天下"涵义其实具有紧密的内在逻辑联系，所谓"天下"指"世界"并非近代意义上的世界万国观，而是一种"以中国为中心，以周边国族乃至整个世界为周边的同心圆式的世界观"。在这种天下模式中，中国无疑占据绝对主体地位，构成天下观的核心与内涵，而周边民族和国家则仅是中国的外缘，且往往充斥着很多鄙夷与想象的成分。由于受古代中国人"相近略远""重中央轻边缘"的世界地理观念，以及中国文化至上的华夏中心主义思想的影响，由中国向外伸展出去的这部分"天下"之外延常常会被人们忽略。因此，中国传统天下观无论从狭义还是广义来看，其本质内核均表现为"天下"即"中国"、"中国"即

1　对于王朝时期分野学说的形成及其演变，可以参见邱靖嘉《天地之间：天文分野的历史学研究》（中华书局，2020）一书的详细讨论。

"世界"的狭隘世界观。[1]

上述认知在王朝时期绘制的"分野图"（也可以称为"分星图"）中体现得更为直接。"分野"思想虽然最早产生于春秋战国时期，但保存至今最早的分野图是宋代的。按照时间和地图的来源来看，大致有以下几种：

目前存世最早的"分野图"应当是《历代地理指掌图》中的"天象分野图"，该图用天上的星宿来对应东周十三国，即齐、燕、鲁、宋、赵、卫、周、吴、越、楚、秦、韩、魏。从地图绘制的内容来看，该图应当是以同一部地图集中的"七国壤地图"为底图改绘的，两图在各国的疆界、行政区划的位置等方面基本相同，只是"天象分野图"增了吴、越两国。该图被成书于明万历年间的《修攘通考》和刊印于明万历三十七年的《三才图会》所引用。

成书于南宋时期的《帝王经世图谱》（《文渊阁四库全书》本）中有三幅分野图，基本是以《历代地理指掌图》中的地图为底图改绘的，其中"周保章九州分星之谱"，从绘制内容来看，是对《历代地理指掌图》"周职方图"的简化，去掉了所有河流和水体，但将河流的名称都保留了下来，在图中划分了九州的区域且标注了分野，并在地图的两侧增加了对九州分野的考订和记述；"唐一行山河分野图"，可以认为是对《历代地理指掌图》

"唐一行山河两戒图"的简化，且在该图右侧的文字注记中也提到了"此图据唐一行山河度数以所得汉唐郡国疆界图之最为精密"，而且图中还保留有"北戒""南戒"以及星野的文字标记；"魏陈卓十二次分野图"，可以认为是对《历代地理指掌图》"唐十五采访使图"的简化，且增加了星野的标注。与《历代地理指掌图》不同的是，这三幅地图将大致相当于今天广东和广西两省的地域排除在分野之外。

编定时间大致在宋末的《六经奥论》中存在一幅没有命名的地图，其主要表现的是上古时期的州域（图中有青州、幽州、徐州、冀州、豫州、并州、益州、雍州、兖州、扬州、荆州）、东周时期的诸侯国（齐、鲁、宋、赵、卫、魏、秦、韩、吴、越、楚、郑）、宋代的各路与星宿之间的对应关系，并且标注了唐一行的山河两戒（北纪、南纪、北戒、南戒）。

明清时期的分野图数量较多，从所用底图来看，基本可以分为两类：

以《广舆图叙》"大明一统图"为底图绘制的，大致有万历二十七年（1599）刊行的王鸣鹤《登坛必究》"二十八宿分野之图"、成书于天启年间的陈仁锡《八编类纂》"二十八宿分应各省地理总图"、万历四十一年（1613）章潢《图书编》"二十八宿分应各省地理总图"、成书于崇祯五年（1632）的茅瑞征《禹贡汇疏》

1 邱靖嘉：《天地之间：天文分野的历史学研究》，第 261 页。

"星野总图"以及清代段汝霖《楚南苗志》"二十八宿分野之图"。《登坛必究》"二十八宿分野之图"以明代的两京十三省为基础政区，描绘了对应的星宿分野，《楚南苗志》"二十八宿分野之图"几乎与此完全相同。《图书编》"二十八宿分应各省地理总图"、《禹贡汇疏》"星野总图"和《八编类纂》"二十八宿分应各省地理总图"图面内容与《登坛必究》"二十八宿分野之图"几乎完全相同，都是以明代的政区为基础，只是去掉了高层政区之间的边界，且将图中书写在方形框中的底色为黑色、文字为白色的省名和分野名，改为底色为白色、文字为黑色，同时其余分野名则书写在圆形或者近似杏仁形的符号中，且底色为白色、文字为黑色。

以《广舆图》"舆地总图"为底图改绘的有：李克家《戎事类占》"州国分野图"、夏允彝《禹贡古今合注》"九州分野"、沈定之和吴国辅《今古舆地图》"九州二十八宿分埜图"，以及成书于明末清初的朱约淳《阅史津逮》"天文分野图"和清代张汝璧《天官图》"分野图"。《戎事类占》"州国分野图"保留了《广舆图》"舆地总图"的海岸线轮廓以及重要的河流，突出呈现了两京十三省，并以此为基础添加了州域（幽州、青州、兖州、徐州、扬州、豫州、冀州、荆州、并州、雍州、梁州）、东周诸国以及分野的内容，从图中绘制有长城来看，其有可能是根据《广舆图》"舆地总图"的万历刻本改绘的。《禹贡古今合注》"九州分野"精简了《广舆图》"舆地总图"中的河流

和山脉，然后增加了星宿分野的内容，并且粗略绘制出了大部分府级政区之间的界线。《今古舆地图》"九州二十八宿分埜图"，与图集中其他地图相似，采用"今墨古朱"的表示方法，即明朝的府县用墨书标注，而"九州"和分野的内容则用朱色标注。此外，该图与图集的所有地图一样都绘制有长城，但与万历本《广舆图》的"舆地总图"所绘长城并不一致，长城向西延伸到了肃州，且黄河的绘制方法也与万历本迥然不同，因此其所用底本应当是《广舆图》的某一早期版本。《阅史津逮》"天文分野图"，以明代政区为基础，增补了分野的内容，从图中黄河的形状以及长城的形状和东至鸭绿江来看，底图使用的应当是万历版《广舆图》的"舆地总图"。《天官图》"分野图"，依然是以明代政区为基础，标绘了与分野有关的内容，但可能受到西方传教士的影响，将所绘区域放置在了一个圆形的框架中。

此外，明清时期还有几幅与其他地图找不出太多关联的"分野图"，即：明代吴惟顺、吴鸣球《兵镜》"二十八宿分野图"，该图粗略表现了明代的两京十三省，并标注了少量府（直隶州）级政区，然后标注了各地对应的分野。清代徐发《天元历理全书》中的"复古分野图""古分野图"和"天市垣分野图"，与其他分野图类似，应是以某幅地图为底图改绘的，但具体的底图尚待研究，不过"复古分野图""古分野图"的一些特征，如河流、海岸线等，与《广舆图》"舆地

总图"有些相近。与其他分野图不同的是,"复古分野图"和"古分野图"从中心向外放射出一些线条,并且与各区域对应的星宿都被标在地图的四周,而不是直接标注在对应的区域之中。其中"古分野图"所绘主要是各州域和东周时期的各诸侯国;"复古分野图"主要展现的是清代的政区;"天市垣分野图"对其所依据的地图进行了大幅度的简化,只保留了河流,并标注了东周诸国,但并未标注分野的内容。

总体而言,从留存至今的分野图的内容来看,大致可以分为两类,一类是将天上的星宿与州域、东周诸国对应起来,另一类则是将天上的星宿对应于地图绘制时的政区,当然也存在将两者结合起来的地图。但无论如何,现存的"分野图"中的绝大部分都只是涉及"九州""中国"以及王朝直接统辖的地理范围,而几乎不会涉及"蛮夷"之地。少有的例外就是清代徐葆光《中山传信录》中的"琉球星野图"和周煌《琉球国志略》中的"琉球星野图"。两图所绘内容基本一致,虽然图名为"琉球星野图",但实际上地图的主要部分绘制的是清朝东南沿岸的府州,且分野也标注在这一地区,而琉球和日本只是被简单地标注在地图的右侧和右下角,且没有任何与其分野有关的说明文字。

最后需要提及的就是,清代官方曾经扩大了"分野"所对应的区域,这点邱靖嘉的著作中论述得较为详细,即"清朝陆续将吉林、黑龙江、蒙古、西藏、新疆、台湾等新辟领土纳入中国传统分野体系"[1],但一方面这种官方认知的影响力以及持续性还需要进一步分析,另一方面与本文讨论的问题有关的就是,其依然没有将"分野"扩展到整个"天下",因此只能说清朝在努力扩大"中国"或者"华"的范围,但并未意图从根本上改变"天下秩序"。

王朝时期关于"天下"的山川大势曾经有三种理论,按照唐晓峰的研究,唐代以前,关于大地山脉格局的观念,出现过《山经》的"四区、五藏"、《禹贡》的"四列"和马融的"三条"等;他还引用了周振鹤的观点,认为自唐朝始,至明代王士性提出的"三龙"说之前,天下大的山脉格局思想,曾经流行过僧一行的"两戒"说。[2] 需要强调的就是,无论是"山河两戒"还是"三大干龙",实际上都涉及"星野"或者"风水",下面就对二者进行分析。

所谓两戒就是"天下的山河分成两个大系——这两个山河大系,又是分割华夏与戎狄,华夏与蛮夷的两条地理界线"。关于这一思想的来源,唐晓峰教授认为"正是传统的星野观念,导致天文

1　邱靖嘉:《天地之间:天文分野的历史学研究》,第 271 页。

2　唐晓峰:《山河两戒:唐代天文学家的地理观念》,《环球人文地理·评论版》2015 年第 1 期。

学家僧一行推演出一套地理模式"[1]。《新唐书·天文志》中有着关于僧一行提出的"山河两戒"的详细记录：

> 贞观中，淳风撰《法象志》，因《汉书》十二次度数，始以唐之州县配焉。而一行以为，天下山河之象存乎两戒。北戒，自三危、积石，负终南地络之阴，东及太华，逾河，并雷首、底柱、王屋、太行，北抵常山之右，乃东循塞垣，至濊貊、朝鲜，是谓北纪，所以限戎狄也。南戒，自岷山、嶓冢，负地络之阳，东及太华，连商山、熊耳、外方、桐柏，自上洛南逾江、汉，携武当、荆山，至于衡阳，乃东循岭徼，达东瓯、闽中，是谓南纪，所以限蛮夷也。故《星传》谓北戒为"胡门"，南戒为"越门"。

> 河源自北纪之首，循雍州北徼，达华阴而与地络相会，并行而东，至太行之曲，分而东流，与泾、渭、济渎相为表里，谓之"北河"。江源自南纪之首，循梁州南徼，达华阳，而与地络相会，并行而东，及荆山之阳，分而东流，与汉水、淮渎相为表里，谓之"南河"[2]。

然后以"山河两戒"为基础对春秋战国时期的诸侯国的"形势"进行了描述，而止于"戎狄蛮越"，即：

> 故于天象，则弘农分陕为两河之会，五服诸侯在焉。自陕而西为秦、凉，北纪山河之曲为晋、代，南纪山河之曲为巴、蜀，皆负险用武之国也。自陕而东，三川、中岳为成周；西距外方、大伾，北至于济，南至于淮，东达巨野，为宋、郑、陈、蔡；河内及济水之阳为邺、卫；汉东滨淮水之阴为申、随。皆四战用文之国也。北纪之东，至北河之北，为邢、赵。南纪之东，至南河之南，为荆、楚。自北河下流，南距岱山为三齐，夹右碣石为北燕。自南河下流，北距岱山为邹、鲁，南涉江、淮为吴、越。皆负海之国，货殖之所阜也。自河源循塞垣北，东及海，为戎狄。自江源循岭徼南，东及海，为蛮越。观两河之象，与云汉之所始终，而分野可知矣。[3]

然后还对各地的"分野"进行了详细的描述。[4] 需要注意的是这段文字中开篇谈及的是"天下山河之象"，但从文中

涉及的地理范围而言，基本相当于"九州""中国"，虽然偶有谈及周边的"蛮夷"，但也极为简单，且基本都是与"中国"直接相连的"蛮夷"，而那些距离更远的，则"岛夷蛮貊之人，声教所不暨，皆系于狗国云"。而"狗国"是"星名"，《新唐书·天文志中》中对此也有记述，即"其他星：《旧经》：……天江、天高、狗国、外屏、云雨、虚梁在黄道外……今测……天关、天尊、天樽、天江、天高、狗国、外屏，皆当黄道"[1]，由此"狗国"虽然位于黄道之上，但由于属于"其他星"，因此显然并不重要，即正如邱靖嘉所述"那些与夷狄相对应的诸星多处于三垣二十八宿天文系统的边缘，且往往以贱名称之"，由此也就展现了王朝时期的"天下秩序"。

除了分野图中的一些地图涉及"山河两戒"之外，王朝时期流传的"山河两戒图"，按照绘制采用的底图主要可以分为两个类型：

第一个类型来源于《历代地理指掌图》中的"唐一行山河两戒图"，从绘制内容来看，该图应是以该图集中的"太宗皇帝统一之图"为底图，去掉了有着时代标志的如"太祖皇帝""东汉""契丹"等地名，而增加了"古雍州"等州域名、"雍州北檄""梁州南檄""北纪""北戒""南纪""南戒"等与"山河两戒"有关的标注，以及用山形符号绘制了两戒的具体走向。该图此后被明代一些

著作所收录，大致有何镗《修攘通考》"唐一行山河两戒图"、夏允彝《禹贡古今合注》"唐一行山河两戒图"、王圻《三才图会》"唐一行山河两戒图"以及茅瑞征《禹贡汇疏》"唐一行山河两戒图"。

第二类山河两戒图主要出现于明末和清代，目前所能见到的最早的应当为《今古舆地图》"唐一行山河两戒图"，如前文所述《今古舆地图》是以《广舆图》"舆地总图"为基础改绘的，具体到"唐一行山河两戒图"则是在"舆地总图"基础上用朱色山形符号标出了"两戒"的具体走向，并增加了"雍州北檄""梁州南檄""北纪""北戒""南纪""南戒"等与山河两戒有关的文字标注，以及"荆州""吴越""三齐"等地名。

此外，清代徐文靖《天下山河两戒考》"山河两戒图"，从图面内容来看，应当也是以《广舆图》"舆地总图"为基础改绘的，但与《今古舆地图》"唐一行山河两戒图"在具体的内容，尤其是具体地名的标绘上存在较大差异，因此应当是独立绘制的。

清代赵振芳《易原》"山河两戒"，该图是以《广舆图叙》"大明一统图"为底图改绘的，与下文提到的同样以该图为底图绘制的"三大干龙图"相似，在保持图面内容的情况下，也增加了一些非常有特点的地理要素，如左下角基本南北向

---

1   （宋）欧阳修等：《新唐书》卷三一《天文志》，第810页。

延伸的"黑水"、左上角的"弱水"等，与其他两戒图不同的是，图中并没有绘制两戒的具体走向。

总体看来，"山河两戒图"只是流行到明末清初，此后关于"山河两戒"的地图在书籍中出现的不多，原因可能确实是因为这一时期"两戒"的思想被"三大干龙"的思想所取代；且宋代以来这一主题的地图所描绘区域依然是"中国""九州"。

如前文所述，"三大干龙"的思想是王士性在前人基础上提出的，不过其同样与"风水"有关，主要论述的是王朝兴衰与"干龙"或者说"龙脉"之间的关系，[1] 但其涉及的地理范围同样集中在"九州"和"中国"，而没有涉及太多的"蛮夷"地区，这点在同一主题的地图中也有着直接的体现，由此表明与王朝兴衰相关的只是"九州"和"中国"，而与"蛮夷"无关，因此也是对王朝时期"天下秩序"的展现。

明代中后期，以"三大干龙"为主题的地图大量出现，依据其所用于绘制的底本，可以分为三大类：

第一类以《广舆图叙》"大明一统图"为底图，主要有章潢《图书编》"中国三大干龙总览之图"、王圻《三才图会》"中国三大干图"和陈仁锡《八编类纂》"中国三大干龙总览之图"，此外还有明代中后期人假借刘基之名所作《镌

地理参补评林图诀全备平沙玉尺经》中的"中国山水大势总图"。从描绘内容上来看，这四幅地图似乎是《广舆图叙》"大明一统图"的简化版，图中的一些主要内容，如长城、黄河源、海中的日本和琉球、五岳、北京附近的天寿山等与原图基本相同，但也增加了一些非常有特点的地理要素，如右上角两条几乎南北向延伸的河流、左下角基本呈南北向延伸的"黑水"、左上角的"弱水"和"崑仑"等。从图面来看，虽然没有标绘"三大干龙"的走势，但主要描绘的是"中国"山川的大致走势。

第二类以《广舆图》"舆地总图"为底图，大致有：徐之镇《重镌罗经顶门针简易图解》"补三干所节各省郡州及附近四夷图"，该图基本是对《广舆图》"舆地总图"的直接复制，除了将地图中央文字较多的部分去掉了方格网之外，全图大部分的方格网被保留了下来，此外黄河源表现得较为夸张。还有李国木辑《地理大全》"中国三大干山水总图"，该图基本只保留了《广舆图》"舆地总图"中的海岸线轮廓以及重要的河流，还以此为基础在海中增加了日本等地名，在西侧增加了一些山脉的图形以及"黑水"。但两图同样没有在图面上直接标注"三大干龙"的走势。

第三类以《大明一统志》"大明一统之图"为底图改绘，主要就是章潢《图

1　（明）王士性：《广游志》卷上《杂志上》，载周振鹤编校《王士性地理书三种》，上海古籍出版社，1993，第210页。

书编》"中国地理海岳江河大势图",该图增加了黄河的河源,将太湖与长江、朝鲜与日本连接了起来,但原图中的主要地理要素和特点基本保留了下来,然依然缺乏对"三大干龙"的标注。

结　论

本文的结论实际上非常简单,第一,从上文所列举的材料来看,王朝时期的"天下秩序"渗透到了文化的方方面面,在各种体裁、主题的作品中都所有展现;第二,这种"天下秩序",虽然在某些细节上存在着变化,但在清代晚期之前,一直未曾发生根本性的变化,无论是明末清初的外来文化,还是宋朝以及清朝前中期面对的今人看来的"国际形势"的变化,都未能对"天下秩序"产生冲击。正是由于王朝时期"天下秩序"的根深蒂固,且属于传统知识体系和文化的内在组成部分,因此只有在清末面对最终从根本上击垮了传统知识体系和文化的外来冲击时,

才会最终"消亡"。以鸦片战争为起点,清朝与欧洲列强的冲突,可以看成是这种"天下秩序"与近代欧洲建立的"万国平等"的"国际秩序"之间的冲突。而在这场冲突中,处于上升期的欧洲列强,战胜了已经过了王朝强盛期,制度日趋僵化、日益缺乏开放性和进取心的清朝,由此在对撞中,王朝时期的"天下秩序"的崩溃也是必然。但由于这种"天下秩序"深入文化的骨髓,且在这种"天下秩序"中"中国"长期居于统治地位,因此在受到如此冲击之下,清朝以及民众依然花费了近百年的时间才将这种"天下秩序"抛弃。还要强调的就是,在"天下秩序"到近现代"万国平等"的"国际秩序"之间,也根本不可能存在以往学者或明或暗称述的明末(或宋代)以来的"渐近"发展,因为"渐近"发展是有着内在动力的,即使没有外力,那么也将如此,但"天下秩序"到近现代"万国平等"的"国际秩序"的转型,则只能是外部强有力的冲击的结果。

《形象史学》征稿启事

《形象史学》是由中国社会科学院古代史研究所文化史研究室主办、面向海内外征稿的中文集刊，自 2021 年起每年出版四辑。凡属中国古代文化史研究范畴的专题文章，只要内容充实，文字洗练，并有一定的深度和广度，均在收辑之列。尤其欢迎利用历史上流传下来的各类形象材料进行专题研究的考据文章，以及围绕中国古代文化史学科建构与方法探讨的理论文章。此外，与古代丝路文化和碑刻文献研究相关的文章，亦在欢迎之列。具体说明如下。

一、本刊常设栏目有理论动态、名家笔谈、器物研究、图像研究、汉画研究、服饰研究、文本研究等，主要登载专题研究文章，字数以 2 万字以内为宜。对于反映文化史研究前沿动态与热点问题的综述、书评、随笔，以及相关领域国外学者的最新研究成果（须提供中文译本），亦适量选用。

二、来稿文责自负。章节层次应清晰明了，序号一致，建议采用汉字数字、阿拉伯数字。举例如下。

第一级：一 二 三；

第二级：（一）（二）（三）；

第三级：1. 2. 3. ；

第四级：（1）（2）（3）。

三、中国历代纪年（1912 年以前）在文中首次出现时，须标出公元纪年。涉及其他国家的非公元纪年，亦须标出公元纪年。如清朝康熙六年（1667 年），越南阮朝明命元年（1820 年）。

四、来稿请采用脚注，如确实必要，可少量采用夹注。引用文献资料，古籍须注明朝代、作者、书名、卷数、篇名、版本；现当代出版的论著、图录等，须注明作者（或译者、整理者）、书名、出版地点和出版者、出版年、页码等；同一种文献被再次征引时，只须注出作者、书名、卷数、篇名、页码即可；期刊论文则须注明作者、论文名、刊物名称、卷期等。如为连续不间断引用，下一条可注为"同上注"。外文文献标注方法以目前通行的外文书籍及刊物的引用规范为准。具体格式举例如下。

（1）（清）张金吾编：《金文最》卷一一，光绪十七年江苏书局刻本，第 18 页。

（2）（元）苏天爵辑：《元朝名臣事略》卷一三《廉访使杨文宪公》，姚景安点校，中华书局，1996，第 257—258 页。

（3）（清）杨钟羲：《雪桥诗话续集》卷五上册，辽沈书社，1991 年影印本，第 461 页下栏。

（4）（唐）李隆基注，（宋）邢昺疏：《孝经注疏》，载李学勤主编《十三经注疏》，北京大学出版社，1999，第 3 页。

（5）金冲及：《二十世纪中国史纲（简本）》上册，社会科学文献出版社，2012，第 295 页。

（6）苗体君、窦春芳：《秦始皇、朱元璋的长相知多少——谈中学〈中国历史〉教科书中的图片选用》，《文史天地》2006 年第 4 期。

（7）林甘泉：《论中国古代民本思想及其历史价值》，《光明日报》2003 年 10 月 28 日。

（8）［英］G. E. 哈威：《缅甸史》，姚楠译，商务印书馆，1957，第 51 页。

（9）Marc Aurel Stein, Serindia (London：Oxford Press，1911), p. 5.

（10）Cahill, Suzanne, "Taoism at the Song Court：The Heavenly Text Affair of 1008." *Bulletin of Sung-Yuan Studies* 16（1980）：23–44.

五、（1）请提供简化字（请参照国家语言文字工作委员会 1986 年重新发布的《简化字总表》）word 电子版。如有图片，需插入正文对应位置。（2）同时提供全文 pdf 电子版。（3）另附注明序号、名称、出处的高清图片电子版（图片大小应在 3M 以上），并确保无版权争议。（如为打印稿，须同时提供电子版）。（4）随文单附作者简介（包括姓名、单位、职称、研究方向）、生活照（电子版）、联系方式、通信地址、邮编。

六、如获得省部级及以上项目基金资助，可在首页页下注明。格式如：本成果得到××××项目（项目编号：××××）资助。项目资助标注不能超过两项。

七、邮箱投稿请以"文章名称"命名邮件名称和附件名称。请用文章全名命名，副标题可省略。

八、请作者严格按照本刊格式规范投稿，本刊将优先拜读符合规范的稿件。

九、来稿一律采用匿名评审，自收稿之日起三个月内，将通过电话或电子邮件告知审稿结果。稿件正式刊印后，将赠送样刊两本。

十、本刊已入编知网，作者文章一经录用刊发即会被知网收录，作者同意刊发，即被视为认可著作权转让（本刊已授权出版方处理相关事宜）。

十一、本刊地址：北京市朝阳区国家体育场北路 1 号院中国历史研究院行成楼 220 房间，邮编：100101。联系电话：010 - 87420859（周一、周二办公）。电子邮箱：xxshx2011 @ yeah. net。